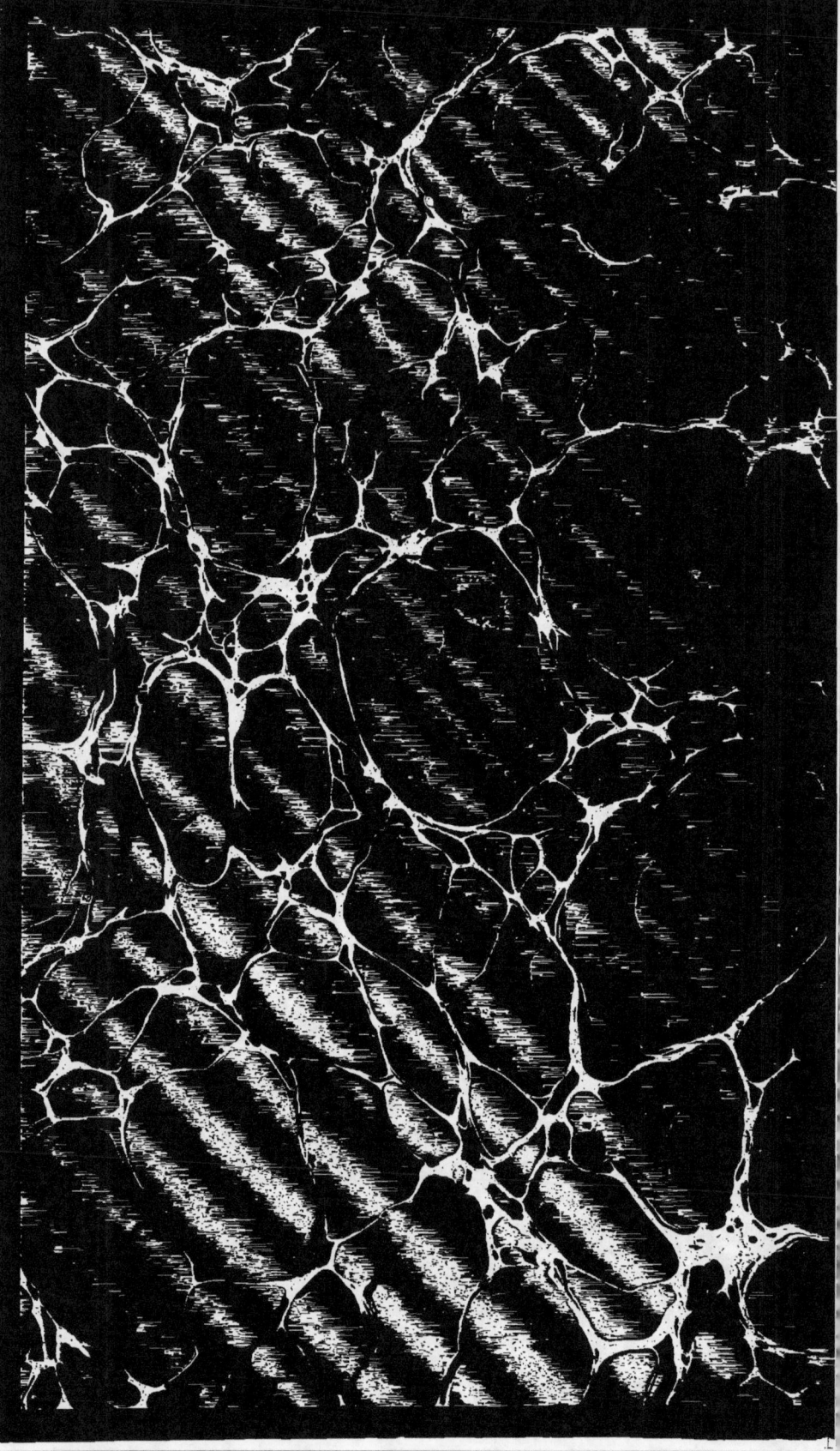

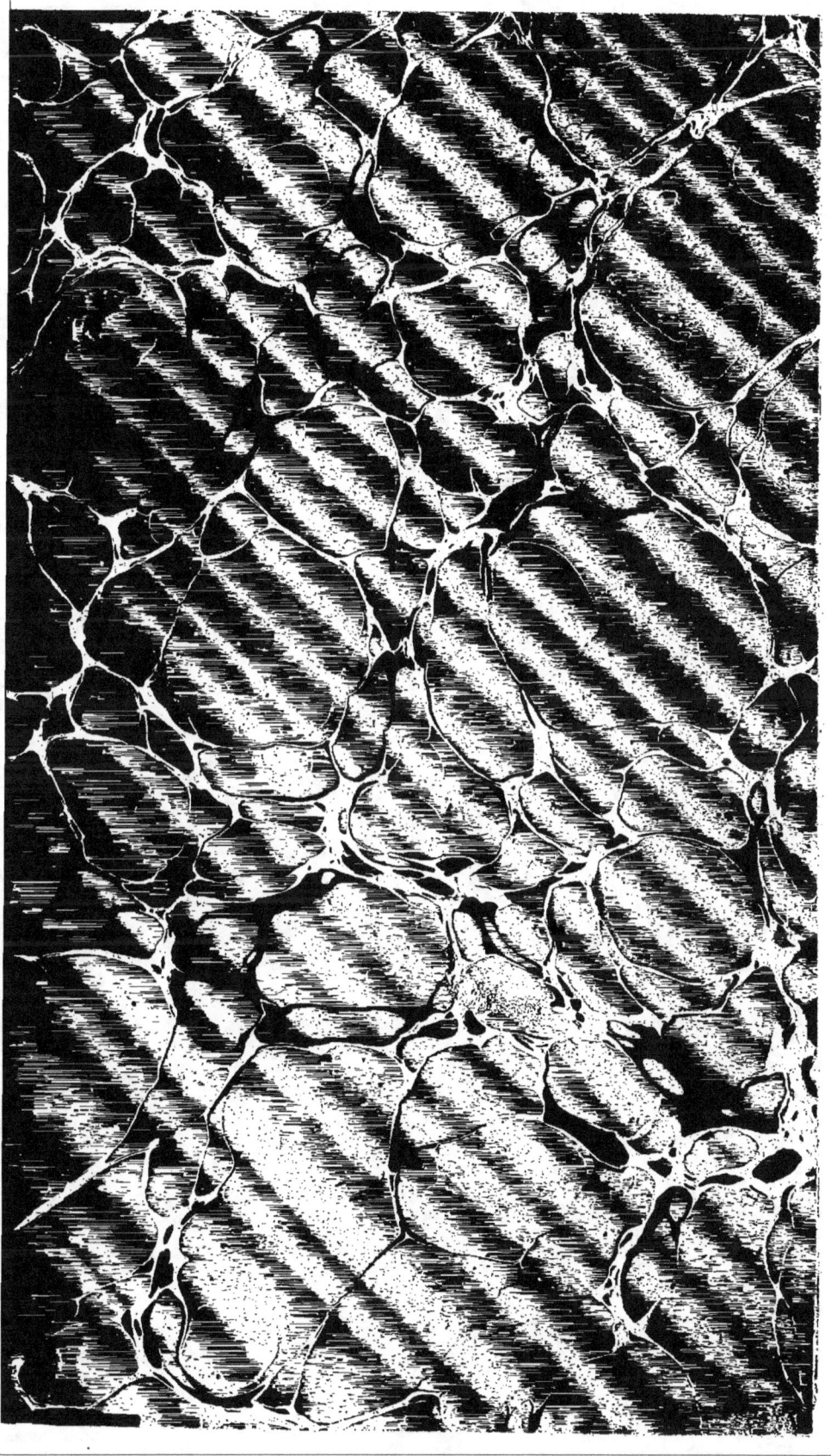

HISTOIRE
DE PARIS

—

TOME III

PROPRIÉTÉ.

CET OUVRAGE SE TROUVE AUSSI CHEZ LES LIBRAIRES SUIVANTS :

Angers,	Barassé.	Nancy,	Wagner.
—	Lainé.	—	Thomas et Pierron.
Annecy,	Burdet.	Poitiers,	Bonamy.
Arras,	Brunet.	Reims,	Bonnefoy.
Besançon,	Turbergue.	Rennes,	Thébault.
Bordeaux,	Chaumas.	—	Verdier.
—	Coderc et Poujol.	—	Hauvespre.
Brest,	Lefournier.	Rouen,	Fleury.
Chambéry,	Perrin.	Toulouse,	Ferrère.
Dijon,	Hémery.	—	Privat.
Lille,	Lefort.	Tours,	Cattier.
—	Quarré.	—	Bouserez.
Lyon,	Briday.	Bruxelles,	Goemaere.
—	Girard et Josserand.	Genève,	Marc Mehling.
—	Périsse frères.	Gênes,	Fassi-Como.
—	Bauchu.	Leipzig,	Dürr.
Le Mans,	Le Guicheux-Gallienne.	Londres,	Burns et Lambert.
Marseille,	Camoens fils.	Madrid,	Bailly-Baillière.
—	Chauffard.	Milan,	Dumolard.
—	Laferrière.	—	Boniardi-Pogliani.
Metz,	Mme Constant Loïez.	Rome,	Merle.
Montpellier,	Séguin.	Turin,	Marietti (Hyacinthe).
Nantes,	Mazeau.	Vienne,	Gérold et fils.
—	Poirier-Legros.		

TYPOGRAPHIE DE H. FIRMIN DIDOT. — MESNIL (EURE).

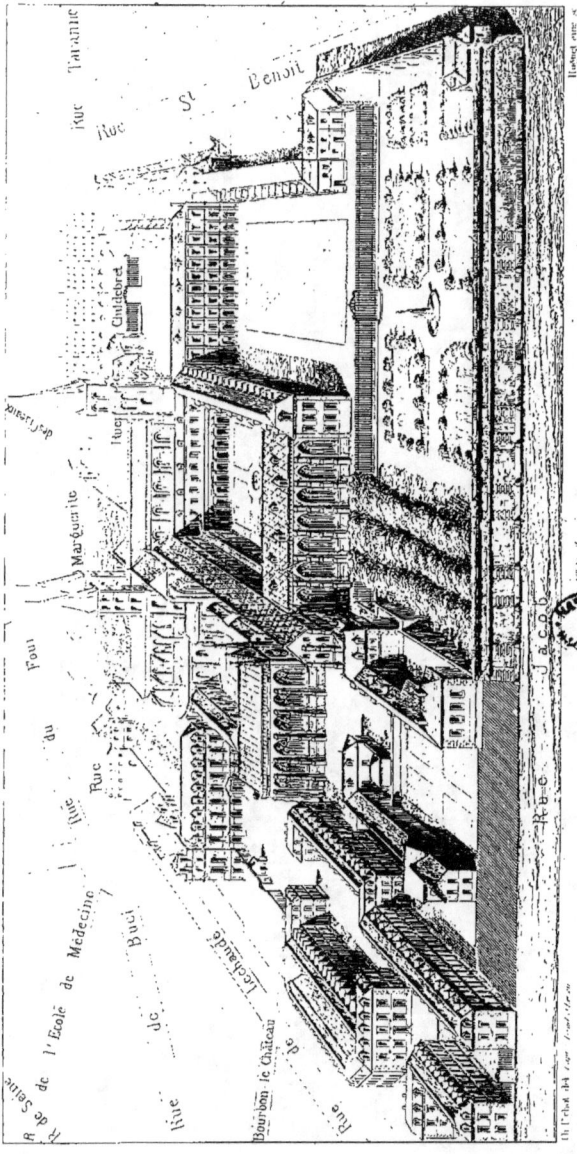

VUE GÉNÉRALE DE L'ABBAYE SAINT GERMAIN DES PRÉS.

HISTOIRE

DE PARIS

DEPUIS LES TEMPS LES PLUS RECULÉS

JUSQU'À NOS JOURS

PAR

AMÉDÉE GABOURD

PARIS

HISTOIRE
DE PARIS

DEPUIS LES TEMPS LES PLUS RECULÉS

JUSQU'A NOS JOURS

PAR

AMÉDÉE GABOURD

TOME TROISIÈME

PARIS
GAUME FRÈRES ET J. DUPREY, ÉDITEURS
RUE CASSETTE, N° 4
1864

Droits réservés

HISTOIRE DE PARIS.

LIVRE XI.

PARIS SOUS LA RENAISSANCE.

CHAPITRE PREMIER.

Paris sous Louis XII (1498-1515).

Louis XII était le petit-fils de ce duc d'Orléans que Jean sans Peur, duc de Bourgogne, avait fait assassiner au coin de la rue Barbette; il était fils de Charles d'Orléans, le prince des poëtes du quinzième siècle. Sa jeunesse turbulente avait été employée à des guerres civiles; son âge mûr fut consacré au dehors à des guerres onéreuses et sanglantes, mais à l'intérieur du royaume à des réformes utiles qui lui méritèrent le surnom de *Père du peuple*. Pendant un séjour assez long qu'il fit à Paris, à la suite de son sacre, Louis XII se fit une règle d'aller souvent au Parlement pour s'initier au détail des affaires et se mettre en mesure de travailler à la réforme des abus.

Sous le règne de Charles VIII avait été institué le

Grand Conseil, espèce de conseil d'État composé du chancelier, de vingt conseillers clercs ou laïques et d'un certain nombre de maîtres des requêtes, avec mission et charge « de poursuivre, soutenir et défendre les droits, autorités, prérogatives et prééminence du roi. » C'était un moyen de soustraire au parlement de Paris les causes et les conflits sur lesquels il aurait pu statuer contrairement aux vues du prince, et le Parlement, qui ne s'y était point trompé, avait vu avec inquiétude et jalousie l'établissement de cette magistrature souveraine. Louis XII, sans se laisser arrêter aux plaintes du Parlement, confirma l'existence et les attributions du Grand Conseil, et lui dut un concours fort et éclairé dans les questions de législation générale et de réformes judiciaires.

Le roi vint moins aisément à bout de l'Université. Cette corporation était demeurée en possession de priviléges autrefois justes et nécessaires, mais qui n'avaient point tous raison d'être depuis que la science, l'instruction, les notions de l'art pouvaient arriver aux jeunes générations en dehors de l'enseignement universitaire. Les états de Tours avaient sollicité la suppression de ceux de ces droits qui, à la longue, s'étaient changés en abus et qui entravaient le bon exercice de la police royale. Louis XII, tout en procédant avec ménagements et prudence, retrancha des règlements de l'Université ce qui lui parut contraire à la justice et à l'ordre. L'Université, fière de ses souvenirs, vit dans cette réforme salutaire un attentat à ses priviléges sacrés; elle protesta, ferma ses colléges, et fit entendre jusque du haut de la chaire chrétienne des réclamations turbulentes et des attaques hautaines contre le roi. Louis XII était alors à

Blois, et son chancelier, qui vint à Paris par ses ordres, ne put apaiser le tumulte. Jugeant alors que son intervention personnelle était nécessaire pour mettre fin au désordre, le roi se dirigea lui-même sur Paris, escorté de ses gardes. Comme il était à Corbeil, les chefs de l'Université envoyèrent vers lui une députation chargée d'implorer sa clémence et d'obtenir de lui le rétablissement de leurs priviléges; ils n'obtinrent que la première moitié de leur requête. Georges d'Amboise leur parla avec une juste fermeté. « Le roi, dit-il, dans son équité, a jugé convenable de mettre des bornes à vos priviléges, dont l'étendue servait à couvrir plusieurs abus. Vous deviez vous-mêmes les abolir, sans attendre qu'on le fît pour vous; vous deviez y consentir les premiers, au lieu de résister en ordonnant de fermer les classes et en imposant silence aux prédicateurs. Le roi n'a prétendu donner aucune atteinte à vos libertés, ni troubler votre repos, ni détourner les gens de bien de leurs études. Il se souvient de la tranquillité que les rois ses prédécesseurs ont voulu vous procurer; il sait les importants services que vous avez rendus à l'Église et à l'État. Mais quel intérêt aviez-vous à soutenir les méchants dans l'abus qu'ils font de leurs priviléges, dont ils ne se servent que pour semer le trouble et la division? Le roi aime beaucoup mieux qu'il y ait à Paris moins de régents et moins d'écoliers, pourvu qu'ils soient plus soumis et plus sages. Conduisez-vous donc si bien que vous puissiez acquérir la science que vous êtes venus chercher dans une école fondée par nos rois. » Les députés, surpris de ce langage à la fois digne et sévère, se tournèrent vers le roi, comme pour en appeler à lui des paroles du ministre. « Allez, allez! leur dit

Louis XII, et saluez les bons écoliers de ma part; à l'égard des autres je ne m'en inquiète pas. » Puis, se frappant la poitrine, il ajouta : « Je sais qu'il y a des prédicateurs qui ont osé prêcher contre moi, mais je les enverrai prêcher ailleurs. » Les députés se retirèrent vers ceux qui les avaient envoyés, et la fermeté de Louis XII intimida la corporation universitaire. Sans attendre les mesures de répression et de rigueur qui allaient peser sur elle, l'Université se hâta de reprendre ses travaux et d'ouvrir ses écoles. Ce fut la dernière fois qu'elle eut recours à ces *interdits* qui, à différentes reprises, sous le moyen âge, avaient fait reculer le pouvoir royal et les officiers civils.

Louis XII fit casser, sous divers prétextes, son mariage avec Jeanne de France, deuxième fille de Louis XI, princesse vertueuse, mais infirme, et épousa Anne de Bretagne, veuve du roi Charles VIII. La politique et le désir d'ajouter une province de plus au royaume entrèrent pour beaucoup dans cette alliance (1499).

La France, sous un roi humain et populaire, aurait pu jouir d'un utile repos; mais la manie des conquêtes troublait Louis XII comme Charles VIII et devait encore précipiter nos pères aventureux sur l'Italie, sans autre résultat que d'onéreux sacrifices. Louis XII passa presque tout son règne les armes à la main, dans de continuelles alternatives de victoires et de défaites, perdant un jour ce qu'il avait gagné la veille, et en résultat il ne put obtenir aucun avantage positif et durable. Aussi ne fut-il pas maître de s'occuper de l'intérieur de son royaume autant qu'il l'eût souhaité, et les affaires lointaines le retinrent, la plupart du temps, hors de sa capitale. Cette circonstance explique pourquoi l'histoire parculière de Paris, sous le règne de Louis XII, ne fut signalée par aucun de ces événements qui occupent une grande place dans le souvenir des populations et dans les archives des villes. C'est tout au plus s'il nous est permis de mentionner des accidents, des cérémonies et des détails subalternes dont il faut cependant tenir compte.

Vers la fin de l'an 1499, le 25 octobre, le *pont Notre-Dame* s'écroula ; il était construit en bois et supportait soixante-cinq maisons. Les décombres remplirent le lit de la rivière. Plusieurs fois déjà des architectes experts avaient prévenu les magistrats de la ville que le pont menaçait ruine et qu'il était urgent d'aviser. Le prévôt des marchands, Jacques Piédefer, et les quatre échevins, Malingre, de Harlay, Ripault et Turquant, furent pris à partie et emprisonnés pour avoir négligé ces avertissements. Deux échevins de l'année précédente, Boucher et Aimé, partagèrent leur sort, ainsi que le receveur et le procureur de la ville. A leur place le Parlement nomma une commission de cinq membres qui fut chargée de pourvoir, par intérim, à l'administration municipale. La justice eut ensuite son cours. Le prévôt des marchands fut condamné à mille livres d'amende et les échevins à quatre cents livres chacun. Jacques Piédefer et les échevins furent en même temps obligés de payer aux habitants des maisons qui avaient été renversées tous les dommages qu'ils avaient soufferts et déclarés incapables de posséder aucunes charges; puis on procéda immédiatement à leur remplacement. Ce fut Nicolas Potier, général des monnaies, qui fut élu à la place de Jacques Piédefer. On songea ensuite à rétablir le pont, dont les décombres embarrassaient le cours de la rivière, et l'on obtint du roi la permission de mettre un impôt sur le sel, sur le pied fourché et sur le poisson de mer qui entraient dans la ville, pour subvenir aux frais d'un nouveau pont.

Le roi, sur ces entrefaites, revenait d'Italie; il ramena avec lui l'architecte Jocondé, très-célèbre en ce temps-là; il appartenait à l'ordre des Cordeliers. Il fournit les plans, qui furent exécutés par Didier Felin, *maître des œuvres de maçonnerie de la ville*. L'ancien pont était en bois, on construisit le nouveau en pierre; c'était un progrès, et les arches, au nombre de six, eurent une élévation calculée d'après celle des eaux. Ce pont ne fut achevé qu'en 1507.

On trouvait le pont de bois un admirable édifice, le nouveau fut trouvé plus admirable encore, et le peuple cria *Noël* en signe de joie pendant que les trompettes et les clairons signalaient son inauguration solennelle. Sa construction coûta deux cent cinquante mille trois cent quatre-vingts livres quatre sous quatre deniers tournois.

Le pont Notre-Dame était ordinairement le théâtre des fêtes publiques; des tournois, des jeux de bagues et des courses eurent souvent lieu sur ce pont, qui était dédié à la sainte Vierge, dont l'image se voyait dans les niches, entre les enseignes des marchands. On ne manqua pas d'y élever et construire soixante nouvelles maisons, ainsi qu'on l'avait pratiqué pour l'ancien. La ville se réservait pour toutes les solennités le premier étage des maisons, au prix de soixante livres chacune.

Au mois de novembre 1501 les ambassadeurs de l'empereur d'Allemagne vinrent à Paris et y furent reçus en grande pompe; le corps de ville, les magistrats municipaux, le prévôt, les quarteniers et les principaux bourgeois se portèrent à la rencontre des illustres étrangers au delà de Notre-Dame des Champs, et les conduisirent cérémonieusement à l'hôtel de l'Ange, rue de la Huchette, où ils s'installèrent. Quelques mois après on accueillit avec honneur Georges d'Amboise, cardinal-archevêque de Rouen et principal ministre de Louis XII.

En 1502 Paris fut désolé par une peste qui enleva de nombreuses victimes et faillit interrompre le cours de la justice. L'évêque de Paris, ayant succombé au fléau, eut pour successeur Étienne Poncher, conseiller au Parlement, chancelier de Milan et de l'ordre de Saint-Michel, et garde des sceaux de France.

Le 18 novembre 1504 Anne de Bretagne, en qualité de reine de France, fut couronnée à Saint-Denis, et deux jours après elle fit son entrée solennelle à Paris. Le vendredi 21 février 1505, à la demande du roi, la ville célébra avec pompe les obsèques de Charles d'Orléans, père de Louis XII, mort à Blois en 1465, et dont le corps était transféré aux Célestins. Le comte de Dunois, grand-chambellan de France, fut chargé de diriger ce transport, dont les frais montèrent à 2,961 livres 14 sous. La municipalité, les maîtres et gouverneurs des six corps des marchands, un assez grand nombre de bourgeois, tous à cheval, en robes et chaperons de deuil, précédés des archers et des sergents de ville, allèrent dans la matinée au prieuré de Notre-Dame des Champs, où le corps du prince était déposé, et revinrent à la porte Saint-Jacques attendre le convoi. Le cortége funèbre parut à deux heures de l'après-midi. En tête étaient les quatre ordres mendiants, suivis des paroisses de la ville, de l'évêque et du clergé. Ensuite venaient seize *crieurs des trépassés*, en robes noires et en chaperons de deuil aux armes du feu duc d'Orléans; les archers et autres officiers de la ville, portant cent vingt torches aux armes de Paris, vingt-quatre aux armes de la ville de Blois, et soixante-seize à celles de la maison d'Orléans; plusieurs hérauts d'armes et gentilshommes, richement équipés, portant les *pièces d'honneur*, le casque, l'épée, la cotte d'armes, l'écu, le guidon et la bannière. Le char funèbre, couvert de drap d'or, était traîné par quatre magnifiques chevaux. Des seigneurs de distinction tenaient le poêle, et le brillant cortége qui venait ensuite était composé de l'élite de la noblesse et des principaux corps de l'État. A la porte Saint-Jacques le prévôt des marchands, trois échevins, le greffier et le receveur de la ville portèrent le dais jusqu'au pont Saint-Michel; ils furent remplacés par six gentils-hommes archers de la garde du roi. Le lendemain le Parlement assista au service solennel qui fut célébré à l'église des Célestins (1).

Félibien, qui nous a transmis ces détails, dit ailleurs : « En 1512, à l'occasion des grands préparatifs de guerre que faisaient les Anglais, Louis XII engagea les villes à fondre de l'artillerie. Le premier président se rendit à l'hôtel de ville de Paris, le 22 avril, et dit que le roi demandait, outre l'artillerie que la ville faisait fondre, que chaque confrérie et communauté en fournît quelques pièces, où elles mettraient leurs devises, et que pour les frais de cette fonte on employât les deniers des confréries et même ceux des repas qui se donnaient aux réceptions. Le roi ordonnait en outre qu'on réparât les murailles et

---

(1) Félibien, t. II, p. 904.

qu'on vît s'il ne serait point nécessaire de faire de nouveaux boulevards; enfin il voulait qu'on prît information des Parisiens qui possédaient des fiefs, afin qu'ils vinssent défendre la ville, et qu'on fît la recherche des armes qui étaient dans Paris et des gens habiles à s'en servir.

« On obéit aux volontés du roi, et il fut ordonné que les communautés et confréries s'assembleraient pour délibérer sur la demande relative à l'artillerie; mais, quant à la recherche des fiefs et à cette espèce d'arrière-ban, comme cela intéressait les bourgeois, il fut résolu d'en écrire au chancelier. Le roi écrivit, le 3 mai, aux prévôts des marchands et échevins de faire une revue générale des habitants de Paris. Pour obéir à cet ordre il fut fait une assemblée générale en la chambre du conseil, au palais, le 10 du même mois. Les officiers du Parlement et de la chambre des comptes, les lieutenants civil et criminel du prévôt de Paris, le prévôt des marchands, les échevins, les conseillers et quarteniers de la ville y assistaient. Il fut arrêté que les commissaires du Châtelet feraient l'inspection des soixante bannières des gens de métiers; que les lieutenants civil et criminel prendraient le même soin pour les officiers et suppôts du Châtelet; que le prévôt des marchands et les échevins passeraient en revue les quarteniers, cinquanteniers, dixainiers, archers, arbalétriers, officiers de la ville, francs bourgeois et marchands qui ne tenaient pas boutique; enfin que le Parlement et la chambre des comptes inspecteraient les officiers et suppôts de leurs cours. On reconnut dans cette revue que la ville était peu riche en armes, et il fut arrêté qu'on en enverrait acheter à Milan. Dans une seconde assemblée, les députés de l'Université et du chapitre de Notre-Dame furent engagés à suivre l'exemple général. Le chapitre fit quelques remontrances et promit d'en délibérer. Le prévôt des marchands et les échevins furent chargés d'avertir les abbés, prieurs, couvents et églises collégiales d'envoyer des gens à la revue. L'inspection de cent vingt archers de la ville et soixante arbalétriers fut faite au clos des Célestins, le 28 mai, et les jours suivants on procéda, dans la salle de l'Hôtel-de-Ville, à la revue des autres officiers de la ville (1). »

Les Parisiens avaient été alarmés des ordres qu'avait donnés le roi, à tous ceux qui tenaient fiefs de lui, privilégiés ou non privilégiés, de se tenir prêts à servir dans ses armées ou à donner la moitié des revenus de leurs biens féodaux à ceux qui seraient nommés pour le service à leur place. On vient de voir que la ville en avait écrit au chancelier pour être maintenue dans ses droits et priviléges à cet égard. Le roi, par ses lettres données à Blois le 12 juin de la même année, déclara que les prévôts des marchands, échevins, bourgeois et habitants de Paris, en vertu de leurs droits, priviléges et libertés, étaient exempts d'aller et envoyer aux guerres et armées du roi, de comparaître aux revues du ban et de l'arrière-ban, et de payer aucun droit de leurs revenus féodaux à cette occasion; enfin que, dans les ordres généraux donnés ou à donner aux exempts et non exempts, privilégiés et non privilégiés, son intention n'était point de comprendre les habitants de Paris (2).

Par ordre de Louis XII on procéda à la révision et à la rédaction définitive de la législation civile qui porte le

(1) *Histoire de Paris*, t. II, p. 909.
(2) *Ibid.*, p. 910.

nom de *Coutume de Paris*. Cette coutume renfermait les garanties qu'on avait introduites dans la plupart des chartes communales et se trouvait déjà consignée, en grande partie, dans les *Établissements* de saint Louis; mais ces Établissements n'avaient pas force de loi, ils n'étaient qu'une compilation en dehors de laquelle la jurisprudence locale ne cessait de varier, ce qui avait amené une grande confusion dans l'administration de la justice pour le ressort *de la prévôté et de la vicomté* de Paris. L'ordonnance de Louis XII, qui régularisa cette situation, portait pour préambule les déclarations suivantes : « Nous avons toujours désiré régir et gouverner
« nos subjects par bonne et vraye justice, et icelle garder
« et faire garder et entretenir en tout notre royaume,
« comme la principale vertu par laquelle les roys règnent,
« et sans laquelle tous royaumes et communautés pu-
« bliques ne peuvent continuer à durer....... Et pour à
« ce parvenir avons quis et fait quérir tous les moyens
« qu'aucuns sceu et peu, et singulièrement cognoissant
« les grandes vexations, longueurs, frais et dépens que
« nos pauvres sujets ont eu et souffert par cy-devant, au
« moyen de la confusion et obscurité qui se trouvoit ès
« coutumes des provinces, bailliages, sénéchaussées, et
« autres pays et contrées de notre royaume, avons voulu
« en suyvant ce qui a été commencé plusieurs fois par
« nos prédécesseurs de bonne mémoire, les roys Char-
« les VII, Louis XI, et en a expressément chargé son fils
« aisné et héritier, Philippe, par l'un des enseignements
« qu'il lui a donnés, comme par testament, qu'il écrivit
« de sa propre main en ces termes : *Maintiens les bonnes*
« *coutumes de ton royaume, abbaisse et corrige les*

« *mauvaises; aussi fais droiture et justice à chacun,*
« TANT AU PAUVRE COMME AU RICHE. »

La révision de la coutume de Paris avait été l'objet d'études préparatoires fort sérieuses; dès l'année 1511 on l'avait confiée à une commission spéciale d'hommes choisis dans les trois ordres de l'État, et qui fonctionnait sous la direction de Thibaut Baillet, président au parlement de Paris. Quand le travail de cette commission eut été terminé, le Parlement le fit examiner de nouveau et à fond, en 1514, par deux de ses membres, Nicole Braschet et Germain Chastelier. Après qu'il eut subi ces épreuves, les greffiers du Châtelet obtinrent le privilége de vendre pendant deux ans le *Code des Coutumes de Paris*.

Vers le commencement de l'année 1514 la reine Anne de Bretagne mourut à Blois, à l'âge de trente-sept ans. Son corps fut apporté à Notre-Dame des Champs, dans le faubourg Saint-Jacques, à Paris, et y resta exposé pendant deux jours. On le transféra ensuite à la cathédrale, où eut lieu le service solennel. La reine défunte fut ensuite portée à Saint-Denis, où ses obsèques eurent lieu avec une grande pompe.

Au mois d'octobre suivant Louis XII épousa la princesse Marie d'Angleterre, sœur de Henri VIII. Le couronnement eut lieu à Saint-Denis, et le 6 novembre la jeune reine fit son entrée solennelle à Paris. Les détails de cette journée sont consignés au *Cérémonial françois*; on y voit que les habitants de Paris déployèrent en cette occasion toute la magnificence mise en œuvre jusque-là aux entrées des souveraines de France. Le Parlement, les autres cours et corps de la ville allèrent au-devant de la reine jusqu'à la Chapelle-Saint-Denis. Le premier président, Antoine Duprat, la harangua, et l'évêque de Paris répondit pour elle. La reine fit son entrée dans une litière découverte, enrichie de pierreries, au-dessus de laquelle on portait un dais en drap d'or. Auprès de la litière se tenait la seconde personne de France, le duc de Valois (François Ier), qui venait d'épouser la princesse Claude, fille de Louis XII. Devant marchaient le duc d'Alençon, le duc de Suffolk, le grand-chambellan d'Angleterre, le duc de Bourbon, lord de l'Isle, et nombre d'autres grands seigneurs de France et d'Angleterre. Puis, derrière la litière, venaient sur des haquenées madame Claude de France, la comtesse d'Angoulême, qui fut mère de François Ier, la duchesse d'Alençon et plusieurs autres nobles dames. Sur la route de ce cortége on avait dressé dans la ville plusieurs échafauds où se jouèrent divers spectacles au moment où passait la reine. On alla faire ses prières à Notre-Dame; puis on vint souper au palais. Là plusieurs tables étaient dressées pour un beau repas auquel assistèrent les deux cours et les officiers de la ville. Par intervalle les services étaient suspendus par des représentations scéniques nommées *entre-mets*. Le premier fut un phénix qui se battait de ses ailes et allumait du feu pour se brûler; le second un saint Georges à cheval, qui conduisait la jeune fille dont la fable lui attribue la délivrance; le troisième un porc-épic et un léopard soutenant l'écu de France, symboles l'un du roi, l'autre de la reine. Un mouton vint après; puis un coq et un lièvre qui combattaient ensemble dans une lice. La reine fit présent aux hérauts d'armes et aux trompettes d'un navire d'argent et coucha au palais. Pendant un mois entier on ne vit dans Paris que festins, tournois et fêtes.

Ce mariage entre un roi presque valétudinaire, alors âgé de cinquante-trois ans, et une jeune fille qui atteignait à peine sa dix-septième année, fut fatal à Louis XII, en ce qu'il changea toutes les habitudes de sa vie; ce ne furent désormais que fêtes et tournois, auxquels Louis XII prenait part, au moins comme spectateur, au grand détriment de sa santé. « Où il avoit coutume de dîner à huit heures convenoit qu'il dînât à midi; où il avoit coutume de se coucher à six heures du soir, souvent se couchoient à minuit. » Le régime où le poussaient malgré lui l'humeur aventureuse et la folle gaieté de la jeune reine usa en quelques semaines la vie de Louis XII, et ce prince mourut le 1er janvier 1515, pleuré du peuple, qui oubliait les fautes de sa politique pour ne songer qu'à ses vertus privées. Le jour de ce triste événement les crieurs publics parcoururent les rues en disant : *Le bon roi Louis XII, père du peuple, est mort.* Sublime et touchante oraison funèbre.

Louis XII était doué de qualités pacifiques fort précieuses. Il était bon, clément, économe et juste. On doit lui reprocher d'avoir le premier établi la vente des charges des offices judiciaires; mais les impôts furent considérablement diminués sous son règne. Son édit de 1499, éternellement mémorable, a rendu sa mémoire chère à ceux qui rendent la justice et à ceux qui l'aiment. Il ordonne, par cet édit, *qu'on suive toujours la loi, malgré les ordres contraires que l'opportunité pourroit arracher du souverain.* Louis XII fut le premier des rois qui mit le laboureur à couvert de la rapacité du soldat; il fit punir de mort les gens d'armes qui rançonnaient le paysan.

Prodigue de ses sueurs et de son sang pour le bonheur ou la gloire de la France, Louis XII était fort avare de l'argent de ses peuples. Il disait souvent « qu'un bon pasteur ne saurait trop engraisser son troupeau ». Ce n'était pas le compte des courtisans; dans leur déplaisir ils osèrent faire de sa parcimonie le sujet d'une pièce de théâtre. Le roi l'apprit et se contenta de dire : « J'aime mieux voir les courtisans pleurer de mon avarice que de voir mon peuple pleurer de mes dépenses. » Il aimait les lettres, les sciences, surtout l'histoire, et faisait sa principale étude des *Offices* de Cicéron. Il appela à sa cour les savants italiens les plus célèbres et les y retint par de fortes pensions. Il chargeait ses ministres dans les cours étrangères d'acheter les meilleurs livres pour en enrichir les bibliothèques de France.

CHAPITRE II.

Paris sous François 1er (1515-1547).

Le nouveau roi, François Ier, âgé de vingt ans, fut sacré à Reims. « Beau prince estoit, dit le loyal serviteur de Bayard, autant qu'il y en eust au monde; jamais n'avoit esté veu en France de roy de qui la noblesse s'esjouit tant. » Le naïf chroniqueur ajoute : « Sa couronne prinse à Sainct-Denys, s'en revint faire son entrée à Paris, qui fut la plus *gorgiasse* et triomphante qu'on eust jamais veue en France ; car de princes, ducs, comtes et gentilshommes en armes, il y avait plus de mille à douze cents. L'entrée faite, y eut plusieurs joustes et tournois en la rue Sainct-Antoyne, où chacun fit le mieux qu'il peust. » C'était le 15 février, et nous nous faisons une assez triste idée de ce que pouvait être une fête d'hiver dans les rues étroites et neigeuses d'une ville aussi peuplée que Paris. Quoi qu'il en soit, le dimanche 11 mars 1515, le prévôt des marchands et les échevins de Paris furent admis près du roi et lui offrirent un don de joyeux avénement. C'était une statue de saint François, patron du jeune souverain ; elle était d'or et haute de deux pieds, y compris le socle, sur lequel on avait ciselé la devise de François Ier, une salamandre avec ces mots : *Nutriscor et extinguo*. Les Parisiens firent également de beaux présents à Louise de Savoie, mère du roi. Peu de mois après, François Ier confirma la ville et les habitants dans tous leurs priviléges.

Nous n'avons point à raconter ici les campagnes aventureuses de François Ier en Italie; la première se termina par la glorieuse victoire de Marignan (1515); une autre, moins heureuse, aboutit, dix ans après, au désastre de Pavie et à la captivité du roi, qui fût envoyé à Madrid. Ces événements ne se rattachent que très-indirectement aux annales particulières de Paris.

Le 12 mai 1517 la reine Claude de France, femme de François Ier, fit son entrée à Paris; à cette occasion il y eut un tournoi célèbre, « composé de deux bandes, l'une blanche, l'autre noire; le roi menoit la bande blanche et le comte de Saint-Pol la noire. On compte qu'il fut rompu jusqu'à six cents lances dans ce tournoi, qui finit par un combat de piques et d'épées, à la barrière. » (Félibien.)

Tout n'était pas cérémonies, fêtes et combats de théâtre; le roi soutenait au dehors des guerres fort onéreuses qui entraînaient de lourdes charges pour ses sujets. Les Parisiens furent contraints d'en subir leur part fiscale; à cet effet, disent les historiens nos devanciers, ils fournirent mille hommes et payèrent pendant un an l'aide sur le *pied fourché* et sur le vin. « Les différents corps des marchands en furent exemptés, mais ils s'engagèrent à payer le premier jour de chaque mois, pendant le même espace de temps, les redevances suivantes : les drapiers 12,000 livres, les merciers autant, les épiciers et apothicaires 3,500 livres, les pelletiers 500 livres, les bonnetiers 800, les teinturiers 600, les tanneurs 100, les baudoyeurs 200, les corroyeurs 100, les marchands de *merrain* (bois) 200, les orfévres et affineurs 400, les changeurs 150, les chapeliers et plumassiers 100, les armuriers et fourbisseurs 100, les potiers d'étain 50, et les marchands de laine 500. Cet argent ne suffisant pas, le roi vendit à Nicolas de Neuville, seigneur de Villeroi, à rachat perpétuel pour lui et ses successeurs, les greffes de la prévôté de Paris, moyennant la somme de 50,000 livres. François Ier recourut en même temps à divers expédients. De 1527 à 1523 il créa et vendit à diverses reprises des charges nouvelles d'administration et de judicature dans les provinces et à Paris; la plus connue de ces mesures fiscales est l'établissement, en 1522, d'une quatrième chambre tout entière au parlement de Paris, pour se procurer 1,200,000 francs. Il aliéna diverses parties du domaine, créa, en 1522, les premières rentes perpétuelles sur l'Hôtel-de-Ville, par un capital de 200,000 francs, avec intérêts annuels de 16,666 francs, accordant ainsi aux prêteurs un intérêt de huit pour cent par an (1), » et enfin contracta des emprunts à l'égard du chapitre de Paris et des diverses chambres du Parlement.

En 1522 la peste désola Paris et les environs, et ses ravages furent terribles. Le roi vint, au commencement du mois d'octobre, se loger à l'hôtel des Tournelles, sans doute pour rassurer les habitants. Le 30 du même mois Le Cirier, de Ruel, Braithon et de Gomois, médecins, interrogés juridiquement, déclarèrent que jamais maladie n'avait été plus dangereuse, et qu'il n'y avait dans Paris ni paroisse ni rue qui n'en fussent affligées. Les curés de Saint-Germain l'Auxerrois, de Saint-Étienne du Mont, de Saint-Séverin et de Saint-Eustache signèrent la même déclaration. « Le 7 novembre, le Parlement, effrayé des progrès de la peste, se réunit au palais en assemblée gé-

---

(1) Félibien, cité par M. de Gaulle.

nérale, à laquelle furent appelés les lieutenants civil et criminel du prévôt, le doyen et le chantre de Notre-Dame, la cour des comptes, le prévôt des marchands, les échevins et les médecins de la ville. Le lendemain une ordonnance du Parlement défendit à tous hôteliers, taverniers, rôtisseurs, pâtissiers, charcutiers, poissonniers, fruitiers, enfin à tous marchands ou logeurs, qui avoient hébergé des pestiférés ou qui avoient vendu dans les maisons dont les habitants étoient malades, de ne loger aucuns passants et de ne vendre ou distribuer aucuns vivres. Il fut également défendu à tous fripiers, *regrattiers*, revendeurs, d'acheter ou de vendre des meubles, lits ou habits qui provinssent du mobilier des pestiférés, et des peines sévères étoient prononcées contre ceux qui jetteroient des immondices dans les rues ou qui nourriroient dans la ville des pourceaux et autre bétail pour le vendre. Il fut ordonné de plus que toutes les maisons des individus frappés de la peste seroient marquées d'une croix blanche (1). »

La même année, Pierre Filhori, archevêque d'Aix, fut nommé par le roi gouverneur et lieutenant général de Paris et de l'Ile-de-France pendant les absences du comte de Saint-Pol. L'année suivante le roi, séparant de la juridiction du prévôt et du Châtelet de Paris toutes les causes dont ces deux tribunaux étaient investis, établit pour le jugement de ces causes un bailliage nouveau, dont le siége fut établi à l'hôtel de Nesle. Le chef de cette juridiction reçut le nom de *bailli de Paris* ; il avait sous ses ordres un lieutenant, un avocat, un procureur du roi,

---

(1) Félibien, cité par M. de Gaulle.

douze conseillers, un audiencier, un sous-audiencier et douze sergents. Les tribunaux et juridictions dont les pouvoirs étaient lésés par ce nouveau bailliage protestèrent, et l'édit royal ne fut enregistré que sur l'*exprès commandement* de François Ier (1).

Les nécessités du trésor s'accroissaient à mesure que se prolongeaient les guerres. A Paris le roi continua de demander une aide; on emprunta de la vaisselle d'argent aux particuliers et aux églises. On annula encore toutes les aliénations de portions du domaine royal faites par faveur et à titre gratuit, pour les aliéner de nouveau à prix d'argent; on enleva la grille d'argent dont Louis XI avait entouré le fameux tombeau de saint Martin de Tours et qui pesait 6,776 marcs. François I, qui avait de si grands besoins d'argent, n'était pas populaire à Paris. Les Parisiens regrettaient fort le bon roi Louis XII, détestaient la mère de François Ier, et ne pardonnaient pas au roi la suppression violente des *sotties et moralités*, de la comédie aristophanesque à laquelle ils avaient pris goût. Un prêtre appelé Cruche, grand *fatiste* (faiseur, compositeur de *jeux et novalités*), avait été rudement battu et menacé d'être jeté à l'eau par les gentilshommes de l'hôtel. Des basochiens et autres furent mis en prison pour avoir joué des *farces* sur *mère sotte*, « qui gouvernoit en cour, tailloit, pilloit et déroboit tout. »

Éclairé par les réclamations des magistrats et les murmures du peuple, le roi montra quelque regret d'avoir vendu à prix d'argent des siéges de justice; toutefois,

---

(1) Félibien, cité par M. de Gaulle.

depuis lors, et malgré ses promesses, la vénalité des charges ne cessa plus d'être comptée parmi les ressources de la couronne; on créa désormais des offices, non plus selon les besoins de la justice, mais selon les besoins du fisc, et des transactions jusqu'alors exceptionnelles et ensevelies dans l'ombre devinrent patentes, journalières et presque officielles. Ce fut un coup terrible porté à la considération et à la moralité de l'ordre judiciaire. Tous les historiens et les écrivains attachés à la magistrature ont maudit, d'une voix unanime, Duprat et son œuvre; cinquante ans après, le plus vertueux des chanceliers de France, Michel de l'Hopital, qui voulut et ne put réparer le mal fait par son prédécesseur, flétrissait encore avec amertume cette pernicieuse innovation dans des vers qui révèlent sa pensée intime. Il y eut d'effroyables abus et de nombreux scandales; cependant le corps de la magistrature ne fut pas aussi fondamentalement corrompu et dégradé qu'on l'eût pu craindre; il y eut pendant quelque temps un bizarre mélange de vénalité, d'élection et d'hérédité; la vénalité entraîna peu à peu la transmissibilité des charges moyennant des droits annuels; il se fonda ainsi, à la place de l'ancienne aristocratie judiciaire, élective et se recrutant par elle-même, une aristocratie héréditaire, inférieure sans doute à la première en principe et en fait, mais qui cependant ne fut pas non plus un instrument servile de la royauté; les traditions de famille et l'esprit de corps lui rendirent une certaine dignité morale.

En 1523 les ennemis de la France envahirent le royaume du côté du nord et pénétrèrent en Picardie; l'armée anglo-néerlandaise, après avoir forcé le passage de la Somme à Brai, brûla Roie, prit Montdidier, et s'avança jusque sur l'Oise, à onze lieues de Paris (fin octobre). La terreur fut grande dans la capitale; le roi était encore à Lyon, et il n'y avait point de garnison à Paris. Les ennemis cependant ne poussèrent pas plus loin leur invasion; informés que leurs alliés avaient été chassés de la Champagne et que le duc de Vendôme était expédié par le roi au secours de Paris, ils craignirent de se trouver pris en face par ce prince et en queue par le vieux sire de La Trémoille, gouverneur de Picardie, qui n'avait qu'une poignée de soldats, mais qui semblait les multiplier à force d'audace et d'activité. Malgré leur énorme supériorité les Anglo-Néerlandais reculèrent jusqu'à la source de la Somme, et rentrèrent en Artois par le Vermandois, sans avoir retiré aucun fruit de leur expédition. La Trémoille se couvrit de gloire par ses belles et savantes manœuvres.

Les annales de Paris gardèrent le souvenir de cet incident; elles constatent que le sire de Brion, à la nouvelle de l'approche des ennemis, se rendit au Parlement et à l'Hôtel-de-Ville, et rendit compte des mesures prises par le roi pour la défense de la ville. Il ajouta « que le roi avoit tant de considération pour la ville de Paris qu'il se perdroit plutôt lui-même que de la laisser perdre; qu'il vouloit exposer sa vie pour sa défense et vivre et mourir avec ceux de cette ville; que, s'il n'y pouvoit venir en personne, il y enverroit femme, enfants et mère, et tout ce qu'il avoit, persuadé que, quand il auroit perdu le reste du royaume, il viendroit bien à bout de recouvrer ses pertes s'il pouvoit conserver Paris seul. Le sire de Brion dit encore que le roi avoit été informé de l'affection et de l'attachement qu'avoient à son service le Parlement et la ville; qu'il les en remercioit et les prioit de continuer dans une fidélité qui lui étoit si agréable et si utile. Thibault Baillet, président, parla fort avantageusement de la fidélité des Parisiens pour leurs princes légitimes, et en donna des preuves dans le récit qu'il fit de la minorité de saint Louis et du règne de Louis XI. » Aussitôt le duc de Vendôme fit exécuter quelques travaux aux fortifications. On commença de nouvelles tranchées entre la porte Saint-Honoré et la porte Saint-Martin; mais elles ne furent pas continuées; on éleva à la place de petits bastions. Les Parisiens levèrent à leurs frais, pour un mois, deux mille hommes de guerre, qui furent soldés au moyen d'une taxe de 16,000 livres par quartier (1).

Dès qu'on eut appris à Paris la fatale défaite de Pavie et la captivité du roi, la régente, Louise de Savoie, écrivit au Parlement et lui prescrivit de prendre les mesures d'ordre et de sûreté générale que réclamait la gravité des circonstances. L'ennemi n'était point aux portes de la France, mais on avait sans doute à craindre des soulèvements intérieurs qui pouvaient faciliter sa marche sur Paris. Le Parlement en jugea sans doute ainsi si l'on en juge par les précautions qu'il se hâta de prendre et qui semblaient témoigner d'appréhensions fort exagérées. « Le Parlement, dit Félibien, ayant fait venir l'archevêque d'Aix, le prévôt des marchands, les échevins et le lieutenant criminel, ordonna que pour la sûreté de la ville on en fermeroit toutes les portes, que tous les ponts seroient levés, et les clefs portées à l'Hôtel-de-Ville, excepté celles

(1) M. de Gaulle.

des portes Saint-Antoine, Saint-Denis, Saint-Honoré, Saint-Jacques et Saint-Vicior, qui demeureroient ouvertes. Mais, afin qu'il n'y pût entrer aucunes personnes suspectes, il fut réglé que la garde y seroit faite tour à tour par les présidents et conseillers du Parlement, par les officiers de la chambre des comptes, les généraux de la justice et les plus notables bourgeois, qui seroient accompagnés d'un grand nombre d'archers, d'arbalétriers et arquebusiers de la ville. Il fut commandé de plus que l'on tendît les chaînes de la rivière, tant au-dessus qu'au-dessous de la ville; que l'on tînt prêtes les chaînes des rues pour les tendre en cas d'alarme; que le guet bourgeois fût continué et renforcé; que les lanternes ci-devant ordonnées fussent remises à chaque maison; que les portes de la ville fussent ouvertes à six heures du matin et fermées à huit heures du soir; que les quarteniers en gardassent les clefs; que le chevalier du guet menât régulièrement le guet à cheval toutes les nuits; enfin que les pêcheurs et les bateliers ne passassent personne de nuit par la rivière et tinssent leurs bateaux enchaînés et cadenassés. Le prévôt des marchands et les échevins eurent ordre d'aller loger à l'Hôtel-de-Ville et d'y tenir auprès d'eux un bon nombre de gens armés pour mettre ordre à tout selon les occurrences. Pour exciter les autres à faire leur devoir Jean de Selve, premier président, et Antoine Le Viste, président, s'offrirent à monter la garde aux portes les premiers dès le lendemain. Il fut enjoint au prévôt des marchands et au lieutenant criminel d'envoyer défendre à tous ceux qui tenoient hôtelleries d'y loger qui que ce fût sans en avertir la cour, l'archevêque d'Aix ou le prévôt des marchands, et d'ordonner aux quarteniers de savoir, chacun en son quartier, combien il y avoit de gens en chaque maison, et qui ils étoient, d'en faire leur rapport chaque jour au prévôt des marchands et aux échevins. Il fut aussi réglé que chacun des commissaires seroit accompagné de six sergents pour empêcher qu'il n'y eût aucune émeute dans la ville, et que le prévôt et les échevins feroient mettre en état l'artillerie de la ville. L'état présent demandoit que l'on établît un conseil pour veiller sur les affaires publiques. Le Parlement députa, pour se trouver à l'assemblée qui devoit se tenir à ce sujet le même jour après dîner au palais, les présidents, un maître des requêtes et dix conseillers, et ordonna qu'on y mandât l'évêque de Paris, ou ses vicaires, le chapitre de Notre-Dame, les gens des comptes, le prévôt des marchands et des échevins, les quarteniers avec une douzaine des plus notables bourgeois, et les généraux de la justice. Enfin il fut avisé que Nicolas d'Origny, l'un des conseillers de la cour, iroit aux couvents des Carmes, des Jacobins, des Augustins et des Cordeliers, et aux colléges de l'Université, pour *faire rôle* des religieux et écoliers étrangers qui y étoient, et faire défense aux premiers de ces couvents et aux principaux des colléges de laisser partir de la ville ou de recevoir aucuns étrangers sans en avertir la cour, l'archevêque d'Aix ou le prévôt des marchands. Dans l'assemblée qui se tint le même jour après dîner on confirma ce qui avoit été résolu à l'Hôtel-de-Ville de mettre à chacune des portes qui demeureroient ouvertes une douzaine d'archers, arbalétriers ou arquebusiers, avec quatre bourgeois, et un ou deux présidents ou conseillers de la cour, ou officiers de la chambre des comptes, et trente ou quarante hommes, qui feroient le tour des murailles pendant la nuit, pour la sûreté de la ville. Il fut réglé que l'évêque de Paris ou son vicaire ordonneroient des prières publiques et des processions pour la délivrance du roi et des autres prisonniers et pour la conservation du royaume, et que, du Parlement, de la chambre des comptes et de la ville, on choisiroit vingt personnes qui, à commencer dès le lendemain, s'assembleroient au palais, à la chambre du conseil, pour aviser à ce qui seroit le plus convenable pour le bien public, et qu'on leur mettroit d'abord entre les mains les ordonnances qui avoient été faites à l'occasion de la dernière descente des Anglois, afin qu'ils y ajoutassent et qu'ils en retranchassent ce qu'ils jugeroient à propos. On fut d'avis, outre cela, d'envoyer vers le seigneur de Montmorency pour le prier de venir à Paris et d'y amener quinze ou vingt gentilshommes capables de donner conseil, et avec cela gens d'exécution. Enfin le Parlement se chargea d'écrire au duc de Vendôme, au comte de Guise et au grand-sénéchal de Normandie, qui étoient sur les frontières de Picardie, Normandie, Champagne et Bourgogne, pour les avertir de toutes les mesures qu'on avoit prises, et les prier de faire savoir à la ville, de leur côté, ce qui se passeroit en leurs quartiers. Le 8 mars, en exécution de la délibération du jour précédent, le premier président, Jean de Selve, alla garder la porte de Saint-Victor, et Antoine Le Viste se rendit à celle de Saint-Antoine. On délibéra le même jour si on ne mettroit point dehors de la ville les religieux et les écoliers étrangers. L'assemblée fut d'avis qu'on les y souffriroit, mais que défense seroit faite aux supérieurs des couvents et aux principaux des colléges de laisser sortir les étrangers ou de leur permettre d'écrire hors du royaume sans en avertir la cour ou le prévôt des marchands. Quant aux étrangers qui se présenteroient de nouveau, ordonné que, sans être reçus dans la ville, ils seroient renvoyés d'où ils venoient. » Il y avait là un luxe de précautions que des gens de guerre eussent peut-être considérées comme superflues; mais le Parlement avait hâte de saisir toutes les occasions qui s'offraient à lui de prendre les allures d'un corps politique et de sortir du cercle judiciaire pour exercer le gouvernement de la police.

D'accord avec le conseil royal, le Parlement compléta ce système de défense en faisant rétablir les ponts de Charenton, de Saint-Maur et de Saint-Cloud, qui avaient été abattus pendant les guerres soutenues contre les Anglais. On rasa, on aplanit les éminences, les buttes qui restaient encore élevées hors de la ville et près du mur d'enceinte; on fit des règlements somptuaires qui ne furent guère observés. Cependant des hordes de malfaiteurs, surexcités par la misère, et qu'on appelait les *mauvais garçons*, se formaient dans les pays d'alentour, pillaient les faubourgs de Paris et les villages de la banlieue, et plusieurs rassemblements de bandits établissaient leur quartier général dans la forêt de Bondy, près du Bourget. Pour les contenir et les réprimer il fallut avoir recours à un grand déploiement de forces. Les mauvais garçons, sous la conduite de trois chefs, Esclairau, Barbiton et Jean de Metz, pénétrèrent jusqu'au sein de Paris; dans la nuit du 7 juin 1525 ils s'emparèrent des bateaux chargés de sel qui étaient auprès des Célestins. Le prévôt des marchands se mit à la tête du guet et marcha contre eux; mais il fut repoussé à coups d'arquebuse jusqu'au port de Saint-Landri ; l'affaire fut assez chaude, et le prévôt faillit être tué. Quelques jours après, les brigands répandirent encore l'alarme dans toute la ville en criant : *Vive Bourgogne! à sac! à sac!* Louis de Harlay, seigneur de Beaumont, marcha contre eux avec les deux guets et leur livra un combat acharné. Quatre hommes restèrent sur la place, vingt-cinq ou trente furent blessés. Parmi les brigands qui furent tués on signala un nommé Guillaume Ogier. Cinq autres furent arrêtés par le guet; parmi eux étaient Barbiton, l'un des chefs, Jean Charrot, clerc de Pierre Févriez, procureur au Parlement, et Jean Labbe, tailleur de pierre.

Des aventuriers et des soldats déserteurs envahissaient en même temps la ville, et ces nouveaux hôtes donnaient de vives inquiétudes. Jean Bazinier, quartenier, avertit le Parlement que quatre-vingts individus sans aveu se réunissaient depuis environ quinze jours à *la Coquille*, près de la rue Saint-Martin ; qu'il y avait encore un grand nombre de ces gens au faubourg Saint-Denis, qui faisaient des excursions dans la campagne, et que de nouveaux troubles étaient à craindre. On prit aussitôt des mesures en conséquence. Les aventuriers effrayés se réunirent aux bandes italiennes et corses, commandées par le comte de Beljiososo, et se livrèrent à tous les excès. La régente avait permis aux Italiens et aux Corses, en attendant leur payement, de vivre aux dépens du peuple avec le plus de modération possible ; mais ils devinrent si dangereux pour les populations qu'Ambroise de Ville, leur prévôt, fut obligé d'en faire pendre et *brûler* plusieurs.

Ces mesures répressives n'intimidèrent point les autres Italiens, qui, se voyant soutenus par les bandits et les aventuriers français, firent une guerre ouverte à tous les habitants des environs de Paris. Ils étaient au nombre de quatre mille, tous bien armés, et les archers de la ville n'osaient leur résister; ils avaient saccagé Saint-Cloud, Sèvres, Montreuil; ils avaient rançonné les religieuses de Longchamp, et ils se préparaient à saccager la foire du Landit. Edme de Sarrebruck, comte de Braine, arriva aussitôt à Paris, en qualité de lieutenant du comte de Saint-Pol. Il ordonna sur-le-champ aux aventuriers français de se séparer des bandes italiennes dans les vingt-quatre heures, sous peine de la hart; ils obéirent et abandonnèrent les Italiens, qui étaient au nombre de soixante hommes d'armes, avec six cents arquebusiers à cheval et six cents à pied; ils étaient suivis de plus de trois cents femmes et d'un immense bagage. Le comte de Braine, à la tête de quarante lances et des troupes que lui fournit le prévôt des marchands, marcha contre les Italiens, qui n'osèrent attendre son attaque et se dispersèrent dans les villes voisines.

François Ier avait fini par se lasser de sa prison de Madrid. Il s'était vanté d'avoir tout perdu, fors l'honneur; malheureusement il démentit lui-même cette déclaration généreuse en obtenant sa liberté au prix de déplorables concessions consenties à Madrid. Par ce traité le roi abandonnait à l'empereur Charles-Quint ses prétentions sur le Milanais et le royaume de Naples, et, en outre, l'Artois, la Flandre, Arras, Lille, Tournay, Mortagne et plusieurs autres places importantes; il s'engageait, en outre, à restituer au connétable de Bourbon le Bourbonnais, l'Auvergne, la Marche, le Forez, le Beaujolais, la principauté de Dombes et la Provence.

L'année suivante, François Ier ayant manqué de foi et fait casser le traité de Madrid par les états de France, la guerre s'alluma de nouveau plus redoutable que jamais entre lui et Charles-Quint.

Le retour de François Ier à Paris fut célébré par des fêtes officielles dont nous empruntons encore le récit au très-exact et au très-verbeux Félibien. « Le samedi 13 avril, dit cet historien, François Ier se rendit à Saint-Denis, et assista à la messe et à la procession avec les principaux corps de l'État. On remit dans leurs châsses les reliques de saint Eleuthère, de saint Rustique et de saint Denis, qui étoient restées exposées à la vénération des fidèles depuis le départ du roi pour l'Italie. La reine-mère fit prévenir ensuite le Parlement que son fils entrerait à Paris le lendemain, dimanche des Rameaux. La cour régla aussitôt les préparatifs de cette solennité, qui fut précédée de processions générales. Entre autres choses il fut ordonné au prévôt des marchands, aux échevins et maîtres d'école, de faire tenir aux barrières du boulevard de la porte Saint-Denis, devant les églises de la Trinité, du Sépulcre, des Innocents, de l'hôpital de Sainte-Catherine, de Saint-Barthélemi, de l'Hôtel-Dieu, au parvis de Notre-Dame, devant l'hôpital de Saint-Gervais, Saint-Antoine de Paris et Sainte Catherine du Val-des-Écoliers, des troupes de petits enfants, chacune de quatre-vingts ou cent, qui crieroient à haute voix *Vive le roi!* lorsqu'il passeroit. Le roi dîna ce jour-là, 14 avril, à la Chapelle. Les religieux mendiants, les églises et les paroisses de la ville allèrent à pied jusqu'à Saint-Lazare. Le recteur et l'Université se rendirent à la fausse porte Saint-Martin, où s'arrêtèrent aussi le chapitre de la cathédrale.... Après vint le sieur de la Barre, prévôt de Paris et lieutenant du roi en cette ville ; et ensuite marchèrent le prévôt des marchands, les échevins, conseillers et autres officiers de la ville, suivis d'un grand nombre de bourgeois et précédés de leurs archers. Les deux prévôts s'avancèrent jusqu'à la Chapelle, où ils firent la révérence au roi. Après eux marchèrent les officiers du Châtelet, l'élection, le trésor, les généraux des monnoies, la justice des aides, la chambre des comptes, qui rencontrèrent tous François Ier entre la Chapelle et le Moulin à Vent. Alors le Parlement, qui attendoit auprès de la porte Saint-Denis, monta à cheval et alla présenter ses respects au roi, qui étoit accompagné du roi de Navarre, du cardinal de Lorraine, du duc de Vendôme, des comtes de Saint-Pol, de Guise, de Vaudemont, et des autres seigneurs et princes de son sang. On ne porta point le dais en cette occasion. Le cortége alla le long de la rue Saint-Denis jusqu'au Châtelet, et de là, détournant par la rue de la Coutellerie et la porte Baudoyer, il se rendit aux Tournelles. Dans le même temps le Parlement fut averti que la duchesse d'Angoulême venoit après le roi, accompagnée de la reine de Navarre, sœur de François Ier, de Renée de France, d'Isabeau de Navarre, de la duchesse de Vendôme et d'autres princesses et dames. Le Parlement alla jusqu'à la Chapelle au-devant de la mère du roi, et, lorsque Jean de Selve, premier président, lui eut fait sa harangue, elle lui dit que le roi vouloit que le lendemain on fît des processions générales, et qu'il avoit dessein d'y assister en personne. Quoiqu'on attendît jusqu'au mardi à les faire, François Ier, qui se trouvoit indisposé, ne put y assister (1). »

(1) Félibien, t. II, p. 979.

Mais déjà l'hérésie luthérienne avait commencé à désoler Paris.

Un système qui abolissait la confession, dispensait du célibat les personnes consacrées à Dieu, permettait à chacun de secouer l'autorité, et de se faire à soi-même, par la lecture de la Bible, une religion particulière, devait trouver beaucoup de crédit dans le sein des masses ignorantes; son succès était certain parmi les savants, dont il flattait l'orgueil, et même dans quelques monastères où le relâchement des mœurs s'était introduit. D'un autre côté, comme la nouvelle doctrine autorisait les princes à confisquer les biens temporels de l'Église, on devait s'attendre à voir beaucoup de souverains l'adopter par politique ou par cupidité. La débauche du peuple, la vanité des docteurs, la concupiscence sacrilége des apostats, et enfin l'avarice des princes, telles furent les circonstances qui préparèrent les voies à Luther. Sa prétendue réforme fut le signal d'une foule d'hérésies plus sauvages ou plus dangereuses encore. Les anabaptistes, poussant jusqu'au bout la logique de Luther, proclamèrent l'abolition de tout pouvoir et la communauté des biens et des femmes. C'était la révolte politique et sociale qui fermentait déjà, comme une conséquence inévitable de la révolte religieuse.

Les erreurs de Luther furent publiquement condamnées en France par un arrêt de la Sorbonne (1521), mais cette décision n'empêcha pas plusieurs esprits inquiets ou remuants de les adopter; elles se répandirent, pour la première fois, à Meaux, où elles furent embrassées avec avidité par des cardeurs de laine. L'un de ces ouvriers, le nommé Jean Leclerc, afficha sur les murs de la cathédrale un placard injurieux contre les indulgences; il fut, pour cet acte audacieux, fustigé et flétri au front; mais il n'en persévéra pas moins dans ses idées et les prêcha d'abord dans la Brie, puis à Metz. Cependant François Ier ne parut pas, dans le principe, s'effrayer de l'hérésie; homme frivole, absorbé par des rêveries de soldat et énervé par des plaisirs de courtisan, il s'inquiétait peu de ce que sa cour avait pris pour une simple querelle de moines. Vainement la Sorbonne et le Parlement sévissaient contre les novateurs; il arrêta leurs poursuites. La défaite de Pavie et la captivité du roi donnèrent momentanément l'empire à d'autres idées. Le Parlement détermina Louise de Savoie à renoncer à l'indulgence dont on usait en France à l'égard des luthériens, et la régente ordonna l'exécution de deux sectaires. François Ier, rendu à la liberté, suspendit ces rigueurs, et, à l'abri de sa condescendance, les erreurs de Zwingle, le Luther de la Suisse, se répandirent assez rapidement dans le royaume. Les sectateurs de Zwingle rejetaient la présence réelle dans l'Eucharistie et proscrivaient la messe; ces doctrines furent adoptées par Jean Calvin, ecclésiastique, natif de Noyon, homme fourbe, écrivain subtil, esprit froid et penseur fanatique. Cet homme vint dogmatiser à Paris; mais François Ier, qui avait enfin ouvert les yeux, sinon sur les douleurs de la religion, du moins sur les dangers de son trône, l'obligea de se réfugier à Genève. Là, aussi inconséquent que Luther, et non moins intolérant, il proclamait par sa conduite qu'il était permis à un homme isolé de nier ce que l'Église affirmait et d'interpréter à sa guise les textes saints; mais il faisait périr sur les bûchers et sous la hache ceux qui osaient agir contre lui conformément à son principe.

Les hérétiques relaps ou convaincus de soulever les esprits contre la foi furent à plusieurs reprises poursuivis en France; les rigueurs déployées à cette occasion n'atteignirent que les principaux chefs, les autres travaillèrent dans l'ombre. Déjà ils comptaient des complices avoués ou secrets jusque dans le sein du Parlement et sur les marches mêmes du trône. François Ier, accessible aux idées les plus contraires, livré aux conseils de ses courtisans ou de ses favorites, sévissait tantôt contre les protestants, lorsqu'il voulait donner des gages de son orthodoxie ou calmer les remords que lui causaient ses débauches, et tantôt fermait les yeux sur leurs prédications, lorsque ses alliances d'Allemagne ou les intérêts de sa politique semblaient le lui prescrire. Sa propre sœur, Marguerite, reine de Navarre, tendait aux hérétiques, pour les aider, la main qui lui avait servi à écrire des contes licencieux.

Ainsi l'Europe était agitée par des orages; ainsi les nouveautés religieuses se propageaient sur tous les points, n'épargnant que la péninsule espagnole et portugaise, et partout ailleurs faisant germer les haines, les sacriléges, les agressions sanglantes et les représailles. L'Allemagne et l'Italie avaient été inondées de sang par des hordes de féroces anabaptistes, dont le premier tort était d'être conséquentes avec le principe même de la réforme. Partout les églises avaient été profanées ou pillées, la cendre des saints jetée au vent, les reliques souillées, les prêtres, les religieuses et les fidèles livrés à l'outrage ou au glaive. Le désert des Maremmes de Sienne, au cœur de l'Italie, atteste encore, aux yeux du voyageur attristé, les brigandages exercés au nom et pour la cause de la réforme. Cent ans de discordes atroces en France, de persécutions cruelles en Angleterre, d'assassinats en Écosse, de sanglantes guerres en Suisse et en Allemagne, furent les conséquences inévitables de cette fatale révolution.

Loin de nous, en constatant ce double fait, prouvé par l'histoire, que les partisans de la réforme promenèrent les premiers sur la société catholique le fer et la torche; loin de nous, dis-je, la pensée de justifier les attentats qui eurent lieu de la part de leurs adversaires dans cette lutte si imprudemment soulevée! La haine, l'ambition, le désordre des mœurs et la cruauté entachèrent trop souvent la résistance des populations fidèles. Le sang répandu et les profanations multipliées donnèrent lieu à de terribles vengeances, dont les exécuteurs oublièrent souvent qu'ils avaient à combattre pour une religion de charité et d'amour, pour un Dieu qui pria pour ses bourreaux. Mais ces exceptions douloureuses se reproduisent à toutes les époques où les masses sont en présence. Les passions de l'homme portent des fruits de mort. L'Église abhorre le sang; elle n'est point responsable des fureurs du glaive et des égarements de l'individu; comme son divin Maître elle prie pour ses persécuteurs, parce que trop souvent *ils ignorent ce qu'ils font*.

Quelques luthériens mutilèrent une image de la sainte Vierge, située au coin de la rue des Rosiers et de la rue des Juifs; le roi fit fondre une statue d'argent destinée à remplacer celle que les hérétiques avaient profanée. Des processions et des messes expiatoires eurent lieu, à cette occasion, dans tous les quartiers et dans toutes les églises de Paris. Le roi plaça lui-même, en grande pompe, la nouvelle image de la Mère de Dieu sur le pilier de pierre où elle devait rester exposée à la piété des fidèles. Peu de temps après, bien qu'il eût essayé à diverses reprises de sauver de la mort un hérétique relaps, du nom de Berquin, l'un de ses plus illustres conseillers, il se vit forcé de l'abandonner au cours de la justice, et ce savant homme périt par le supplice du feu.

Une nouvelle profanation d'images saintes eut lieu dans la nuit du 21 mai 1530 ; on défigura le visage d'une statue peinte placée au coin de la rue Aubry-le-Boucher et représentant la Vierge entre saint Fiacre et saint Roch. Comme à l'ordinaire ce scandale fut aussitôt suivi de rigoureuses mesures de police et de processions. La Sainte-Chapelle, suivie du Parlement, vint processionnellement sur le lieu du scandale ; elle apporta la vraie croix sous un dais, et chanta une antienne à la Vierge sur un autel qu'on avait dressé exprès au coin de la rue Aubry-le-Boucher. L'image profanée conserva le nom de *Notre-Dame de Patience*.

Vers la même époque il y eut successivement à Paris plusieurs grandes cérémonies, tantôt de réjouissance, tantôt de deuil. D'abord ce furent les obsèques de Maximilien Sforce, duc de Milan, qui furent faites avec magnificence. Au mois de juillet 1530 les Parisiens célébrèrent l'heureux retour des fils du roi, le Dauphin et le duc d'Orléans, depuis longtemps retenus en otages à la cour d'Espagne. Puis, au commencement de l'année 1531, eut lieu à Saint-Denis le couronnement de la reine Éléonore, la nouvelle épouse de François Ier, et, quelques jours après, son entrée solennelle dans la capitale. Louise de Savoie, la reine mère, mourut le 22 septembre et fut inhumée à Saint-Denis. Enfin, le 17 décembre de la même année, Antoine Duprat, récemment promu à la dignité de légat du Saint-Siége, fit son entrée à Paris en cette qualité avec une pompe toute royale.

La même année fut fatale à Paris par l'intensité d'une maladie contagieuse qui porta le ravage dans la ville et le deuil dans les familles. Malgré les soins du gouvernement pour apporter remède à ce fléau, il périt un si grand nombre de personnes que la ville fut obligée d'acheter six arpents de terre dans la plaine de Grenelle pour faire ensevelir les morts (1).

Cette époque calamiteuse fut encore signalée par des invasions de brigands qui désolaient Paris et la banlieue. En 1533 ils attaquèrent l'hôtel de Graville, situé près du palais des Tournelles; après une collision sanglante ils furent repoussés. Le duc de Norfolk, ambassadeur d'Angleterre, ayant appris que plusieurs Anglais, attachés à sa maison, avaient péri dans cette bagarre, s'imagina, on ne sait trop pourquoi, que les bandits en voulaient à sa vie; dans son indignation il se préparait à quitter Paris; il fallut beaucoup de peine pour le faire revenir de son erreur. On lui apprit la cause de ce désordre, et, pour le rassurer entièrement, on mit des gardes à sa porte et l'on alluma des feux pendant la nuit pour éclairer la rue du Roi-de-Sicile, où il logeait.

En cette même année le recteur de l'Université, nommé Lafitte, eut l'audace de prêcher dans l'église des Cordeliers des doctrines hostiles à l'Église catholique; dé-

---

(1) M. de Gaulle, *Hist. de Paris.*

crété par le Parlement, il prit la fuite. Peu de jours après, un autre huguenot subit à Paris la peine du bûcher; c'était un Jacobin apostat, nommé Laurent Canu, de Rouen. Il était accusé de bigamie et connu pour dogmatiser dans le monde contre les principes de la religion orthodoxe. Son procès fut promptement terminé, et il fut condamné à être brûlé vif. Il obtint la permission de haranguer le peuple avant de mourir; il commença donc du haut de son bûcher un long discours sur le Saint-Sacrement; mais peu à peu l'on s'aperçut que ses paroles prenaient un caractère de plus en plus fallacieux et fort dangereux pour la multitude qui l'écoutait. On se hâta de l'interrompre en étouffant sa voix dans les flammes (1).

Cette période nous apparaît empreinte de tristes souvenirs; si elle fut marquée par des constructions utiles, par la fondation d'œuvres importantes pour les arts et les sciences, elle le fut bien davantage par le grand nombre des supplices infligés aux hérétiques, par l'horrible spectacle de leur mort. Les bûchers étaient allumés, le bourreau à l'œuvre. La violence a pour coutume d'exaspérer les passions et les convictions. En dépit des arrêts du Parlement et des menaces toujours dirigées contre les prétendus réformateurs, les protestants redoublaient d'énergie et acceptaient avec joie ce qu'ils appelaient le martyre. Ils ne prenaient pas la peine de se cacher; ils colportaient des pamphlets contre l'Église, ils affichaient, jusque sur les murs de la demeure royale, des placards blasphématoires et sacriléges.

Le roi se trouvait à Blois. En apprenant les criminelles

(1) M. de Gaulle, *Histoire de Paris*.

tentatives des disciples de Luther il entra en fureur et prescrivit un redoublement de sévérité contre les sectaires. Les procédures en matière d'hérésie furent simplifiées. Le lieutenant criminel du Châtelet jugeait sommairement les accusés et le Parlement confirmait ses sentences. François Ier vint d'ailleurs à Paris présider, comme en 1528, à une procession expiatoire qui, cette fois, eut lieu le 21 janvier 1535. De grands apprêts furent faits pour cette solennité; les rues de Paris furent tapissées. Le clergé de toutes les églises, les écoliers de tous les colléges, les officiers de toutes les cours, les magistrats de l'ordre judiciaire et les magistrats municipaux, plusieurs prélats, les princes, les princesses, la reine, le roi assistèrent à cette pompe religieuse en grands costumes. On remarquait les religieux de Saint-Germain des Prés et ceux de l'abbaye Saint-Martin des Champs. « Les premiers, dit Félibien, portoient la châsse de saint Germain, que de mémoire d'homme on n'avoit pas vu porter hors de leur territoire, et les autres portoient la châsse de saint Paxent, martyr. Suivoient les religieux de Saint-Éloi, avec la châsse de leur saint patron portée par les serruriers couronnés de fleurs. Ensuite saint Benoît et plusieurs autres châsses et reliques, suivies d'un grand tableau d'or enrichi de pierreries, où étoient plusieurs ossements de saints avec le chef de saint Philippe. Venoient ensuite les deux châsses de sainte Geneviève et de saint Marcel, portées à côté l'une de l'autre, celle-ci par les orfévres et celle-là par dix-huit hommes et quatre religieux en chemises cousues, et qui avoient reçu auparavant la sainte communion, comme c'étoit la coutume. Les deux châsses étoient suivies des religieux de Sainte-Geneviève et de

Saint-Victor, nu-pieds. Le chapitre de Saint-Germain l'Auxerrois marchoit ensuite avec sa musique, et après eux, les uns à côté des autres, le chapitre de Notre-Dame et l'Université. Venoient ensuite les suisses de la garde du roi, armés de hallebardes, précédés de leurs tambours et fifres. Les trompettes, clairons, cornets et hautbois du roi marchoient après, et faisoient retentir de tous côtés le son de l'hymne *Pange, lingua*. Venoit ensuite le sieur de Savigny, l'un des capitaines des gardes du roi, qui avoit l'œil à tout pour éviter qu'il y eût de la confusion. Il étoit suivi des hérauts d'armes, et après eux marchoit la Sainte-Chapelle avec sa musique et toutes ses reliques, les plus précieuses portées par des évêques; c'est à savoir le chef de saint Louis, la couronne d'épines, qui n'avoit jamais été portée en procession, la vraie croix, la verge d'Aaron, la grande couronne de saint Louis, le fer de la sainte lance, l'un des clous de la Passion, les tables de Moïse, le sang de Jésus-Christ, sa robe de pourpre et le lait de la sainte Vierge. Après les reliques marchoient les cardinaux de Givri, de Tournon, Le Veneur et de Chatillon, et quelques évêques, suivis des gentilshommes avec leurs haches d'armes. Ensuite venoit le Saint-Sacrement, porté en une croix par l'évêque de Paris, sous un dais de velours violet semé de fleurs de lis d'or, dont le bâton de devant, à droite, étoit porté par le duc d'Angoulême, troisième fils du roi, celui du côté gauche par le duc de Vendôme, qui avoit le collier de l'ordre; des deux bâtons de derrière celui du côté droit étoit porté par le Dauphin, qui avoit aussi le collier de l'ordre, et celui du côté gauche par le duc d'Orléans, son frère. Le roi suivoit, nu-tête, en robe de velours noir fourrée de genettes noires,

avec une ceinture de taffetas, et auprès de lui alloit le cardinal de Lorraine, à qui le roi donnoit sa torche blanche à tenir quand on étoit aux reposoirs ; car alors il joignoit les mains et prioit avec des mouvements de dévotion très-touchants. » Après la cérémonie François Ier se rendit dans l'une des salles de l'évêché ; là il harangua le Parlement, le clergé et la noblesse, leur rappelant que la force et la gloire de la monarchie française s'appuyaient sur la foi catholique ; qu'attaquer cette foi de tous les temps c'était attaquer la monarchie même et en préparer la ruine. En conséquence il conjurait tous les assistants de s'affermir dans la religion de leurs pères et de signaler à la justice tous les novateurs. « Quant à moy qui suis vostre
« roy, s'écria-t-il, si je sçavois l'un de mes membres
« maculé ou infecté de ces détestables erreurs, de cette
« méchante et acerbe peste, je n'hésiterois pas à le re-
« trancher de mon corps. » Ces paroles indiquaient assez que François Ier, tout en maintenant au dehors son union avec la ligue protestante, était résolu à se montrer au dedans le juge implacable de l'hérésie. A l'issue même de la cérémonie religieuse dont nous venons de parler, la foule, la cour elle-même se portèrent à la montagne Sainte-Geneviève pour assister à la mort lente et cruelle de six protestants, condamnés à périr à petit feu. Le peuple était tellement ému contre ces malheureux que, trouvant leur supplice encore trop doux, il voulait les déchirer de ses propres mains. C'est Théodore de Bèze qui l'atteste lui-même, et son récit nous donne à peine une faible idée des passions, des haines, des violences qui agitaient alors le monde autour de la chaire de Luther. Ceux qui seraient heureux, au nom de leur impartialité sus-

pecte, d'en rejeter la faute sur les rois, sur les magistrats et sur les peuples catholiques, nous sembleraient trop aisément oublier les crimes dont l'Italie et l'Allemagne venaient alors d'être le théâtre. Ajoutons que tous les Parisiens ne s'associaient pas à la joie cruelle de la populace. « Quelques-uns, dit un chroniqueur du seizième siècle, quelques-uns avoient compassion des huguenots, marrys de les voir ainsy persécutés, et, contemplant dans les places publiques ces noires carcasses suspendues en l'air avec des chaînes vilaines, reste des supplices, ils ne pouvoient contenir leurs larmes; les cœurs mêmes pleuroient avec les yeux (1). »

François Ier, croyant atteindre le mal dans sa source, édicta des lettres patentes portant abolition de l'imprimerie.

Pour ajouter une rigueur nouvelle aux supplices on eut recours à un horrible moyen; ce fut de suspendre les condamnés par des chaînes de fer à des bascules qui tour à tour les « guindoient » en l'air et les « dévaloient » (descendaient) dans les flammes, afin de prolonger leur supplice, jusqu'à ce que le bourreau coupât la corde pour laisser tomber le patient dans le feu!... Cette abominable invention s'appelait *l'estrapade* et a laissé son nom à l'emplacement de Paris sur lequel eurent lieu de pareilles exécutions.

Un événement vint suspendre un instant les supplices. Charles-Quint, voulant marcher contre les Gantois révoltés, demanda à François Ier le passage par Paris pour aller les soumettre.

(1) Florimond de Rémond, *Histoire de l'Hérésie de ce siècle*, ch. 6, livre 7.

François Ier l'y autorisa, et Charles-Quint vint à Paris (1er janvier 1540), où il fut reçu avec les plus grands honneurs.

Les chroniqueurs qui ont résumé minutieusement les événements de cette époque sont entrés dans de grands détails sur cette cérémonie inaccoutumée.

« L'empereur, disent-ils, d'après les registres municipaux, fit son entrée à Paris le jeudi 1er janvier 1540. Le clergé et l'Université marchèrent les premiers, ensuite la ville, et puis le Parlement.

« La ville y parut avec toute la pompe convenable. Deux sergents de la ville marchaient à la tête avec leurs robes de livrée et le navire d'orfévrerie sur le bras, suivis de six crieurs de corps et de vins, douze vendeurs de vin, autant de courtiers de vins, quatre jaugeurs et douze déchargeurs, douze mesureurs, quatre courtiers, quatre briseurs et douze hanouars porteurs de sel, six mesureurs et six porteurs de charbon, six mouleurs de bois, vingt mesureurs et vingt porteurs de blé, tous en robes mi-parties de bleu et de rouge, et à pied. Suivoient à cheval les cent arquebusiers de la ville avec leurs hoquetons de livrée, leurs arquebuses, et trompettes, clairons et tambours, et enseignes déployées; les vingt-six archers de la ville, avec leurs javelines, leurs tambours et enseignes; les soixante arbalétriers, en pourpoint de satin blanc, armés de javelines, leurs chevaux bardés de rouge, et devant eux leurs trompettes; après eux les nobles enfants de la ville, au nombre de quatre-vingt-quatre, tous superbement vêtus de casaques de velours noir enrichies de broderies et de passements d'or, avec la manche coupée de drap d'or frisé, et par-dessous le pourpoint de satin jaune, et des bonnets si garnis de pierreries que quatre furent estimés cinquante mille écus d'or. Leurs chevaux étoient houssés et ornés à proportion des maîtres. Germain Boursier, capitaine de cette compagnie, se plaignoit de n'avoir pas été averti deux jours avant, car il se faisoit fort de la faire de cinq cents, au lieu qu'elle n'étoit que de quatre-vingt-quatre. Venoient ensuite les huit autres sergents de la ville, suivis du prévôt des marchands, des échevins et du greffier, vêtus de robes mi-parties de velours cramoisi et tanné ; celle du prévôt fourrée de martre zibeline, et les autres doublées de velours noir. Le procureur de la ville étoit vêtu d'une longue robe de velours cramoisi doublée de velours noir, et le receveur avoit une robe de satin fourrée de martre. Les conseillers marchoient en habits de soie fourrés de riche panne. Les seize quarteniers étoient vêtus de robes de satin tanné. Ceux qui devoient porter le dais étoient quatre élus de la draperie, vêtus de robes de velours tanné ; quatre de l'épicerie, en robes de velours noir ; quatre de la mercerie, en velours pers ; quatre de la pelleterie, de velours violet fourré de *lubernes;* quatre de la bonneterie, en velours gris, et quatre de l'orfévrerie, en velours rouge. Le prévôt des marchands, de Thou, accompagné des échevins et autres officiers de la ville, mit pied à terre à Saint-Antoine des Champs, où étoit l'empereur *dans une maison de charpente toute vitrée*, lui fit sa harangue et lui présenta les clefs de la ville. L'empereur répondit par la bouche du connétable, prit les clefs, et les donna à un archer qui les rendit aux échevins. L'empereur étoit en noir, à cause de la mort de l'impératrice, et sans autre ornement que le petit collier de la Toison. Il avoit autour de lui le Dauphin et le duc d'Orléans, enfants du roi, les ducs de Vendôme, de Guise, de Nevers, d'Albe, le connétable et le chancelier de France, et plusieurs autres grands seigneurs, tant de sa suite que de la maison du roi. Après que tous les corps eurent rendu leurs respects à l'empereur le Parlement se présenta, c'est-à-dire les présidents, les plus anciens conseillers, le premier huissier et le greffier en chef. Le reste demeura dehors à cheval. Quoique l'empereur eût avec lui Granvelle, son garde des sceaux, et le chancelier de France, il répondit de sa propre bouche à la harangue du premier président. Aussitôt l'empereur se mit en marche. Le seigneur de Nançai, l'un des capitaines des gardes, marchoit devant, pour faire écarter la foule, suivi du grand-prévôt de la connétablie avec ses archers, d'une grande multitude de seigneurs français, du prévôt de l'hôtel et de ses archers. Ensuite venoient les secrétaires du roi, vêtus de robes de damas, puis les conseillers du grand-conseil en robes de satin, et les maîtres de requêtes en robes de velours noir. Après cela les deux cents gentilshommes de la maison du roi, menés par leur capitaine; Louis, monsieur de Nevers et le sieur de Canaples, suivis des gentilshommes de la maison de l'empereur, vêtus de drap noir à cause du deuil. Les Suisses de la garde du roi marchoient à pied, enseignes déployées, conduits par le seigneur de Sedan, leur capitaine, et après eux les trompettes du roi et des autres princes, et les rois et hérauts d'armes. Ensuite venoient les audienciers et contrôleurs de l'audience, en manteaux d'écarlate fourrés de *lotice*, et nu-tête, suivis d'une haquenée blanche couverte de drap d'or, portant le coffre où étoient les sceaux de France, le coffre couvert d'un voile transparent. La haquenée étoit conduite par deux laquais vêtus de pourpoints de velours cramoisi et la tête nue. Les quatre chauffe-cire de la chancellerie, aussi tête nue, marchoient des deux côtés de la haquenée, à pied et vêtus de velours cramoisi. Suivoit le chancelier Guillaume Poyet, vêtu d'une robe de velours cramoisi figuré et d'un manteau d'écarlate fourré d'hermine, monté sur une mule enharnachée et houssée de velours cramoisi. Après lui venoit le grand-écuyer du roi, vêtu d'un manteau de drap d'or frisé, monté sur un cheval de parade caparaçonné de velours violet semé de fleur de lis d'or. A sa droite étoit le grand-écuyer de l'empereur, vêtu de drap noir, avec le petit collier de la Toison. Au-dessus de lui, à droite, étoit le duc de Guise, comme grand-chambellan de France, décoré du grand collier de l'ordre du roi. Suivoient les cardinaux de Bourbon, de Tournon, de Givry, Gâdi, Lenoncourt, Mâcon et Châtillon, dans leurs chapes cardinales. Après eux le seigneur de Montmorency, connétable et grand-maître de France, portant l'épée nue devant l'empereur. Ensuite venoit l'empereur, monté sur un cheval noir caparaçonné de noir, accompagné du Dauphin à sa droite et du duc d'Orléans à sa gauche, suivis des ducs de Vendôme, de Lorraine, de Nevers et d'Albe, du comte d'Egmont et de plusieurs autres grands seigneurs. Les chevaliers de l'ordre marchoient ensuite, décorés du grand collier, et après eux une grande multitude de gentilshommes et d'officiers. La marche étoit fermée par les quatre compagnies des gardes du roi. L'empereur, étant arrivé à la porte Saint-Antoine, refusa d'abord d'entrer sous le dais, mais, à l'instante prière des échevins, il accepta enfin cet honneur. On avoit alors de la peine à le voir à cause de la fumée du canon de la Bastille, dont il fut tiré près de huit cents coups. L'empereur s'arrêta plusieurs fois pour la représentation de divers mystères qu'il trouva sur son chemin, devant les Tournelles, à la porte Baudoyer et ailleurs. Toutes les rues étoient magnifiquement parées, mais surtout le pont Notre-Dame étoit tout décoré de feuilles de lierre, d'écussons aux armes de l'empereur, de candélabres ou girandoles, et de quantité d'autres ornements. L'empereur descendit d'abord à Notre-Dame pour y faire sa prière. On y chanta le *Te Deum;* après quoi l'empereur se rendit au palais, où l'attendoit le festin royal, qui fut servi par les plus grands seigneurs. Le lendemain il alla loger au Louvre et y fut régalé magnifiquement. La ville lui offrit un présent, l'Hercule d'argent, de six pieds de haut, dont le roi lui avoit donné le dessin. Pendant sept ou huit jours que l'empereur resta à Paris, moins occupé d'affaires que de divertissements, on donna en son nom la liberté à tous les prisonniers qui se trouvèrent enfermés dans la Conciergerie et dans les autres prisons de la ville (1). »

Ces détails peuvent paraître minutieux; nous n'hésitons pas néanmoins à les placer sous les yeux de nos lecteurs, parce qu'on y voit se reproduire, d'une manière vivante, des usages, une civilisation et des temps qu'aucune analyse historique ne sauroit aussi exactement rappeler. Des supplices barbares et des fêtes splendides; l'ignorance dans les mœurs et l'élégance artistique dans les monuments et dans les manières, c'est à peu près le Paris du seizième siècle.

Beaucoup de gens peu scrupuleux sur les moyens de

---

(1) Félibien, t. II, p. 1007-1010.

parvenir à un but blâmèrent François Ier de n'avoir pas saisi l'occasion de se rendre maître de la personne de l'empereur pendant qu'il se trouvait à Paris. Le fou de François Ier, le célèbre Triboulet, alla même jusqu'à lui donner un conseil de ce genre, en dissimulant sa pensée sous les formes de la bouffonnerie. Il avait écrit sur ses tablettes que Charles-Quint était plus fou que lui de s'exposer à traverser le royaume. *Mais*, lui dit le roi, *si je le laisse passer sans rien lui faire, que diras-tu? — J'effacerai son nom et j'y mettrai le vôtre*, répondit Triboulet. François Ier s'honora en repoussant ces insinuations.

Bientôt après Charles-Quint viola le droit des gens en faisant tuer deux ambassadeurs que François Ier envoyait à Venise et à Constantinople. Ce double attentat devait avoir pour conséquence inévitable de nouvelles guerres. La France leva cinq armées, et François Ier envahit presque en même temps le Roussillon, le Piémont, le Luxembourg, le Brabant et la Flandre. Le sultan Soliman lui prêta, dans cette circonstance, l'appui d'une flotte commandée par Barberousse; Nice fut bombardée par les Français et les Turcs. Cette odieuse alliance révolta la chrétienté tout entière. Cependant la France, menacée sur tous les points, se sauva par son énergie. Ses armées tinrent en échec les forces de l'empire; le duc d'Enghien gagna en Piémont l'éclatante victoire de Cérisoles, à la suite de laquelle le Montferrat fut conquis. Charles-Quint échoua en personne devant Landrecies, secourue par François Ier; il perdit ensuite le Luxembourg, qu'il avait repris momentanément, et dont le duc d'Orléans, deuxième fils du roi, fit une seconde fois la conquête.

L'empereur à son tour s'unit aux protestants d'Allemagne, vivement émus des progrès de Soliman en Europe et de l'alliance de François Ier avec le sultan. Il envahit la Champagne et la Lorraine, qu'il couvrit de sang et de ruines, et, favorisé par des intrigues de cour, parut à deux journées de marche de Paris.

La terreur fut grande dans Paris quand on sut que l'empereur était à Château-Thierry et que ses avant-coureurs galopaient aux portes de Meaux. « Vous eussiez vu, raconte le contemporain Guillaume Paradin, riches, pauvres, grands et menus, gens de tous états et âges, s'enfuir et traîner leurs biens par terre, par eau, par charroi, les uns tirer leurs enfants après eux, les autres porter les vieilles gens sur leurs épaules, les mettre dans les bateaux, desquels il y avoit si grand nombre que l'on ne pouvoit voir l'eau de la rivière. » Plusieurs bateaux, trop chargés de « meubles et de gens », coulèrent à fond. Le désordre n'était pas moindre aux champs que dans la ville ; les routes étaient encombrées de campagnards fuyant avec leurs troupeaux vers la Loire ou vers la Normandie. Les larrons et les maraudeurs, se jetant à travers cette foule épouvantée, faisaient leur profit du malheur de tous ; c'était un « tel bruit et effroi » qu'il semblait que « nature voulût retomber dans le chaos. »

Le roi, toujours malade et languissant, avait été d'abord saisi d'angoisse au bruit de l'approche de l'empereur. « Mon Dieu ! s'était-il écrié, que tu me vends cher mon royaume ! » Il se remit en apprenant que l'armée était intacte ; il accourut de Fontainebleau à Paris et parcourut les rues à cheval, accompagné du duc de Guise, haranguant les bourgeois et déclarant que, « s'il ne les pouvoit garder d'avoir peur, il les garderoit d'avoir mal ». L'arrivée du roi et sa ferme contenance furent d'un merveilleux effet; « tout le monde », dit Paradin, « revint à la file, avec ferme propos d'attendre l'empereur et de lui résister ». Les corps de métiers, les écoliers, tout Paris se leva en masse; quarante mille hommes bien armés défilèrent devant le roi. Cette population ardente et mobile avait passé, en quelques heures, d'une terreur panique à une confiance intrépide (1).

La résolution des Parisiens ne fut pas mise à l'épreuve; Paris était déjà couvert en ce moment par l'armée française accourue à marches forcées; l'avant-garde du Dauphin était à Lagni, le reste de l'armée à Meaux et à la Ferté-sous-Jouarre. L'empereur sentit l'attaque de Paris impossible en présence d'une armée supérieure à la sienne, et, suivant son premier dessein, il se retira sur Soissons (1544).

L'année suivante la paix fut signée avec l'empereur à Crépy en Valois; elle ne fut signée avec Henri VIII, roi d'Angleterre, que le 7 juin 1546.

Depuis le mois de septembre 1544 jusqu'au mois de juillet 1545 la peste désola Paris. Le Parlement édicta à

(1) Il est difficile, en présence des témoignages contemporains les plus dignes de foi, de comprendre le récit que fait M. de Sismondi de ces événements (*Hist. des Français*, t. XVIII, p. 206). Il affirme que personne à Paris ne voulait se battre sous les ordres du roi, que presque aucun écolier ne voulait s'enrôler, etc., et cite Vieilleville et Paul Jove comme garants. Il y a ici erreur matérielle. L'auteur des Mémoires de Vieilleville dit tout le contraire et porte à un nombre exorbitant et impossible les écoliers qui prirent les armes. Quant à Paul Jove, ce rhéteur italien si justement décrié ne saurait être mis en parallèle avec un témoin oculaire d'une évidente bonne foi, tel que Guillaume Paradin.

ce sujet divers règlements de salubrité et de police, et défendit d'ailleurs tous les spectacles publics.

François Ier, témoin des désordres, des excès et des crimes de tout genre qu'enfantaient autour de lui la violence, le brigandage et la révolte, introduisit dans la législation pénale des supplices atroces, tels que celui de la roue, et prodigua à chaque instant, même pour des fautes légères, les peines de la hart, des verges, des oreilles coupées, des galères, du feu ; il voulut rétablir la sécurité publique par des *effroïances*, pour emprunter le style même de ses édits, mais il ne réussit le plus souvent qu'à laisser à la postérité le souvenir de ses barbaries. Parmi les ordonnances législatives qu'il rendit pour améliorer l'action de la justice, celle de Villers-Coterets est à bon droit demeurée célèbre ; entre autres dispositions, elle interdit d'employer désormais dans la rédaction des arrêts et des actes publics d'autre langue que l'idiome national, et elle contraignit les parlements à renoncer au latin barbare et ridicule dont ils se servaient depuis des siècles. Par le même édit François Ier s'attacha à réduire les frais de justice. Une autre ordonnance soumit à des règles fixes la tenue des registres baptistaires ; une troisième exempta définitivement les ecclésiastiques du service personnel dans les armées, auquel, par une étrange anomalie, ils étaient astreints comme possesseurs de fiefs.

Roi absolu, médiocre politique et intrépide chevalier, François Ier obtint de ses contemporains le surnom de *Père des lettres ;* il les aima et les protégea. Jaloux de l'illustration que les chefs-d'œuvre de l'intelligence et de l'art donnent à un règne, et digne émule de Léon X, qui attacha son nom à ce siècle, il s'entoura de savants et d'artistes, les combla de dignités et de faveurs qui les attachèrent à sa cour ou les retinrent à Paris.

Le roi se plut également à réunir dans cette vaste capitale l'élite des écrivains et des érudits dont s'honorait alors la France, et, à vrai dire, leurs noms étaient parfois assez obscurs. Les évêques de Sens, de Senlis, de Mâcon, de Montpellier, de Grasse, de Nebbio, et, avec eux, Guillaume Cop, Lascaris, Guillaume Budée (ce dernier surtout), vivaient dans la familiarité du prince, se groupaient autour de lui comme auprès d'un autre Charlemagne, et renouvelaient les distractions savantes des temps d'Alcuin et d'Éginhard. Budée entretenait avec le trop célèbre Érasme une correspondance assidue, et dans son enthousiasme Érasme écrivait : « La France a un Budée, mais elle n'en a qu'un ! O heureuse Gaule ! quel beau fleuron pour sa couronne si elle en connaissait le prix ! Si elle m'en croyait, ô le plus savant des amis et le plus aimé des savants, elle placerait ta statue dans les basiliques ! » Par les conseils de Budée François Ier fonda le Collége royal (Collége de France), destiné d'abord à l'enseignement supérieur des langues. Plusieurs établissements de ce genre existaient déjà à l'étranger : Léon X en avait fondé un à Rome ; Jérôme Busleiden, un autre à Louvain. Il s'agissait, à la cour du roi de France, de savoir à quel homme de génie la direction du Collége royal serait confiée, et le roi jeta les yeux sur Érasme, le laissant maître des conditions, lui offrant des faveurs et de l'or plus que n'en pouvait désirer l'orgueil d'un savant. Lettres, prières, sollicitations, promesses, rien ne put déterminer Érasme à quitter sa tranquille retraite de Hollande et à venir à Paris. Le roi n'en poursuivit pas moins le but qu'il se proposait d'atteindre. Il décida que l'on construirait à l'hôtel de Nesle un édifice capable de contenir un grand nombre de professeurs et six cents élèves; cinquante mille écus de rente étaient destinés à leur entretien. François Ier exigea d'ailleurs que l'enseignement du Collége royal fût donné à tous aux frais du trésor public. Beaucoup s'inquiétèrent de cet ordre souverain, qui pouvait avoir pour résultat de répandre sur le pays les fausses lumières en même temps que la science utile. Le roi, déterminé à favoriser de tous ses efforts la réaction qui s'opérait dans les études, seconda le retour aux lettres païennes par les accroissements importants qu'il donna à la bibliothèque du Louvre et par la fondation première de l'Imprimerie royale. Il fit rechercher et acheter à grands frais les manuscrits des auteurs anciens en Italie, en Grèce, en Asie.

Depuis plusieurs années, et pour opposer un obstacle de plus aux débordements des sectes antichrétiennes et antisociales qui se multipliaient en France, en Angleterre et en Allemagne, Ignido (Ignace) de Loyola avait fondé à Paris la Société de Jésus. Avec six de ses amis, étudiants comme lui, il s'était rendu dans une chapelle souterraine de l'église de Montmartre, et tous reçurent la communion de la main de l'un d'entre eux, Pierre Lefebvre, déjà prêtre; les noms des autres étaient François-Xavier, Jacques Bobadilla et Simon Rodriguez d'Azévédo. Tous ensemble, réunis au pied de l'autel, firent vœu de chasteté et de pauvreté perpétuelle, et s'engagèrent à se mettre sous l'obédience du pape pour propager et défendre la foi. Plus tard ils soumirent au vénérable pontife Paul III le projet d'un ordre religieux qu'approuva le chef de l'Église, et dont Ignace fut nommé chef sous le titre militaire de général.

Il n'entre pas dans le cadre qui nous est assigné de faire l'histoire des travaux d'une société à laquelle saint Ignace donna ce nom dont Jésus a dit lui-même : « Et à cause de mon nom vous serez haïs et persécutés. » Ne reculant pas devant cette redoutable promesse, Ignace demanda à Dieu que la société qu'il instituait fût toujours en butte aux contradictions, et Dieu l'exauça. La Compagnie de Jésus se proposa de combattre à la fois le paganisme chez les peuples encore soumis au culte des idoles et le protestantisme dans tous les pays chrétiens. Avant-garde de l'Église, elle en fut la lance et le bouclier. Que si l'on cherche pourquoi elle ne recueillit si souvent que la persécution et la haine, tout le secret réside dans le but qu'elle a poursuivi ; s'il en était jamais autrement l'accomplissement du bien serait trop facile. C'est au prix de la sueur de son front que l'homme mange son pain, au prix de leur sang que les confesseurs rendent témoignage et arrivent à la conquête des âmes.

Le monde en était là lorsque François Ier mourut à Rambouillet des suites d'une maladie causée par ses débauches (1547).

CHAPITRE III.

Paris sous Henri II (1547-1559).

Le fils de François 1er semblait avoir pris son père pour modèle; il en avait les qualités et les vices, mais à un degré très-inférieur. Son respect pour la religion était plus sincère peut-être ; mais il suivit l'exemple que le dernier roi avait donné, celui d'offrir à son peuple le spectacle de l'adultère couronné et triomphant. La célèbre Diane de Poitiers, bien qu'âgée de quarante-sept ans, réussit à dominer ce prince, déjà marié à Catherine de Médicis. « Lorsqu'il monta sur le trosne, dit Brantôme, il s'y trouva fort heureux, car son royaume estoit franc de toute guerre avec l'empereur. Quant au roi d'Angleterre, il ne s'en donnoit trop de peine, pour estre foible ennemy au prix de l'empereur. Il trouva force finances dans le thrésor du Louvre, qu'on estimoit à trois ou quatre millions, sans le revenu de l'année qu'il voyoit venir devant lui, et hors de toutes dettes. »

Un incident inaccoutumé signala les commencements du pouvoir de Henri II. Le roi, dit Bossuet, *oubliant les lois divines et humaines*, autorisa par sa présence un duel entre La Chataigneraye, l'un de ses favoris, et Chabot de Jarnac, beau-frère de la duchesse d'Étampes. Il s'agissait des propos injurieux tenus par le premier de ces deux personnages sur le compte de l'autre, et dans lesquels on avait assez gravement compromis le nom de la duchesse. Jarnac, moins fort que son adversaire, le terrassa cependant par un coup inattendu qu'il lui porta sur le jarret (1); toutefois il laissa la vie à La Chataigneraye; mais ce dernier, désespéré de la honte de sa défaite, déchira plusieurs fois l'appareil mis sur sa blessure et ne tarda pas à mourir. Un duel inaugurait mal un règne qui devait finir, d'une manière sanglante, par un combat singulier.

Paris fut ému par de nouvelles querelles suscitées par l'humeur turbulente des clercs et des étudiants universitaires qui contestaient divers priviléges aux religieux de Saint-Germain des Prés. Le 10 décembre 1547, le pont Saint-Michel s'écroula, et le Parlement ordonna une enquête pour faire punir ceux par la faute desquels avait pu arriver ce grave accident. De nombreux emplacements vides renfermés dans la vaste enceinte de Paris avaient été abandonnés par le roi à ceux qui voudraient les remplir par des constructions. On représenta au roi les dangers de cette libéralité, et bientôt fut publiée une ordonnance qui interdisait les constructions nouvelles dans les faubourgs de la ville (janvier 1548). « Nous avons vu, dit le roi dans cet acte, le grand nombre des maisons qui se sont bâties depuis vingt ans dans les faubourgs et se bâtissent chaque jour, ce qui attire des autres villes et des villages de notre royaume une infinité de gens, à la grande diminution desdites villes et villages et à la surcharge des contribuables qui y restent. Et comme ceux qui viennent dans les faubourgs ont liberté d'ouvrir boutique sans faire preuve et apprentissage et sans être

---

(1) De là l'expression proverbiale : *un coup de Jarnac*.

sujets aux visites, la plupart des maîtres des métiers de la ville ne peuvent retenir leurs gens et serviteurs; car, dès que les apprentis ont appris quelque chose, ils vont ouvrir boutiques aux faubourgs, en sorte que d'abord leurs denrées ne sont bonnes et loyales, puis celles qui se font dans la ville sont d'une grande cherté par suite du manque d'ouvriers. Et, qui pis est, plusieurs maisons desdits faubourgs ne sont que retraites de gens mal vivants, taverniers, jeux et bourdeaux, et la ruine de grand nombre de jeunes gens qui consument là profusément leur jeunesse, et, procédant de mal en pis, prennent hardiesse de commettre meurtres, voleries, larcins et autres délits. Et outre cela telle multitude de gens consomment si grande quantité de vivres, bois de chauffage et autres choses, qu'il est bien malaisé qu'avec le temps les choses ainsi confuses et mal policées ne réduisent ladite ville en une si grande profusion qu'il s'en ensuive une ruine grande et irréparable. Pour à quoi pourvoir avons ordonné que, d'ores en avant, il ne sera plus édifié ni bâti de neuf ès faubourgs de Paris (1). »

Vers le mois de février 1548 une maladie pestilentielle se déclara parmi les prisonniers de la Conciergerie, et fit de si nombreuses victimes dans les bâtiments du palais que le parlement de Paris se vit contraint de tenir ses audiences dans un autre édifice. Il fit choix du couvent des Augustins, situé sur la rive gauche de la Seine.

Vers le mois de juin Henri II voulut faire à Paris son entrée solennelle. La ville, selon les usages fort onéreux de cette époque, fit à ce sujet beaucoup de dépenses et

(1) *Édit de* 1548, cité par Félibien.

présenta au roi de magnifiques présents. « Le jour de la
Fête-Dieu, dit le très-minutieux Félibien, le prévôt et les
échevins, avec le greffier et les principaux de la ville, allèrent aux Tournelles faire leur présent au roi. C'étoit une
pièce de fin or de ducat jeté en moule, burinée et ciselée,
qu'on estimoit un des plus beaux ouvrages qui fût alors
en Europe, sur un plan triangulaire, enrichi de moulures,
et sur la plate-bande duquel on lisoit cette inscription :
Henrico II principi P. F. princeps civitas Lutecia D. D.
Sur le plan s'élevoit une base de même forme, faite en
terrasse par-dessus, du milieu de laquelle sortoit un palmier à l'imitation du naturel, enrichi de ses grappes de
dattes. Autour du tronc de l'arbre étoient trois figures
de rois, dont deux étoient couronnées de piquants et la
troisième d'une couronne à fleurons. Le premier représentoit Louis XII, le second, François Ier, et le troisième,
le roi régnant. Les deux premières figures montroient
d'une main un tableau carré pendu à l'une des branches
de la touffe, où étoient gravés ces mots : *Magnum magna
decent.* A l'un des angles, sous le roi Louis XII, étoit assise une figure de Janus, tenant de la main gauche un tableau et de la droite un style ou burin. A l'autre angle,
sous le roi François Ier, étoit une figure de la Justice,
ayant une épée à la main et sous les pieds une bourse.
Enfin sous la figure du roi Henri II étoit celle de Mars,
qui avoit la main droite sur la poignée de son épée et le
bras gauche couvert d'une targe ornée d'un mufle de lion,
pour marquer la noblesse françoise toujours prête à attaquer et à se défendre. Toutes ces figures des angles avoient
les pieds sur le dos des Harpies, comme pour exprimer la
victoire des vertus sur les vices. A chaque face de la base

étoient les armes de France, enrichies du collier de l'ordre et ornées de couronnes impériales. Sous la base étoit une rosace d'un ouvrage délicat, où l'on voyoit les armes de la ville avec un rouleau sur lequel étoient ces mots : *Tumidis velis aquilone secundo*. Le prévôt des marchands accompagna le présent d'une harangue qui lui servoit d'explication. Ces hommages n'auroient guère suffi pour amuser le peuple et charmer la cour. Par les soins de MM. de l'Hôtel-de-Ville on organisa dans la rue Saint-Antoine des tournois qui durèrent un mois ; on construisit, en outre, dans l'île de Louviers, une forteresse en bois, un pont, et une espèce de havre, afin de donner au roi le spectacle d'un siége, d'un assaut et d'un combat naval. » De grands bals furent offerts à la famille royale, soit à la ville, soit à l'évêché, et les dames de la bourgeoisie parisienne y dansèrent avec les nobles et les princes.

Après ces réjouissances vinrent les exécutions capitales et furent allumés les bûchers pour le supplice d'un assez grand nombre de malheureux condamnés pour hérésie. Il y eut d'abord une procession solennelle, puis un sermon du cardinal de Guise. « Après le dîner, ajoute Félibien, on brûla les hérétiques condamnés, et, à cet effet, des bûchers avaient été dressés au parvis Notre-Dame, devant Sainte-Catherine du Val-des-Écoliers, à la place Maubert, au cimetière Saint-Jean, et enfin dans la rue Saint-Antoine, vis-à-vis l'hôtel du sieur de la Roche-Pot (l'un des fils du connétable), aux fenêtres duquel étaient le roi et la cour. » Parmi les suppliés figurait un certain *couturier* (tailleur), qui précédemment avait travaillé au palais ; le roi et Diane de Poitiers s'étant avisés de l'interroger sur sa croyance, cet homme, aussi hardi que les Puritains d'Écosse, s'était déclaré huguenot et avait eu la témérité de faire à la maîtresse du roi des remontrances sévères. « Il avait chanté, dit le chroniqueur, une merveilleuse leçon à la duchesse de Valentinois, jusques à lui dire qu'elle devoit bien se contenter d'avoir infecté la France, sans mêler son venin et ordure parmi une chose tant sainte et sacrée comme est la vraie religion et la vérité du Fils de Dieu. » Quand le *couturier*, qui était déjà sur l'échafaud, eut aperçu le roi, « il se prit à le regarder si fort que rien ne l'en pouvoit détourner; même le feu étant allumé, il avoit la vue tellement fichée sur le roi que Henri fut contraint de quitter la fenêtre et se retirer, tant ému qu'il confessa que l'ombre de ce personnage le suivoit; et, par l'espace de quelques nuits après, ce spectacle se représentoit à ses yeux, de sorte qu'il fit serment que jamais il ne verroit ni n'écouteroit telles gens (1). »

Henri II, par un édit du mois de décembre 1549, défendit « d'imprimer ou de vendre aucuns livres qu'ils n'eussent été approuvés par la faculté de théologie de Paris, à peine de punition corporelle et de confiscation de biens ». Il renouvela de plus toutes les dispositions prises sous le règne précédent contre ces malheureux, qui furent persécutés avec une nouvelle rigueur. Ceux-ci cependant, dont le nombre s'augmentait de jour en jour, commencèrent à tenir des assemblées secrètes, même à Paris. On en découvrit dans la petite rue des Marais Saint-Germain, dans la rue Saint-Jacques, près le collége du Plessis, et enfin à la place Maubert, chez un avocat nommé Boulard. Quelque temps après ils se réunirent dans une maison du

---

(1) Théodore de Bèze.

Pré-aux-Clercs, qui appartenait à Laferrière, gentilhomme du pays du Maine, et y choisirent pour ministre un jeune homme d'Angers, nommé La Rivière.

Les annalistes féodaux du seizième siècle, en exaltant avec enthousiasme le caractère de Henri II, nous donnent à peu près la mesure de ce roi. « Quelles couleurs, dit le plus naïf d'entre ces écrivains, pourrois-je apporter pour parachever de peindre ce grand roi, sinon que c'étoit un prince très-grand? Il étoit beau, encore qu'il fût un peu mouricaud; mais ce tein brun en effaçoit bien d'autres plus blancs; il étoit fort agréable, bien adroit, fort dispos... Il avoit été le meilleur sauteur de la cour, et jamais nul ne lui put tenir pied que M. de Bonnivet (1). Il avoit gagné extrêmement le cœur de tous les étrangers, tant grands que petits, et tous ensemble ne se pouvoient saouler d'admirer sa majesté, sa grâce et sa façon belle et royale, ses vertus et sa douce et honnête accointance, tant il les savoit honnêtement et doucement entretenir et contenter jusques aux moindres. Mais surtout ils l'admiroient fort en sa belle grâce qu'il avoit en ses armes et à cheval; comme de vrai c'étoit le prince du monde qui avoit la meilleure grâce et la plus belle tenue, et qui savoit aussi bien montrer la vertu et bonté d'un cheval et en cacher le vice (2).

« Or, si le roi aimoit l'exercice des chevaux pour le plaisir, il les aimoit bien autant pour la guerre, laquelle il affectoit fort, et s'y plaisoit grandement quand il y étoit, et en trouvoit, disoit-il, la vie plus plaisante que toute autre... En sa cour il ne demeuroit en paresse non plus

(1) Brantôme, t. II, p. 366.
(2) Id., p. 352.

que quand il étoit en son armée ; car, bien que ce fût en hiver, il s'adonnoit à la chasse, et de toutes sortes... S'il ne montoit à cheval il jouait à la paume, et très-bien ; mais jamais il ne vouloit tenir le jeu, mais secondoit ou tierçoit, qui sont les deux places les plus difficultueuses et dangereuses... Il se plaisoit fort quand la reine sa femme, madame sa sœur et les dames le venoient voir jouer, comme souvent elles y venoient, et qu'elles en donnoient leur sentence... Bref, ce roi n'étoit jamais oiseux, et falloit que tous ses exercices lui fussent communs autant pour lui que pour tous les gentilshommes de sa cour, lesquels il y appeloit ; et en deux ou trois parties qu'il les eût vus il les connoissoit aussitôt ; car il avoit une très-belle mémoire et connoissance, et les appeloit par leur nom, qu'il vouloit savoir... Aussitôt qu'il avoit dîné il s'en alloit avec sa cour dans la chambre de la reine sa femme, qu'il aimoit fort, et là trouvoit une troupe de déesses humaines, les unes plus belles que les autres.... Ce devis duroit deux heures, et s'en sortoit et alloit à ses exercices que je viens de dire, là où les dames l'alloient trouver le plus souvent et participoient du plaisir (1). » A coup sûr un pareil roi et un gouvernement semblable devaient être chers aux gens de cour ; mais c'est à d'autres conditions qu'on fait les grands règnes et qu'on arrive à rendre heureux les peuples.

La guerre avait recommencé au dehors ; le jeune roi la fit avec succès et imposa la paix à l'Angleterre en 1550. L'année suivante est célèbre par la ligue pour la défense de la liberté germanique. Par ce traité Henri II, Maurice,

(1) Brantôme, p. 355-358.

électeur de Saxe, et Albert, marquis de Brandebourg, se réunirent contre l'empereur Charles-Quint. Le roi de France marcha, en 1552, contre les troupes impériales; il prit Metz, Toul et Verdun, villes qui depuis lors ont toujours appartenu à la France, pour prix de la liberté qu'elle avait donnée à l'Allemagne. Les Allemands décernèrent alors à Henri II les titres de *protecteur de l'empire* et de *restaurateur de la liberté germanique*. Charles-Quint ayant donné aux luthériens entière sûreté pour leur religion et conclu la paix avec les princes allemands ligués contre lui, Henri II resta seul à faire la guerre à l'empereur. Charles-Quint parut devant Metz avec une armée de cent mille hommes. François de Lorraine, duc de Guise, défendit vaillamment cette ville. L'empereur fut contraint de se retirer, après avoir perdu trente mille hommes à ce siége mémorable. Les débris de ses troupes, pour se venger de leur honteuse défaite, saccagèrent la Picardie, s'emparèrent de Thérouanne et la démolirent. Henri II prit sa revanche en ravageant le Brabant, le Hainaut et le Cambrésis; ce prince défit ensuite les Impériaux à la bataille de Renti, dont cependant il fut obligé de lever le siége (1554). Les Français furent moins heureux à la bataille de Marciano, en Toscane, perdue la même année par Strozzi et gagnée par le marquis de Marignan. L'épuisement des puissances belligérantes ralentit la guerre, et en 1556 une trêve de cinq ans fut conclue à Vaucelles. Mais tout à coup Charles-Quint abdiqua ses couronnes et se retira dans un cloître. Soit dégoût des grandeurs, soit trouble de conscience, il voulut vivre en solitaire, et résigna une partie de ses vastes États à son fils, le sombre et austère Philippe II, déjà époux de

Marie Tudor, fille de Henri VIII et reine d'Angleterre. L'Espagne, le royaume de Naples, la Sicile, le Milanais, les Pays-Bas et la Franche-Comté appartinrent dès lors à ce roi; mais Ferdinand, frère de Charles-Quint, garda pour lui l'empire d'Allemagne. Ainsi la maison d'Autriche fut divisée en deux branches.

La guerre éclata de nouveau. Philippe II, du fond de son cabinet, remuait le monde par sa politique astucieuse. Il envoya en Picardie quarante mille hommes commandés par Emmanuel-Philibert, duc de Savoie, l'un des plus grands capitaines de son siècle. L'armée française, sous les ordres du vieux connétable Anne de Montmorency, entreprit de faire lever le siége de Saint-Quentin, où commandait l'amiral de Coligny. Le 10 août 1557 elle fut entièrement détruite dans un marais où, par l'inadvertance de ses chefs, elle s'était imprudemment cantonnée. Le duc d'Enghien fut blessé à mort, l'élite de la noblesse périt, le connétable et les principaux chefs furent faits prisonniers. Ce désastre jeta le deuil dans la France ; le royaume était ouvert de toutes parts à l'ennemi; les soldats et l'argent manquaient. Dans cette extrémité le roi ne fit pas en vain appel au patriotisme de ses peuples et au courage de sa noblesse. La haine de l'étranger enfanta des prodiges; déjà elle avait donné lieu à des exemples de dévouement. Les chanoines de Saint-Quentin, auxquels l'ennemi voulait laisser la jouissance de leurs bénéfices, se retirèrent généreusement en disant : « Nous ne voulons pas demeurer dans une ville où il ne nous serait pas permis de prier Dieu publiquement pour le bonheur de notre pays. »

Cependant la noblesse s'armait, et les communes épuisaient leurs ressources pour la défense du royaume. Le roi reconnut alors la vérité de ces paroles que François Ier lui avait adressées en mourant, que *les Français étaient le meilleur peuple du monde, toujours prêt aux plus durs sacrifices.* Le duc de Guise, rappelé d'Italie, rassembla une armée et rassura le royaume par la conquête de Calais, que les Anglais possédaient depuis près de deux siècles; il s'empara ensuite de Guines et de Thionville. Vers le même temps le duc de Nevers enleva Charlemont, le maréchal des Thermes Dunkerque, et le maréchal de Brissac défendit pied à pied le Piémont contre le duc d'Albe. Cependant les Français furent battus devant Gravelines (1558). L'année suivante Henri II fit la paix avec l'Angleterre et l'Espagne. Un traité fut conclu à Cateau-Cambrésis, et le roi de France, peu digne de sa fortune et de l'énergie de son peuple, se soumit à des conditions fort onéreuses. Par la même paix on stipula les mariages d'Élisabeth, fille du roi, avec Philippe II, et de sa sœur Marguerite avec le duc de Savoie.

Durant ces événements, que nous esquissons à la hâte, l'histoire particulière de la capitale du royaume ne fut marquée que très-rarement par des incidents dignes d'intérêt. Henri II, contraint de faire face aux dépenses de la guerre, eut recours à de fâcheux expédients pour remplir ses coffres. A Paris le roi fit prendre aux habitants ce qu'ils avaient en argenterie (ce qui fut estimé à la somme de 350,000 livres) pour le convertir en monnaie, et en échange il convint de leur payer l'intérêt de cette somme à douze pour cent. Les charges judiciaires furent augmentées jusqu'au double. Le nombre des membres du Parlement fut porté de cent environ à deux cents, de telle sorte qu'il était divisé en deux parties siégeant chacune pendant un semestre. Il faut remarquer ici que le roi se chargea en cette occasion d'augmenter leurs gages, à condition qu'ils ne prendraient rien des plaideurs et rendraient la justice gratuitement. Néanmoins cette organisation du Parlement était tellement vicieuse qu'elle ne put durer que trois ans. On porta aussi à deux cents le nombre des secrétaires du roi, qui n'était auparavant que de cent vingt. La même année, plusieurs officiers des finances furent livrés à la sévérité des lois comme coupables de malversation.

Les sourdes menaces de rébellion qui avaient si souvent effrayé François Ier s'étaient renouvelées en 1553; du moins on le soupçonnait d'après quelques placards menaçants qui s'étaient trouvés affichés dans Paris, et qui avaient si fort inquiété les autorités que le Parlement et le roi avaient pris les mesures et donné les ordres les plus sévères. On regarda comme une nouvelle tentative des séditieux la profanation qui eut lieu au cimetière de Saint-Nicolas des Champs, dans la nuit du 8 au 9 septembre, d'une image de Notre-Dame de Pitié. Cet événement causa une si vive indignation que l'évêque et le Parlement lui-même, en grand costume, en robes rouges et chaperons à bourrelet, allèrent en procession solennelle remplacer l'image profanée.

Le 24 avril 1558 on célébra à Paris le mariage du Dauphin François avec la jeune Marie Stuart, reine d'Écosse. Le *roi-Dauphin* (on donna ce titre à l'héritier présomptif de Henri II) parut le 4 janvier 1559 dans un carrousel qui fut organisé au milieu de la large rue Saint-Antoine, depuis l'hôtel d'Évreux jusqu'au bout de la rue

Saint-Paul. « En 1559, dit Sauval, à la rue Saint-Antoine, entre la rue des Ballets et celle de Saint-Paul, le 20 janvier, de nuit, à la clarté de quarante-huit flambeaux, le roi, le Dauphin, et avec lui plusieurs princes et autres grands seigneurs, furent d'un carrousel; les uns armés à la turque, les autres à la moresque, et tous montés sur de petits chevaux, sortirent de l'hôtel des Tournelles et de celui du connétable de Montmorency, situé rue Saint-Antoine. Les Turcs, parmi lesquels étoit Henri II, accompagné du Dauphin et de quelques princes du sang, avoient sur l'épaule gauche un carquois plein de flèches et des habits de soie blanche faits comme ceux des Levantins. D'une main ils tenoient un bouclier et de l'autre une boule de terre cuite creuse. A leur tête marchoient à cheval les trompettes du roi ; après, douze hommes habillés de blanc à la façon des Turcs, montés sur des ânes et des mulets, ayant chacun devant eux deux tambours et deux timbales. A peine furent-ils dans le champ de bataille que les Maures arrivèrent, et tous pour lors se mirent à courir les uns contre les autres, tantôt s'entre-ruant leurs boules, et tantôt se tirant des flèches, d'abord deux à deux, puis huit à huit, douze à douze, après tous ensemble, toujours au son des timbales, des tambours et des trompettes, qui faisoient une musique estrange à la vérité, mais assez bien concertée. A la fin ils se rallièrent; puis, se rangeant en rond deux à deux et au son des mêmes instruments, ils se mirent à faire danser leurs chevaux en cadence avec des cris et des huées épouvantables. »

Ni les arrêts de mort, ni la barbarie des supplices ne décourageaient les protestants, et déjà, en dépit des menaces royales, ils commençaient à tenir des prêches publics.

Le premier qui fut ouvert à Paris dut son origine à un gentilhomme nommé La Ferrière. D'accord avec ses affidés, il fit venir à Paris un ministre du nom de Masson, dit La Rivière, qui eut mission de célébrer la Cène et sous l'inspiration duquel on arrêta quelques articles de discipline. Vers le même temps une autre église protestante fut fondée à Orléans, sous la présidence d'un jeune homme nommé Colombeau. Les calvinistes de Paris envoyèrent à ceux d'Orléans, pour leur servir de pasteur, Ambroise Leballeur, l'un de leurs plus fervents ministres. D'abord les assemblées eurent lieu dans les grandes villes la nuit et en secret; bientôt les religionnaires devinrent plus hardis, et l'usage s'établit parmi eux, à Paris, de se rendre le soir au Pré-aux-Clercs et d'y chanter les psaumes français de Marot ou de Bèze. Dans ces réunions, en quelque sorte publiques, les protestants s'excitaient mutuellement à braver les lois du royaume, à donner leur vie en témoignage de leur foi, à ne rien épargner pour détruire l'Église catholique. Parmi ceux qui se rendaient au Pré-aux-Clercs on citait Antoine de Bourbon, sa femme, Jeanne d'Albret, reine de Navarre, et l'amiral de Coligny, déjà célèbre.

Le parlement de Paris et les exécuteurs ne restaient pas inactifs. L'appui des textes légaux ne manquait point aux juges; une ordonnance en quarante-six articles, connue dans l'histoire sous la dénomination d'édit de Chateaubriant, avait été promulguée depuis quatre ans au nom du roi. Henri II, dès le préambule, y rappelait les vains efforts qu'il avait tentés, lui et le roi son père, pour réprimer l'hérésie; il signalait les progrès du fléau. « Et n'y voyons, ajoutait-il, aucun amendement ni espérance d'y remédier sinon par un extrême soin et diligence, et avec toutes les rigoureuses procédures dont on doit user pour repousser vivement l'injure et obstination d'une telle malheureuse secte et en purger et nestoyer nostre royaume. » Dans cette vue il attribuait des pouvoirs spéciaux aux juges, aux cours souveraines, aux présidiaux et aux commissaires; il décrétait en outre un ensemble de mesures de police et de peines sévères à l'égard de ceux qui tenteraient de publier ouvertement ou clandestinement, comme aussi d'introduire du dehors, surtout de Genève, des écrits, livres, imprimés et libelles contre la foi catholique; il prescrivait l'adoption de règles destinées à prévenir l'introduction de l'hérésie dans les écoles et dans les tribunaux. Il défendait sous des peines sévères d'intercéder en faveur des hérétiques auprès des juges; il déclarait confisqués au profit du roi les biens de ceux qui émigreraient pour cause d'hérésie, le tiers des biens confisqués, meubles et immeubles, devant être dévolu à ceux qui auraient signalé les délinquants à la justice.

Ces violences de la loi, que nous ne comprenons plus aujourd'hui, restaient alors fort en arrière des violences de l'opinion publique. A plusieurs reprises des attroupements s'étaient formés à Paris pour dissoudre à coups de bâton ou de pierre les conciliabules religieux des calvinistes et des luthériens. Ceux-ci s'étant assemblés, le 4 septembre 1557, nuitamment, dans une maison de la rue Saint-Jacques, le peuple du quartier s'ameuta autour de la maison. A la sortie des luthériens il y eut un combat à coups de pierre et à coups d'épée; la force publique survint et arrêta quelques sectaires, parmi lesquels on découvrit plusieurs seigneurs et grandes dames de la cour.

La justice n'osa poursuivre les personnes illustres et se contenta de punir quelques individus sans valeur sociale. Henri II commençait à croire que le Parlement usait envers les huguenots d'une secrète indulgence. Le mercredi 14 juin 1559 il se rendit au sein de cette assemblée et se plaignit du peu de concours qu'elle lui prêtait pour exterminer l'hérésie, et comme plusieurs magistrats, tels que les conseillers Henri du Faur et Anne du Bourg, ne craignirent pas de manifester leurs sympathies pour les novateurs, le roi prescrivit leur arrestation immédiate et fit diriger contre eux des poursuites judiciaires.

Paris était alors préoccupé des fêtes royales données à l'occasion du double mariage qui devait cimenter la paix de Cateau-Cambrésis. Une lice était dressée depuis le palais des Tournelles, où logeait le roi, jusqu'aux écuries de la cour et au travers de la rue Saint-Antoine. Chaque jour on y donnait des combats simulés, des joutes, des tournois chevaleresques, et la population assistait à ces réjouissances avec une infatigable curiosité. Henri II, qui se piquait d'une grande habileté au maniement des armes, prenait une part active aux jeux militaires, et, soit adresse réelle, soit complaisance des courtisans, il avait chaque jour les honneurs du combat. Le 29 juin, bien que déjà fatigué, il voulut fournir une dernière course contre son capitaine des gardes, le comte de Montgomery; les deux lances volèrent en éclats; mais le comte n'abaissa pas assez vite le tronçon qui lui restait à la main, et qui, frappant le roi à la visière de son casque, la releva et entra dans l'œil jusqu'au cerveau. Henri tomba mortellement blessé et rendit le dernier soupir le 10 juillet. Il était âgé de quarante et un ans et en avait régné douze. C'est sous ce règne que la cour étala le plus grand luxe, la plus grande politesse de mœurs, mais en même temps une fatale corruption, qui du trône ne descendit que trop dans les rangs subalternes.

CHAPITRE IV.

État physique et moral de Paris sous la Renaissance. — Enceinte nouvelle. — Fortifications. — Établissements d'utilité publique. [1498-1559].

Nous avons dit que sous Étienne Marcel, et plus tard sous Charles V, Paris avait été entouré d'une enceinte fortifiée. Sous Charles VI le connétable de Clisson avait fait abattre les portes et les barrières de cette ville, afin de la punir de ses rébellions et d'empêcher qu'elle osât résister au roi de France lui-même. Peu d'années après on avait relevé ces ouvrages, et Paris, du temps de la domination anglaise, s'était vu en état de fermer son enceinte aux armées du souverain légitime. Sous Louis XI et sous Louis XII les fortifications de la ville avaient encore été améliorées. Ainsi qu'on l'a vu plus haut, à la nouvelle de la captivité de François Ier on abattit les voiries et la ville fut mise à l'abri d'une surprise. Cinq cents hommes furent employés à cette besogne; chacun d'eux recevait vingt deniers par jour (1). En 1523 François Ier avait fait élever de petits bastions pour l'artillerie; on continua ces travaux, et l'on creusa du côté du nord un grand fossé qui remplaça le double fossé placé en quelques endroits de l'enceinte. L'invasion de la France par l'armée impériale jeta une si grande terreur dans Paris que le gouverneur, cardinal du Bellay, « fit faire

---

(1) Félibien, tome II.

aussitôt, outre plusieurs tranchées, des fossés et des boulevards depuis la porte Saint-Honoré jusqu'à celle de Saint-Antoine, et, afin que ce travail allât vite, les officiers de la ville, s'étant assemblés le 29 juillet, défendirent à tous les artisans l'exercice de leur métier deux mois durant, avec ordre aux seize quarteniers de lever seize mille manœuvres, et de plus à ceux des faubourgs d'en fournir une fois autant, sinon que leurs maisons seroient rasées. Le 31 on se mit à travailler au bout des faubourgs de Saint-Honoré; mais ce travail ne dura que quatre mois et demi, car le 16 décembre l'ouvrage fut abandonné. Le capitaine Nicolas en étoit le gouverneur; Jacques Coriasse, maître des œuvres, faisait les fonctions de lieutenant, et pour ingénieurs et architectes avoient été choisis Nicole Siciliano et Dominique Bocalot ou Boccador, dit de Cortone, aux gages chacun de 250 livres par an (1). » Lorsque l'armée impériale, sous les ordres de Charles-Quint, s'avança jusqu'à Château-Thierry, en 1544, le duc de Guise ordonna la construction de remparts, « tant du côté des fauxbourgs du Temple, de Montmartre et de Saint-Antoine, que de ceux de Saint-Michel et de Saint-Jacques. »

Sous Henri II les événements de la guerre, et particulièrement l'invasion de la Picardie en 1551, obligèrent les Parisiens à fortifier leur ville du côté des portes Saint-Denis et Saint-Martin; un bastion fut élevé près de la porte Saint-Antoine. La ville confia la direction de ces constructions à Baptiste, son architecte. L'année suivante, « Henri II ordonna une levée de douze cent mille livres par an sur les généralités et sur tout Paris, sans en

---

(1) Sauval, tome Ier, p. 43.

excepter ni couvents, ni églises, ni communautés, ni privilégiés, jusqu'à vouloir y être compris lui-même le premier, et le tout pour être employé aux fortifications. En 1553, ajoute Sauval, il fit commencer cette longue courtine flanquée de bastions et bordée de fossés larges et à fond de cuve qui règne depuis la rivière jusqu'au-dessus de la Bastille. On y mit la première pierre le 11 août. Toutes les maisons furent taxées depuis quatre livres tournois jusqu'à vingt-quatre (1). » Henri II eut aussi le projet d'entourer de fortifications tous les faubourgs de l'Université; mais cette entreprise ne fut pas mise à exécution.

D'autres travaux avaient eu lieu, depuis deux siècles, que nous ne saurions passer sous silence, parce qu'ils importaient beaucoup au bien-être et à la sécurité des habitants de Paris et amélioraient d'une manière notable le système de voirie de la cité; nous voulons parler des ponts, des ports, des fontaines, des égouts, des quais, de la canalisation des rivières, et de certains établissements utiles au commerce d'approvisionnement, à l'industrie, à l'administration publique. Pour ne pas demeurer trop incomplets à cet égard, nous remonterons aux périodes que nous avons déjà esquissées sous le rapport des faits historiques et dont nous avons décrit les principaux monuments. Nous avons à cœur de ne pas lasser la patience de nos lecteurs, mais il nous paraît indispensable de grouper des détails que leur isolement ne permettrait pas d'apprécier avec ensemble et que l'on perdrait trop aisément de vue si l'on éparpillait les mentions spéciales en

---

(1) Sauval, tome Ier, p. 44.

les mêlant à des récits d'un ordre plus élevé et à des descriptions d'un intérêt moins restreint.

Dès le quatorzième siècle il existait des ponts de bois qui faisaient communiquer l'île Notre-Dame (aujourd'hui l'île Saint-Louis) avec les quartiers de la rive droite et de la rive gauche; l'un de ces ponts, le *pont de Fust* (de bois), établi sur la rive gauche, était fortifié, du côté des Bernardins, d'une *petite tour carrée couverte d'ardoises*. L'autre pont était alors appelé le *pont d'emprès Saint-Bernard aux Barrés* et aboutissait non loin des Célestins. Ils ont été remplacés, à une époque plus moderne, par le pont de la Tournelle et le Pont-Marie. Vers le commencement du quinzième siècle, le *Petit Pont-neuf*, situé entre la Cité et la rive gauche, à l'extrémité du boulevart alors occupé par l'ancienne rue de la Barillerie, reçut la dénomination de *pont Saint-Michel;* nous avons vu qu'il fut plusieurs fois détruit par les débâcles ou par les crues de la Seine. Un peu plus haut, en remontant le fleuve, et sur le bras de la rive gauche, on rencontrait le *Petit-Pont*, dont nous avons déjà signalé l'existence et qui était situé à l'extrémité de l'Hôtel-Dieu. Il était couvert de petites maisons, selon l'habitude du moyen âge, et fut à plusieurs reprises détruit par des inondations et des incendies.

Nous avons mentionné le Grand-Pont, qui, depuis le seizième siècle, avait pris la dénomination de *pont au Change;* nous avons également rappelé la construction, la chute et la reconstruction du pont Notre-Dame. Nous constatons ici l'existence du *pont aux Colombes* ou *aux Meuniers*, plus tard appelé *Pont-Marchand*, qui aboutissait d'un côté au quai de l'Horloge, de l'autre au quai de la Mégisserie. Il était en bois, il recouvrait des moulins et servait de marché aux pigeons. Les voitures n'y avaient point accès.

Sous le règne de saint Louis le commerce parisien possédait quatre ports, savoir: le *port de la Grève* ou port Saint-Gervais, et les ports *de l'École, de Saint-Landri* et *du Petit-Pont*. On ne tarda pas à établir, sur la rive droite et près de la tour de Billy, le *port au Plâtre*, qui reçut plus tard de vastes développements et vint commencer à la barrière de la Râpée. Insensiblement on dota le commerce de nouveaux ports, tels que le *port des Barrés*, bientôt appelé *port Saint-Paul*, le *port aux Foins*, en face de la rue des Barrés, et le *port au Blé*, qui vint se confondre avec le *port Saint-Gervais* ou *port de la Grève*. Sur le quai de Grève on ne tarda pas à construire le *port de Bourgogne*, où débarquaient les bateaux chargés des vins de la Bourgogne, de l'Orléanais et de l'Anjou. Bientôt après, sur la rive gauche et à l'opposé de la rue des Barrés, on établit le *port-Français* et les *Moulins du Temple*, où arrivaient les bateaux chargés des autres vins de France. Les marchandises de l'Ouest étaient débarquées sur le *port du Louvre*, plus tard appelé *port Saint-Nicolas*. On déchargeait les bois de construction et de chauffage sur le port de la Grève, sur le port de l'École, et sur l'espace appelé la *Bûcherie du Petit-Pont*. Le *port l'Évêque* était établi sur la rive gauche, aussi bien que le *port Saint-Bernard*, qui commençait à la rue de Bièvre et se terminait à un emplacement désigné sous le nom de *port aux Mulets*. Sur l'un des quais de la Cité, le *quai aux Fleurs*, était installé le *port aux OEufs*. On ignore quel était alors l'emplacement des ports *de la Saunerie*, de *Saint-Jacques* et *de Nesle*, et vers quel lieu étaient situés le *port des Augustins* et celui de *la place Maubert;* leurs noms indiquent à peu près la place qui leur avait été assignée; on sait d'ailleurs qu'à cette époque le peuple donnait volontiers le nom de ports à des emplacements plus ou moins en communication avec la rivière, et qui servaient de centres d'approvisionnements. Parmi ces prétendus ports on pourrait citer le *port aux Bouticles* (boutiques), qui était un espace réservé à la vente du poisson.

On sait déjà que Philippe le Bel fit construire, en 1313, le premier quai de la ville de Paris, désigné aujourd'hui sous le nom de *quai des Augustins*. Charles V fit construire en 1369, par Hugues Aubriot, un autre quai qui longeait la rue de la Mortellerie et qui fut nommé *quai derrière la Mortellerie;* on le pava l'année suivante et on le planta d'arbres. A la même époque on construisit le quai *de la Saunerie* (aujourd'hui de la Mégisserie ou de la Ferraille). Il avait pris ce nom du grenier à sel qui en était proche. La partie qui s'étend de la place du Châtelet à l'arche Pépin était anciennement la *vallée de Misère* ou *la Poulaillerie*, parce que l'on y avait établi le *marché à la Volaille*. L'autre partie étant occupée, dès la fin du treizième siècle, par des mégissiers, on l'appelait la *Mégisserie* ou *Mesgueiscerie*. Enfin Sauval nous apprend que Charles V et Charles VI firent planter d'ormes le port des Barrés, aujourd'hui quai des Célestins. Le *quai de l'École*, qu'on nommait au quatorzième siècle, par abréviation, *l'Escole*, tirait son nom de l'école Saint-Germain. Le quai *Saint-Bernard* (de la Tournelle) existait également à la même époque, mais la plupart étaient mal pavés, et un quai n'était souvent qu'un terrain en pente et que les boues rendaient presque toujours impraticable.

Durant le moyen âge les quartiers de la rive droite étaient abreuvés par l'aqueduc de Belleville, l'aqueduc des Prés Saint-Gervais et quelques fontaines médiocrement monumentales. Insensiblement, pour donner satisfaction aux exigences d'une population qui devenait considérable, le nombre de ces fontaines fut augmenté, mais elles ne furent pas toutes publiques. Les rois firent une infinité de concessions à des maisons particulières, tellement que les fontaines de la ville tarissaient. Charles VI fut obligé de remédier à cet abus en révoquant, en 1392, toutes les concessions, excepté celles dont jouissaient le château du Louvre et les hôtels des princes de son sang. Cette révocation procura pendant quelque temps de l'eau aux fontaines publiques; mais bientôt, par l'effet des dégradations survenues à l'aqueduc de Belleville, elles cessèrent d'en fournir. En 1457 cet aqueduc, par ordre du prévôt des marchands, fut réparé. Cette réparation est attestée par cette inscription en rimes gravée sur un des regards de cet aqueduc :

> Entre les mois (bien me remembre)
> De mai et celui de novembre,
> Cinquante-sept mil quatre cents,
> Qu'estoit lors prevost des marchands
> De Paris honorable homme,
> Maistre Mathieu, qui en somme
> Estoit surnommé *de Nanterre*,
> Et que Galle, maistre Pierre,
> Sire Phillippe, aussi Lallemant,
> Le bien public fort aimant.
> Sire Michel qu'en seurnom

> Avoit d'une granche le nom,
> Et sire Jacques de Haqueville,
> Le bien désirant de la ville,
> Estoient d'icelle échevins;
> Firent trop plus de quatre-vingts
> Et seize toises de cette œuvre
> Refaire en brief temps et heure;
> Car, si brièvement on ne l'eust fait,
> La fontaine tarie estoit.

Entraînés par la nécessité de se procurer de l'argent, les agents royaux continuèrent encore à concéder aux particuliers des prises d'eau que, dans la suite, ils furent obligés d'abroger lorsque les fontaines publiques tarissaient.

L'aqueduc Saint-Gervais, dont la construction remontait au règne de Philippe-Auguste, recevait les eaux qui, des hauteurs de Ménilmontant et de Romainville, se rendaient à un réservoir commun établi dans le village des Prés Saint-Gervais; de là des tuyaux de plomb les amenaient à Paris. Elles alimentaient la fontaine Saint-Lazare et la fontaine des Filles-Dieu, situées l'une et l'autre hors la ville et dans le faubourg Saint-Denis. La plus ancienne fontaine de l'intérieur de Paris était la fontaine des Innocents, située d'abord au coin de la rue Saint-Denis et de la rue aux Fers, et adossée à l'église des Innocents. Fondée au treizième siècle, elle recevait les eaux de la fontaine Saint-Lazare, et n'avait d'ailleurs, au moyen âge, rien de commun que le nom avec le gracieux et remarquable édifice qui, de nos jours, fait l'ornement d'un quartier de Paris.

La *fontaine des Innocents*, avant d'être ce qu'elle est devenue sous le règne de Napoléon III, avait été reconstruite, sous Henri II, par deux artistes célèbres de la Renaissance, l'architecte Pierre Lescot et le sculpteur Jean Goujon, et tous deux s'étaient complus à déployer, dans la composition et l'ornementation de ce monument, la correction et l'élégance dont ils avaient donné tant de preuves.

La fontaine des Innocents, dans l'origine, composée seulement de trois arcades, occupait l'emplacement de l'ancienne fontaine établie au coin de la rue Saint-Denis et de la rue aux Fers, développant en ligne droite deux de ses arcades sur cette dernière rue et la troisième en retour sur la rue Saint-Denis.

Chacune de ces arcades, comprises dans la hauteur d'un ordre de pilastres composites, avec piédestal, entablement et attique, était couronnée d'un fronton, et le tout s'élevait sur un soubassement d'où l'eau s'échappait par de petits mascarons. Cinq figures de Naïades occupaient les intervalles des pilastres, et six bas-reliefs ornaient les frontons et les entablements.

Lorsque, sous le règne de Louis XVI, et en 1786, la démolition de l'église et des charniers des Innocents eut été achevée, et qu'on eut converti leur emplacement en un marché public, on sentit la nécessité de décorer d'un monument la nudité de cette place immense. La destination du lieu indiquait que ce devait être une fontaine. M. Six, architecte, eut l'heureuse idée de transporter au milieu de la place la belle fontaine de Jean Goujon. Sous la direction des architectes Povet, Legrand et Molinos, le monument fut démonté, transporté et reconstruit sans que la sculpture eût éprouvé la moindre altération.

Pajou, chargé de l'exécution des bas-reliefs et de trois

figures qui devaient décorer la nouvelle façade, sut très-bien imiter le style de son modèle. L'Huillier, Mézières et Danjou se partagèrent les ornements du soubassement; le monument offrit alors dans son nouvel ensemble un quadrilatère surmonté d'une coupole recouverte en cuivre et formée en écailles de poisson ; le tout, posé sur un socle et des gradins de trois mètres trente centimètres de hauteur, présenta une élévation totale de quatorze mètres.

Ce monument, chef d'œuvre de la Renaissance et comparable peut-être aux plus belles productions de l'antiquité, n'a pas toujours été apprécié à sa juste valeur, même par les gens de l'art. Sa noble et pure simplicité le fit critiquer par les artistes du style grandiose et recherché de Louis XIV et par le faux goût de Louis XV, mais on reconnaît bien aujourd'hui que c'est là son principal mérite (1).

Santeuil fit un distique latin que l'on grava sur le soubassement. Dans les petites tables placées au-dessous des impostes on lit ces mots : *Fontium nymphis, aux nymphes des fontaines*. Avant que la fontaine eût été déplacée, une inscription française, gravée sur le soubassement du côté de la rue Saint-Denis, apprenait que cette partie du monument avait été disposée en 1708 pour fournir une plus grande quantité d'eau (2).

Outre cette inscription de Santeuil, on lit sur l'une des faces de la fontaine les deux vers suivants du même poëte :

> Quos duro cernis simulatos fluctus
> Hujus Nympha loci credidit esse suos.

(1) M. de Gaulle.
(2) Idem.

De nos jours la fontaine des Innocents a été une fois de plus démolie et transportée à une autre place, d'ailleurs toujours voisine de la première; il a fallu se résigner à ce travail, fort délicat, pour réaliser la combinaison qui se rattachait à la construction des nouvelles halles centrales. Elle diffère évidemment de plus en plus de sa forme ancienne, entourée qu'elle est d'un joli gazon, plus ou moins disposé en square, et qui en protége les approches. Il faudra longtemps pour que ce monument tout neuf, placé sur la lisière de la rue Saint-Denis, avec ses nymphes blanchies et regrattées, redevienne pour le peuple de Paris cette fontaine des Innocents qu'il aimait tant; mais ce sont là les revers de médaille ordinaires du mieux qu'on appelle le progrès.

A plusieurs reprises, dans les annales de Paris, il est fait mention des inondations de la Bièvre, et trois fois, durant le seizième siècle, ce courant d'eau, qu'on appelait aussi la *rivière de Saint-Marceaux*, déborda hors de son lit, très-encaissé, couvrit les quartiers d'alentour et renversa des maisons. Un assez grand nombre de ponts étaient jetés sur la Bièvre; il en existait un près de la Tournelle, à l'endroit où cette rivière se joignait à la Seine. De nos jours on peut également mentionner l'existence de l'un de ces ponts vers le quai de l'Hôpital, et d'un autre connu sous les noms de *pont aux Tripes* ou de *pont aux Biches Saint-Marcel*, encore situé à l'extrémité de la rue Mouffetard, non loin de la rue Censier et de la rue du Fer-à-Moulin. Il était anciennement nommé *pont Saint-Médard*, et, plus récemment, au treizième siècle, *pont Richelieu*.

Au demeurant la Bièvre servait en quelque sorte d'égout aux quartiers de la rive gauche qui avoisinaient

Sainte-Geneviève et Saint-Médard; les autres quartiers étaient, sous ce rapport, moins privilégiés, et la voirie parisienne présentait un aspect déplorable. Les rues, au seizième siècle comme au moyen âge, continuaient d'être, à peu d'exceptions près, étroites, tortueuses et bordées de très-hautes maisons; on eût dit que les ordonnateurs du plan de la ville (plan établi au hasard et sans ensemble) avaient eu horreur de l'air et de la lumière. A l'exception de la « croisée » de rues magistrales qui avaient été pavées sous le règne de Philippe-Auguste, la plupart des autres n'étaient que des chemins boueux, sillonnés de profondes ornières, et qu'on encombrait d'immondices, de détritus et des ordures les plus dégoûtantes. Les conditions les plus favorables au développement des effluves putrides s'y trouvaient réunies, et pouvaient donner la raison d'être de ces maladies pestilentielles, de ces lèpres hideuses qui dévoraient alors la population parisienne et paralysaient ses accroissements. De vastes quartiers, tels que le faubourg Saint-Germain, ne furent pavés que vers le milieu du seizième siècle, et le pavage seul ne pouvait changer la situation hygiénique, tant que les rues, privées d'un système de police qui en aurait assuré le nettoiement et le balayage, demeuraient couvertes d'une boue noire et fétide, de débris hideux et sans nom. En 1380 le prévôt Hugues Aubriot avait tenté d'assainir un peu la ville en imitant, sur une moins vaste échelle, les travaux d'édilité et de voirie dont Rome avait été dotée par ses premiers rois. Il avait fait creuser un fossé destiné à servir de grand *égout*, et qui, suivant sur la rive droite une route circulaire, recevait par des éviers les eaux de cinq fossés ou égouts découverts qui avaient été établis dans les rues

6.

Vieille-du-Temple, Montmartre et Gaillon. Ce grand égout était pavé et voûté, au moins dans la traversée de Paris; partant de la rue des Égouts, il s'avançait par la rue Saint-Louis et le Calvaire; de là, se rapprochant des fossés, il longeait successivement la porte du Temple, les fausses portes Saint-Martin et Saint-Denis, passait sous le pont des Porcherons et sous le pont Hersan, gagnait le Roule et la Savonnerie, et venait ensuite tomber dans la Seine au-dessous de Chaillot. Pour construire le grand égout Hugues Aubriot avait tiré parti du lit d'un cours d'eau appelé le ruisseau de Ménilmontant, canal naturel qui bordait l'enceinte septentrionale, et les travaux se trouvèrent bien facilités par l'existence de ce fossé. Dans la ville le grand égout était voûté et pavé; il avait six cents mètres de long, deux mètres de large, environ un mètre quatre-vingts centimètres de hauteur, et les murs avaient soixante-dix centimètres d'épaisseur. Hors de la ville, depuis la rue Saint-Louis actuelle jusqu'au bastion du Temple, il était découvert et revêtu, des deux côtés, de murs élevés d'au moins deux mètres; dans ces conditions il se prolongeait sur un espace d'environ quatre cents mètres. A partir du bastion du Temple jusqu'à la rivière il ne consistait plus qu'en un large fossé creusé à ciel ouvert, sans maçonnerie, et dans lequel se déversaient les quatre ou cinq petits égouts dont il nous suffira de rappeler les noms, savoir : *l'égout de la Vieille-Rue-du-Temple*, *l'égout de la rue du Temple*, *l'égout du Ponceau*, *l'égout de la rue Montmartre* et l'égout *Gaillon*. Ce dernier, long d'environ mille mètres, était couvert d'une voûte jusqu'à une distance d'environ deux cents mètres au delà de la porte Saint-Roch.

Félibien, qui donne des détails très-minutieux sur l'étendue, la profondeur et le parcours de l'égout principal et des égouts adjacents, complète son récit à cet égard en mentionnant les cloaques et les déversoirs qui se rattachaient au même système. Il ajoute donc :

« Outre ces grands égouts il y en avoit autrefois, et même il y en a encore (vers la fin du dix-septième siècle) qu'on appelle maintenant *esviers*, *décharges*, *gargouilles*, mais qu'on nommoit autrefois *trou*. En 1506 il y avoit un *trou Bernard* près de Saint-Germain l'Auxerrois. La décharge de la rue des Célestins, ou plutôt une autre tout proche, se nommoit en 1546 *trou Gaillard*. Il s'en trouvoit deux autres aux environs, à qui on donnoit, en 1549, 1552 et 1554, le nom de *trous Punais*. Anciennement il s'en trouvoit un dans la rue des Bernardins ou dans celle de Saint-Nicolas. Il y en avoit trois plus anciens, deux autour de Saint-Leufroy, le troisième à la rue Planche-Mibray, d'où il fut ôté pour bâtir le pont Notre-Dame. En 1614 il y avoit une *gargouille* au bout de la rue des Nonaindières. Il y en avait encore deux dans la rue Neuve-Sainte-Catherine, une autre au bout de la rue du Parc-Royal, une au bout de la rue Saint-François, qui toutes aboutissoient au grand égout et avoisinoient la rue Saint-Louis. Dans l'égout de la rue Montmartre se déchargeoient quatre *gargouilles*. Les trois premières se rencontroient, l'une à l'extrémité de la rue du Bout-du-Monde, l'autre à la rue des Jeûneurs, et la troisième dans celle des Petits-Pères. Quant à la quatrième, qui avoit quatre faces, elle étoit assise dans la rue Montmartre, entre celle du Mail et la rue de Cléry.

« Il s'en trouvoit encore d'autres : une à la porte Saint-

Honoré, une autre près de la porte Saint-Antoine, et elles avoient toutes deux leur décharge dans les fossés de la ville. En 1662, par arrêt du conseil en date du 8 août, le prévôt des marchands et les échevins eurent ordre de détourner la dernière de dedans les fossés de la Bastille. Dans l'Université l'on voyoit quatre égouts qui étoient pavés et couverts d'une voûte. Le plus ancien, dont j'ai déjà parlé, étoit à la rue de Bièvre. » Les trois autres ont été faits dans le dix-septième siècle ou sur la fin du seizième. Il y en avoit un dans la rue de Seine, qui ne portoit que cent toises de longueur; le second en portoit trois cents sur sept pieds de hauteur et autant de largeur en certains endroits; mais ailleurs il n'avoit que quatre pieds de large et huit ou neuf pieds de haut. Celui-ci alloit du côté de la rue Saint-Germain, les fossés, la porte de Bussy, la porte Dauphine, le collége des Quatre-Nations et la rivière. En 1637, on y fit une rigole entre la porte Saint-Germain et la porte de Bussy; depuis il fut voûté et pavé à deux reprises en cet endroit par un bourgeois nommé Le Blanc, à qui le roi et la ville permirent, en récompense, d'établir des jeux de boules et de billard (1). » Le troisième égout venait de la rue de l'Égout, du faubourg Saint-Germain, passait à travers la rue Taranne et celle du Colombier, sous la rue Saint-Benoît et la rue des Petits-Augustins. Jusqu'en 1615 ou 1616 il consistait en une tranchée découverte entre la rue de l'Égout et celle des Petits-Augustins, le long de la rue Saint-Benoît; mais les religieux de Saint-Germain, en vendant les maisons bâties sur les bords, obligèrent les

(1) Félibien, t. II, p. 693.

acquéreurs de le faire couvrir à leurs dépens. « Depuis là jusqu'à la rivière, dit encore Félibien, il n'est pas possible de savoir quand cet égout a été couvert, quoiqu'il y ait apparence que ce fut au temps que la reine Marguerite vint loger en cet endroit-là. »

A la suite de certains agrandissements de l'enceinte et en exécution des ordres qui prescrivaient, en vue de la défense de Paris, la destruction des buttes dont elle était environnée ou dominée, des amas d'immondices et de gravois, nommés *voiries*, *monceaux*, *mottes*, placés d'abord à l'extérieur des murs, se trouvèrent ensuite dans l'intérieur de la ville. Dans la partie septentrionale on voyait le *monceau Saint-Gervais*, la *butte de Bonne-Nouvelle* ou *de Villeneuve de Gravois*, la *butte Saint-Roch*; dans l'île de la Cité, le *terrain* ou la *Motte-aux-Papelards*, probablement parce qu'elle appartenait au chapitre de Notre-Dame. Dans la partie méridionale de Paris s'élevaient plusieurs de ces monticules; on en voyait sur l'emplacement actuel de la rue Mazarine, et cette rue reçut pour cette raison le nom de rue des *Buttes*. Il en existait une fort considérable en face de l'hôpital de la Charité, sur l'emplacement qu'entoure en partie la rue Saint-Guillaume, qui prit alors le nom de *rue de la Butte*. Cette butte avait un moulin qui existait en 1368 et qui fut reconstruit en 1509. Avant de terminer cette nomenclature mentionnons la *butte des Copeaux*, sur laquelle, en des temps plus modernes, a été établi le gracieux labyrinthe du Jardin des Plantes. Au nord de cette butte était la *voirie des Bouchers*, emplacement malsain et fétide.

Des règlements municipaux, toujours mal observés,

enjoignaient aux habitants de Paris de balayer les ordures qui souillaient le devant de leurs portes. Ceux d'un même quartier se procuraient alors, à frais communs, un tombereau qui allait déverser les débris sur les buttes et les voiries dont nous venons de parler; mais cette opération s'exécutait avec beaucoup d'incurie et de négligence, ce qui produisait de graves inconvénients pour les rues que traversaient les tombereaux remplis d'immondices, véhicules que les voituriers, afin d'abréger leur tâche, déchargeaient en route. Ces abus donnaient lieu à de fréquentes plaintes, mais le nettoiement de Paris n'en allait guère mieux. Ce qui contribuait le plus à la corruption de l'air et causait souvent des maladies pestilentielles, c'est que les maisons de la ville étaient presque toutes dépourvues de fosses d'aisances, et qu'il en résultait pour la voirie un encombrement hideux et infect que la plume se refuse à indiquer autrement. En vain des ordonnances royales et prévôtales, en vain des arrêts du Parlement et des édits plusieurs fois renouvelés essayèrent-ils de remédier au mal; jusque vers la fin du dix-huitième siècle la ville de Paris devait être souillée par des amas de déjections et déshonorée par des spectacles ignobles, bien faits pour révolter les mœurs publiques et les convenances sociales. De nos jours encore, et après tant de progrès réalisés, on est loin d'avoir atteint, sous ce rapport, le but auquel doit aspirer toute bonne police d'édilité et de salubrité.

Durant le moyen âge les exigences de la consommation avaient fait reconnaître jusqu'à quel point étaient insuffisants les emplacements affectés aux grandes halles et aux marchés de Paris; il s'en était formé d'autres, peu nombreux d'ailleurs, et qui demeuraient encore fort au-dessous des besoins généraux de la ville. Nous mentionnerons la *halle des Mathurins*, établie en 1291 dans un bâtiment appartenant aux religieux de ce nom, et qui était un entrepôt de parchemin. (On sait combien à cette époque, et avant la découverte de l'imprimerie, l'industrie des parcheminiers était puissante et considérable.) Vers le quatorzième siècle le *marché aux Veaux* était situé rue Planche-Mibray, à l'extrémité de la rue de la Vieille-Place-aux-Veaux; on l'appelait alors *place aux Sainctyons*, du nom d'une famille de bouchers très-célèbres. La halle aux vins était alors appelée *l'Étape;* c'était un espace assez étroit, situé aux abords des halles, et qu'on avait destiné au déchargement et à la mise en vente des vins amenés dans Paris. Sauval nous apprend que, par lettres patentes du mois d'octobre 1413, Charles VI transféra cet entrepôt à la place de Grève.

On a vu plus haut que, sous le règne de Philippe-Auguste, on avait commencé à établir à Paris deux vastes boucheries; l'une était située dans la Cité; l'autre, celle de la porte de Paris, ne tarda pas à être appelée la *grande Boucherie*. Les maîtres bouchers formaient une corporation redoutable, qui avait figuré dans les troubles au temps d'Étienne Marcel et sous Charles VI. Ce dernier roi, ou du moins les princes qui exerçaient en son nom l'autorité souveraine, résolut de punir les bouchers, dont les factieux s'étaient fait autant de chefs. Le gouvernement fit donc fermer la boucherie ouverte sur la place du parvis et démolir celle qui s'élevait aux abords du Châtelet; puis, aux dépens du trésor royal, il fit construire quatre nouvelles boucheries, savoir :

La boucherie de la halle de Beauvais, rue Saint-Honoré, près de Sainte-Opportune, contenant seize étaux ; elle s'accrut ensuite de douze étaux appartenant à des particuliers ;

La boucherie du Châtelet, devant Saint-Leufroy, seize étaux ;

La boucherie de Gloriette ou *du Vieux-Petit-Pont,* près du Petit-Châtelet, rue Saint-Jacques, contenant dix étaux, dont l'un à Saint-Séverin et le reste à des particuliers ;

La boucherie du cimetière Saint-Gervais, contenant seulement quatre étaux ; elle fut transférée en 1461 au marché Saint-Jean.

Les bouchers de la grande boucherie résistèrent aux édits royaux et aux arrêts judiciaires qui annulaient leur industrie ; deux ans après leur opiniâtreté eut sa récompense ; au mois d'août 1418 ils rentrèrent dans leurs priviléges et furent autorisés à reconstruire leur établissement, dont toutefois la superficie fut successivement diminuée et restreinte.

On sait déjà que les abbés et les religieux de Saint-Germain des Prés avaient établi, très-anciennement, trois étaux de bouchers sur le chemin qui, de cette abbaye, conduisait au couvent des Cordeliers ; sous les successeurs de saint Louis le nombre de ces étaux fut notablement augmenté, et Charles V permit de le porter à vingt-deux. C'est à cet établissement que dut son origine ou du moins son nom la rue des Boucheries Saint-Germain, formant aujourd'hui le prolongement de la rue de l'École-de Médecine. Dès le règne de saint Louis une autre boucherie fut établie au bas de la montagne Sainte-Geneviève, et une croix qui s'élevait alors sur la place des Carmes portait le nom de *Croix des bouchers.* Le roi

Jean autorisa les Carmes à élever le nombre de leurs étaux à quatorze; mais ces établissements étaient mal tenus, et, au mépris de toute police, étaient pour le quartier environnant une cause d'insalubrité. L'autorité essaya vainement, à plusieurs reprises, de remédier à ces abus; ne pouvant y réussir, elle prit le parti de supprimer la boucherie de la montagne Sainte-Geneviève, et cette mesure fut prescrite par lettres patentes en date du 12 mai 1570.

La boucherie du Temple était située rue de Braque, près du monastère des Templiers, et ne comptait que trois étaux; ces chevaliers avaient obtenu le droit d'établissement en 1282, de Philippe le Hardi, ainsi que des propriétaires de la grande boucherie, qui avaient obtempéré à la volonté royale moyennant la concession de la vente du poisson. Grâce à cette transaction cet établissement continua d'exister jusqu'en 1559, époque où ce quartier devint si populeux que la salubrité publique en exigea la fermeture. Le grand-prieur de France, qui y possédait deux étaux, obtint de les transférer rue de la Corderie.

La boucherie Saint-Paul ou de la Mortellerie fut construite par le prieur de Saint-Éloi en 1354. Elle n'avait que quatre étaux, dont deux appartenaient à la fabrique de l'église Saint-Paul.

La boucherie de la rue Saint-Jacques contenait, au douzième siècle, cinq étaux, depuis la fontaine Saint-Séverin et la rue de la Parcheminerie jusqu'à Saint-Étienne des Grés. Ils étaient la propriété du chapitre de Saint-Benoît, du chapitre de Saint-Étienne des Grés, du couvent des Jacobins et de deux particuliers.

La boucherie de la Croix-Rouge consistait en cinq

étaux dont le roi avait doté un sieur Vallet; elle date de la même époque que la précédente.

La boucherie du cimetière Saint-Jean, qui était couverte, fut créée en exécution des lettres patentes du 27 août 1461; par ces lettres Louis XI concédait aux maîtres bouchers de l'Apport-Paris, expulsés du Châtelet pour cause d'agrandissement des rues voisines, trois étaux, moyennant une redevance annuelle de 20 livres parisis qu'ils payaient encore au siècle dernier. Les quatre maîtres bouchers du cimetière Saint-Gervais y transportèrent aussi leurs étaux; puis cinq particuliers vinrent s'y adjoindre; ce qui porta à douze le nombre des étaux de cette place.

La boucherie du quartier Saint-Martin date du quinzième siècle; située au coin de la rue Aumaire, vers l'église Saint-Nicolas des Champs, elle appartenait aux religieux de Saint-Martin et était désignée sous le nom de *Bonne Boucherie*. En 1586 et 1598 la fabrique de Saint-Nicolas des Champs fut autorisée à y créer deux étaux à son profit. La veuve Leguay et Anne Garain, nourrice de Philippe d'Orléans, frère de Louis XIV, obtinrent la même faveur en 1633 et 1650. Trois autres étaux furent également créés près de la rue Montmorency, au bénéfice de divers particuliers; un autre près de la porte Saint-Martin, trois dans le faubourg et d'autres vers l'église Saint-Merry, pour la veuve Chastelas; ceux-ci prirent le nom de *boucherie Saint-Merry*. Enfin on compta bientôt dans ce quartier vingt-deux étaux [1].

---

[1] M. de Gaulle.

CHAPITRE V.

Édifices, palais, hôtels, fondations utiles.

Au treizième siècle, comme on a pu le voir dans les pages qui précèdent, l'hôtel de Nesle, en latin *Nigella*, occupait l'emplacement de la Monnaie et de l'Institut. Ses bâtiments étaient à peu près circonscrits par les rues Mazarine, de Nevers et le quai Conti, anciennement appelé quai de Nesle. A l'extrémité occidentale était la porte de Nesle, flanquée de deux tours rondes, et la tour de Nesle, située à côté et au nord de cette porte. On les nommait d'abord tour et porte de *Philippe Hamelin*; leur nouvelle désignation vint de l'hôtel dont elles étaient voisines. La tour était ronde, très-élevée, et accouplée à une autre tour plus haute encore, moins forte en diamètre, et qui contenait l'escalier à vis; de cette tour partait une chaîne de fer, qui traversant la Seine, allait sur la rive droite s'attacher à la *Tour qui fait le coin*.

L'hôtel de Nesle appartenait, au quatorzième siècle, à Amaury de Nesle, qui, en 1308, le vendit à Philippe le Bel. Il passa à Jeanne de Bourgogne, épouse de Philippe le Bel, qui, en mourant, en ordonna la vente, afin qu'on en appliquât le prix à la fondation d'un collége (*collége de Bourgogne*). Dans la suite le duc de Berri en devint possesseur et fit agrandir les bâtiments et les jardins. Les jardins qu'il fit faire au delà des fossés de la ville reçurent le nom de *Petit Séjour de Nesle*.

L'échansonnerie du duc de Berri à l'hôtel de Nesle était renommée par sa magnificence. On y voyait un *cabinet* où était rangée, sur des tablettes scellées dans le mur, une quantité prodigieuse de vaisselle d'or et d'argent.

« L'histoire, dit Sauval, est si pleine de faits mémorables arrivés dans ce palais que je me contenterai d'en citer quelques-uns. Après que le duc de Berri eut réconcilié et vu communier aux Augustins les ducs d'Orléans et de Bourgogne, il les mena, au sortir de là, dîner chez lui à l'hôtel de Nesle. Lorsque le duc de Bourgogne eut fait massacrer le duc d'Orléans, tous les princes et les grands du royaume s'assemblèrent plusieurs fois à l'hôtel de Nesle, chez le duc de Berri. C'est dans ce logis que Louis d'Évreux, comte d'Étampes, mourut à table, d'apoplexie, en 1400, et le duc de Berri en 1416, après y avoir reçu la visite du roi et de tous les grands. »

Après la mort du duc de Berri Charles VI donna à sa femme Isabeau de Bavière, en 1416, l'hôtel de Nesle et le Petit Séjour, pour en jouir sa vie durant. Cette princesse y demeura moins ordinairement qu'à l'hôtel Saint-Paul, où elle mourut en 1435.

En 1446 Charles VII en fit donation à François Ier, comte de Richemond, duc de Bretagne, pour le récompenser des services qu'il lui avait rendus pendant ses guerres contre les Anglais.

Le duc de Bretagne étant mort sans enfants mâles, l'hôtel de Nesle retourna encore à la couronne. En 1461 Louis XI en fit don à Charles le Téméraire, petit-fils de Jean sans Peur, comte de Charolais et dernier duc de Bourgogne, qui y demeura; mais il le réunit au domaine après la mort de ce prince, tué au siége de Nancy le 5 janvier 1477.

Le roi François Ier avait eu le dessein d'établir dans cet hôtel un collége pour les lettres grecques et d'y fonder quatre chapelains, mais ce projet resta sans exécution.

Lorsque ce même prince créa, en 1513, un *bailli de Paris* pour le jugement des causes dont le prévôt connaissait auparavant comme conservateur des priviléges de l'Université, le siége du nouveau bailliage fut établi à l'hôtel de Nesle; mais, comme nous le verrons ailleurs, la charge de bailli fut supprimée en 1526, et il paraît que l'hôtel resta depuis inhabité.

En 1552 Henri II ordonna la vente du grand hôtel de Nesle et des terrains qui en dépendaient. « Voulons et ordonnons, disent les lettres, que la maison, place, pourpris et tenue du Grand-Nesle, ainsi qu'ils se poursuivent et comportent, soient et demeurent disjoints, désunis et mis hors de notre domaine... que lesdits lieux soient vendus à la charge de cens et rentes portant lods et ventes au profit du roi. » Cette vente n'eut pourtant pas lieu; mais, vers le déclin du seizième siècle, l'hôtel de Nesle fit place à l'hôtel de Nevers et à celui de Guénégaut ou de Conti. La porte, la tour et les parties encore subsistantes des anciens bâtiments furent détruites, en 1663, pour faire place au collége Mazarin, devenu depuis *l'Institut*.

Il existait à Paris au moyen âge, sur la rive droite de la Seine et vers l'emplacement où se trouve aujourd'hui la halle au Blé, un autre *hôtel de Nesle*, que Jean II, châtelain de Bruges, céda au roi saint Louis en 1230 et que ce roi donna à sa mère, la reine Blanche. Nos rois le possédèrent jusqu'à Philippe le Bel, qui le céda à Charles, comte de Valois. Philippe de Valois le céda, en 1327, à Jean de Luxembourg, roi de Bohême. Cet hôtel, nommé depuis *hôtel de Behaigne*, c'est-à-dire de Bohême, passa au roi de France Jean. Il fut possédé ensuite par divers princes, et en 1388 par Charles VI, qui le donna à son frère Louis, duc d'Orléans. L'hôtel prit alors le nom de son propriétaire et fut considérablement agrandi par l'adjonction de plusieurs maisons, places et jardins qui l'entouraient. Cet hôtel, avec ses jardins, était compris entre les rues Coquillière, d'Orléans (anciennement nommée *de Nesle*), de Grenelle, et entre celle des Deux-Écus, dont une partie portait le nom de *Traversine* et l'autre celui de *la Hache*. Louis XII céda aux Filles pénitentes la plus grande partie de cet hôtel, qu'elles acquirent entièrement en 1499, ainsi qu'une maison située dans la rue de Grenelle.

Catherine de Médicis, déjà propriétaire de plusieurs maisons et jardins situés dans la rue du Four, acheta le couvent et ses dépendances, et fit bâtir un très-grand hôtel, qui fut nommé *hôtel de la Reine* et qui était borné par les rues du Four, des Deux-Écus et de Grenelle. Le corps principal des bâtiments avait son entrée dans la première de ces rues; les jardins longeaient une grande partie des deux autres; ils furent établis sur l'emplacement du couvent des Filles pénitentes. La chapelle était située à l'angle des rues de Grenelle et Coquillière. Une colonne dorique, très-élevée et cannelée, fut construite, sur les dessins de Bullan, dans l'angle d'une cour latérale; Catherine de Médicis y montait avec ses astrologues pour consulter les astres. Cette colonne se voit encore adossée au bâtiment de la halle au Blé.

« Le bâtiment qu'entreprit la reine Catherine, dit Sauval, parut si magnifique que, dans tout le royaume, alors, il ne le cédoit qu'au Louvre et à son palais des Tuileries; elle le rendit si commode qu'on y compte cinq appartements des plus grands, des plus clairs, des mieux dégagés, et tel qu'un seul même pourroit suffire au plus grand prince de la terre... On y entre par un portail aussi grand que superbe ; quoique imité de celui du palais Farnèse, à Caprarolle, il passe néanmoins pour un des chefs-d'œuvre de Salomon de Bresse, l'un des meilleurs architectes de notre temps ; il est simple, rustique, fort haut, fort large, et très-bien proportionné à l'étendue aussi bien qu'à l'ordonnance du logis... La chapelle n'est pas moins considérable que les appartements; il ne s'en trouve point de si grande ni si bien parée dans les hôtels de nos grands seigneurs, non pas même au Louvre, ni au palais d'Orléans, ni au palais Cardinal. On y entre par un portail des plus élevés et des plus magnifiques ; son ordonnance a quelque chose de grand et de royal ; il est couronné de deux clochers suspendus en l'air sur deux trompes et fut dessiné par Guérin. Les curieux y considèrent des festons qui pendent des deux côtés de la porte, que firent, en concurrence, Colin et Huguenin ; ceux qui s'y connoissent ne les trouvent pas moins galants que bien fouillés, bien tournés et recherchés, et enfin les font passer pour les chefs-d'œuvre de ces deux bons sculpteurs. L'autel est enrichi de deux figures de Pilon, le plus tendre et le plus ingénieux sculpteur de son temps. Elles représentent l'Annonciation, et ont paru si belles aux Feuillants de Paris qu'ils les ont fait mouler pour servir d'ornement à leur maître-autel. La tête de la Vierge exprime une par de cette douceur et de cette pudeur virginale dont l'Écriture dit qu'elle étoit remplie (1). »

Charles de Bourbon, comte de Soissons, acheta cette propriété (1606), qui avait reçu le nom d'*hôtel des Princesses*, la répara et l'agrandit. Depuis cette époque elle fut appelée *hôtel de Soissons*, dénomination qu'elle a conservée jusqu'en 1763. Sur son emplacement furent alors construites la halle au Blé et les rues environnantes.

L'hôtel *Barbette* appartenait à la famille de ce nom, déjà illustre sous le règne de saint Louis. En 1306, lors d'une émeute que suscita dans Paris l'avarice du roi, cet hôtel fut pillé par le peuple. Jean de Montaigu, grand-maître d'hôtel du roi, qui en était devenu propriétaire, le vendit, en 1403, à Isabeau de Bavière. Elle l'agrandit considérablement et en fit son *petit séjour*. Elle y accoucha, en 1407, d'un enfant mort, et nous avons vu que le duc d'Orléans sortait de cet hôtel lorsqu'il fut assassiné. « L'appartement qu'Isabeau de Bavière avoit à l'hôtel de Barbette, dit Sauval, consistoit par en bas en deux salles, l'une grande et l'autre petite ; au-dessus se trouvoit une autre grande salle, une chambre attachée à un grand *retrait* et un petit ; outre cela une chambre, une autre aux eaux roses, une de parade, une chambre blanche, deux chapelles, l'une grande et l'autre petite ; un comptoir, des bains et des étuves. » Cette propriété passa ensuite dans la maison de Brézé, et ce fut à titre de femme de Louis de Brézé, comte de Maulevrier, grand-sénéchal de Normandie, que la célèbre Diane de Poitiers, duchesse de Va-

---

(1) Sauval, t. II, p. 216.

lentinois, en eut la possession. Ses filles, les duchesses d'Aumale et de Bouillon, le vendirent en 1561 à des particuliers. L'hôtel Barbette fut alors détruit, et en 1563 on perça deux rues sur son emplacement.

Les ducs de Bourgogne de la seconde race avaient leur hôtel rue des Sept-Voies, au lieu même où furent fondés depuis les colléges de Reims et de Cocquerel, le long de la rue de Reims, nommée alors la rue de Bourgogne. La seconde branche de Bourgogne s'étant éteinte, le duché fut réuni à la couronne, sous le règne du roi Jean, qui en investit, comme on le sait, Philippe le Hardi, son fils. Mais l'*hôtel de Bourgogne* ne fut point compris dans cette investiture; il ne fut donné à Philippe que par le roi Charles V, son frère, en 1364. En 1354 il était occupé par les religieuses de Poissy que la guerre avait obligées de chercher un asile à Paris. Le duc Philippe l'agrandit et le donna en 1402 à son troisième fils, Philippe, comte de Nevers et de Rhétel, qui le vendit quelques années après aux écoliers de Reims. Ce prince se retira alors rue Mauconseil, à l'*hôtel d'Artois*, que son fils, Jean sans Peur, choisit également pour sa résidence habituelle.

Jean sans Peur ajouta à cet hôtel d'Artois un vaste corps de logis, qui subsistait encore vers la fin du dix-septième siècle. « Il étoit, dit encore Sauval, couronné de grands frontons gothiques de pierre, rehaussés des armes de Bourgogne, et accompagné d'un petit pavillon que Monstrelet et les registres de la chambre des comptes nomment *donjon*, avec une chambre toute de pierres de taille que Jean lui-même fit bâtir exprès pour sa sûreté. » L'hôtel d'Artois, qui prit alors le nom d'*hôtel de Bourgogne*, fut réuni à la couronne en 1477, après la mort de

Charles le Téméraire. En 1543 François Ier ordonna la démolition de cet édifice, qui tombait en ruines et servait de repaire à des bandits; cet édit ne fut qu'imparfaitement exécuté, et dans quelques dépendances de l'hôtel de Bourgogne s'établirent des comédiens dont les représentations théâtrales devinrent bientôt populaires.

L'*hôtel de la Trémouille*, récemment démoli, était situé rue des Bourdonnais; bien que dégradé par les marchands et les industriels qui l'avaient approprié à leurs habitudes vulgaires, cet édifice, dont les artistes regrettent la perte, était la plus élégante construction civile qui se fût conservée à Paris. On dit que Philippe le Bel l'avait habité en 1280, mais il est à croire que depuis lors on l'avait restauré ou rebâti, car son architecture était plus moderne. En 1363 Philippe, duc de Touraine et frère du roi Jean, en fit l'acquisition au prix de deux mille francs d'or. En 1398 ce prince, devenu duc d'Orléans, le vendit à Guy de la Trémouille, qui reçut l'oriflamme des mains de Charles VI et se fit, plus tard, remarquer par son dévouement à Jean sans Peur. Lorsqu'en 1409 l'évêque de Liége vint à Paris porter aide aux Bourguignons, ce fut à l'hôtel de la Trémouille qu'il descendit, « après avoir fait serment à la porte Saint-Denys, entre les mains du prévôt de la ville, qu'il ne tourneroit point ses armes contre le roy ni contre les habitants. » En 1421 ce même hôtel était occupé par Jean de la Trémouille, seigneur de Jonvelle; plus tard, Antoine Dubourg, chancelier de France, y demeura, et, durant la minorité de Louis XIV, il appartenait au président de Bellièvre. En 1790, étant devenu propriété nationale, il fut acquis par des commerçants dont l'industrie est très-florissante au quartier des Bourdonnais.

A cette époque, ainsi que nous venons de le dire, on ne pouvait plus assigner à son architecture la date du treizième siècle, mais bien celle du quinzième et des premières années du seizième. Lorsque cet édifice, déchu de son antique splendeur, eut été transformé en un magasin de soieries à l'enseigne de *la Couronne d'or*, on apercevait d'assez loin du côté des Bourdonnais sa haute muraille et ses fenêtres déjà bouchées afin de les soustraire aux exigences du fisc. Vers le milieu on remarquait sa grande porte à cintre surbaissé et que surmontaient des ornements de bon goût. Le côté oriental de l'édifice était percé d'une porte à arcades gothiques, richement historiée. Le principal corps de logis avait en largeur six travées et en hauteur trois étages. A droite était une cage d'escalier, à gauche une tourelle qui servait d'oratoire ; c'était un chef-d'œuvre de sculpture et de légèreté, qu'on a conservé, lors de la démolition de l'hôtel, en le transportant au palais des Beaux-Arts.

Parmi les édifices que l'étranger admirait autrefois à Paris nous ne saurions omettre de mentionner *l'hôtel de Sens*, affecté à la résidence de l'archevêque métropolitain de la province ecclésiastique de Sens, dont faisait partie l'évêché de Paris.

Il existait d'ailleurs deux hôtels appartenant à ces mêmes archevêques. Le plus ancien, construit par les ordres de l'évêque Étienne Requart, sur le quai des Célestins, fut vendu à Charles V, en 1365, par Guillaume de Melun. Le roi réunit cette maison à l'hôtel Saint-Paul, et donna au prélat la maison de Jean de Hestoménil, située à quelque distance de l'ancien hôtel.

Au commencement du seizième siècle l'archevêque de Sens, Tristan de Salazar, fit bâtir l'hôtel que nous voyons encore aujourd'hui, sur l'emplacement de la maison de Hestoménil, c'est-à-dire sur le côté ouest du carrefour que forme la rencontre des rues de l'Hôtel-de-Ville (précédemment de la Mortellerie), de l'Étoile, des Barres, du Fauconnier et du Figuier. Le père de l'archevêque Salazar était un Espagnol, excellent homme de guerre, qui avait amené un secours considérable de troupes à Charles VII, dans la guerre des Anglais, et, en reconnaissance de ce service, Louis XI donna l'archevêché de Sens au quatrième de ses fils, en 1474. Tristan était un vertueux prélat, qui se distinguait également par sa bravoure et qui suivit Louis XII dans ses expéditions d'Italie. L'historien Jean d'Auton dit que cet évêque allait à la suite du roi, armé de toutes pièces, et remplissant tous les devoirs d'un excellent soldat. Il mourut le 11 février 1518.

A la mort de Tristan de Salazar l'hôtel de Sens n'était pas entièrement achevé. Il le fut par les soins du cardinal Antoine Duprat, mort en 1535.

La reine Marguerite, première femme de Henri IV, y demeura à son retour d'Auvergne. En 1622, l'évêché de Paris ayant été érigé en archevêché, les archevêques de Sens cessèrent peu à peu d'habiter la capitale; leur hôtel fut vendu et passa en diverses mains. Il est aujourd'hui occupé par un établissement de roulage. On voit encore des restes considérables de cet hôtel, que son architecture et ses ornements rendent très-curieux; ses tourelles gracieuses et élancées, ses fenêtres sculptées et sa porte principale sont très-estimées par les artistes. La chapelle a été détruite.

L'hôtel ou le *Séjour d'Orléans* renfermait un jardin ; il s'étendait dans la rue Saint-André des Arcs et dans l'espace compris entre la rue de l'Éperon et l'ancienne porte de Bussy, rue de Bussy actuelle. Il appartenait, du temps de Charles VI, aux ducs d'Orléans, et Valentine de Milan y logea lorsqu'elle vint demander justice de l'assassinat de son époux, Louis II, massacré dans la rue Barbette à l'instigation du duc de Bourgogne.

« Lorsque cet hôtel, dit Sauval, passa aux ducs d'Anjou, de Touraine et d'Orléans, on y joignit le logis du maître des arbalétriers, avec quantité d'autres maisons particulières ; on l'étendit au delà des murs de la ville pour y faire des cours, des galeries, des jardins et de nouveaux appartements. Je ne m'amuserai point à parler ici ni des celliers, ni de l'échansonnerie, de la paneterie, fruiterie, salserie, pelleterie, conciergerie, épicerie, ni même de la maréchaussée, de la fourrière, de la bouteillerie, du charbonnier, de la cuisine, des lieux où l'on faisait l'hypocras, etc. ; je dirai seulement qu'entre plusieurs grands appartements et commodes que l'on comptoit, deux entre autres pouvoient entrer en comparaison avec ceux du Louvre, du Palais et de l'hôtel royal de Saint-Pol ; tous deux occupoient les deux premiers étages du principal corps de logis ; le premier étoit relevé de quelques marches de plus que le rez-de-chaussée de la cour ; Valentine de Milan y demeuroit. Louis IIe du nom, duc d'Orléans, son mari, occupoit ordinairement le second, qui régnoit au-dessus. Ces appartements regardoient sur le jardin et la cour ; chacun consistoit en une grande salle, une chambre de parade, une grande chambre, une garde-robe, des cabinets et une chapelle. Les salles recevoient le jour par des croisées hautes de treize pieds et demi et larges de quatre et demi ; les chambres de parade portoient huit toises deux pieds et demi de longueur ; les chambres tant du duc que de la duchesse avoient six toises de long et trois de large ; les autres, sept et demi en carré. Le tout éclairé de croisées longues, étroites, et fermées de fil d'archal, avec un treillis de fer percé.

« Pour ce qui est des deux chapelles, la plus grande étoit en bas et contiguë à l'appartement de la duchesse ; la plus petite au-dessus, terminoit celui du prince. On y entroit par un portique accompagné d'arcades et de colonnes. Chacune avoit son oratoire ; toutes les voûtes étoient peintes et chargées d'armoiries. Le jardin, qui servoit de vue à ces deux appartements, avoit de longueur quarante-cinq toises, et régnoit depuis la rue de Nesle, ou d'Orléans, jusqu'à la Croix-Neuve, proche Saint-Eustache. Dans le milieu étoit un grand bassin, avec une fontaine jaillissante, ayant à côté une place où le roi et les princes venoient assez souvent jouter. Outre ce grand jardin, il y en avoit encore d'autres plus petits, mais que j'omets, aussi bien que quantité de cours et d'appartements qui n'ajoutoient pas peu à la magnificence et à la commodité de cet hôtel. »

Une autre propriété, appartenant aux ducs d'Orléans, était également désignée sous les noms de *fief* ou de *séjour* de ces princes ; Isabeau de Bavière l'avait échangée, en 1392, contre l'*hôtel du Val de la reine*, qui appartenait au duc d'Orléans, son beau-frère. La demeure princière, qu'on appelait *le fief d'Orléans*, « s'étendoit, dit Jaillot, jusqu'au cimetière Saint-Médard ; de là elle remontoit en droite ligne jusqu'à la rue Censier ; elle se prolongeoit ensuite jusqu'à la Bièvre, et le long de cette rivière jusqu'à la rue Mouffetard ; remontoit à la rue du Fer-à-Moulin, dont elle occupoit le côté gauche, jusqu'à l'hôtel dit depuis de Clamart, qui en faisoit alors partie et qu'on en a séparé depuis ; enfin elle redescendoit à la Bièvre, qu'elle côtoyoit jusqu'à la rue du Jardin du Roi, et le long de cette rue jusqu'à celle d'Orléans. » La maison d'Isabeau de Bavière était accompagnée de *saulsayes* et d'un jardin « rempli de cerisiers, de lavande, de romarin, de pois, fèves, treilles, laise, choux, porées pour les lapins et chenevis pour les oiseaux. »

Le *Séjour d'Orléans* passa ensuite dans la maison d'Anjou-Sicile. Louis II, roi de Sicile, le possédait au commencement du quinzième siècle. On voit dans les registres de la chambre des comptes, que le 8 mai 1424 il fut donné, par provision, à Jean Le Clerc, chancelier de France ; il revint ensuite à ses anciens maîtres, puisque Marguerite d'Anjou, femme de Henri IV, roi d'Angleterre, s'y retira peu après la mort de ce prince. Il fut réuni à la couronne après la mort de Charles IV d'Anjou, neveu et successeur du roi René, qui avait institué, en 1482, Louis XI son héritier universel. Louis XI donna le *Séjour d'Orléans*, au mois de juin 1483, à Jacques Louet, trésorier des chartes, pour en jouir sa vie durant. En 1540 Jean-Jacques de Mesme, lieutenant civil, en était propriétaire. En 1663 la veuve de Nicolas Converchel, bourgeois de Paris, vendit ce fief à l'abbaye de Sainte-Geneviève. Le couvent des Filles de la Croix faisait partie du *Petit Séjour d'Orléans*.

Mais, comme tous ces hôtels étaient trop éloignés de

l'hôtel royal de Saint-Paul, le duc d'Orléans acheta successivement trois séjours dans le quartier Saint-Antoine : le premier dans les rues Percée et de Jouy; il avait appartenu au prévôt Hugues Aubriot, qui l'avait reçu de Charles V ; il passa en 1383 à Pierre de Giac, chancelier de France, et en 1395 au duc d'Orléans; il se nommait alors *maison des Marmouzets*. Le duc de Berri donna cet hôtel, en 1404, à l'infortuné Jean de Montaigu. Enfin, après la mort du grand-maître, Charles VI en fit présent à Guillaume, duc de Bavière, puis à Jean de Bourgogne, duc de Brabant. Au commencement du seizième siècle cette maison fut divisée, donnée ou vendue à différents particuliers, et acquise enfin, en 1629, par la Compagnie de Jésus.

Les ducs d'Orléans possédaient en outre un autre hôtel qui était situé dans les quartiers voisins de la Bastille. Cet édifice consistait en une tour ronde construite à l'extrémité d'une place vague ; elle s'élevait sur le bord de la rivière, derrière le couvent des Célestins, au coin des murs de la ville. Le roi Charles VI en avait fait don, en 1396, au duc d'Orléans, son cousin, en y ajoutant cent toises des remparts de Paris et un emplacement assez vaste. C'est ainsi que les princes du sang exploitaient alors, pour s'enrichir, la faiblesse d'esprit et l'excessive bonté du roi.

En 1404 l'Université, outragée par Charles de Savoisy, chambellan de Charles VI, avait fait abattre l'hôtel de ce seigneur; cent douze ans plus tard elle permit à ses héritiers de le faire reconstruire, à la condition qu'on mettrait au-dessus de la porte du nouvel hôtel une pierre destinée à rappeler l'injure et l'expiation. En 1533 cet hôtel appartenait aux Savoisy, dont il avait repris le nom. Ce fut là que le duc de Norfolk, ambassadeur d'Angleterre, logea pendant le séjour qu'il fit à Paris en cette année. Dix ans après, Philippe de Chabot, amiral de France, y mourut. François Ier donna l'hôtel à sa veuve, Françoise de Longuy, qui le vendit en 1545 au sieur de Bellassise, trésorier de l'extraordinaire des guerres, et ensuite au duc de Lorraine (1). Nicole, duchesse de Lorraine, étant venue à Paris en 1634, y fit exécuter de grands travaux et y fixa sa demeure. Elle y mourut en 1657, après avoir été abandonnée de Charles III, duc de Lorraine, son mari, qui la dépouilla du duché qu'elle lui avait apporté en dot.

L'hôtel de Savoisy ou *de Lorraine* passa ensuite dans les familles Desmarets et d'Herbouville; il prit le nom de cette dernière, qu'il portait encore il y a quelques années.

Le *Séjour du Roi,* construit par Charles V, occupait l'emplacement des rues Montmartre, du Jour et Plâtrière; il s'étendait le long des anciens murs de la ville et tenait à la porte Montmartre, où était sa principale entrée. Il consistait en une chapelle, une grange, un jardin, trois cours et six corps de logis. « C'était là qu'on mettait les *chevaux de séjour du roi,* comme on parlait alors; le jardin servait à exercer les *grands chevaux de séjour,* c'est-à-dire peut-être les chevaux de manége. Dans l'une des cours se trouvait le *plaidoyer de la justice de l'écurie,* ou tribunal du grand-écuyer; aussi demeurait-il dans cet hôtel, dont il louait quelques dépendances à des

---

(1) Jaillot, t. III, *quai Saint-Antoine,* p. 97.

particuliers. En 1473 un portefaix occupait pour 24 sols parisis le seul corps de logis qui ne fût pas encore « tombé (1). » Louis XI vendit, en 1474, le *Séjour du Roi* à Pierre Morin, conseiller au Parlement. Il fut détruit bientôt après, et l'on n'en voyait plus aucune trace à la fin du seizième siècle.

Guillaume Briçonnet, archevêque de Reims, habitait, rue des Deux-Portes-Saint-Jean, un *grand logis* qui avait appartenu au comte d'Auxerre, au chancelier de Corbie, à Tanneguy du Chastel; puis, en 1461, à Juvénal des Ursins.

Olivier de Clisson possédait, rue de Paradis-au-Marais, un hôtel qui fut plus tard enclavé dans l'hôtel de Soubise et dont on voyait encore des restes du temps de Sauval. « Auparavant c'étoit une grande maison nommée le *grand chantier du Temple*, dont les Parisiens lui firent présent, à ce que prétend la tradition, lorsqu'ils se virent réduits par son moyen à venir crier miséricorde au roi dans la cour du palais. On l'appela quelquefois l'*hôtel de Clisson*, mais plus ordinairement par moquerie l'*hôtel de la Miséricorde*; car il ne faut pas s'imaginer, comme font quelques-uns, que ce nom-là lui vient de certains couteaux longs et grêles, à quatre tranchants, que les Allemands, aussi bien que les Anglois et les Flamands, commencèrent à mettre en usage en 1215, à la bataille de Bouvines; et de fait ces M d'or couronnés, qui signifient *miséricorde*, et que, pour insulter davantage aux Parisiens, on peignit alors dans cette maison, où ils se voient encore sur les combles et sur les murailles, font bien connoître que c'étoit

---

(1) Sauval, t. II, p. 187. — Jaillot, t. II, *q. Saint-Eustache*, p. 26.

bien autant par raison que par raillerie qu'on le nommoit ainsi (1). »

L'hôtel du célèbre connétable Bernard d'Armagnac était rue Saint-Honoré, sur l'emplacement même du Palais-Royal. Il y fut attaqué en 1418 et mis en pièces par la populace. Cette maison prit ensuite le nom d'*hôtel de Charolais* et appartint au prévôt Simon Morhier.

Les comtes de Dammartin avaient au moyen âge, au bout de la rue aux Ours, un hôtel qu'on nommait la *salle du Comte* ou *au Comte*, et qui donna son nom à la rue dans laquelle il était situé. « Regnauld de Trie, voulant, en 1312, agrandir cet hôtel, acheta un logis de l'autre côté de la rue, qu'il attacha au sien par une galerie portée sur des poutres, sans demander la permission, ni même payer les lods et ventes aux religieux de Saint-Magloire, qui étoient seigneurs de la rue. Tandis qu'on travailloit à cette traverse, Eudes, prévôt et procureur du monastère, se transporte sur le lieu, fait deffenses aux ouvriers de passer outre, et, jetant trois pierres à trois diverses reprises sur les poutres qu'on dressoit, il demanda acte à deux notaires en présence de plusieurs témoins. Le comte, en colère, armé d'une grande masse et accompagné de ses gens, accourt, entre dans le couvent, frappe et blesse tout ce qui se rencontre devant lui, fait achever la galerie, et la pose si bas que les chariots chargés des provisions du prieuré ne pouvaient plus passer par là, ni entrer par la porte de derrière, qui étoit au fond de la rue. Mais, cet homme violent étant mort quelque temps après, Philippe, sa veuve, fit réparation publique aux religieux, dans leur

---

(1) *Antiquités de Paris*, t. II, p. 645.

église, avec promesse d'abattre la galerie et de l'élever si haut qu'elle ne fermeroit plus le passage (1). »

Le célèbre maréchal de France Jean Le Maingre, dit Boucicaut, logeait rue de Béthisy, dans une maison appelée la *cave* ou la *cour de Ponthieu*, que lui avait donnée à vie, en 1359, le régent Charles. Son fils Jean, aussi maréchal de France, connétable de Constantinople et gouverneur de Gênes, avait une maison de plaisance, *embellie de galeries, de viviers, d'isles et d'aulnoies*, sur le bord de la rivière des Gobelins, dans la rue de Lourcine. Deux marchands génois, créanciers du maréchal pour 400 livres, firent saisir cette propriété et la vendirent 1,500 livres à Montagu, grand-maître de l'hôtel du roi (2).

L'hôtel du Petit Bourbon, dont on a fait remonter la construction au règne de Philippe-Auguste, était situé, devant le Louvre, dans une rue qui portait le nom d'*Ostriche* (Autriche). Plus tard les ducs de Bourbon y firent leur résidence; mais, le connétable de Bourbon ayant été déclaré criminel de lèse-majesté sous François Ier, cet hôtel fut en partie détruit et l'on sema du sel sur ses ruines. Sauval atteste que, de son temps encore, on y voyait « des armoiries brisées ou effacées, et une tour dans un coin à demi rasée, qui regardoit sur la rivière. » Le même annaliste ajoute : « La couverture et les moulures de la principale porte sont barbouillées de ce jaune dont le bourreau brosse les maisons des criminels de lèse-majesté, jaune de si bonne trempe que plus d'un siècle n'a pu encore lui faire perdre sa couleur. »

(1) Sauval, t. II, p. 155.
(2) M. de Gaulle, *Histoire de Paris*, t. III.

Sauval dit encore :

« Ce palais étoit un des plus vastes et des plus superbes du royaume, témoin la galerie, la chapelle et la salle qui se voient encore. La galerie, outre sa situation et sa longueur, était dorée et enrichie de peintures; aussi l'appeloit-on la galerie dorée; et, de fait, alors il n'y en avoit point en France qui l'égalât, ni en grandeur, ni en assiette. Quant à la salle, sans contredit, c'est la plus large, la plus haute et la plus longue qui soit dans tout le royaume. Sa largeur est de dix-huit pas communs sur trente-cinq toises de longueur, et la couverture si rehaussée que le comble paroît aussi élevé que ceux des églises de Saint-Germain et de Saint-Eustache. A l'égard du portail de ce palais, il y a grande apparence qu'il étoit fort riche, et de fait les deux battans qui le fermoient sont encore ferrés et semés de gros clous de cuivre doré, que portoient les chevaliers de l'ordre du Chardon, et même on y lit encore, en lettres capitales et dorées, le mot *espérance*. Cette porte, que l'histoire nomme la *porte dorée*, devait être rehaussée de quantité d'autres ornements, mais qui ont été ruinés en haine du connétable. Quelques écrivains tiennent que la couverture étoit dorée; de plus, que le duc Louis de Bourbon y avoit fait peindre ses armes avec les deux ordres dont il étoit l'instituteur, et qu'enfin on ne lui avoit donné le nom de dorée que parce qu'elle étoit toute rehaussée d'or. Ces deux ordres, de *l'Écu d'or* et du *Chardon*, étoient partout répétés; mais il n'y a point d'endroit où le collier de celui du Chardon soit plus en vue qu'au balustre de ce corps de logis qui regarde sur la rivière; ce balustre, qui est de pierre de taille, est composé de fleurs de lis et de lettres capitales antiques, épargnées dans la pierre, qui forment ensemble le mot *espérance*.

« Louis II, prince dévot et libéral, prit un soin tout particulier du bâtiment de la chapelle, aussi bien que de ses ornements, car à la grandeur il voulut joindre la magnificence, et, de fait, sa voûte rehaussée d'or, les enrichissements dont elle est couverte, les croisées qui l'environnent, coupées si délicatement, les vitres chargées de couleurs si vives, enfin les fleurs de lis de pierre qui terminent chacune de ses croisées, témoignent assez qu'il ne plaignoit pas la dépense. Il y éleva, ainsi que dans tous les autres endroits de son hôtel, les armes de Bourbon avec le collier du Chardon et la ceinture de l'Écu d'or; de plus il fit faire, au côté gauche de l'autel, un oratoire de menuiserie à clairevoie, où il arbora quatre grands écussons; dans le premier étoient gravées les armes de Charles VI; celles de Charles, Dauphin, remplissoient le second; dans le troisième étoient les siennes, et dans le dernier celles d'Anne, Dauphine d'Auvergne, sa femme(1). »

Ce fut dans la galerie de cet hôtel que se tint l'assemblée des états du royaume en 1614 et 1615. Elle servit aussi en différentes occasions de salle de spectacle; on y avait alors dressé un théâtre où la cour donnait des fêtes, des ballets, et sur lequel les princes, et Louis XIV lui-même, dans sa jeunesse, venaient danser publiquement. Ce théâtre fut accordé, en 1658, à la troupe de Molière, qui arrivait de province. Deux ans après les comédiens abandonnèrent ce local, qui fut détruit, mais dont les derniers vestiges ne disparurent que vers le milieu du dix-huitième siècle.

(1) Sauval, t. II.

Dans le voisinage de cet édifice, qui eut de si étranges destinées, on remarquait l'*hôtel d'Alençon*, un peu plus tard appelé hôtel de Longueville. Il était situé rue du Petit-Bourbon et rue des Poulies, et avait été construit, en 1250, par Alphonse, frère de saint Louis, sur un terrain que lui avait vendu un certain Edmond *de Poulie*. Lorsque l'infortuné Enguerrand de Marigny fut condamné à mort, sous Louis le Hutin, cet hôtel, qui était venu en sa possession, fut occupé par son persécuteur, Charles de Valois, et Marie d'Espagne, sa veuve, y demeurait en 1347. Dès lors on distinguait les deux parties de cet hôtel sous les noms de *grand hôtel d'Alençon*, rue d'Autriche, et de *petit hôtel d'Alençon*, rue des Poulies. En 1421 cette demeure était *vuide, ruinée et inhabitable* (1). René, duc d'Alençon, la vendit en 1470, et une partie du *petit hôtel* fut réunie à l'hôtel Bourbon. M. de Villeroy, qui le possédait en 1552, le vendit le 15 mai 1568 à Henri III, alors duc d'Anjou. Ce fut sans doute en 1573, lorsqu'il fut appelé au trône de Pologne, qu'il le laissa à la reine, qui en fit don à Castelan, son premier médecin. Albert de Gondi, duc de Retz et maréchal de France, l'acheta des enfants de ce dernier, en 1578, et lui donna son nom, qu'il portait encore plusieurs années après. Ce fut dans cet *hôtel de Retz* que fut conduit Ravaillac, aussitôt après son exécrable attentat. Comme cet hôtel était fort vaste, malgré les démembrements qui en avaient été précédemment faits, Marie de Bourbon, duchesse de Longueville, en acheta, en 1581, au prix de 1,400 écus d'or, une partie, sur laquelle on cons-

(1) Sauval, t. III, p. 294.

truisit l'hôtel qui a porté son nom. En 1665 Henri de Longueville le céda à Louis XIV, qui résolut de le faire démolir aussitôt pour agrandir la place du Louvre. Mais ce projet ne fut exécuté qu'en partie, et le bâtiment qui resta debout fut réparé en 1709 pour y loger le duc d'Antin, surintendant des bâtiments, arts et manufactures de France. « On a orné les appartements, dit un écrivain contemporain, de quelques tableaux du cabinet du roi. Chavannes a été employé pour des paysages placés sur les portes des cabinets, qui sont d'une grande beauté et font un heureux effet, ainsi que les ouvrages de Desportes, pour les animaux, et de Royer, pour les architectures en perspective (1). » Cet hôtel fut alors nommé *la Surintendance*. En 1730 on en reconstruisit une partie qu'on disposa pour le bureau général des postes ; l'autre partie était prise sur l'hôtel de Retz. Louise de Lorraine, seconde femme du prince de Conti, acheta la moitié de cet hôtel, et sur l'emplacement elle en fit bâtir un qui porta son nom et dont une partie fut vendue au roi par le duc de Guise ; l'autre fut acquise par M. de Villequier et a porté le nom d'*hôtel d'Aumont* (2). De nos jours ces divers hôtels ont été abattus pour former la place du Louvre.

A peu de distance de ces édifices, dont la splendeur est aujourd'hui oubliée, existait l'*hôtel de Créquy*, dont il nous suffira de mentionner le souvenir.

Mais, de tous les hôtels que nous a légués la Renaissance, il n'en est aucun qui puisse rivaliser avec l'*hôtel de Cluny*.

Dans la première moitié du quatorzième siècle, vers 1340, Pierre de Chaslus, abbé de Cluny, acheta l'empla-

(1) Brice, cité par M. de Gaulle.
(2) M. de Gaulle, *Histoire de Paris*, tome III.

VUE GÉNÉRALE DE L'HÔTEL DE CLUNY

cement du palais des Thermes, dans l'intention d'y construire un logis rapproché du collége que son abbaye possédait en face de la Sorbonne. Ce projet ne paraît pas avoir été suivi d'exécution; car ce ne fut qu'à la fin du quinzième siècle que Jean de Bourbon, un des successeurs de Pierre de Chaslus, entreprit la construction de l'édifice qui subsiste encore. Quand ce prélat mourut, en 1485, les fondations sortaient à peine de terre. Jacques d'Amboise, qui réunissait en même temps les titres d'évêque de Clermont, d'abbé de Cluny, d'abbé de Jumièges et d'abbé de Saint-Alyre, reprit, en 1490, l'œuvre de son prédécesseur et la conduisit jusqu'à entière perfection.

Les nouveaux bâtiments s'élevèrent sur l'emplacement et avec une partie des matériaux des anciennes constructions; on voit en plusieurs endroits de l'hôtel l'architecture du moyen âge greffée sur des murs de construction romaine. Ce monument participe à la fois du roman, du gothique et du style de la Renaissance; les ornements extérieurs sont très-gracieux; on distingue surtout ceux des fenêtres en mansardes; la tour qui se détache en avant du principal corps de logis est très-élégante. Malgré les dégradations qu'il a éprouvées, cet édifice est un des plus complets qui nous restent du moyen âge. La chapelle, située sur le jardin, est un chef-d'œuvre du genre gothique. On y voyait autrefois les figures de tous les membres de la famille de Jacques d'Amboise; il y avait aussi de beaux vitraux qui ont été en partie brisés, en partie transportés aux Petits-Augustins. Devant l'autel était un groupe de quatre figures peintes, représentant la sainte Vierge, Jésus-Christ, saint Jean et Joseph d'Arimathie. Douze statues de saints occupaient les douze niches de son pourtour. Dans ces derniers temps les vitraux de la chapelle ont été restaurés, ainsi que les peintures à fresque du seizième siècle qui décoraient l'autel.

L'hôtel de Cluny fut habité, après la mort de Louis XII, par Marie d'Angleterre, sa troisième femme. Cette princesse y reçut les hommages du duc de Valois, depuis François Ier, et du duc de Suffolk, qui l'épousa dans la chapelle même de l'hôtel. Cette maison, que posséda de 1528 à 1621 la famille de Lorraine, vit célébrer aussi le mariage de Madeleine, fille de François Ier, avec Jacques V, roi d'Écosse. Ce prince y logea pendant son séjour à Paris.

Environ trente années plus tard cet hôtel servit de refuge au cardinal Charles de Lorraine, à la suite de l'échauffourée de la rue Saint-Denis. Le 8 janvier 1565, ce prélat, voulant faire son entrée triomphale à Paris, en fut empêché par le maréchal de Montmorency, gouverneur de cette ville. L'escorte du cardinal s'étant débandée, il fut obligé de prendre la fuite et parvint à se réfugier dans son hôtel de Cluny.

Sous le règne de Henri III des comédiens s'y établirent; mais ils furent forcés de suspendre le cours de leurs représentations en 1584.

Depuis 1601 les nonces des papes ont souvent habité l'hôtel de Cluny. En 1625 l'abbesse de Port-Royal, Marie-Angélique Arnaud, vint s'y loger avec ses religieuses et y resta jusqu'à ce qu'on eût construit le monastère de la rue de la Bourbe.

Jusqu'à la Révolution les abbés de Cluny n'ont pas cessé d'être possesseurs de l'hôtel, qui, à cette époque, devint propriété nationale et fut indignement mutilé par les vandales républicains. Il appartint ensuite successivement à M. Baudot, médecin, puis à M. Leprieur, libraire de Paris, qui a noblement refusé de vendre la chapelle à un Anglais qui voulait la faire transporter à Londres.

Les trois astronomes Delisle, Lalande et Messier, ont longtemps demeuré dans cette maison ; leur observatoire subsista jusqu'en 1817 ; il était situé sur la tour.

L'hôtel de Cluny a été habité récemment par M. Dusommerard, mort en 1842, et qui a rassemblé dans ses appartements un musée d'antiquités françaises. C'est le plus beau de ce genre qui existe dans tout l'empire. L'État s'en est rendu acquéreur, afin d'éviter la dispersion de tant de richesses artistiques et de donner aux études archéologiques un encouragement efficace. La collection et l'hôtel étaient devenus inséparables. De son côté la ville de Paris céda au domaine public les ruines de l'ancien palais des Thermes, et tous les travaux d'appropriation furent exécutés sous la direction de M. Albert Lenoir, architecte, et de M. Edmond Dusommerard, conservateur du nouveau musée national. L'inauguration de ce monument, consacré aux traditions des arts, eut lieu le 17 mars 1844.

Nous en donnons la description, en nous appuyant sur l'autorité des savants qui ont bien voulu, par leurs travaux, faciliter notre tâche.

La porte principale de l'hôtel de Cluny ouvre sur la rue des Mathurins ; de ce côté la cour est close par une solide muraille qui vient de recouvrer son couronnement crénelé. En arrière des créneaux un étroit passage en planches repose sur des consoles de fer. On entre dans la cour par une porte en arc surbaissé, dont la voussure est sculptée de pampres chargés de grappes et d'anges qui déroulent des banderoles. Une porte plus petite est ouverte auprès de la première. La façade intérieure se compose d'un grand corps de logis, flanqué de deux ailes. Le rez-de-chaussée et le premier étage reçoivent la lumière par des fenêtres carrées et bordées de moulures. Au-dessus du premier étage le mur se termine par une frise élégamment ouvragée et par une riche balustrade à jour. Les deux gorges de la frise, toutes découpées en feuillages, servent d'habitation à une multitude de petits animaux qui courent et se jouent de mille façons; ce sont des chiens qui se mordent les oreilles les uns aux autres, des écureuils qui grimpent, des lapins qui broutent, des couleuvres qui rampent, des limaces qui se glissent le long des branches, des lionceaux qui se battent, des chimères qui s'allongent en grimaçant, des marmousets qui gambadent. Les hautes fenêtres de pierre qui coupent le comble sont parées d'arcatures, de gargouilles, de clochetons et de culs-de-lampe destinés à recevoir des statuettes; elles portaient, sur leurs tympans, de grands cartouches blasonnés, dont il ne subsiste plus que des traces à peine visibles. Quelques parties d'ornementation aux fenêtres et à la balustrade appartiennent à une phase de la Renaissance un peu plus avancée que le reste du monument. Les gargouilles ont, pour la plupart, des formes d'animaux, lions, aigles, griffons. Au pignon de l'aile occidentale il s'en trouve une plus singulière; une espèce de goujat encapuchonné tient par les jambes un marmouset, qui, au lieu de rejeter l'eau par la bouche, suivant l'usage le plus ordinaire, se met en posture de lui donner passage par l'orifice opposé.

Une tour à cinq pans s'avance en saillie sur le corps de logis central; elle est ceinte de plusieurs cordons de moulures feuillagées; ses ouvertures ont des linteaux en accolades, au sommet desquels s'épanouissent des fleurons. La porte d'entrée a été dépouillée des sculptures et des niches qui la surmontaient. Jacques d'Amboise avait fait aussi représenter, sur la base de la tour, de chaque côté de cette porte, les bourdons et les coquilles, emblèmes de son saint patron, le protecteur des pèlerins. Il en reste quelques débris; on lit même encore des sentences pieuses sur des banderoles qui flottent aux extrémités des bourdons. La tour contient un large escalier de pierre, dont les marches montent en spirale autour d'une colonne, jusqu'à la terrasse qui recouvre le dernier étage.

Quatre arceaux en ogive forment une élégante galerie, au rez-de-chaussée de l'aile gauche de l'hôtel. Des bouquets de feuillages et des limaces s'enroulent et grimpent à l'extrados des arcs; on voit, dans les tympans, le chien de la maison couché près de sa niche, quelques oiseaux, un singe enchaîné, dont l'attitude est pleine de malice.

Les anciennes cheminées sont restées au sommet du comble, les unes en briques, les autres en pierre, avec leurs moulures et leurs petits contre-forts.

Avant de quitter la cour on remarquera, sur la muraille de clôture en face de la tour, un grand cercle gravé dans la pierre. Il représente, au dire de tous les anciens auteurs qui ont décrit l'hôtel de Cluny, la circonférence de la cloche énorme que le cardinal Georges d'Amboise fit fondre par Jean Lemaçon pour l'église métropolitaine de Rouen, et à laquelle il donna son nom. L'opération de la fonte aurait été accomplie en ce lieu même.

La partie de l'édifice qui regarde le jardin est disposée en équerre. Le corps principal reproduit le système général de la façade antérieure, mais la sculpture y est moins abondante. L'aile renferme l'ancien oratoire abbatial, dont la petite abside s'arrondit vers l'orient sous la forme d'une gracieuse tourelle, portée en encorbellement par des consoles de feuillage, percée de baies à meneaux, et coiffée d'une toiture en plomb à laquelle des chimères servent de gargouilles. Des enroulements et des rinceaux ont été imprimés sur le métal; les mots *Servire Deo* y sont aussi plusieurs fois répétés.

Une salle basse, qui forme portique au-dessous de la chapelle, établit une communication entre le jardin de l'hôtel de Cluny et la cour qui précède la grande salle du palais des Thermes. Les voûtes de ce passage sont sillonnées de nervures prismatiques, qui jaillissent toutes d'un pilier octogonal pour aller retomber sur des consoles historiées appliquées aux murailles. Au chapiteau du pilier central, l'écusson de Jacques d'Amboise, pallé d'or et de gueules, avec la crosse abbatiale en amortissement, se montre, une première fois, soutenu par deux anges, et, une seconde, accosté de deux hommes sauvages. Le chiffre du roi Charles VIII s'y voit aussi, surmonté d'une couronne, comme à la rose de la Sainte-Chapelle du Palais [1].

A l'intérieur de l'hôtel les appartements, assez mal distribués, se composent presque toujours de grandes

---

[1] M. F. de Guilhermy, *Description archéologique des Monuments de Paris.*

salles qui « se commandent ». On dirait que les architectes contemporains de Louis XII avaient plutôt en vue d'en faire un musée et un monument public qu'une habitation commode. Les escaliers méritent l'attention des connaisseurs. Ainsi que d'autres édifices de la Renaissance semblent l'indiquer, il était alors d'usage de placer l'escalier d'honneur dans une tour en hors-d'œuvre, les escaliers de service dans des tourelles établies aux angles. Les choses sont ainsi disposées à l'hôtel de Cluny.

La chapelle se fait remarquer par le luxe de sa structure. Elle est étroite et forme un carré dont chaque côté n'a pas sept mètres ; mais au centre s'élève un pilier à huit faces, qui se couronne, comme un palmier, de seize rameaux dont l'épanouissement couvre toute la superficie des voûtes. L'abside de cet oratoire est orné de nombreuses sculptures, et les saintes images, exécutées en ronde bosse, sont rehaussées d'or et de couleur. On admire sur les parois de cette abisde des peintures d'un bon style, exécutées probablement par des artistes italiens, représentant Marie, mère de Jacques, et Marie Salomé, pleurant la mort du Christ.

Trois fenêtres à meneaux éclairent l'abside. Au nombre des vitraux dont elles sont garnies il s'est retrouvé un portement de croix qui occupait autrefois à peu près la même place, et dont le style annonce que les verrières étaient dignes en tout de la chapelle. Un escalier tournant, disposé à l'angle sud-ouest et renfermé dans une cage de pierre toute travaillée à jour, descend à l'étage inférieur. L'architecture du moyen âge se plaisait à multiplier, dans ses constructions, les motifs les plus variés et les plus inattendus. Ainsi cet escalier, qui par lui-même n'aurait aucune importance, est devenu, grâce à la piquante originalité de son ajustement, un des plus heureux détails de l'édifice (1).

Lorsque nous serons appelé, par les nécessités de notre récit, à décrire dans leurs détails les richesses artistiques que renferment les différents musées de Paris, nous ferons connaître à nos lecteurs les nombreux, les précieux vestiges d'art et d'histoire que les étrangers vont visiter à l'hôtel de Cluny; notre tâche se borne aujourd'hui à donner une idée aussi exacte que possible de ce curieux monument.

L'*hôpital des Enfants-Rouges*, fondé en 1536 par Marguerite de Valois, sœur de François Ier, était situé rue Portefoin, au Marais, près du Temple, et était destiné à recevoir tous les orphelins de père et de mère trouvés à l'Hôtel-Dieu de Paris, excepté ceux qui, étant nés et baptisés dans cette ville, devaient être transférés à l'*hôpital du Saint-Esprit*. Le roi leur donna le nom d'*enfants-Dieu*, mais la couleur de leurs habits leur a valu parmi le peuple celui d'*enfants rouges*. Cet hôpital fut supprimé en 1772. Sur une partie de son emplacement on a ouvert la rue de Molay, qui communique de la rue Portefoin dans celle de la Corderie.

Le *bureau des Pauvres*, situé place de Grève, fut établi, par lettres patentes de François Ier, en 1544. Ces lettres attribuèrent au prévôt des marchands et aux échevins l'entretien des pauvres de la ville, que le Parlement avait jusque-là dirigé. Ce bureau obtint l'administration des hôpitaux de Paris, à l'exception de ceux de l'Hôtel-

---

(1) M. F. de Guilhermy, *Description*, etc.

Dieu, des Petites-Maisons et de la Trinité. Il avait le droit de lever sur toutes les classes de la société une taxe d'aumône. Il s'est maintenu jusqu'à la Révolution.

L'histoire de Paris serait ingrate envers des hommes modestes, utiles et animés de la charité chrétienne, si elle omettait de mentionner les noms des treize citoyens qui, les premiers, furent élus membres du bureau des Pauvres; ce furent donc : Robert Dauvert, président de la cour des comptes; Louis de Montmirel, curé de Saint-Barthélemy; Jean Lecoq, curé de Saint-Eustache; Jacques de Gorrières, curé de Saint-Nicolas des Champs; Pierre Chevalier, greffier des comptes; Jean Barillon, secrétaire du roi; Germain Rebours, avocat au Parlement; Jean Courtin, auditeur des comptes; Claude Lelièvre, Germain Lelièvre, Joachim Rossand, Eustache de Builois et Jean Chopin. On leur adjoignit quatre conseillers au Parlement, Jean Hennequin, Jean Tronson, Jean Maigret et Louis Gayant. Nous aimons à inscrire ici ces noms qui figurent souvent dans les annales du municipe et de la bienfaisance de la grande capitale; en les reproduisant il nous semble que les familles parisiennes auxquelles ils appartinrent ne sont pas entièrement éteintes au dix-neuvième siècle.

L'établissement du bureau des Pauvres, à Paris, se rattachait à un plan d'ensemble sur la réglementation de la mendicité. Aussi, par arrêt du Parlement en date du 2 janvier 1545, il fut interdit, sous des peines de police très-rigoureuses, de mendier dans les rues, aux portes des maisons et dans les églises. Les contrevenants devaient être arrêtés, battus de verges, et, au besoin, punis d'un emprisonnement perpétuel.

L'arrêt du Parlement disait encore : « Défense est faite à qui que ce soit d'empêcher ces emprisonnements ; ordre à tous geôliers des prisons royales et de celles des hauts justiciers d'y recevoir ces prisonniers et de les nourrir pour la somme de dix deniers tournois par jour seulement, jusqu'à ce qu'il en ait été autrement ordonné par les commissaires des pauvres. On aura soin de les avertir de ces emprisonnements dans les vingt-quatre heures, afin qu'ils pourvoient à l'entretien des prisonniers. Et quant à ceux que les malheurs de la guerre ont chassés de leur pays, et qui sont venus se réfugier en cette ville, ils se retireront, le lendemain des Rois, à l'heure de midi, à la place de Grève, par-devant les commissaires du bureau des Pauvres, qui apporteront le remède convenable à leur misère. Par un autre arrêt du 10 janvier, il fut ordonné aux maîtres des confréries, tant des sergents à verge que de la *douzaine* du Châtelet, de fournir à tour de rôle, chaque semaine, quatre sergents pour arrêter les pauvres qu'ils trouveront mendier par les rues, aux portes des maisons et dans les églises ; les pauvres valides seront enfermés la nuit à l'hôtel de ville et enchaînés le jour, pour être appliqués aux ouvrages publics, et les invalides seront menés aux prisons les plus proches des lieux où ils auront été pris. Pareille injonction aux capitaines des archers, arbalétriers et arquebusiers de la ville de députer aussi[1], à tour de rôle, de chacune des trois compagnies, deux archers, deux arquebusiers et un arbalétrier, par chaque semaine, en chacun des quartiers de Paris, pour faire les emprisonnements et se tenir prêts à exécuter ce qui leur sera commandé par les commissaires de chaque quartier. Les hauts justiciers de la ville et des faubourgs reçurent les mêmes ordres, chacun dans les limites de sa juridiction (1). »

Henri II, par une ordonnance du 9 juillet 1547, signifia au prévôt des marchands qu'il voulait faire employer aux travaux publics tous les mendiants valides. Il renouvela en même temps les défenses de mendier, « sous peine, aux femmes, du fouet et du bannissement, et aux hommes d'être condamnés à tirer la rame aux galères. » Les pauvres infirmes qui n'avaient point de logement devaient être reçus dans les hôpitaux, et ceux qui avaient des chambres, nourris et entretenus par des quêtes dans chaque paroisse. « Enfin, dit l'ordonnance royale, les abbayes, prieurés, colléges et autres maisons, qui par leur fondation étoient dans l'obligation de faire des aumônes, ne les feront plus, parce que c'étoit une occasion d'attirer les fainéants et de les détourner du travail, mais fourniront, en deniers, à la paroisse où sont situées ces maisons, la valeur de l'aumône publique. »

Le 25 octobre 1528 l'évêque de Mégare bénit la chapelle du *collége de Boissy*, qui avait été élevée par les soins du principal, Michel Chartier. L'origine de ce collége remontait au quatorzième siècle.

Geoffroy Vidé, chanoine de l'Église de Chartres, avait ordonné en mourant (le 20 août 1354) qu'une partie de ses biens fût distribuée aux pauvres de Paris et à ceux du village de Boissy-le-Sec, où il avait reçu le jour. Les exécuteurs testamentaires, et entre autres le neveu du défunt, Étienne Vidé, chanoine de Laon et de Saint-Germain l'Auxerrois, jugèrent plus utile d'employer à la fondation d'un collége cet argent destiné à des aumônes.

(1) Félibien, t. II, p. 1017.

Ils disposèrent pour cet effet une maison nommée le *Château-Gaillard*, que Geoffroy Vidé avait occupée dans les rues Saint-André des Arcs et des Deux-Portes; au Château-Gaillard ils joignirent plusieurs autres maisons contiguës, et posèrent les bases d'un établissement qui reçut le nom de collége de Boissy. On créa dans ce collége six places pour six écoliers, dont le plus ancien devait porter le nom de *maître*, et de plus une place de chapelain. Étienne Vidé ordonna que les écoliers et le chapelain seraient pris parmi les membres de sa famille; à leur défaut, parmi les pauvres du village de Boissy-le-Sec, et enfin, au défaut de ceux-ci, qu'ils seraient choisis dans la paroisse de Saint-André des Arcs, par le chancelier de l'église et de l'Université de Paris, et par le prieur des Chartreux. Cette institution offre cette particularité remarquable que le fondateur déclare expressément qu'il veut que les boursiers de son collége soient « d'une naissance obscure et pauvre, comme il a été lui-même, ainsi que ses ancêtres (1). »

Le *collége de la Merci*, rue des Sept-Voies, n° 9, fut fondé en 1515, pour les religieux de la Merci, par Nicolas Barrière. En 1750 ses bâtiments servirent d'hospice, et sont devenus aujourd'hui une propriété particulière.

Le *collége du Mans* fut fondé rue de Reims, à la montagne Sainte-Geneviève, sur l'emplacement de l'ancien hôtel des évêques du Mans, par le cardinal Philippe de Luxembourg, légat du pape et évêque du Mans, pour dix boursiers de ce diocèse. En 1613 l'enseignement y était suspendu. En 1682 les Jésuites en achetèrent les bâti-

---

(1) Jaillot, cité par M. de Gaulle, t. V.

ments ; alors le collége du Mans fut transféré à l'hôtel de Marillac, rue d'Enfer, n° 2. En 1764 il fut réuni à l'Université, et, plus tard, avant les démolitions ordonnées sur la rive gauche pour l'ouverture du boulevard de Sébastopol, cet ancien édifice avait reçu la destination modeste d'un hôtel garni.

Le *collége royal de France*, dont nous avons déjà mentionné la fondation en esquissant le règne de François Ier, paraît avoir été institué en 1529, et, selon quelques historiens, en 1530. Cet établissement, comme l'avait conçu François Ier, devait être magnifique. « Ce grand roi, dit Belleforêt, avoit entrepris, si la mort ne l'eût sitôt assailli, de dresser un collége où toutes les sciences et les langues eussent été gratuitement enseignées, et auquel il eût donné 50,000 écus de revenu annuel pour la nourriture de six cents écoliers, et l'entretien des professeurs lisant ordinairement dans ce collége, choisis entre les plus doctes hommes qu'on eût su trouver en la chrétienté. »

Pierre Duchâtel, grand-aumônier de France, fit aussi mention de ce projet dans l'oraison funèbre de François Ier; mais il ne porta la fondation qu'à 100,000 livres. Il paraît, du reste, que François Ier avait donné à ce projet un commencement d'exécution ; car il fit expédier, le 19 décembre 1539, la commission suivante, pour le payement des sommes nécessaires à la construction du Collége royal. « Voulant, dit-il, donner toutes les commodités nécessaires aux lecteurs et aux professeurs pour vaquer à leurs lectures, avons résolu de leur construire en notre logis et place de Nesle à Paris, et autres places qui sont à l'entour, un beau et grand collége des trois langues, accompagné d'une belle et somptueuse église, avec autres édifices dont les dessins ont été faits. Avons commis Audebert Catin pour tenir le compte et faire les payements de la dépense nécessaire pour les susdits bâtiments, voulant que lesdits payements soient passés et alloués par nos amés et féaux les gens tenant nos comptes. »

L'organisation du Collége royal subit d'ailleurs divers changements. François Ier donna aux professeurs deux cents écus d'or par an, traitement qui s'augmenta dans la suite ; il leur accorda, par ses lettres patentes du mois de mars 1545, la qualité de conseillers du roi, le droit de *committimus*, et les fit mettre sur l'état comme commensaux de sa maison. C'est à ce titre qu'ils prêtaient serment entre les mains du grand-aumônier. Plus tard la direction du collége fut confiée au célèbre Jacques Amyot, grand-aumônier, et à ses successeurs ; mais, à la mort du cardinal Barberini, qui remplissait cet emploi en 1731, le roi le donna au secrétaire d'État de sa maison.

Les bâtiments (l'ancien collége Tréguier) que François Ier affecta à cette grande institution scientifique furent démolis sous le règne de Henri IV, et l'édifice actuel date du règne de Louis XIII.

Mentionnons également quelques institutions, quelques édifices bien connus de la population parisienne.

Le *collége de Sainte-Barbe*, situé rue de Reims, montagne Sainte-Geneviève, n° 7, fut fondé en 1420 par Jean Hubert, docteur, pour un assez grand nombre d'écoliers payants. Sous le règne de Henri II il prit une certaine importance. Pendant et après la Révolution cet établissement a subsisté ; mais plus tard un autre collége s'établit rue des *Postes* et prit le nom de *Sainte-Barbe*.

En 1830 ce dernier reçut le titre de *collége Rollin*, et l'ancien prit celui d'*institution Sainte-Barbe*.

L'*hôpital des Petites-Maisons*, encore établi rue de la Chaise, faubourg Saint-Germain, n° 28, ne tardera pas à être transféré dans un quartier beaucoup plus éloigné du centre de Paris. Sur son emplacement existait anciennement une maladrerie où l'on recevait les lépreux et ceux qui étaient affectés de maladies de la peau. On y admit, après les premières guerres d'Italie, les personnes affligées de la maladie vénérienne, appelée d'abord *mal de Naples*. En 1534 on démolit cet hospice, qui tombait en ruines; la ville le fit rebâtir en 1557, et le destina à renfermer des vieillards infirmes et des insensés.

Le nom de *Petites-Maisons*, donné à cet hôpital, lui vient des chambres basses dans lesquelles étaient placés les fous ou les malades. En 1801 cet établissement devint l'*hospice des Ménages;* les insensés qui s'y trouvaient furent transportés dans d'autres maisons. D'après les règlements qui fixent les conditions d'admission, pour être reçu dans cet hospice l'un des époux doit avoir au moins soixante ans et l'autre soixante-dix, comme dans l'ancienne organisation ; les veufs et les veuves doivent être âgés de soixante ans. On leur donne, outre une certaine quantité de pain et de viande crue, trois francs en argent tous les dix jours, une voie de bois et deux voies de charbon par an. Ils doivent pourvoir à leur habillement.

Un arrêté consulaire a déterminé la population de cet hospice : cent soixante grandes chambres pour les ménages, contenant trois cent vingt personnes; cent petites chambres pour les veufs et les veuves, et deux cent cinquante lits dans les chambres des dortoirs, ce qui porte le nombre des personnes admises aux *Petits Ménages* à six cent soixante-dix.

Vers le milieu du seizième siècle on donna une vive impulsion aux travaux qui avaient pour but de terminer ou d'embellir l'église paroissiale de *Saint-Séverin*.

Nous croyons devoir décrire en ce moment ce pieux édifice, en groupant dans notre récit toutes les dates, anciennes et récentes, qui se rattachent à sa construction et aux transformations qu'il a subies.

Cette église, dans l'origine, n'était, dit-on, qu'un petit oratoire sous le vocable de Saint-Clément; plus tard elle prit le nom de Saint-Séverin. Était-ce en l'honneur de l'abbé d'Agaune Séverin, dont les prières obtinrent la guérison de Clovis, en 506, et qui mourut dans le Gâtinais le 11 février de l'année suivante? Faut-il admettre qu'il s'agissait d'un pieux reclus, également appelé Séverin, qui avait passé de longues années dans une cellule et avait eu pour disciple Clodoalde, fils de Clodomir, connu dans nos annales chrétiennes sous le nom de saint Cloud? Il ne nous appartient pas de résoudre une difficulté qui a partagé les érudits. Nous sommes néanmoins très-disposé à nous ranger de l'avis de ceux qui, s'appuyant sur les termes d'une charte royale de Henri Ier, datée de 1031, pensent que le saint, sous le vocable duquel a été dédiée l'église, était le reclus Séverin (*Severinus solitarius*), dont le peuple de Paris admirait la sainteté et vénère encore la mémoire.

L'église primitive de *Saint-Séverin* avait été brûlée par les Normands, vers la fin du neuvième siècle, lorsque ces Barbares assiégèrent Paris. Vers l'an 1050 on releva ses ruines, et bientôt elle fut en possession d'une grande renommée. Dans le cours du treizième siècle on la construisit de nouveau, mais ce travail fut long, souvent ralenti par des obstacles dont nous ignorons la cause, et vers le milieu du quatorzième siècle en 1347, le pape Clément VI décréta des indulgences pour favoriser la reconstruction d'une église à laquelle se rattachaient déjà les plus pieux souvenirs. En 1495 on agrandit encore ce même édifice ; pour l'agrandir on démolit la chapelle de la Conception immaculée de Marie, et on en fit bâtir une autre derrière le chœur. Sous François 1er on construisit le trésor et la sacristie. En 1684 l'église de Saint-Séverin ne put échapper aux mutilations et aux dommages que l'on décorait alors du nom d'embellissements. On changea la décoration du chœur, et principalement celle du maître-autel, qui fut remplacé par un petit monument d'ordre composite, orné de huit colonnes de marbre, posées sur un demi-cercle, et soutenant une demi-coupole enrichie de bronze doré. Les piliers les plus rapprochés de cet autel eurent également à subir des ornements d'un faux goût, et parmi lesquels on voyait figurer des cornes d'abondance servant de chandeliers. En résumé, à part quelques ogives du treizième siècle et une baie encadrée de dents de scie qui semble appartenir au douzième, l'ensemble du vaisseau et sa ceinture de chapelles présentent tous les caractères du quinzième et du seizième siècle. La tour domine tout le vieux quartier latin avec son toit pyramidal, ses huit clochetons et ses lucarnes édicules. Elle est d'une coupe élégante, et percée sur chaque face de deux étages de longues baies ogivales géminées, ornées de colonnettes fasciculées dans les ébrasements. Le galbe et le caractère des chapiteaux, les moulures concentriques des arcs semblent appartenir à la première moitié du treizième siècle. Le couronnement, avec ses pinacles, ses gargouilles figurant des animaux et sa balustrade percée à jour, accuse le commencement du quinzième siècle. La flèche ou pyramide paraît être d'une construction plus récente et date du règne de François Ier. L'étage inférieur du clocher est formé d'un porche voûté, à nervures toriques; la porte est ornée de colonnettes, l'archivolte de moulures. Dans les deux arcatures on remarque deux lions en demi-relief, d'un beau travail; ils datent du seizième siècle. Au-dessus de cette porte, restaurée en 1853, le bas-relief du tympan représente saint Martin à cheval, donnant à un pauvre la moitié de son manteau. Depuis 1837, la façade occidentale, qui n'avait pour entrée qu'une simple baie en ogives, a reçu pour complément l'ancien portail de Saint-Pierre aux Bœufs, église du treizième siècle qu'on avait démolie.

Cette précieuse décoration hiératique, dont fut chargé M. de Lassus, architecte, est composée de douze colonnes alternant avec des feuillages et des rinceaux de fleurs. La voussure ogivale à moulures toriques, surmontée d'un galbe à crochets, est ornée, dans le champ trilobé de son tympan, d'un bas-relief représentant la sainte Vierge assise sur un trône et recevant les hommages de deux anges à genoux. Ce bas-relief est de facture moderne; il a été exécuté, en 1839, par Marius Ramus. L'arcature fenestrée, la grande ogive flamboyante, les balustrades à jour, les feuillages de la corniche, le pignon percé d'une rosace, tout ce qui compose cette façade appartient au seizième siècle; mais la statue de Marie, qui s'élève sur le pignon, est de 1842. A la droite du porche on remarque une statue de saint Séverin ; cette image, mutilée par les iconoclastes calvinistes, a été restaurée très-habilement en 1840. Un petit arc ogival de feuillages et de fleurons, qui date du quinzième siècle, décore le cadran de l'horloge.

L'église est orientée de l'est à l'ouest; elle forme un parallélogramme terminé par une abside demi-circulaire, sans transept. L'intérieur, en dépit des remaniements successifs, des restaurations ordonnées dans les derniers siècles, sans entente de l'art, est un des monuments les mieux conservés de la grande époque architecturale de la France chrétienne. Le chœur est éclairé par des fenêtres qui ont conservé leurs vitraux historiés et armoriés. La nef centrale est accompagnée de collatéraux doubles ; elle est comme ceinte de vingt-trois chapelles, récemment peintes, et qui lui forment un magnifique encadrement. Cette nef, avec sa galerie en ogives trilobées et géminées, régnant sous les hautes fenêtres, offre avec le chœur et l'abside un ensemble de treize travées, dont plusieurs datent de saint Louis. L'église, dans son ensemble, abonde en précieux détails d'ornementation. Les nervures croisées de la grande voûte sont toriques, et les clefs feuillagées décorant leurs intersections sont accostées, entre les arêtiers, de figures grimaçantes. L'une de ces clefs porte l'écu de France, parsemé de fleurs de lis ; l'autre est ornée du couronnement de la sainte Vierge. Les piliers de la galerie inférieure du chœur, qu'on dirait du quinzième siècle, sont remarquables par la légèreté et le fini de leur exécution. Ceux des bas-côtés de la nef portent, pour la plupart, au lieu de chapiteaux, à la retombée des arcs, des anges, des prophètes, des moines, dans diverses attitudes. On voit d'autres figures symboliques sur les arêtes des nervures prismatiques de la voûte. Les clefs de voûte sont entourées de feuillages très-habilement sculptés et agencés; plusieurs nous présentent les effigies de personnages sacrés. La plupart des verrières qui ont été conservées datent des quatorzième et quinzième siècles; elles ont été récemment restaurées, mais d'une manière peu intelligente. Les armoiries y sont nombreuses; ce sont celles des donateurs. Parmi les chapelles qui enveloppent la nef, il en est dont les peintures murales portent l'empreinte d'un travail inspiré par le sentiment chrétien. Nous citerons celles qui sont dédiées à saint Jean-Baptiste, à sainte Anne, à saint Louis, à saint François de Sales et à saint Joseph.

L'église Saint-Séverin renfermait les sépultures de plusieurs savants distingués, parmi lesquels on peut citer :

Étienne Pasquier, l'auteur des *Recherches de la France*, avocat général de la chambre des comptes, mort en 1615;

Scévole et Louis de Sainte-Marthe, frères jumeaux, tous deux historiographes de France, morts le premier en 1650, le second en 1656;

Gilles Personne, sieur de Robertval, géomètre et professeur royal en mathématiques, de l'Académie royale des sciences, mort en 1675;

Louis Moréri, qui composa l'utile Dictionnaire historique qui porte son nom, mort en 1680;

Eustache Le Noble, écrivain qui a beaucoup produit, et que ses aventures ont rendu plus célèbre que ses écrits, mort en 1711;

Louis Ellies Dupin, docteur en Sorbonne, auteur de différents ouvrages, mort en 1719;

Pierre Grassin, conseiller du roi, qui fonda le collége des Grassins.

La chapelle des Brisson renfermait plusieurs membres de cette famille, tels que Yves Brisson, examinateur, de par le roi, au Châtelet de Paris, et procureur au Parlement, mort en 1529.

La même chapelle contenait aussi la sépulture de la famille Gilbert des Voisins.

Dans le cimetière fut inhumé le marquis de Ségur, gouverneur du pays de Foix, etc., mort en 1737.

Une inscription singulière, à la date de 1660, se lisait anciennement sous la porte du passage qui communiquait à la rue de la Parcheminerie, près du cimetière Saint-Séverin ; la voici :

> Passant, penses-tu pas passer par ce passage
> Où, passant, j'ai passé ?
> Si tu n'y penses pas, passant, tu n'es pas sage,
> Car en n'y pensant pas tu te verras passé.

Les deux vers suivants étaient gravés sur la porte même du cimetière ; ils avaient été composés par le fameux imprimeur Vitré, qui était alors marguillier de Saint-Séverin :

> Tous ces morts ont vécu ; toi, qui vis, tu mourras !
> L'instant fatal approche, et tu n'y penses pas !

En 1545 était mort à Paris un jeune seigneur étranger venu dans cette ville pour y étudier ; l'immense réputation dont l'université de Paris jouissait depuis longtemps l'avait attiré dans la capitale. Sa tombe, plus haute que les autres, s'élevait au milieu du cimetière. Ce tombeau était surmonté d'une statue au sujet de laquelle plusieurs écrivains ont, comme à l'envi, reproduit la même erreur; Sauval réfute ainsi les opinions émises à propos de ce monument : « A côté de l'église, dans le cimetière, est un tombeau élevé sur lequel est la figure, à demi couchée, d'un jeune seigneur de la Frise orientale, qui mourut étant écolier de l'Université; il se nommait Embda. Cette figure, qui avait le bras cassé, a donné lieu à une histoire populaire et fabuleuse, que c'était le tombeau d'un jeune homme enterré tout vivant en l'absence de son gouverneur, qui, à son retour, fit déterrer son maître, que l'on trouva *avoir mangé son bras*, ce qui est faux en ce qu'il a été cassé par accident. Ce tombeau a été construit par sa mère, qui fut extraordinairement touchée de sa mort, parce qu'il était fils unique et présomptif héritier de la principauté de Frise (1). »

Les annales de Saint-Séverin sont riches en souvenirs de diverse nature. Au temps de la Ligue, Jean Prévost, curé de cette paroisse, fut à Paris l'un des premiers chefs de cette association qui ne voulut pas permettre à un roi huguenot de gouverner la France. Le 25 août 1590, après vêpres, jour où l'Église honore le souvenir du martyre de saint Jean-Baptiste, les chefs de la Ligue donnèrent au milieu du sanctuaire de Saint-Séverin une représentation de la décollation de Marie Stuart, reine d'Écosse, récemment suppliciée par ordre de la protestante Élisabeth.

Depuis quelques années Jean Prévost s'était concerté avec d'autres ligueurs pour exposer dans le cimetière de

---

(1) *Antiquités de Paris*, t. II.

Saint-Séverin un tableau représentant les persécutions dont les catholiques étaient alors l'objet en Angleterre; cette mesure devait exciter le zèle et par suite la fureur des fidèles de la paroisse, tous catholiques fervents. L'Estoile nous apprend comment cet événement se termina :

« Le jeudi 9 juillet 1587 fut ôté du cimetière de Saint-Séverin un tableau que les politiques appeloient le tableau de madame de Montpensier, parce que de son invention, comme l'on disoit, il y avoit été mis par Jean Prévôt, curé de Saint-Séverin, le jour de la Saint-Jean précédent, de l'avis de ceux de la Ligue, et principalement de quelques pédants de la Sorbonne, mangeurs des pauvres novices de la théologie. En ce tableau étoient représentées, au vif, plusieurs étranges inhumanités exercées par la reine d'Angleterre contre les bons catholiques, et ce pour animer le peuple à la guerre contre les huguenots. De fait, alloit ce sot peuple de Paris voir tous les jours le tableau, et en le voyant crioit qu'il falloit exterminer tous ces méchants politiques et hérétiques ; de quoy le roy adverti manda à ceux du Parlement de le faire oster, mais secrettement, ce qui fut exécuté de nuit par Auroux, conseiller du Parlement et pour lors marguillier de Saint-Séverin. »

On voit, par le ton de ce récit, que les huguenots, durant la Ligue, n'aimaient pas que le peuple de Paris fût instruit des attentats et des crimes commis dans les pays voisins de la France par les ennemis de l'Église. Ils eussent été heureux d'anéantir les témoignages mêmes de l'histoire, mais ce bonheur ne leur fut pas accordé.

Un souvenir à la fois religieux et historique signale tout particulièrement l'église de Saint-Séverin à la dévotion des fidèles. C'est dans cette église, après Notre-Dame que le culte de Marie était le plus en honneur durant le moyen âge. Le pieux artiste qui avait construit cet édifice s'était complu à représenter la sainte Vierge sur les vitraux, sur les portes, dans toutes ses avenues. Ce fut là que, en l'an 1311, on érigea pour la première fois en France une chapelle en l'honneur de la Conception immaculée de Marie. Ainsi qu'on l'a vu plus haut, en l'an 1495 cette chapelle fut transportée derrière le sanctuaire, au lieu même où elle subsiste encore; mais, avant les agrandissements de l'église, elle était située là où est aujourd'hui le sixième pilier du contour. Il se fit, à cette chapelle, un grand concours de chrétiens, empressés d'honorer la pureté sans tache de Marie; plusieurs papes favorisèrent cette dévotion en accordant des indulgences à ceux qui visiteraient à Saint-Séverin la chapelle de la Conception, et, le jour où l'on célébrait ce glorieux privilége accordé à la Mère de Dieu, de tous les points de Paris on accourait à cette chapelle sur l'avis des crieurs publics qui distribuaient au peuple l'image de la Vierge immaculée. On eût dit que ces générations, empressées de se réunir devant l'autel de Marie pour rendre grâce à Dieu de l'inappréciable honneur dont il avait comblé sa Mère, avaient à cœur de devancer le jugement solennel que l'Église a rendu, dans ces dernières années, en élevant au rang des dogmes la croyance en l'Immaculée Conception.

Il est impossible de détacher ses regards de Saint-Séverin lorsqu'on veut se rendre compte des admirables détails de cet édifice; tantôt on s'arrête au dehors, surpris de l'harmonie de l'ensemble, et on se sent pénétré d'une profonde émotion au spectacle de cette haute tour qui

surmonte la demeure du peuple et le rappelle aux idées
d'espérance et de foi; tantôt on cherche à deviner la pensée
de l'architecte, on étudie ces symboles, ces énigmes de
pierre dont nous avons perdu le secret, et qui parlent à
notre âme un mystérieux langage. Mais c'est surtout à
l'intérieur de l'église, en dépit des mutilations ordonnées
au nom de la tradition grecque, malgré les contradictions
qui résultent des travaux entrepris à diverses époques,
c'est surtout sous les voûtes de ce temple que l'on rencontre à chaque pas des sujets d'étonnement, des causes
de méditation.

Au dix-neuvième siècle on a enfin consenti à s'associer
à l'idée des artistes du moyen âge; si on n'a plus la foi
qui les inspirait, l'intelligence catholique qui présidait à
leurs labeurs, du moins on respecte leur œuvre, et, au lieu
de la détruire, sous prétexte de l'embellir, on la restaure
avec une louable fidélité. Toutes les chapelles qui existent
autour de la nef ont été, bien récemment, recouvertes de
peintures, et, à l'exception de quelques-unes, qui n'ont
pas été confiées à des maîtres suffisamment épris de la
tradition, le plus grand nombre mérite d'éveiller notre
attention et propose à nos réflexions des souvenirs con-
solants ou sublimes : saint Vincent de Paul adoptant les
enfants délaissés et leur donnant des mères; saint François de Sales parcourant les montagnes de la Savoie et
introduisant l'espérance et la charité dans la cabane du
pauvre; saint Charles Borromée multipliant les actes
d'héroïsme durant la peste de Milan ; saint Louis appor-
tant processionnellement à Paris la sainte couronne et
s'éteignant pieusement sur la cendre, non loin des ruines
de Carthage; saint Jérôme recevant la communion;

saint Germain l'Auxerrois debout près du lit de mort de Clovis ; saint Cloud recevant l'habit monastique ; sainte Geneviève nourrissant le peuple de Paris ; l'Évangéliste saint Jean appuyant sa tête sur la poitrine de Jésus-Christ et confessant son divin Maître dans la cuve d'huile bouillante près de la Porte-Latine ; sainte Marie-Magdeleine priant aux pieds du Sauveur, les arrosant de ses larmes et choisissant la meilleure part ; saint Pierre pénitent et martyr ; saint André appelé à l'apostolat, et, plus tard, attaché à la croix qui porte son nom ; saint Joseph obtenant l'insigne honneur d'être le chaste fiancé de Marie, la plus pure des vierges, la future épouse du Saint-Esprit ; sainte Anne, mère de Marie, lui enseignant la première les voies de Dieu ; saint Jean-Baptiste annonçant aux hommes le Messie et destiné à la glorieuse mission du martyre ; la Vierge Mère de Dieu, Notre-Dame des Douleurs, tenant sur ses genoux le corps de son Fils, mort et descendu de la croix, et paraissant dire à ceux qui pleurent et à ceux qui souffrent, dans cette vallée de larmes : Allez et voyez s'il est une douleur semblable à la mienne !

Les annales parisiennes, sous le règne de Henri II, mentionnent la fondation d'une nouvelle église.

Vers le commencement du seizième siècle, le quartier qui s'étend aujourd'hui de la rue Poissonnière à la rue Saint-Denis, et que peuple le haut commerce de la capitale, était encore presque désert et dépourvu d'habitations ; mais peu à peu des constructions s'y élevèrent, des rues y furent ouvertes, et cette section de Paris prit le nom de *Villeneuve*. Le 20 août 1551 les marguilliers de Saint-Laurent posèrent la première pierre d'une chapelle destinée à servir de succursale à leur église paroissiale. L'emplacement choisi était une hauteur appelée la Montagne du Moulin, selon l'habitude des Parisiens de décorer du nom très-ambitieux de montagne la moindre colline qui est enclavée dans leur grande cité. Dès que le nouveau bâtiment fut achevé il fut dédié sous l'invocation de saint Louis et de sainte Barbe. Durant la Ligue la Villeneuve fut en partie démolie pour faire place à des fortifications destinées à retarder l'avénement du roi huguenot; la chapelle fut détruite, au grand déplaisir des bons bourgeois de Paris, et le quartier fut de nouveau transformé en solitude. Après le rétablissement de la paix, et grâce à la longue sécurité qui suivit le règne de Henri IV, la Villeneuve fut rebâtie, et, en 1624, on y construisit une église qui fut dédiée sous le vocable de *Notre-Dame de Bonne-Nouvelle* de l'Annonciation (*de Bono Nuntio*). Par sentence de l'archevêque de Paris, du 22 juillet 1673, cette église fut érigée en cure ou vicairie perpétuelle. L'année suivante, par une convention faite sous seing privé, le 1er avril, d'une part entre le prieur et les religieux de Saint-Martin des Champs, curés primitifs de la paroisse de Notre-Dame de Bonne-Nouvelle, et, d'autre part, le curé et les marguilliers de la paroisse, il fut stipulé que lesdits prieur et religieux seraient et demeureraient en droit et possession d'aller dire et célébrer en cette église la grande et principale messe paroissiale et les vêpres, le jour de l'Annonciation de Notre-Dame, fête patronale de la nouvelle église. Il y eut à cet égard des prétentions et des résistances dont le récit serait long et n'offrirait aucun intérêt bien sérieux.

L'église de Notre-Dame de Bonne-Nouvelle a été reconstruite, en 1825, sur les dessins de M. Godde. Le portail, d'ordre dorique, est décoré de pilastres et de deux colonnes; l'intérieur est divisé en trois nefs, séparées par des colonnes ioniques. Les peintures sont assez remarquables, et particulièrement celles de la chapelle de la sainte Vierge. L'église tout entière est d'un bon style, et, ce qui vaut mieux pour elle, l'une de celles où se manifeste le plus de recueillement et de piété. Nous ne saurions d'ailleurs l'entendre nommer sans une sorte d'émotion. La foi naïve de nos pères avait à son service ces noms qui font image et qui disent beaucoup de choses. De nos jours on ne rencontrerait pas aisément cette expression *Bonne Nouvelle*, qui rappelle le céleste message de l'ange Gabriel. Ce fut pourtant la Bonne Nouvelle par excellence, et qui n'eut d'égale que la nouvelle annoncée, neuf mois plus tard, aux bergers de Bethléem.

Ainsi qu'on l'a vu plus haut, ce fut sous le règne de François Ier que fut reconstruite l'église de Saint-Victor, dont nous donnons le spécimen à la page ci-contre.

Il ne restait, au seizième siècle, des anciens édifices de cette abbaye, que le portail ouvert sur la rue et dont la construction élégante autant que hardie rappelait les merveilles de l'architecture religieuse du treizième siècle. Ce portail était surmonté de trois pendentifs, en arcs de cloître, et qui semblaient suspendus en l'air. Comme il menaçait ruine on fut obligé de l'abattre; mais on le remplaça par un ouvrage lourd, en ceintre surbaissé et disgracieux. Le chœur et la nef de l'église de Saint-Victor furent réédifiés à l'époque de la Renaissance; Michel Boudet, évêque de Langres, posa la première pierre de l'église, en 1517,

et Jean Bordier, abbé de Saint-Victor, posa la première pierre du chœur.

Et ici nous laisserons parler Hurtaut, qui nous dira, en

son style naïf et sans couleur, dans quelles conditions se trouvaient, au dernier siècle, l'église et l'abbaye de Saint-Victor, de mémorable souvenir :

« Le sanctuaire est décoré de deux grands tableaux de onze pieds de haut sur huit de largeur, du pinceau de Jean Restout, peintre ordinaire du roi, adjoint au professeur de l'Académie royale de Peinture et de Sculpture, neveu et élève du fameux Jouvenet. Les sujets de ces deux tableaux sont savamment liés l'un à l'autre. Dans l'un c'est Melchisédech, prêtre du Très-haut et roi de Salem, qui, étant venu à la rencontre d'Abraham, victorieux des rois des Élamites, de Senaar, de Pont et de Goïm, le bénit et lui présenta du pain et du vin, ou bien, selon l'explication des Pères, offrit pour lui du pain et du vin au Seigneur. Melchisédech est ici représenté devant un autel orné de festons d'épis de blé et de raisins, symbole de son offrande. Sur cet autel sont aussi plusieurs pains et un vase rempli de vin. Ce prêtre du Très-Haut tient un pain et l'élève pour l'offrir au Seigneur. Abraham est à genoux devant l'autel et offre à Melchisédech la dixme de tout ce qu'il avoit pris sur les rois vaincus. Ce butin est représenté par des armes et par des vases. Loth et sa femme, délivrés par Abraham, sont aussi à genoux devant cet autel; instruits du culte du vrai Dieu, ils l'adorent pendant que le prêtre fait son offrande. Derrière cette famille est le roi de Gomorrhe, accompagné d'un cortége convenable à son rang. Il paroît dans l'admiration et la surprise de ce qu'il voit, n'étant ni instruit, ni rempli du même esprit de religion que les autres. Le sujet de ce tableau n'étoit que la figure du mystère dont celui qui suit est l'accomplissement; c'est la Cène. Le peintre a mis, sur le devant du tableau, la figure de Jésus-Christ, afin de la faire voir entière, et par là lui donner plus de noblesse. Jésus-Christ est dans l'action de bénir le pain, c'est-à-dire qu'il institue le sacrement de l'Eucharistie. Les Apôtres sont dans l'admiration. Judas est au fond du tableau, encore à table avec les autres. Il semble se lever pour aller exécuter l'exécrable dessein qu'il avoit conçu dans son cœur; il est pâle, inquiet, et tient une bourse. Ces deux tableaux sont accompagnés de deux autres du même peintre; l'un représente la résurrection du Lazare, et l'autre David qui, par la prière, désarme la colère de Dieu et obtient la cessation de la peste.

« L'église seroit assez grande, et d'une bonne proportion, si elle eût été achevée du côté de l'entrée, où l'on a laissé deux arcades à construire, pareilles à celles de la nef; cette imperfection est masquée à l'extérieur par un porche décoré d'architecture. La voûte de la nef est fort exhaussée, et sa largeur ne sert qu'à faire paroître plus choquans les bas-côtés, qui n'ont pas la moitié de celle qu'ils devroient avoir. Sur les massifs des arcades du chœur on a placé des statues de saints d'un goût pauvre, avec leurs supports et couronnemens gothiques. La menuiserie du chœur est bien travaillée, mais chargée d'ornemens misérables. Le tableau du maître-autel, de Vignon, représente l'adoration des rois et mérite quelque attention.

« Derrière le chevet on a laissé subsister l'ancien chœur bâti, ainsi que l'église souterraine, sous Louis le Gros, dans le douzième siècle, quatre cents ans avant celle d'aujourd'hui, qui est du seizième. C'étoit une chapelle dédiée à saint Denis, dont on voit encore la grossière figure. L'architecture de cette chapelle est beaucoup moins barbare et d'un meilleur goût que celle des édifices d'alors. Elle est éclairée par deux croisées en ogives très-hautes et très-étroites, qui ont dans leur sommet des arrière-voussures très-bien exécutées. Le jubé de l'église est porté par des colonnes corinthiennes, cannelées, et d'une assez bonne proportion. Il est flanqué de deux tourelles, avec leurs campaniles, qui renferment les escaliers pour y monter, ce qui forme un aspect ridicule. Avant de sortir de l'église il faut remarquer la tribune des orgues; elle est grande, et portée par des colonnes d'une menuiserie d'un bon dessin et d'une belle exécution. On estimoit fort autrefois la peinture des vitres dans les chapelles des bas-côtés, et surtout dans celle de Saint-Clair; mais l'on n'y voit nulle beauté que celle de l'éclat des couleurs, qui ont résisté aux injures de plusieurs siècles; les figures en sont presque toutes pitoyablement dessinées et leurs positions hors du bons sens.

« Le cloître de cette abbaye est spacieux, et ouvert du côté du terrain par de petites arcades portées par de minces colonnes groupées et assez bien conservées, ce qui feroit un agréable aspect s'il n'étoit avili par la couverture en bois qui tient lieu d'une voûte en pierre. Le réfectoire, qui est d'une belle grandeur, n'est pas mieux couvert. Le travail de la chaire est le seul que l'on puisse remarquer... »

Hurtaut ajoute, en parlant des dépendances de l'abbaye :

« La Bibliothèque de Saint-Victor possède, par les soins de l'abbé Jean Nicolaï, un gros volume des Épîtres de saint Jérôme, imprimé en 1740, que lui donnèrent Pierre Scofer et Conrad Heutif, imprimeurs, moyennant 12 écus d'or, et en considération du bon marché on convint de célébrer leur anniversaire en cette église, et celui de Jean Fust, aussi imprimeur.

« Le jardin est spacieux, et le bassin de gresserie qu'on y voit, et qui est d'une seule pierre de dix pieds de diamètre, servoit autrefois de lavoir. L'enclos s'étend jusqu'à la rue de Seine, au coin de laquelle il y a une tour où l'on enfermoit autrefois les enfants de famille débauchés. On l'appela d'abord la *Tour d'Alexandre*, du nom de baptême de celui qui y fut enfermé le premier. Sauval dit qu'elle est ainsi nommée dans les titres de Sainte-Geneviève, dont les religieux sont seigneurs en partie de la rue de Seine où elle est bâtie. On lit dans la vie de Pierre Bercheur, moine de l'ordre de Saint-Benoît, qu'il y fut aussi mis en prison parce qu'il n'avoit pas sur la religion les sentimens qu'il devoit ; mais, comme il composa un dictionnaire pendant le séjour qu'il y fit, les grimauds l'ont confondu avec Despautère et ont donné le nom du dernier à cette tour. Cependant ces deux savants ont vécu dans des temps bien différens ; car Bercheur était du règne du roi Jean, et Despautère n'est mort qu'en 1520, et même plus tard selon quelques écrivains. C'est le même Bercheur qui mourut prieur de Saint-Éloi de Paris. »

L'abbaye de Saint-Victor ayant été supprimée et détruite en 1790, les terrains qu'elle occupait furent affectés, sous le règne de Napoléon Ier, en partie aux constructions de la halle aux Vins, en partie aux constructions de la rue de Jussieu et de la rue Guy-la-Brosse. La grosse *Tour d'Alexandre* ne fut détruite qu'en 1840, et alors on la remplaça par une fontaine monumentale élevée en l'honneur de Georges Cuvier.

L'église Saint-Victor venait à peine d'être reconstruite, sous le règne de François Ier, que les architectes du seizième siècle eurent à réparer, à agrandir et à réédifier, en grande partie, l'église de *Saint-André des Arcs* dont nous avons mentionné l'origine en racontant les annales de Paris sous Philippe-Auguste. Le chœur de cette église resta dans son état primitif, mais la façade principale fut bâtie de nouveau durant le dix-septième siècle. La structure de cette église était élégante; on y remarquait un travail recherché, délicat, et d'une grande finesse dans les évidements. Saint-André était riche en monuments; on pense que cette église devait son nom (des *Arcs* et non des *Arts*) aux arcs élégamment ornés dont se composaient ses voûtes et ses croisées. Peut-être, comme la rue des *Arcis,* l'avait-on ainsi surnommée parce que tout à l'entour on trouvait des maisons au rez-de-chaussée bordé d'arcades, en vue de mettre les passants à l'abri de la pluie. Cette église, dont nous donnons ci-contre le spécimen, fut démolie en 1790. Son nom est resté attaché à l'une des rues de Paris les plus étroites et les plus fréquentées.

Plusieurs personnes distinguées dans les lettres et dans les arts avaient été inhumées dans cette église sans qu'aucun ornement distinguât leur tombe; tels étaient l'historien de Thou; les Séguier; André Duchesne, mort en 1640, un des hommes à qui la science historique a le plus d'obligations; Pierre d'Hozier, généalogiste fameux, mort en 1660; Nanteuil, habile graveur, mort en 1670; Lenain de Tillemont, savant historien, mort en 1637; Houdard de Lamothe, de l'Académie française, fils d'un cha-

pelier de Paris, mort en 1171; Joly de Fleury, procureur général au Parlement; le bon abbé Le Batteux, littérateur aimable et instruit, mort en 1780; son tombeau, déposé aux Petits-Augustins, portait cette simple inscription : *Amicus amico*. Celui de Claude Léger, curé de Saint-André des Arcs, dont j'ai parlé déjà, représentait ce bienfaisant pasteur descendant avec calme au tombeau, appuyé sur la Religion. Il a été brisé dans les troubles de la Révolution. Une des plus anciennes épitaphes de cette église, remarquable par l'énergie de l'expression, était celle de Matthieu Chartier, conseiller au Parlement, surnommé le *Père des Pauvres*.

Le cimetière de l'église Saint-André des Arcs, qui n'était point contigu à l'église, se trouvait sur l'emplacement que traverse la rue du Cimetière-Saint-André. On y remarquait les tombes du fameux jurisconsulte Dumoulin, mort en 1566, et de Henri d'Aguesseau, père du chancelier.

Saint-Benoît, dont nous avons mentionné l'existence en parlant des chapelles et des églises établies sur la rive gauche durant la période mérovingienne, avait eu des destinées assez diverses avant d'être pour la dernière fois reconstruite sous le règne de François Ier.

Les savants ne sont pas d'accord sur l'origine de cette église. Dubreuil, Sauval et plusieurs autres (1) ont prétendu qu'elle avait été bâtie dès le temps de saint Denis et consacrée à la Sainte-Trinité par cet apôtre des Gaules. Belleforest (2), en avançant le même fait, ajoute que « l'église fut depuis dédiée au bon père saint Benoît ». Adrien de Valois (3) soutient au contraire qu'on n'a aucune preuve que cette église existât avant l'an 1000. Ces deux opinions sont également éloignées de la vérité, et il paraît certain que la chapelle primitive en l'honneur de saint Bacche et de saint Serge fut élevée sous la première race.

Le premier monument qui en fasse mention n'est pourtant que de 1050 environ ; c'est une charte par laquelle le roi Henri Ier donne au chapitre de Notre-Dame plusieurs églises situées dans le faubourg de Paris, dont quelques-unes avaient été décorées du titre d'abbaye, entre autres celles de Saint-Étienne, de Saint-Séverin et de Saint-Bacche, « lesquelles, ajoute cet acte, étaient depuis longtemps,

---

(1) Dubreuil, p. 257. — Sauval, t. I, p. 410. — *Chronol. hist. des curés de Saint-Benoît*, p. 4.

(2) *Cosmogr.*, p. 226.

(3) Vales., *de Basil. Paris.*, p. 480-482.

antiquitùs, au pouvoir de ses prédécesseurs et au sien (1). » Cette église de Saint-Bacche est celle qui porte aujourd'hui le nom de Saint-Benoît, et le mot *antiquitus* prouverait qu'elle existait bien avant l'an 1000. Il paraît par le diplôme de Henri Ier que la cathédrale, à laquelle le roi rendit cette église, avait eu sur elle, dans les siècles précédents, quelques droits de patronage que l'invasion des Normands lui avait fait perdre.

A la date du diplôme de Henri Ier ou environ, se rapporte une scène assez bizarre qui se passa à Saint-Benoît, d'après Raoul Tortaire. Cet auteur raconte qu'une femme d'Arvincourt, outrée de voir l'avoué de l'église de ce lieu piller les biens qu'il aurait dû défendre, se rendit dans l'église de Saint-Benoît, et, levant les draperies de l'autel, se mit à le frapper en criant : *Benoît, vieux paresseux, es-tu tombé en léthargie? Que fais-tu là? Dors-tu? Pourquoi souffres-tu que ceux qui te servent soient outragés?* L'avoué, ajoute Raoul, fut bientôt puni de ses crimes (2).

Dès le douzième siècle on trouve cette église désignée sous le nom de Saint-Benoît, ainsi que l'aumônerie ou l'hôpital voisin, qui y fut réuni vers 1155. Cependant il ne faut pas que cette dénomination porte à croire, avec quelques historiens (3), que l'église ait été autrefois desservie par des religieux de Saint-Benoît. Il n'existe aucune

---

(1) *Recueil des Hist. de France*, t. XI, p. 378 : « Nostræ potestati et antecessorum nostrorum anquitus mancipatus. » — V. Jaillot, t. IV, p. 109. Quart. *Saint-Benoît*.

(2) *Recueil des Hist. de Fr.*, t. XI, p. 484.

(3) Brice, t. III, p, 35. — Piganiol, t. V, p. 393. Raoul de Presle émit sans doute le premier cette opinion, au quatorzième siècle, dans son *commentaire sur saint Augustin*, où il dit que saint Denis, après avoir fondé l'église de Saint-Benoît, y plaça des moines.

preuve, comme le fait observer Jaillot, qu'il y ait jamais eu en cet endroit un monastère de Bénédictins ; on n'y conservait aucune relique de saint Benoît, la fête du saint n'y était pas même anciennement célébrée, et l'abbé Lebeuf a très-bien montré que le nom de Benoît n'était autre que celui de Dieu, *Benedictus Deus*, en vieux français *benoist Diex, saint Benedict, saint Benoist*. Dans les anciens livres d'église on lit la *benoîte Trinité* pour la sainte Trinité, et *Dominica benedicta*, *l'office Saint-Benoît*, *l'autel Saint-Benoît*, pour le dimanche de la Trinité, l'autel de la Trinité, etc. Ce n'est qu'au treizième siècle que l'on commença à accréditer cette fausse opinion qui fit regarder l'église de Saint-Benoît comme une ancienne abbaye de religieux de son ordre et lui fit donner pour patron le fameux abbé du mont Cassin.

Louis VIII, par un acte de 1138, donna une obole de cens à l'aumônerie de Saint-Benoît, qui, d'après l'acte, était alors située dans le faubourg de Paris près des *Thermes* (1).

Les historiens de Paris sont peu d'accord sur l'époque où la chapelle de Saint-Benoît, devenue collégiale après la donation de Henri Ier, réunit à ce titre celui de paroisse par l'admission d'un chapelain chargé d'administrer les sacrements. Jaillot a prouvé que ce ne pouvait être postérieurement à 1185, année de la mort de Luce III, puisque Étienne de Tournay, dans une de ses lettres, parle à ce pape d'un chapelain de Saint-Benoît, *capellanus Sancti Benedicti*, nom qui à cette époque désigne toujours le curé, comme ceux de *presbyter, capicerius*, etc.

(1) In suburbio Parisiensi, juxta locum qui dicitur Thermæ. » T. III, p. 91.

On ignore pourquoi le chevet de l'église de Saint-Benoît, contre l'usage établi, était autrefois tourné vers l'occident. Cette situation fit donner à l'église le nom de Saint-Benoît *le bétourné*, c'est-à-dire *mal tourné, male versus*, comme on lit dans les actes latins du dix-huitième siècle. L'auteur de la pièce des *Moustiers de Paris*, comme on a pu le voir, désigne ainsi cette église :

> Saint Beneois li bestornez,
> Aidiez à toz mal atornez (à tous les pauvres malheureux) (1).

Depuis, cette église fut appelée, au contraire, *Saint-Benoît le bien tourné, benè versus*.

Cette église fut reconstruite sous François Ier. Son portail, dont nous donnons l'esquisse (page suivante), datait de cette époque, ainsi que la plupart des autres parties de l'édifice, à l'exception des piliers.

L'église Saint-Benoît renfermait les cendres et les monuments sépulcraux de plusieurs hommes célèbres, parmi lesquels on peut citer Dorat, surnommé de son temps le Pindare français, mort en 1588; René Chopin et Jean Domat, jurisconsultes fameux des seizième et dix-septième siècles; Pierre Brulart, secrétaire des commandements de Marie de Médicis, puis secrétaire d'État; Guillaume Château, habile graveur, maître de Saint-Monceau, qui le surpassa; Jean-Baptiste Catelier, de Nîmes, professeur royal en langue grecque, l'un des plus savants hommes de son temps, mort à Paris en 1686; Claude Perrault, médecin, auteur et surtout architecte distingué; Charles Perrault, frère du précédent, auteur des fameux *Contes des Fées* si chers au jeune âge, mort en 1703; Michel Baron,

(1) Fabliaux de Méon, t. II, p. 388.

comédien, mort en 1729, après avoir reçu les sacrements de l'Église ; René Pucelle, d'abord militaire, puis abbé de Corbigny et conseiller au Parlement, célèbre par son opposition au parti de la cour après la mort de Louis XIV ; enfin Marie-Anne des Essarts, à qui son mari, Frédéric Léonard, le plus riche libraire de son temps, avait fait élever, en 1706, un petit monument par Vancleur, sur les dessins d'Openor.

La cuvette des fonts baptismaux de cette église était remarquée des connaisseurs ; elle était formée d'une pierre blanche très-dure et ornée d'arabesques d'un travail élégant ; un socle carré, orné de bas-reliefs très-délicats, supportait le bassin. Ce monument, ouvrage du plus beau temps de la sculpture de la Renaissance, fut transporté, à la Révolution, au Musée des monuments français.

Jean Boucher, l'un des prédicateurs les plus audacieux de la Ligue, était curé de Saint-Benoît. Pierre d'Hardivilliers, l'un de ses successeurs, devint archevêque de Bourges en 1639. Claude Gruet, curé de la même église en 1702, institua dans sa paroisse des petites écoles de charité. Le chapitre de Saint-Benoît compte parmi ses membres Jean de Rocoles et Jean Grancolas, auteurs de plusieurs ouvrages.

Le vaste cloître de Saint-Benoît recevait, au moyen âge, dans ses granges, après la moisson et les vendanges, les redevances en grains et en vin dues aux chanoines ; le chapitre de Notre-Dame avait aussi une grange dans ce bâtiment pour déposer celles qu'il percevait dans les environs ; enfin dans le même lieu on tenait un marché public au temps de la récolte. Saint Louis permit aux chanoines de Notre-Dame de percevoir dans le marché un droit sur le pain et sur le vin (1).

Le cimetière de Saint-Benoît était autrefois derrière l'église, au lieu où est aujourd'hui la place Cambrai. Transféré, en 1615, derrière le Collége royal, il ne fut supprimé qu'à la Révolution, avec tous les cimetières intérieurs.

L'église de Saint-Benoît, fermée en 1813, servit de dépôt de farines. On a établi plus tard dans ce bâtiment le théâtre du Panthéon.

---

(1) Lebeuf, t. I. p. 215.

Durant le seizième siècle les Hospitaliers de Saint-Jean de Jérusalem, établis à Paris, donnèrent à leur église le nom de *Saint-Jean de Latran.*

Les religieux de cet ordre, comme leurs frères de la milice du Temple, devaient leur origine aux croisades. Plus tard ils furent nommés les chevaliers de Rhodes, et, à une époque moins reculée, on les appela les chevaliers de Malte. Ainsi que nous l'avons dit en racontant le règne de Louis le Jeune, la maison des Hospitaliers existait à Paris depuis 1130; mais le premier acte authentique dans lequel il en soit fait mention remonte jusqu'à l'an 1171. Elle fut établie dans le clos de vignes appelé Clos-Bruneau.

L'auteur de la pièce de vers intitulée *les Moustiers de Paris* (1) désigne ainsi cette église :

Et Saint-Jean à l'Ospital,

en rappelant le but principal de son établissement.

La commanderie de Saint-Jean de Latran occupait un très-grand espace, qui s'étendait de la place Cambrai jusqu'à la rue des Noyers et communiquait à la rue Saint-Jean de Beauvais. Ce clos renfermait le grand hôtel où demeurait le commandeur, construit sous le magistère de Jacques de Souvré; plusieurs maisons mal bâties, autour d'une vaste cour, où logeaient toutes sortes d'artisans qui y jouissaient du droit de franchise, de même que les habitants de l'enclos du Temple; une immense tour carrée à quatre étages remplis de lits pour les pèlerins et les malades qui demandaient l'hospitalité; enfin l'église, qui était desservie par un chapelain de l'ordre de Malte et

---

(1) Voir au précédent volume, *Appendices.*

servait de paroisse à tous ceux qui habitaient l'enceinte de la commanderie.

Le commandeur jouissait dans l'enclos de la justice haute, moyenne et basse. Il avait, outre son hôtel, deux maisons de plaisance, l'une rue de l'Oursine, faubourg Saint-Marcel, dite l'Hôtel Jaune, par corruption de l'Hôtel-Zone, et l'autre située sur le grand chemin de Bourg-la-Reine, dans le hameau de Montsouris et hors de la barrière Saint-Jacques, appelée la maison de la Tombe-Issoire. Cette commanderie rapportait douze mille livres de rente au titulaire.

On voyait dans le chœur de l'église le tombeau de Jacques de Souvré, commandeur de Saint-Jean de Latran et grand-prieur de France, mort en 1670. Ce mausolée, en marbre noir, ouvrage de François Auguier, ne renfermait que les entrailles de Souvré, qui était représenté à demi couché et soutenu par un enfant en pleurs. Le casque, la cuirasse et le reste de l'armure étaient déposés à ses pieds. Les figures manquaient, dit-on, de vigueur, les formes n'avaient point de caractère, les draperies étaient lourdes; cependant ce tombeau fut, à la Révolution, déposé dans le précieux Musée des Petits-Augustins.

Jacques de Béthune, dernier archevêque de Glascow, ligueur opiniâtre, à qui Henri IV pardonna pourtant, ambassadeur d'Écosse en France pendant quarante-deux ans, l'un des fondateurs du collége des Écossais, avait sa sépulture dans le chœur.

Quelque temps après la mort de Crébillon les comédiens français lui firent faire un service pompeux dans l'église Saint-Jean de Latran. On y vit réuni tout ce qu'il y avait de plus distingué par le rang et la naissance; tous les membres des académies, les gens de lettres et les artistes y avaient été invités par les comédiens. Mademoiselle Clairon menait, dit-on, le deuil. La foule fut si grande qu'à peine l'église put la contenir. Cette cérémonie scandalisa le clergé, et motiva de la part de l'autorité ecclésiastique une répression disciplinaire.

Les débris de cet édifice ont disparu, depuis près de dix ans, à la suite des démolitions entreprises sur la rive gauche, et les artistes ont exprimé à cette occasion de nombreux regrets.

L'hôtel du commandeur est détruit depuis longtemps. Nous espérions du moins obtenir la conservation de la tour. De puissantes influences étaient intervenues en faveur de ce monument, le seul de son espèce que Paris eût gardé jusqu'à nos jours. Mais il fallait faire place nette pour les nouvelles constructions de la rue des Écoles, et l'arrêt de mort de la tour a été prononcé. Commencée le dimanche 12 novembre 1854, la destruction était ac-

complie dès les premiers jours du mois suivant. On a souvent répété que cette tour avait dû servir, non pas seulement à renfermer les archives de l'ordre, mais aussi à recevoir les pèlerins de Terre-Sainte ou les passants qui demandaient l'hospitalité. Nous pensons qu'elle était le donjon de la commanderie, le dépôt des titres, des armes, des objets précieux, le lieu de réunion des chevaliers, le signe de la suzeraineté du commandeur sur les fiefs qui relevaient de Saint-Jean. La ville de Paris, qui a fait de si généreux sacrifices pour sauver la tour de Saint-Jacques la Boucherie, s'est au contraire montrée insouciante envers celle de Latran, et cependant, si la première est en jouissance d'une plus grande renommée, l'autre appartenait à une meilleure époque de l'art et se rattachait à une famille d'édifices d'un caractère plus intéressant. Le donjon de Saint-Jean avait la forme d'un parallélogramme plus développé dans un sens que dans l'autre. Son élévation comprenait quatre étages, les trois premiers voûtés en pierre, avec colonnes engagées dans les murs, le quatrième couvert en charpente. L'architecture simple et belle, la forme des nervures, le style des bases et des chapiteaux annonçaient une construction du temps de Philippe-Auguste. Quelques fragments ont été recueillis au musée de Cluny. L'état de délabrement des parois extérieures de la tour, entamées par les solives et par les cheminées des maisons qui s'y adossaient, a été le principal argument de ceux qui en réclamaient la suppression. Pour les restaurer convenablement il n'aurait pas fallu la dixième partie des sommes employées à Saint-Jacques. Nous avons cru devoir consacrer deux gravures à la tour de Saint-Jean ; l'une en représente le dehors, l'autre la grande salle de l'étage au-dessus du rez-de-chaussée. Au commencement du siècle présent le docteur Bichat réunis-

sait dans cette salle un auditoire d'élite pour l'initier aux mystères de l'anatomie ; après la mort de cet homme illustre par sa science et par ses écrits, son nom resta, comme un titre de gloire, attaché à la vieille tour, que ce souvenir n'a pu défendre. Un marbre, placé sur la face orientale, portait ces deux mots : *Tour Bichat*. On a découvert, en détruisant les voûtes et les murailles, une certaine quantité de vieux titres sur parchemin ; ce que les ouvriers n'en ont pas dispersé a été porté à l'Hôtel-de-Ville (1).

Combien, hélas ! avons-nous vu disparaître, depuis un demi-siècle, de ces curieux vestiges du vieux Paris ! Ceux qui sont épris d'une passion insensée pour la ligne droite,

(1) M. F. de Guilhermy.

ceux qui se révoltent contre la variété et le pittoresque et n'admirent qu'une large et froide uniformité, ont renversé de leur marteau impitoyable les hôtels, les maisons, les tourelles qui nous rappelaient le Paris de nos pères ; c'est à peine si nous pouvons, de loin en loin, retrouver quelque vestiges du seizième siècle et des âges antérieurs. Au milieu de cette ville renouvelée, nous nous bornerons en ce moment à citer, comme spécimen de cette ancienne architecture, deux maisons situées dans la rue Hautefeuille, et qui ont eu le bonheur de se trouver à quelque distance de la rue des Écoles, du boulevard Saint-Germain et de

l'avenue Saint-Michel. Les artistes les ont plus d'une fois signalées à l'attention du public.

Nous avons donné (voir au Ier volume) l'esquisse de l'édifice que tout Paris désignait, bien à tort assurément, sous le nom de *maison de la Reine Blanche*. Du vaste hôtel que les ducs de Bourgogne de la seconde race possédaient dans la rue Pavée-Saint-Sauveur (plus tard rue du Petit-Lion, n° 23), une grosse tour quadrangulaire subsiste encore, et c'est un vestige précieux du quinzième siècle. L'édifice est solidement construit en pierres de taille, soigneusement appareillé, percé de baies ogivales et couronné de machicoulis. Il contient un large escalier à vis et une haute salle voûtée en ogive, qui se trouve aujourd'hui divisée en plusieurs étages. Des portes carrées,

bordées de moulures, s'ouvrant sur l'escalier, et des fenêtres de même forme l'éclairent. Les degrés tournent autour d'une colonne, qui se termine par un chapiteau très-simple; mais ce chapiteau sert de support à une caisse

ronde en pierre, cerclée de trois anneaux doubles, d'où s'élancent les tiges vigoureuses d'un chêne, dont les branches décrivent quatre travées d'ogives et dont le feuillage abondant tapisse la voûte tout entière. Nous ne connaissons rien de semblable dans les monuments du moyen âge à Paris; c'est un système d'ornementation non moins remarquable par sa rareté que par son élégance. Dans le tympan ogival d'une des baies extérieures, deux rabots et un fil à plomb sont sculptés au milieu de fleurons gothiques. On sait que le duc Jean sans Peur prit les rabots pour emblèmes, par opposition aux bâtons noueux qu'avait choisis le duc Jean, dans les premières années du quinzième siècle; peut-être fut-elle commencée par le père de ce prince, le duc Philippe le Hardi (1).

(1) Extrait du savant ouvrage de M. F. de Guilhermy, membre de la Commission des édifices religieux et l'une de nos principales autorités en matière d'archéologie.

CHAPITRE VI.

La littérature, les arts, les mœurs.

Envisagé sous le point de vue de la littérature et de l'art le seizième siècle a été appelé l'âge de la *Renaissance*. Ce mot semble indiquer qu'à cette époque les études, les lettres, les arts sortirent des ténèbres, et son application sous ce rapport ne serait ni vraie ni juste. On a pu voir, par les esquisses qui précèdent, que l'intelligence n'avait pas attendu un reflet du soleil des Médicis pour produire en France de nobles et puissantes créations. Ce que le terme de *Renaissance* exprime donc, malgré l'idée commune qui s'y rattache, c'est qu'au seizième siècle il se fit une réaction dans le sens de la littérature grecque et latine; c'est que l'art cessa d'être symboliquement chrétien et national pour revenir aux traditions de l'art païen; le culte de la matière succéda à celui de l'âme, l'étude de la forme à celle de la pensée, le sensualisme au spiritualisme : c'est le caractère de la Renaissance.

Tout se tient dans les idées. La corruption des mœurs avait disposé les intelligences à glorifier la matière et à s'affranchir des règles chastes et mystiques de l'Église; ce fut la réforme luthérienne introduite dans la littérature et la statuaire, au moment où elle s'établissait dans le domaine de la foi.

L'art théâtral avait fait quelques progrès, et la population de Paris ne se contentait plus des *mystères*, des *mo-*

ralités, des *farces* et des *sotties* qui avaient suffi aux distractions des trois derniers siècles. On vit s'opérer une transition de ces ébauches artistiques au genre dramaque des anciens. On traduisit Térence, Plaute et quelques tragédies de Sophocle et d'Euripide. Ronsard fit représenter le *Plutus* d'Aristophane, qui eut un succès prodigieux; après lui plusieurs poëtes du temps essayèrent de pâles et serviles copies des formes grecques; mais leurs essais attestèrent une nullité absolue d'invention et de science scénique. Enfin une troisième école dramatique se forma, à l'imitation du théâtre italien; elle produisit des comédies moins imparfaites. Parmi ceux qui se firent un nom dans cette nouvelle voie nous devons mentionner Larivey, François d'Amboise, Odet, Turnèbe et Pierre Le Loyer. Il est inutile d'ajouter que toutes ces pièces, mystères, farces, sotties, tragédies, drames, pastorales, bergeries, allégories et comédies, portaient le caractère de l'immoralité et de l'obscénité.

Cependant les confrères de la Passion n'avaient point renoncé à leur industrie scénique, mais leurs représentations cessèrent enfin d'attirer la foule; on se portait à des spectacles moins grossiers, et le moment arrivait où le cynisme et l'indécence ne devaient plus avoir à eux seuls le privilége de plaire au public. Les confrères traitèrent donc avec une troupe de comédiens nomades et leur vendirent le droit de jouer les pièces de leur répertoire à l'hôtel de Bourgogne. Telle fut l'origine du Théâtre-Français.

Les prosateurs du seizième siècle ont laissé des monuments plus durables; à leur tête, dans le genre léger, nous pouvons citer Marguerite de France, reine de Navarre et sœur de François Ier, qui composa soixante-douze contes licencieux, imités des Nouvelles de Boccace. Cette femme, qui partagea l'immoralité de son siècle et protégea les huguenots avec un zèle suspect, fut surnommée la dixième Muse et se vit l'objet de l'adulation des poëtes contemporains. On a pu voir, par ce qui précède, que ce fut là pour elle un médiocre honneur. Herberay des Essars traduisit quelques romans de chevalerie ; son style indique un progrès fort remarquable dans la formation de la langue. Après lui vint Rabelais, l'auteur d'une burlesque épopée dont on a dit trop de bien, et dans laquelle, au milieu d'un grossier déluge de bouffonneries plates, impies ou obscènes, se trouvent mêlés quelques détails satiriques propres à faire connaître les hommes et les vices du temps. Ces élucubrations littéraires, aussi bien que la poésie de Clément Marot, faisaient les délices des salons de Paris et de la population intelligente.

Vers le même temps, des érudits, tels que Despautère, Alain Restaut, Mercier, Postel, composèrent des grammaires, des prosodies, des dictionnaires, des apparats hébraïques, grecs, latins. Parmi ces ouvrages on distingue le *Trésor de la Langue latine*, de Robert Estienne ; les douze Alphabets de diverses langues orientales, premier essai de grammaire polyglotte, et la Grammaire arabe, que l'on dut l'un et l'autre à Postel.

« Les lettres ont reçu vos serments, disait Budée à François Ier, et vous devez tenir votre parole. » Budée obtint que le patronage du roi ne cessât point de s'étendre sur les travaux du Collége de France. Les professeurs de cet établissement, par les soins de Budée, avaient été choisis parmi les hommes célèbres de toute l'Europe.

L'hébreu fut d'abord enseigné par Paul Paradis, dit le Canosse, juif converti, qui joignait à une science profonde une éloquence naturelle et expressive; il faisait des vers latins comme Alciat, comme Budée, comme la plupart des savants de la Renaissance. La reine de Navarre avait été son élève et elle était devenue sa muse. Guidacério avait acquis une haute célébrité par sa *Grammaire hébraïque*; il avait quitté Rome à la suite du sac de 1527, et il avait trouvé à Paris une autre Rome qui lui avait fait oublier l'ancienne. A ces étrangers succéda Vatable, pauvre prêtre de Picardie qui avait péniblement conquis la science et était devenu le plus célèbre hébraïsant de l'Europe. Les juifs entouraient sa chaire avec amour; il leur semblait entendre un écho lointain de la grande voix de Sion. L'enthousiasme excité par le grec, l'hébreu et le latin, faisait un peu dédaigner par les savants les progrès de la langue française; celle-ci, toutefois, avait d'heureuses destinées; introduite dans les tribunaux, discutée par les grammairiens, ennoblie par les tentatives novatrices, elle commençait à se développer et à s'affermir.

L'architecture et la statuaire avaient suivi les déplacements de la littérature; elles étaient remontées au paganisme. Depuis les sanglants orages qui signalèrent la démence de Charles VI jusqu'à la fin du règne de Louis XII, les guerres civiles ou étrangères avaient comme absorbé toute la puissance des rois et du pays, et l'art avait pour ainsi dire sommeillé; quand il se réveilla, sous François Ier, l'invasion du goût italien fut complète; on avait perdu avec la foi le secret de la forme gothique, on se rattacha à l'architecture et à la sculpture grecques et latines. C'est sous les inspirations des artistes formés à l'école des Médicis, et que François Ier appela en France, que l'art revêtit cette expression sensuelle et matérielle qu'il a toujours conservée depuis cette époque. Nos monuments s'élevèrent ou furent restaurés en contradiction avec nos mœurs, notre religion, notre climat. On eût dit, à les voir (on le dirait encore), des débris d'Herculanum ou de Pompéia rendus tout à coup à la lumière. Sous un ciel où le marbre est promptement dévoré par une sorte de rouille, on éleva d'élégantes colonnes qui n'eurent que l'éclat d'un jour, on cisela des bas-reliefs dont la destination véritable eût été le culte de Minerve ou de Vénus. L'idole de l'Amour reparut sous toutes les formes et remplaça les images naïves de l'Enfant Jésus, de sa sainte Mère et des anges. On ne comprit pas que l'œuvre architectonique la plus belle n'est qu'un contre-sens lorsqu'elle est en opposition avec les habitudes et le culte d'un peuple, et ne répond ni à la foi, ni à l'intelligence, ni même aux exigences de la nature locale. On produisit des ouvrages gracieux, des pages monumentales remarquables; mais toutes ces créations ne furent en harmonie qu'avec la licence du temps et le déplorable engouement qui reportait les esprits aux études païennes. Ce fut là leur principal caractère.

Loin de nous cependant l'idée de refuser le mérite du talent aux artistes de cette époque. Les châteaux de Fontainebleau, de Villers-Coterets, de Saint-Germain, de Madrid, de Chambord et du Louvre, ont été justement admirés, et notre sympathie pour les merveilles de l'architecture chrétienne ne doit pas nous dérober ce que les œuvres de la Renaissance eurent de remarquable. Rien n'égale la grâce des sculptures de Germain Pilon, de Jean Goujon, de Conchy ; rien ne révèle plus d'études et de science. Jean de Bologne, Louis de Foix, Jacques de la Brosse furent les dignes héritiers de ces maîtres ; mais la renommée de ces disciples est encore dépassée par celle de Benvenuto Cellini, de Salviati, de Rosso (maître Roux), de Jean Cousin, du Primatice et de Philibert Delorme. C'était d'ailleurs le siècle de Léon X, qui, en Italie, enfantait de si nombreuses merveilles, et dont les rayons se projetaient sur la France et sur Paris. Une institution qui remontait au moyen âge, et qui prolongea son existence jusque dans le dernier siècle, contribua puissamment à encourager les arts : ce fut la création de l'*Académie de Saint-Luc* par Charles V. Cette confrérie d'artistes ne fut organisée que sous le règne suivant. « Le 12 août 1391, le prévôt de Paris fit assembler les peintres de Paris, et, sur leur avis et leur consentement, il fit dresser des règlements et des statuts comme dans les corps de métiers, y établissant des *jurés* et *gardes* pour faire la visite et examiner les matières desdits ouvrages, leur donnant pouvoir d'empêcher de travailler tous ceux qui ne seraient point de leur communauté. Dans ces statuts on rappela huit articles, qui composaient tous leurs premiers règlements, et la naïveté du style fait connaître qu'ils sont au moins du commencement de la troisième race de nos rois. » Charles VII étant à Chinon, le 3 janvier 1430, ajouta plusieurs priviléges à ceux que son père avait accordés à l'*Académie de Saint-Luc*, et qui consistaient dans l'exemption de *toutes tailles, subsides, guet, gardes*, etc. Henri III les confirma dans tous ces priviléges par ses lettres patentes du 5 janvier 1583. La communauté des sculpteurs fut unie à celle des peintres au commencement du dix-septième siècle. Mais bientôt un grand nombre d'artistes, à la tête desquels était le célèbre Lebrun, secouèrent le joug de la maîtrise, et, réclamant pour l'art l'abolition du privilége et des entraves, établirent l'*Académie de Peinture et de Sculpture,* autorisée par le conseil privé en 1648.

L'Académie de Saint-Luc obtint, en 1705, la permission d'ouvrir une école publique de dessin. Elle distribuait tous les ans, le jour de Saint-Luc, deux médailles d'argent aux deux meilleurs élèves. La confrérie fit deux expositions des productions de ses membres, sous le règne de Louis XV; la première eut lieu en 1762, à l'hôtel d'Aligre, et la seconde, le 23 août 1774, à l'hôtel Jabach, rue Neuve-Saint-Merri.

Les arts, les lettres et les sciences exerçaient sur les mœurs une réaction qui n'était encore sensible que dans les classes élevées et intelligentes. Dans les échelons moyens et inférieurs de l'échelle sociale on avait encore à déplorer des habitudes grossières, des coutumes peu dignes d'une nation policée.

La prostitution était un fléau que ne parvenaient pas à détruire les édits de nos rois. Les femmes de mauvaise vie se répandant au milieu de la ville et y causant de honteux scandales, au mépris des ordonnances de saint Louis, le prévôt royal, Hugues Aubriot, leur prescrivit de ne pas sortir des rues où elles pouvaient exercer leur odieux métier. Il leur fut donc enjoint de rester confinées ou parquées à *l'abreuvoir de Mâcon* (à l'extrémité méridionale du pont Saint-Michel et à l'entrée de la rue de la Huchette), en la *Bouclerie* (rue voisine de celle de la Huchette), *rue Froid-Manteau,* au *carrefour de Glatigny,* à la *Cour*

Robert de Paris (rue du Renard Saint-Merry), à *Baille-Hoë* (rue communiquant aux rues Taille-Pain et Brise-Miche), à *Tyron* (rue qui va de la rue Saint-Antoine à celle du Roi-de-Sicile), à la rue *Chapon* (aboutissant aux rues Transnonain et du Temple), et au *Champ-Fleuri*, près le Louvre. Si les filles publiques contrevenaient à ce règlement, elles devaient être emprisonnées au Châtelet, puis bannies de Paris. On enjoignit à ces filles de ne pas porter de riches toilettes. Malgré leur sévérité ces ordonnances furent toujours enfreintes.

En remontant la rue Saint-Denis à gauche, près de la Halle, on trouve les rues de la *Petite* et de la *Grande-Truanderie*, habitées au moyen âge par une population de gueux et de mendiants qu'on appelait *truands*. Là, au milieu d'une place, se voyait encore du temps de Sauval, en 1660, le célèbre *Puits d'Amour* ou *de l'Ariane*, ainsi nommé de ce que, sous ce règne, une jeune fille noble, Agnès Hellebis, s'y précipita par désespoir d'amour. Ce puits devint un rendez-vous pour les amants du quartier. Les mendiants et les filous habitaient la *Cour des Miracles*, dédale de petites rues sales et étroites, véritable labyrinthe où les habitants échappaient à la justice des hommes. Cette petite ville, qui avait ses mœurs et ses populations distinctes, était située près du passage du Caire.

La croyance aux sorciers était générale; on croyait aussi à l'influence des astres, aux présages, à la magie, et l'usage des envoûtements était encore en vigueur.

Plusieurs coutumes singulières étaient observées à cette époque; quelques-unes se sont maintenues jusqu'à nos jours. Le *bœuf gras* était comme aujourd'hui promené pendant le temps du carnaval. Les bouchers le conduisaient en grande pompe et se rendaient aux maisons des divers magistrats. Cette cérémonie cessa pendant la Révolution ; elle fut remise en vigueur sous l'Empire.

Tous les ans, le 3 juillet, les habitants de la rue aux Ours promenaient dans Paris un mannequin, haut d'environ vingt pieds, représentant un homme tenant en main un poignard ; ce mannequin était ensuite brûlé dans la rue aux Ours. On dit que cette cérémonie avait été établie en mémoire d'un soldat suisse qui frappa, en 1418, d'un coup de couteau, une image de la Vierge placée au coin de la rue aux Ours et de la rue Salle-au-Comte, et vit le sang jaillir avec abondance de la statue. Le soldat fut pris et mis à mort. Cette cérémonie n'a plus lieu depuis la Révolution. Les habitants de la rue aux Ours, qui formèrent, en 1743, une confrérie dirigée par un *roi*, exposaient en public, les jours de fêtes, une autre statue de la Vierge, éclairée par une lampe.

Les jeux usités à cette époque étaient les dés, les cartes, l'arbalète, l'arc, etc. On connaissait alors le *jeu de cocagne*, introduit, dit-on, par les Anglais.

Les bains, alors nommés *étuves*, étaient fort nombreux ; on voit encore à Paris six rues, ruelles ou culs-de-sac qui portent ce vieux nom. Ceux qui tenaient ces bains se nommaient *barbiers-étuvistes ;* ils formaient une corporation.

Le luxe des vêtements continuait d'être excessif, mais les modes changeaient si fréquemment qu'un peintre italien ayant à représenter, dans une galerie, le costume de tous les peuples d'Europe, peignit le Français tout nu, tenant sous son bras une pièce d'étoffe, donnant à entendre par là que la rapidité des changements en France ne permettait pas de saisir la forme des habits.

Les femmes avaient leurs lieux de réunion aux églises, aux banquets, aux bains et chez les accouchées. Villon a composé une ballade où il affirme que les Parisiennes surpassent en caquetage les femmes des autres nations de l'Europe; chaque strophe de la ballade finit par ce vers :

Il n'est bon bec que de Paris.

Les hommes se réunissaient aux cabarets, aux églises, chez les étuvistes, aux halles, et surtout à la porte Baudoyer, qui était le rendez-vous des nouvellistes du moyen âge et de la Renaissance.

CHAPITRE VII.

Le commerce et l'industrie à Paris vers la fin du moyen âge et sous la Renaissance.

Le commerce et l'industrie avaient nécessairement progressé, et leur organisation avait reçu, avec le temps, des formes encore plus régulières. Aux détails assez minutieux que nous avons déjà donnés à cet égard, en esquissant le règne de saint Louis, nous croyons utile d'ajouter ici quelques notes complémentaires, afin que nos lecteurs aient une plus juste idée des conditions où se trouvait le travail à Paris sous le moyen âge et la Renaissance. Au besoin, et pour éviter de revenir une fois de plus sur ce sujet, nous anticiperons sur les dates.

Depuis saint Louis, depuis Étienne Boileau, la constitution des marchands parisiens en corporations avait été régulière et définitive, bien que la législation particulière à chacune de ces corporations, leur nombre et le rang qu'elles occupaient entre elles eussent souvent varié.

Pendant la période comprise entre les règnes de Charles V et de Louis XII, six principales professions se partageaient déjà pour ainsi dire tout le haut commerce parisien; c'étaient: les *drapiers*, les *épiciers* et *apothicaires*, les *merciers*, les *pelletiers*, les *changeurs*, remplacés bientôt par les *bonnetiers*, et enfin les *orfévres*, et, jusqu'au siècle dernier, l'organisation des *six corps de marchands* ne fut pas modifiée d'une manière sensible. Ces corporations ne se *gardaient* pas seulement elles-mêmes; elles gardaient les autres, et, sous prétexte de les garder, bien souvent elles les opprimaient.

C'étaient elles qui absorbaient à leur profit le pouvoir municipal et accaparaient les faveurs royales. Aussi devinrent-elles à la longue, pour le reste du commerce de Paris, un fléau permanent.

Le roi lui-même souffrait de leur domination, et la lutte s'engageait de temps à autre entre le pouvoir royal et le pouvoir municipal. Le plus souvent, à la vérité, on n'opposait au roi qu'une résistance purement passive, mais qui n'en était pas moins compromettante pour son autorité.

Toutefois les intérêts pécuniaires de la royauté n'en souffraient point; c'est avec empressement que les bourgeois faisaient la part du trésor royal; c'est avec enthousiasme qu'ils offraient des présents aux souverains et aux princes dans les circonstances solennelles; c'est avec patriotisme qu'ils payaient la rançon du roi s'il était fait prisonnier, qu'ils dotaient sa fille ou faisaient les frais de la cérémonie quand le prince royal était armé chevalier.

Mais, quant aux priviléges honorifiques, les bourgeois étaient absolument intraitables. Les corporations se disputaient l'honneur d'approcher et de servir le roi dans les cérémonies, et les six corps avaient érigé pour eux cet honneur en privilége exclusif, dût le roi n'y souscrire qu'à son corps défendant.

C'est ainsi qu'ils complimentaient les princes aux entrées solennelles et portaient le « ciel » sur la tête du souverain.

Félibien résume ainsi leurs priviléges : « Chacun de ces corps est gouverné par six maîtres et gardes choisis par le corps parmi ceux qui sont le plus intelligents et dont la réputation est sans reproche. Leur administration dure ordinairement deux ans, et ils sont chargés de faire observer les statuts, d'entretenir la discipline et de veiller à la conservation des priviléges. Dans les cérémonies publiques, et dans l'exercice de leurs principales fonctions, ils ont le droit de porter la robe de drap noir à collet et manches pendantes, parementée et bordée de velours de même couleur. Celle qu'ils portent aux entrées des rois est de même forme, mais de velours et de couleurs différentes pour chaque corps. C'est proprement la robe consulaire, c'est-à-dire celle dont usent les juges et consuls séants en leur siége. Comme il n'y a aucun corps dans la bourgeoisie plus propre à représenter la Ville, après l'hôtel même de la Ville, que ces six corps, aussi leur a-t-on fait toujours l'honneur de les choisir pour succéder aux échevins dans la fonction distinguée de porter le dais sur les rois et les reines aux cérémonies de leurs entrées. Ils en ont aussi un autre d'une grande distinction : c'est d'être admis à complimenter nos rois dans les événements les plus considérables, de même que les célèbres compagnies, et après l'Hôtel-de-Ville. Leurs registres font foi qu'ils ont toujours été maintenus dans cette prérogative, et dans ces derniers temps ils ont eu l'honneur de complimenter le roi Louis XV, dans le palais des Tuileries, au sujet de sa majorité. C'est à l'occasion de quoi ils ont fait frapper une médaille qui représente le buste du roi, et au revers on lit cette inscription : *Les six corps des marchands ont complimenté le roi sur sa majorité ; étant présentés par le duc de Gesvres, gouverneur de Paris, le XXIII de février M DCCXXIII*. On les doit regarder comme les canaux par où passe tout le commerce de Paris. Ce sont eux qui y maintiennent l'abondance de tout ce qui peut contribuer à l'utilité, à la magnificence des citoyens. L'étendue de leur commerce et le nombre infini de gens qu'ils emploient ou qui dépendent d'eux leur attirent naturellement la considération où nous les voyons parmi le peuple. Après cela il n'est point surprenant que tous les honneurs destinés à la bonne bourgeoisie leur soient comme particulièrement réservés. Sans parler des places de marguilliers et de commissaires des pauvres, qu'ils remplissent dans toutes les paroisses de Paris, ils sont admis à celles d'administrateurs des hôpitaux, conjointement avec les personnes les plus distinguées dans l'Église et dans la magistrature. Ils administrent la justice consulaire, et ce sont eux qui disposent des places de cette juridiction. L'échevinage semble leur être propre dès son origine, et c'est peut-être par cette raison que le chef des échevins conserve encore le titre de *prévôt des marchands*. On en a même vu quelques-uns monter à cette première charge de la magistrature municipale, dans des temps où, depuis plus d'un siècle, elle n'est plus donnée qu'à des personnes qualifiées. »

Henri III, en 1577 et en 1581, voulut ajouter un septième corps aux six corps privilégiés, le corps très-important des marchands de vins, mais jamais les six corps ne voulurent le reconnaître. Forts de l'ordonnance royale, les marchands de vins assistaient aux cérémonies en robes consulaires, mais rarement ils exerçaient quelques-unes des fonctions que l'édit du souverain leur attribuait.

Les libraires, protégés par la royauté, ne furent pas plus heureux; ils luttèrent perpétuellement pour se faire la place à laquelle ils avaient droit et ne l'obtinrent jamais tout entière.

On comprendra mieux cette défense acharnée des priviléges des six corps si l'on veut bien se souvenir que ces six corps fournissaient des chefs administratifs au commerce, que les magistrats en charge sortaient de leur sein, que les chefs sortant de charge rentraient dans leur ancienne corporation des six corps, que les futurs magistrats devaient être choisis parmi les membres de ces six corporations.

Les six corps avaient accaparé le pouvoir municipal. En effet la hanse était une corporation supérieure à toutes les autres, ayant la police du fleuve et du commerce, un tribunal spécial, tribunal de simple police et de commerce, dont l'organisation fut plus tard régularisée. La hanse avait ainsi forcément l'administration de la ville.

Les prévôts et les échevins, chefs de la hanse, magistrats municipaux, étaient choisis parmi les six corps. De là cette jalousie de ces six puissantes corporations. L'association des six corps se substitua peu à peu à la hanse.

Les six corps, outre les statuts particuliers à chacun d'eux, avaient des statuts spéciaux qui cimentaient leur alliance et la rendaient indissoluble.

Un bureau commun réunissait, lorsqu'il était nécessaire, les trente-six gardes des six corps, et là, sous la présidence d'un garde du premier corps, se discutaient les affaires d'intérêt commun. Les décisions étaient prises à la majorité des voix, et le procès-verbal de la séance dressé pour être ensuite déposé aux archives.

L'union avait pour armes un Hercule assis, essayant, mais en vain, de rompre six baguettes en faisceaux, et cette devise, dont les marchands de vins et les libraires purent apprécier la justesse : *Vincit concordia fratrum.* Certes jamais armes ne furent mieux choisies et jamais allégorie ne fut plus sincère. Toutefois, l'exclusion des deux corps militants fut moins absolue au tribunal consulaire; parfois quelques-uns de leurs membres parvenaient à siéger à ce tribunal, sur l'organisation duquel nous allons donner quelques détails.

Avant 1563 deux tribunaux jugeaient en matière de commerce : le Parloir aux Bourgeois, ou tribunal de la hanse, qui connaissait surtout des délits fluviaux, mais était à ce point considéré qu'on lui déférait les causes d'intérêt particulier, et qu'il rendait à leur occasion des jugements officieux généralement respectés, et le Parlement, qui, fort incompétent en matière commerciale, compromettait souvent le triomphe du bon droit. En 1563 un édit fut rendu pour l'établissement d'une chambre composée d'un juge et de quatre consuls qui seraient choisis, à l'élection, parmi les marchands.

Le prévôt des marchands et les échevins élurent les premiers les membres de cette chambre.

Les bourgeois qui la composaient devaient exercer pendant un an. Chaque année, à la fin du dernier mois de leur juridiction, les juges et les consuls faisaient procéder aux élections nouvelles. Ils assemblaient soixante marchands, bourgeois de Paris, qui élisaient trente d'entre eux, pour nommer les consuls. Ces trente électeurs choisissaient parmi eux quatre scrutateurs, et, sans désemparer, on procédait aux élections.

Il fallait, pour occuper le siége de juge ou celui de consul, être ou avoir été marchand, être Français et demeurer à Paris, être de bonnes vie et mœurs, et avoir passé par les charges de sa corporation.

Le juge devait avoir au moins quarante ans d'âge et les consuls vingt-sept ans, à peine de nullité de l'élection.

Le juge se choisissait parmi les anciens consuls et appartenait d'ordinaire à l'une des huit corporations dont les officiers étaient électeurs de droit, c'est-à-dire les six corps de marchands, la communauté des libraires et celle des marchands de vins. Le juge et les consuls ne devaient point appartenir à la même corporation.

Lorsqu'un juge ou un consul décédait on en nommait immédiatement un autre. Le tribunal ne devait jamais rester incomplet; lorsqu'un juge consul avait besoin de s'absenter, il devait prévenir ses collègues, qui le faisaient remplacer par un consul sorti de charge.

Il fallait des causes très-graves pour motiver la destitution d'un juge ou d'un consul, cependant la loi était à leur égard d'une extrême sévérité. Entre autres choses, il leur était interdit de recevoir aucun don directement ou indirectement. On empêchait ainsi la corruption.

Le tribunal siégeait d'abord dans une salle de la maison abbatiale de Saint-Magloire, rue Saint-Denis, dont il ne reste plus qu'un fragment; plus tard il fut transféré au cloître Saint-Merri.

Le juge et les consuls portaient la robe dite *consulaire*, sorte de manteau qu'ils transformèrent peu à peu en robe de palais à larges manches et à collet. Ils portaient aussi le rabat.

L'audience n'avait lieu que trois fois par semaine, mais elle durait souvent fort longtemps, car il était d'usage de ne sortir du tribunal qu'après avoir expédié toutes les causes; aussi à minuit le tribunal était-il quelquefois encore en séance.

A cette chambre de commerce étaient attachés un greffier et des huissiers, mais point de procureurs en titre. Les parties assignées plaidaient elles-mêmes ou par chargés d'affaires.

Les sentences des consuls pouvaient être exécutées par saisie de biens meubles et immeubles et emportaient aussi la contrainte par corps.

On en appelait des sentences des consuls à la grand'-chambre du Parlement.

Ainsi fut fondé le tribunal de commerce (1).

Les *drapiers* avaient leur bureau rue des Déchargeurs, dans une maison appelée *les Carneaux*. « En 1527 c'était un vieux logis qui appartenait à Jean Le Bossu, archidiacre de Josas, et que les drapiers lui achetèrent pour le prix de 1,800 livres, en échange d'une autre maison dont ils étaient propriétaires, située vers le Chevalier du guet. »

La draperie avait pour armoiries, suivant la concession de Christophe Sanguin, prévôt des marchands, et des échevins, en date du 27 juin 1629, un navire d'argent à la bannière de France, en champ d'azur, un œil en chef, avec cette légende, qui n'est pas spécifiée dans la concession : *Ut cæteros dirigat*, pour donner à entendre que ce corps était le premier des six et avait le pas sur les autres. Quelques auteurs décrivent ainsi le blason des drapiers : d'argent, au vaisseau d'or, à voiles et pavillon d'azur, voguant sur une mer de sinople.

---

(1) Voir les savantes études de M. Léon Michel.

Pour être admis dans le corps des drapiers il fallait avoir fait un apprentissage de trois ans et avoir servi chez les maîtres pendant deux autres années comme garçon.

Il fallait que les marchandises fabriquées ou vendues par les drapiers fussent irréprochables, *nays*, c'est-à-dire à chaîne et trame de même qualité, et cela sous peine d'amende.

Un drapier était-il surpris à fabriquer ou à vendre des draps unis où, par l'emploi de laines défectueuses, la confiance du client pouvait être trompée : il était conduit devant les gardes du métier et payait 5 sols d'amende. Le drap *espaulé*, c'est-à-dire fait d'une trame de qualité inférieure dans la partie médiane, entraînait une amende plus forte, sans doute à cause de la plus grande difficulté qu'il y avait à reconnaître la fraude.

« Nus, dit le règlement, ne peut avoir drap espaulé, c'est à savoir drap delquel la chayne ne fust ausi bone au milieu come aus lisières, que il ne soit en xx s. d'amende, moitié au roi et moitié au mestre et aus jurez, où que le mestre et le juré le puissent trouver, ou as polies (1) ou ailleurs.

« Li mestre et li juré doivent le drap espauli faire aporter en Chateleit, quant ils l'ont trouvé, et illuec doit estre le drap copé en v pièces, chascune pièce de v aunes, se tant en y a en drap; et illuec li mestres et li juré rendent à celui qui le drap estoit ses pièces par le commandement au prévost, par paiant les xx s. d'amende dessus diz; et doivent li mestre et li juré prendre le serement de

---

(1) *As polies* veut sans doute dire sur le métier à tisser.

celui qui les pièces de drap sont devant dites, que il cel drap ne rasamblera en ule manière, ne qu'il les pièces ne vendra à nul ame que il ne li die le mahaing qui dedenz le drap estoit; et se il feit, li mestre et li juré le doivent ferre savoir au prevost de Paris, et li prevoz le doit punir très-griefvement, seloncque il li plera. »

Cette probité des corporations du moyen âge devrait à juste titre faire honte au commerce moderne, si peu scrupuleux en matière de production et de prix.

Les gardes du métier le gardaient bien, défendant ses priviléges, mais exigeant que les membres de la corporation se montrassent toujours dignes de la faveur royale, à laquelle ils devaient leur prospérité.

Les *toisserans de lange*, comme les vieux statuts appellent les drapiers, achetaient le métier du roi, c'est-à-dire payaient le droit de patente royale, grâce à laquelle patente ils pouvaient faire fonctionner dans leurs ouvroirs trois métiers : deux larges et un étroit. La moindre dimension de largeur était cinq quarts d'aune.

Chaque tisserand de drap ne pouvait avoir qu'un seul apprenti. Celui-ci devait rester au moins quatre ans chez le maître. Le maître devait bien traiter son apprenti; mais, s'il en était autrement et que l'apprenti fût forcé de quitter son maître, il pouvait en référer aux gardes du métier et les faire juges de sa cause. Ceux-ci appelaient le maître, et s'il avait tort ils le blâmaient et lui ordonnaient de reprendre son apprenti, de le vêtir, le nourrir, sous quinzaine, ou de le placer ailleurs, et, si l'apprenti était en état de gagner de l'argent, de le pourvoir d'une place lucrative. Quand le maître se refusait à ces conditions il devait rendre l'argent d'apprentissage et les gardes du métier pourvoyaient alors l'apprenti d'un nouveau maître.

Ainsi le bureau du corps formait une sorte de tribunal de prud'hommes (les gardes portaient même ce titre) intervenant entre patrons et ouvriers.

Tout maître n'était pas admis à prendre un apprenti ; les jurés décidaient si celui qui sollicitait cette faveur était capable d'en bien remplir les devoirs.

Pour être admis à la maîtrise l'apprentissage ne suffisait pas ; il fallait encore servir les maîtres pendant cinq années.

De longs conflits de monopoles s'élevaient entre les drapiers, les teinturiers et les merciers ; il fallait, par des édits royaux, déterminer la limite de chaque industrie et veiller à ce qu'elle n'empiétât pas sur les droits d'une industrie rivale, mais différente.

Les drapiers jouissaient de priviléges dont beaucoup de corps de métier étaient privés. Ainsi le fils non marié pouvait avoir chez son père deux métiers larges et un étroit. Il fabriquait sans payer le guet ni aucune redevance et sans acheter le métier du roi. Le tisserand pouvait avoir encore avec lui un de ses frères et un de ses neveux, et chacun d'eux avait le droit d'user de priviléges égaux à ceux du fils du maître, à la condition de travailler soi-même aux métiers. Peu d'étrangers entraient dans le corps, et les familles de drapiers s'enrichissaient d'autant plus vite que leur fortune était moins dispersée. On entrait riche dans le métier ; aussi un temps vint-il où le drapier ne fabriqua plus lui-même, mais vendit seulement. Il donnait à fabriquer à des drapiers nouveaux qui n'avaient pas les mêmes raisons pour quitter la fabrication.

Les maîtres marchands formèrent alors une sorte d'aristocratie de commerce et prirent le nom de *grands mestres;* les fabricants furent appelés *menus mestres;* mais tous se réunirent plus tard sous une même dénomination lors de l'union des six corps.

Les drapiers avaient leur halle pour la vente au détail dans la rue de la Chausseterie (1). La halle pour la vente en gros était située rue de la Lingerie, près le cimetière des Innocents.

Les communautés ouvrières n'étaient pas seulement des réunions d'industriels, mais encore des confréries pieuses placées sous la protection d'un saint patron. Les drapiers s'étaient placés sous l'invocation de saint Nicolas et de sainte Marie l'Égyptienne.

La chapelle de la sainte, située près la porte Montmartre, était le sanctuaire de la confrérie. On y disait des messes pour appeler la faveur céleste sur la communauté; on y célébrait en grande pompe les funérailles des maîtres et de leurs épouses.

Les chaussetiers, qui avaient d'abord fourni une puissante corporation et avaient ensuite périclité, durent s'unir aux drapiers pour faire cesser les rivalités de métier.

Les chaussetiers fabriquaient les *chaux* ou *chausses* en drap. Quand la mode des chausses de tricot et de soie succéda à celle des chausses de drap, les chaussetiers voulurent empiéter sur le commerce de la draperie. Des querelles s'élevèrent; on les fit cesser en réunissant les deux corporations.

---

(1) Appelée plus tard rue de la *Ferronnerie.*

Les foulons qui travaillaient le drap formaient, eux aussi, une communauté nombreuse et puissante. Toutefois pouvait être foulon qui voulait; le métier, érigé en corporation comme les autres, ne l'était que pour le bien des artisans qui en faisaient partie.

Les foulons pouvaient avoir deux apprentis, outre leurs fils et leurs frères « nés de loial mariage ».

Lorsqu'un foulon mourait sa femme tenait le métier, et pouvait avoir, comme lui, deux apprentis, tout en enseignant le métier à ses fils; mais, si elle se remariait à un homme d'un autre métier, elle perdait tous ses priviléges.

Les statuts de cette corporation, rapportés par Étienne Boileau, règlent les heures de repos auxquelles ont droit les ouvriers foulons.

« Li valet ont leur vesprées, c'est à savoir que cil qui sont loué à la journée lessent oevre au premier cop de vespres Nostre-Dame en charnage et en quaresme au cop de conplie, et au samedi au premier cop de none de Nostre-Dame, et à la nuit de l'Ascension, quant crieur portent vin; et la veille de la Penthecoste, la veille de Saint-Pierre, après la Saint-Jehan, veille de la Saint-Lorent, et la veille de la mi-aoust, si tost que le premier crieur vont, et la veille de Pasques, si tost come il sent les sains soner (1). »

Le second corps des marchands était celui des *épiciers* et *apothicaires*. Dans les actes antérieurs au quinzième siècle les épiciers sont désignés seuls, et le plus ancien qui fasse mention des apothicaires est de l'an 1484 (2). Tous les

(1) M. Léon Michel, *le Commerce parisien avant* 1789.
(2) Nous parlons ici des apothicaires considérés comme corporation.

titres postérieurs les confondent avec les épiciers, et il est certain qu'à partir de cette époque ils ne formèrent qu'une corporation, ce qui n'empêcha point les épiciers et les apothicaires d'être perpétuellement en guerre les uns contre les autres. Tantôt, comme en 1514, les apothicaires obtenaient des lettres patentes qui leur conféraient le droit de nommer des gardes sans y appeler les épiciers; tantôt, au contraire, comme en 1553, les épiciers faisaient déclarer, par lettres du roi, les apothicaires exclus du commerce de l'épicerie. Les différends ne s'arrêtèrent pas là, mais il serait long et fastidieux d'en retracer les détails. Au surplus, dans ces conflits qui se reproduisaient sans cesse, les épiciers ne revendiquaient pas la science des apothicaires, mais jalousaient les droits spéciaux qu'ils avaient obtenus en raison de leurs connaissances plus étendues. Les épiciers étaient bien un peu humiliés par la supériorité intellectuelle de leurs confrères; mais ils ja-

---

Ce nom, en effet, était connu bien plus anciennement et s'appliquait déjà dans un sens équivalent à celui d'épicier. Les princes avaient autrefois des valets de chambre épiciers ou apothicaires. Godefroy Lefèvre, dont j'ai déjà parlé, est désigné dans différents titres de la fin du quatorzième siècle comme épicier valet de chambre, et dans d'autres comme apothicaire valet de chambre du duc Louis d'Orléans, frère de Charles VI. J'ai sous les yeux un de ces titres qui peut passer pour l'un des plus vieux et des plus curieux *mémoires d'apothicaire* que l'on connaisse. En voici la copie : « Ce sont les espices de chambre despensées, au mois de février, pour monseigneur le duc d'Orléans, livrées par Godefroy Lefèvre, espicier et valet dudit seigneur. 1398. Anis confit, 40 livres, à 9 sols; noix confites, 37 livres, à 7 sols; sucre rosat, 14 livr., à 10 sols; *manuchristi*, 13 livr., à 10.... 39 livr. et demie, à 7 sols; *paste de roy*, 33 livr..... dragée ordonnée pour ledit seigneur, à 13 sols;.... des livres d'espices, 189 trois quarts; argent 81 parisis. Par monseigneur le duc, à la relation des chambellans, etc. »

lousaient surtout les bénéfices qu'ils faisaient sur la vente des drogues, vente qu'eux, épiciers ignorants, n'étaient pas autorisés à faire et qu'ils tentaient sans cesse d'effectuer.

Le mode d'élection des gardes de la corporation trahissait cette désunion. Le corps était administré par six gardes choisis moitié parmi les épiciers, moitié parmi les apothicaires.

Tous les ans, en novembre, après la fête de saint Nicolas, patron du corps, les gardes en charge convoquaient au bureau de la communauté les gardes sortis de charge, vingt-quatre apothicaires-épiciers et quarante-huit épiciers.

Après avoir prêté serment d'élire les nouveaux gardes selon leur conscience, les apothicaires-épiciers nommaient l'un des leurs pour remplacer le garde sortant et les épiciers faisaient de même.

Les nouveaux gardes prêtaient aussitôt entre les mains du procureur du roi le serment de garder le métier en tout bien, tout honneur.

Dès lors ils prenaient en main les affaires de la corporation : les gardes de l'épicerie surveillaient les épiciers proprement dits; les épiciers-apothicaires s'occupaient spécialement de l'apothicairerie.

En dehors de la réception et de la vente des produits pharmaceutiques, les statuts étaient également applicables aux deux catégories.

Les veuves des épiciers et celles des apothicaires étaient traitées sur le même pied; elles pouvaient tenir la boutique du défunt, pourvu qu'elles eussent un garçon reconnu capable. Ces droits cessaient lorsqu'elles se remariaient à des hommes étrangers à la corporation.

Lorsque mourait un épicier ou un apothicaire la cérémonie funèbre se faisait avec une égale pompe.

Une seule confrérie religieuse unissait les épiciers et les apothicaires; saint Nicolas en était le patron. Son autel était, en 1513, dans l'église de l'Hôpital de Sainte-Opportune; en 1546 il fut transféré à Saint-Magloire, puis au chœur de Sainte-Opportune, et enfin, en 1589, aux Grands-Augustins.

Les épiciers, comme les autres corps, avaient le droit de porter la robe consulaire. Pour eux elle était à collet et à manches pendantes, brodées et parementées de velours noir. Ils avaient aussi des armoiries ; elles étaient coupées d'or et d'azur : sur l'or deux nefs de gueules flottantes accompagnées d'une étoile de gueules ; sur l'azur une main d'argent tenant des balances d'or, avec ces mots qui rappelaient le dépôt des poids et balances étalons confiés au corps : LANCES ET PONDERA SERVANT.

Les conditions de l'apprentissage (et nous parlons des conditions de science et d'intelligence) étaient nécessairement fort différentes selon que le néophyte commercial voulait entrer dans l'apothicairerie ou dans l'épicerie.

Le corps de l'épicerie avait une prérogative qui lui était particulière. Les gardes avaient le droit de visiter les poids et les balances dans les maisons, boutiques et magasins de tous les marchands et artisans de Paris qui vendaient leurs marchandises et denrées au poids, même chez les maîtres des coches et carrosses, à l'exception cependant des marchands des autres cinq corps, chez lesquels ils n'avaient pas le droit de faire visite. Cette prérogative était fondée sur ce que, de temps immémoriales, marchands épiciers de Paris avaient eu la garde de l'étalon royal des poids, avec obligation cependant de les faire vérifier de six ans en six ans sur les matrices originales qui étaient conservées, sous quatre clefs, en la cour des Monnaies.

Les *merciers* ou mercadiers, *mercatores*, étaient les seuls commerçants avant la création des spécialités.

Quand les catégories s'établirent il y eut encore des marchands vendant de tout ; ces marchands conservèrent le nom de merciers, qui était d'ailleurs leur vrai nom, puisqu'il ne spécialisait rien, non plus que leur commerce.

Leurs boutiques étaient des bazars où les objets les plus disparates étaient entassés.

Les merciers habitaient la rue Quincampoix, que le livre de la taille de l'an 1313 nomme rue *Qui-qu'en-Poist*. Ils étalaient aussi au palais dans une galerie à laquelle ils avaient donné le nom de leur commerce, et dans la rue *Grange-aux-Merciers*, hors Paris, au faubourg Saint-Antoine, sur la route du château de Vincennes.

Les règlements des merciers, enregistrés par Étienne Boileau, sont peu considérables :

« Quiconque veut estre merciers à Paris estre le puet, pour que il ait de quoi et il sache le mestier, et se contiengne aus us et aus coustumes du métier qui tel sont. »

Le second article règle l'apprentissage :

« Li merciers de Paris puent avoir ij aprentis ou

aprentices, ou ij ouvrières, à tel terme comme il voudront et à tant d'argent comme il porront. »

Le dernier article taxe les amendes que payeront les contrevenants aux règlements. Nous le citerons parce qu'il établit d'une manière bien évidente que dès cette époque les merciers étaient réunis en corps :

« Quiconques mesprendra en aucun des articles dessus diz, l'euvre sera depeciée et copée, et poiera xij s. par. d'amende; c'est à savoir viij s. au roi, et iiij s. pour la peine des iiij preudomes qui garderont le mestier desus dit; lequel iiij preudome seront esleu du commun du mestier et amené devant vous pour jeurer sur sains que il bien et loiaumont garderont ledit mestier, et raporteront au prevost occason commandement toutes les forfaitures et mesprentures qui se trouveront faites au mestier dessus dit. »

Ces statuts très-défectueux furent modifiés et complétés par Charles VI.

Alors les merciers s'appelèrent *merciers-grossiers-joyaliers-quincailliers*, appellation faisant connaître les principales branches de leur commerce.

Le trafic des joyaux, qu'ils faisaient concurremment avec des lapidaires et les orfèvres, et celui de la ferronnerie étaient les principales sources de la prospérité des merciers.

Pour faire partie du corps des merciers il fallait être Français, avoir fait un apprentissage de trois ans et avoir servi les maîtres en qualité de garçon pendant trois autres années.

Le mercier ne pouvait avoir plus d'un apprenti à la

fois, et celui-ci ne pouvait être ni marié ni étranger.

Cette faculté qu'avaient les merciers de vendre toutes sortes de marchandises sans en fabriquer aucune fut la cause de violentes discordes, et le Parlement dut, pour faire respecter leurs droits, les sanctionner par de nombreux arrêts (1).

Nonobstant ces arrêts, qui maintinrent leurs droits, on accusait les merciers d'un esprit d'envahissement qui les faisait empiéter souvent sur les autres industries. « Aussi bien que les drapiers, les merciers, dit un historien, vendent des bas et des chausses de drap et de laine, avec des drogues comme les épiciers et les apothicaires. Chez eux on achète gants fourrés, manchons et autres fourrures, ce qui est le fait des pelletiers, et tout de même, au préjudice des orfévres et bonnetiers, bonnets, bas, camisoles, caleçons de laine et de soie, et tous ces bijoux et galanteries dont l'orfévrerie se pare. Ajoutez à cela que dans leurs boutiques on trouve encore des gants, de la poudre, des Heures et mille autres gentillesses qui font le négoce des libraires, des parfumeurs, des gantiers et autres artisans; si bien qu'on ne doit pas s'étonner que ce corps soit si nombreux et plus riche tout seul que les cinq autres corps des marchands, et qu'on lève sur lui autant que sur les autres ensemble quand il s'agit de faire des levées sur les six corps (2). »

La plupart des marchandises dont se composait l'ancienne mercerie de Paris étaient jadis importées de l'étranger. De nos jours la France n'a plus recours qu'à

(1) Voir de nouveau les savantes recherches de M. Léon Michel sur l'ancien commerce parisien.
(2) Sauval.

ses fabriques indigènes, et elle fournit à l'étranger la plus grande partie des objets de cette industrie qu'elle en recevait autrefois.

A la tête du corps de la mercerie étaient sept maîtres et gardes préposés pour la conservation de ses priviléges et de sa police. Les gardes merciers en charge avaient le droit de porter la robe consulaire dans toutes les cérémonies publiques où ils étaient appelés.

Les armoiries accordées aux *marchands merciers et grossiers*, en 1629, étaient un champ d'argent chargé de trois vaisseaux, dont deux en chef et un en pointe. Ces vaisseaux étaient construits et mâtés d'or sur une mer de sinople, le tout surmonté d'un soleil d'or avec cette devise : *Te toto orbe sequemur*, nous te suivrons par toute la terre. Plus anciennement les merciers avaient pour armoiries *l'image de saint Louis* en champ d'azur, tenant une main de justice semée de fleurs de lis d'or, et il paraît qu'ils conservèrent ces premières armoiries.

Leurs élégantes boutiques avaient un grand attrait pour les riches bourgeois de Paris, car tout ce qui pouvait flatter leur goût se trouvait réuni chez eux. L'énumération des marchandises de la mercerie, qu'un poëte du moyen âge a rimée, forme un catalogue des plus variés; en voici un fragment :

> J'ai les mignotes ceinturètes,
> J'ai biax ganz à damoiselètes,
> J'ai ganz forrés, doubles et sangles,
> J'ai de bonnes boucles à cengles,
> J'ai chaînètes de fer belles,
> J'ai de bonnes cordes à vièles,
> J'ai des guimpes ensafranées,
> J'ai les aiguilles encharnelées,

> J'ai escrins à mettre joiax,
> J'ai des borses de cuir à noiax.
> Ici on peut trouver
> Toutes choses à achater
> Qui à la mercerie apent :
> L'or en paillote et l'argent,
> Corrois de soie, aumosnières,
> Et joiaux de maintes manières,
> Couvrechiez, crespes, melequins,
> Pailes ouvrez, riches et fins.
> Guimples, fresians, coutiaux d'yvoire...
> Et savent bien demander
> Et Trousse-Vache et Qui-qu'en-poilt.

Chez le mercier le riche se pourvoyait de sigluton et de sandal, de soieries du Levant et d'Italie, d'hermine et de vair; les femmes élégantes y trouvaient le molequin, fin tissu de lin; les fraises à col, attachées avec des boutons d'or; les tressons ou tressoirs, qu'elles entrelaçaient dans les cheveux; l'orfrois ou la broderie en or et en perles qui, appliquée à la coiffure, rehaussait l'éclat de la parure entière ou servait à border la robe de soie ou de velours.

Ce n'étaient pas seulement les environs de la rue Saint-Martin que les merciers avaient choisis pour leur séjour; ils avaient aussi obtenu la faculté d'étaler au palais, dans la galerie qui s'est longtemps appelée *Galerie des Merciers*, et dans la grange de la mercerie, au faubourg Saint-Antoine, sur la route du château de Vincennes, pour être toujours près de la cour.

Pendant la belle saison ils tressaient des fleurs en forme de *couvre-chiefs* ou chapeaux qu'ils vendaient à la jeunesse des deux sexes. La confrérie des *herbiers* possédait, près de Paris, de vastes jardins où elle récoltait les fleurs nécessaires à son industrie; mais elle avait de redoutables concurrents dans les amants et les jouvencelles, qui savaient, tout aussi bien que les herbiers les plus expérimentés, tresser une coiffure dont le printemps faisait seul les frais (1).

L'auteur du *Lai du Trot*, publié par M. de Monmerqué, représente quatre-vingts jouvencelles

> Qui courtoises furent et bèles,
> S'étaient molt bien ascesmées;
> Totes estoient desfublées,
> Ainsi sans moilekins estoient,
> Mais chapeaux de roses avoient
> En lor chief mis et d'aiglentier,
> Por le plus doucement fleurier (2).

Les *pelletiers* ou marchands de fourrures formaient le quatrième des six corps. Dans toutes les cérémonies ils disputaient le troisième rang à celui de la mercerie, qui se maintint néanmoins, dans la possession de cette prérogative. Les pelletiers étaient un des plus anciens, mais le moins nombreux et le moins riche des six corps; ils se soutenaient cependant, dit Félibien, avec tout l'éclat possible. En 1586, sous le règne de Henri III, la communauté des fourreurs fut réunie à celle des pelletiers, et la compagnie reçut alors ses premiers statuts, où elle est qualifiée de corps des maîtres et marchands pelletiers, haubanpiers, fourreurs. Ces statuts furent augmentés et confirmés par Louis XIII et Louis XIV.

Les pelletiers eurent successivement leur confrérie aux Saints-Innocents, aux Grands-Augustins, et dans l'église

---

(1) *Livre des métiers*, statuts des herbiers, page 246.
(2) Édition de 1832.

des Carmes-Billettes ; leur fête était celle du Saint-Sacrement. Leurs armoiries étaient un agneau pascal d'argent en champ d'azur, à la bannière de France, de gueules, ornée d'une croix d'or, pour supports leurs hermines et sur l'écu une couronne ducale. L'origine de ces armoiries était ancienne.

Le maître ne pouvait instruire qu'un apprenti à la fois.

Aucun homme marié, aucun étranger n'était admis à faire son apprentissage.

Les maîtres ne devaient recevoir les compagnons que sur bons certificats. Les mauvais sujets étaient ainsi proscrits du métier.

Les statuts interdisaient le mélange des marchandises neuves avec les vieilles; ils défendaient de fourrer des manchons pour les merciers et de travailler pour les fripiers; enfin ils s'opposaient au courtage de la pelleterie et de la fourrure et à l'association avec les forains ou avec des individus étrangers au métier.

Six gardes régissaient le corps. Le grand-garde était chargé de présider les assemblées de la communauté, de veiller au détail des affaires, à la recette et à la dépense. En sortant de charge il rendait compte de sa gestion.

Les pelletiers-fourreurs n'ont jamais été nombreux, mais ils étaient fort riches ; aussi figuraient-ils avantageusement parmi les six corps.

Leur confrérie avait sa chapelle à l'église des Carmes-Billettes, sous la protection de la sainte Vierge.

Les *bonnetiers* et *aumulciers* formaient le cinquième des corps ; le bonnet de drap était la coiffure du peuple, l'aumusse celle du clergé et des gradués. Les bonnetiers, dans l'ordre des corporations commerciales, avaient remplacé les changeurs, dont l'industrie, autrefois très-florissante, s'était successivement amoindrie jusqu'à une condition voisine de la pauvreté.

Les bonnetiers avaient choisi pour patron saint Fiacre, parce qu'il était, disaient-ils, fils d'un roi d'Écosse, et que c'est de ce pays que sont venus les premiers ouvrages de bonneterie faits au tricot.

Pour être reçu dans le corps de la bonneterie il fallait être âgé de vingt-cinq ans et avoir servi chez les maîtres cinq ans comme apprenti, puis cinq autres années comme garçon. Le brevet coûtait soixante-quinze livres; la maîtrise, mille sept cents livres.

Le bureau de la bonneterie était au cloître Saint-Jacques la Boucherie; leur confrérie établie dans l'église du même nom. La chapelle qu'ils avaient choisie était la mieux située de l'église. Sur la frise du lambris qui l'entourait ils avaient fait sculpter des bonnets de différentes formes, et sur les verrières on avait peint *des ciseaux ouverts, avec quatre chardons au-dessus*. C'étaient là, en effet, les premières armoiries de la corporation. Elle les abandonna pour prendre celles que le prévôt des marchands lui désigna: d'azur à cinq navires d'argent, à la bannière de France, et en chef une étoile d'or. Félibien nous apprend que les bonnetiers changèrent plus tard ces armes et ôtèrent l'étoile pour mettre en abîme une toison d'argent accompagnée de trois navires en chef et deux en pointe.

Un maître ne pouvait avoir plus d'un apprenti à la fois.

L'apprenti devait rester cinq ans chez son maître et payer 10 sols parisis, dont moitié au roi, moitié aux gardes du métier. Pour empêcher la frustration de ces droits, sources de grands revenus pour l'État et la communauté, les maîtres devaient faire, dans les huit jours qui suivaient la réception de l'apprenti, une déclaration aux gardes, qui alors exigeaient le versement des sommes déterminées par les statuts. Le maître manquant à cette obligation s'exposait à payer une amende de 60 sols parisis.

Il était défendu aux maîtres de s'enlever leurs apprentis, et une amende de 10 livres parisis punissait cette contravention.

Les maîtres ne pouvaient avoir en ville plus d'une boutique, ni faire colporter leurs marchandises. Ils étaient tenus de fabriquer tous les articles concernant leur état, et ne pouvaient faire teindre leurs étoffes par d'autres teinturiers que ceux de la ville de Paris.

Les merciers vendaient de la bonneterie concurremment avec les fabricants.

La veuve était admise à continuer le commerce de son mari, mais elle ne pouvait faire d'apprentis.

Les maîtres bonnetiers étaient exempts du guet ordinaire, attendu « qu'ils portoient le ciel ès entrées et nouvel avénement des roys et princes en la ville de Paris. »

Le corps des bonnetiers, à l'occasion, ne le cédait en rien en déploiement de magnificence aux autres corps marchands. Les gardes revêtaient dans les cérémonies la robe consulaire en drap noir, à collet, à manches pendantes, à parements et bord de velours noir.

Le corps ou la corporation des *orfévres* datait des premiers siècles de la monarchie française. Philippe VI renouvela ses statuts en 1330. Les orfévres affirmaient, d'après une tradition qui s'était perpétuée dans leur corps, que Philippe VI leur donna en même temps des armoiries qui étaient de gueule à la croix d'or dentelée, accompagnée, aux premier et quatrième quartiers, d'une coupe d'or; aux deuxième et troisième, d'une couronne de même métal, au chef d'azur, semé de fleurs de lis, avec cette légende :

In sacra inque coronas;

ce qui signifie que l'orfévrerie fabriquait des vases sacrés pour les églises et des couronnes pour les rois. D'après les statuts des orfévres on ne pouvait être reçu maître qu'après un apprentissage de huit ans, deux années de compagnonnage, avoir fait chef-d'œuvre et donné caution de mille livres. Le nombre des maîtres était fixé à trois cents en 1766. Chaque maître ne pouvait avoir qu'un seul apprenti.

Ce corps, qui occupait le dernier rang parmi les six corps marchands de Paris, était gouverné comme les autres par six gardes et maîtres.

Le brevet coûtait cent trente livres et la maîtrise douze cents livres avec qualité.

Quoique les orfévres n'eussent que le dernier rang parmi les six corps marchands, ils pouvaient être considérés, à certains égards, comme les plus distingués, soit par leur ancienneté, soit par la nature de leur profession. L'orfévrerie en effet renferme un art excellent indépendamment du point de vue spéculatif. Sous ce rapport elle ne pouvait donc pas être confondue avec les autres professions mercantiles. « D'ailleurs, dit Félibien, l'ordre public demandoit, pour la sûreté des particuliers, que la fabrication et le commerce des matières d'or et d'argent et le trafic des pierreries et des perles ne fussent pas abandonnés arbitrairement à des individus sans discipline et dépourvus de connoissances spéciales. »

Les orfévres joailliers de Paris avaient le droit de s'établir dans une ville quelconque de province, sans qu'on pût exiger d'eux autre chose que la présentation de l'acte de réception à la maîtrise de Paris.

Pour devenir maître dans le corps des orfévres l'apprentissage était indispensable. « Chacun des maîtres, portent les statuts, n'aura qu'un seul apprenti, et n'en pourra prendre un second que le temps de l'apprentissage du premier ne soit parachevé. » Cette disposition avait été prise afin d'assurer à l'apprenti, de la part de son maître, des soins incessants. Sans doute on s'était aperçu de la négligence des maîtres alors qu'ils faisaient plusieurs élèves. Chez quelques-uns l'apprenti était devenu une spéculation ; comme il payait, il était avantageux d'en avoir plusieurs plutôt qu'un seul ; mais ils n'arrivaient jamais ou rarement à bien posséder leur métier, et l'art en souffrait. C'est ce qu'on ne pouvait tolérer.

En outre, le nombre considérable d'apprentis était encore nuisible à ceux-ci par la difficulté qu'ils trouvaient à obtenir la maîtrise, cette qualité n'étant conférée qu'à un très-petit nombre.

Les statuts de 1260 ne s'opposaient pas à ce qu'un maître fît plusieurs apprentis à la fois ; mais, quand un maître prenait un élève hors de sa famille, il ne pouvait en prendre d'autre que dans sa famille. « Nul orfèvre ne puet avoir que un apprentiz estrange, mès de son lignage, ou du lignage de sa fame, soit de loing, soit de près, en puet-il avoir tant comme il li pleze. » Cette faculté de prendre un nombre illimité d'apprentis dans sa famille fut restreinte par l'édit de 1355, rendu par le roi Jean ; trois apprentis, le premier étranger à la famille, le second pris dans la parenté du maître, le troisième dans celle de sa femme, furent seuls autorisés. Charles V ne toléra plus qu'un apprenti tiré de la famille ; enfin bientôt un seul élève fut permis, ainsi que le prouve la poursuite exercée par les gardes, en 1475, contre Milan de Bressy, maître orfévre joaillier, qui avait pris deux apprentis, fait pour lequel le Châtelet le condamna à l'amende. Cependant ce jugement était arbitraire ; il n'était basé que sur une sorte de convention passée entre les maîtres, aucune ordonnance n'ayant défendu de faire deux apprentis à la fois.

Un arrêt de la cour des Monnaies, daté du 9 décembre 1581, érigea en loi cette coutume : « Chacun maître orfévre ne peut tenir et avoir en sa maison et boutique, ni autres lieux, qu'un seul apprentif... sans que pendant ledit temps (de son apprentissage) il en puisse prendre d'autre, encore qu'il soit de sa parenté et lignage. »

Les maîtres orfévres devaient faire connaître au bureau de l'orfévrerie leur domicile, afin qu'en toute occasion on pût les joindre facilement ; tenir boutique sur rue en lieux apparents ; ne travailler que dans leurs ouvroirs et pendant le jour seulement ; employer des métaux aux titres prescrits par les ordonnances ; apposer leur poinçon sur tous leurs ouvrages ; envoyer à la contre-marque, au bureau des gardes ; n'émailler qu'à la condition de le faire avec habileté ; ne mettre en œuvre pierres fausses avec pierres fines, ni teindre les pierres, ni les disposer de manière à cacher leurs défauts et à tromper ainsi l'acheteur; ne fabriquer ouvrage prohibé; remettre à la cour des Monnaies leur poinçon lors de la cessation du métier; ne s'associer avec aucun marchand étranger au corps; user de poids et de balances justes; n'excéder le prix assigné aux matières; distinguer le prix des matières de celui de la façon; enregistrer les achats et ventes; n'acheter que de personnes connues; retenir ce qui était suspect et faire déclaration au clerc de l'orfévrerie, pour que celui-ci en donnât avis au commissaire du quartier.

Plusieurs de ces devoirs leur sont encore imposés de nos jours.

Les corporations des orfévres, des batteurs d'or, des émailleurs, des lapidaires, partageaient, avec les merciers, le privilége d'attirer dans leurs magasins les classes riches et élégantes. Ils habitaient aussi les rues *Quincampoix* et *Trousse-Vache*. Il leur était recommandé par leurs statuts de n'employer que de l'or fin dans les ouvrages qu'ils étaient chargés de fabriquer. L'or français était, au treizième siècle comme de nos jours, le plus pur qu'il y eût en Europe. Néanmoins plusieurs maîtres orfévres, bravant la sévérité des règlements, employaient du clinquant, et l'autorité fut souvent obligée de recourir à des mesures répressives pour empêcher la fraude. La mode des pierres fines ne date guère en France que du temps des croisades. Avant qu'il existât des relations commerciales avec le Levant les joailliers eux-mêmes n'étaient pas fins connaisseurs et se laissaient tromper tout aussi bien que les grandes dames et les riches bourgeoises. Mais, un demi-siècle après les premières croisades, on vit paraître, dans la haute société, des rubis, des saphirs et autres pierreries qui faisaient l'admiration de tout le monde, au point que la superstition leur attribuait des propriétés cabalistiques.

Les *changeurs*, dont nous parlions tout à l'heure, s'étaient séparés, dès la troisième race de nos rois, du corps des orfévres, et avaient constitué une communauté distincte. Leur industrie était des plus essentielles. La multiplicité des monnaies était telle, à certaines époques du moyen âge, qu'il aurait été impossible de faire le commerce sans les changeurs. Le crédit dont ils jouissaient était fort étendu, et souvent, au lieu de donner des espèces en échange des monnaies qu'ils recevaient, ils donnaient des cédules ou billets payables par le changeur d'une autre ville. De là, sans doute, l'origine de nos *lettres de change*. On a vu qu'à Paris les changeurs habitaient autrefois le Grand-Pont, qui prit d'eux le nom de Pont-aux-Changeurs ou Pont-au-Change. « Pendant plusieurs siècles, dit Sauval, ce pont a été le seul endroit de la ville où le commerce des changeurs se faisoit et se devoit faire à peine de confiscation ; et cela est si vrai, ajoute-t-il, qu'en 1332, des gens s'y étant établis, le prévôt les en chassa, et même il en fut loué du Parlement. » Félibien, et après lui Dulaure, ont fort mal interprété ce passage de Sauval, en prétendant que les changeurs furent eux-mêmes chassés du Pont-au-Change en 1331. Ils continuèrent au contraire d'y demeurer. Les orfévres en occupaient un côté et les changeurs l'autre; ce qui se pratiqua même durant le dix-septième siècle.

Une ordonnance de Charles V, un édit de François Ier,

des lettres de Henri II, un arrêt de la cour des Monnaies de 1570, le règlement général de 1679, des lettres patentes de Louis XIV voulaient que les gardes visitassent les maîtres orfévres. Ils devaient aussi s'assurer que les merciers, les lapidaires, les fourbisseurs, les fondeurs, les boutonniers et autres n'empiétaient pas sur le droit de mise en œuvre des métaux précieux.

Ils visitaient encore les orfévres des environs de Paris, et se faisaient au besoin assister par les commissaires ou les huissiers et sergents du Châtelet, comme aujourd'hui les contrôleurs de la garantie par des commissaires de police spéciaux.

Les orfévres avaient, comme tous les corps, leur confrérie, leur patron. Le roi Jean, dans son édit de l'an 1355, nous apprend que, dès cette époque, les orfévres faisaient « chanter plusieurs messes par an, des deniers de la confrérie de Saint-Eloi. »

Ce roi, si l'on en croit quelques auteurs, protégeait les orfévres, et il fit construire une chapelle pour servir aux exercices religieux auxquels assistait la communauté. Toutefois aucun titre ne confirme ce fait.

Ce qui n'est pas douteux, c'est qu'à la fin du quatorzième siècle l'orfévrerie avait sa chapelle.

Le corps avait acheté une vieille et vaste maison située dans la rue des Deux-Portes, aujourd'hui nommée rue des Orfévres, dans le quartier Saint-Germain l'Auxerrois. Cette maison fut démolie, et sur son emplacement on éleva des bâtiments pour servir de maison commune à la corporation, une chapelle pour les exercices religieux, enfin un hôpital pour les pauvres, qui n'étaient jamais oubliés.

Quand la chapelle fut ornée, c'est-à-dire en 1403, les gardes en charge demandèrent à Pierre d'Orgemont, alors évêque de Paris, et obtinrent que la messe y fût célébrée par des prêtres choisis par eux. La messe devait toutefois être dite à voix basse, et l'évêque ne s'engageait à en permettre la célébration que pendant trois ans. A l'expiration du temps le privilége serait prolongé ou retiré.

Les orfévres, contrariés de se voir soumis au caprice des évêques, s'adressèrent, pour jouir d'un pouvoir perpétuel en tout ce qui concernait le service divin, au pape Benoît XIII, qui ne refusa aucune des grâces demandées.

Le clergé de Saint-Germain l'Auxerrois s'émut de ces priviléges et voulut les anéantir, mais ce fut en vain. Les orfévres continuèrent à faire célébrer l'office divin et à choisir leurs desservants.

Cependant quelques membres de la corporation, tout en reconnaissant saint Éloi pour patron, avaient, avant la fondation de la chapelle de Saint-Éloi, érigé des chapelles patronées par d'autres saints, où ils faisaient célébrer de leurs deniers le service divin. Ils avaient même obtenu du pape, pour ces églises, de nombreuses indulgences. Lorsque l'église du corps fut fondée, ils n'en continuèrent pas moins d'entretenir ces chapelles.

L'une d'elles était dédiée à saint Denis et à ses compagnons; elle était située à Montmartre, et dès le règne de Philippe on voit un certain nombre d'orfévres se diriger processionnellement avec leur famille vers ce saint lieu et y entendre la messe. Cette chapelle, qui possédait des indulgences accordées par le pape, était très en faveur dans le peuple.

Cent cinquante ans après la fondation de la chapelle

des Saints Martyrs d'autres orfévres dressaient un autel à la Vierge dans l'église de Blanc-Mesnil, à quelques lieues de Paris, et s'érigeaient en confrérie religieuse sous le titre de *Confrérie de l'Annonciation de la Vierge*. Cette association fut aussi pourvue, comme celle des Saints Martyrs, des indulgences papales.

Enfin une troisième confrérie fut instituée par une troisième compagnie d'orfévres. Guillaume Chartier, évêque de Paris en 1447, approuva cette réunion pieuse et lui donna pour siége la chapelle de Saint-Anne et Saint-Marcel, à Notre-Dame.

Cette confrérie avait sur les deux autres un grand avantage, celui de porter châsse aux processions et d'offrir tous les ans le may en l'honneur de la sainte Vierge. Le jour de la fête de l'Ascension, il y avait grande procession dans Paris. La châsse de saint Marcel sortait de Notre-Dame, portée par les orfévres, qui se montraient fiers de cet honneur. Ils la portaient encore aux jours de calamité, ainsi que celle de sainte Geneviève (1).

En dehors des six grands corps dont nous venons de parler, et à des degrés moins élevés de l'échelle sociale et commerciale, il existait un grand nombre de corporations dont il serait impossible d'énumérer ici les titres, l'origine et les statuts. Nous en indiquerons un peu à la hâte quelques-unes.

La corporation des *fripiers* ne se bornait pas à vendre de vieux vêtements; elle faisait aussi le commerce des tissus de laine, du linge, du cuir; elle habitait primitivement les halles et la paroisse Sainte-Opportune.

---

(1) M. Léon Michel, *le Commerce parisien avant* 1789.

Les fripiers formaient plusieurs catégories bien distinctes; ceux qui étaient assez riches pour tenir boutique marchaient en tête de la corporation; venaient ensuite les marchands de chiffons, de souliers et de vieilles hardes; enfin les fripiers ambulants, qui parcouraient chaque jour les rues de Paris, en criant : *Qui veut vendre cote, chappe* et *surcote?* de même que de notre temps les marchands d'habits ont conservé leur vieux cri : *Habits, galons, habits à vendre.*

Les marchands de chiffons et de vieilles hardes, ne pouvant louer ni boutique ni étal aux halles, supplièrent saint Louis de leur concéder un endroit où ils eussent le droit de vendre leurs marchandises. Ce bon prince, dit la chronique, leur accorda la jouissance d'un terrain le long des murs du cimetière de l'église des Innocents. Son successeur, Philippe le Hardi, respecta scrupuleusement les droits concédés par son père aux pauvres fripiers lorsqu'il fit construire de nouvelles halles, et voulut même les confirmer par une ordonnance spéciale.

La corporation des *mires* ou chirurgiens, dont nous avons déjà fait mention, n'était pas très-ancienne dans Paris; à cette époque, la chirurgie ne méritait en aucune façon d'être considérée comme une science. On ne comptait que neuf mires en 1313; leurs noms figurent dans la liste des professions imposées; c'étaient probablement des barbiers, qui exploitaient la crédulité publique. Cependant le nombre des chirurgiens s'accrut rapidement, et l'autorité eut la pensée de les ériger en corporation. Il fut statué qu'on n'admettrait que les individus qui auraient subi un examen et que les maîtres de la profession auraient jugés capables d'exercer l'art de guérir. Tous les barbiers, est-il dit dans le *Livre des Métiers*, p. 419, furent invités à se soumettre à l'examen des jurés de la corporation, et ils en prirent l'engagement sur un acte qui fut discuté et signé par eux. L'ordonnance prévôtale qui leur donna des statuts est le premier acte public qu'on trouve dans notre histoire sur l'exercice de la chirurgie. Un article des statuts imposait aux chirurgiens l'obligation de faire connaître les noms des blessés qui pourraient mettre la justice sur la voie de quelques crimes. Le prévôt régla en même temps la profession des apothicaires et des herboristes ; on nomma des inspecteurs chargés de surveiller leur commerce, et une ordonnance royale de 1336 les mit sous la dépendance des maîtres de la médecine.

Les maîtres barbiers-chirurgiens formaient une corporation très-importante qui avait pour chef le valet de chambre barbier du roi, *garde et maistre de toutes les barberies* du royaume. Voici comment un compagnon devenait maître :

Les jurés se rangeaient en silence sur leurs bancs ; on amenait un pauvre diable barbu et hérissé comme un sanglier qu'on avait ramassé dans les rues. Il fallait que le récipiendaire le rasât lestement et sans le faire sourciller, qu'il le tondît à la dernière mode. On amenait ensuite « un pauvre homme gras à lard, comme il s'en trouve quelquefois pour faire enrager les riches ; » aucune veine ne paraissait sur son corps ; le récipiendaire était tenu de le saigner sans hésitation et sans aide. Il avait déjà soutenu en présence des magistrats un examen sur la petite chirurgie, sur les veines du corps humain et leur destination. Il avait forgé solennellement des lancettes dont un des juges avait brisé la pointe pour vérifier la trempe de l'acier ; il avait composé des onguents pour les blessures et même pour les brûlures. Il était enfin reçu s'il sortait triomphant de ces diverses épreuves, et avait le droit de s'établir dans Paris dès qu'il avait été reconnu par le maître barbier du roi.

Aux processions et fêtes publiques les maîtres barbiers-chirurgiens marchaient sous la bannière de saint Côme.

Les libraires, dont la corporation était devenue puissante, ne se bornaient pas à la vente des livres et des manuscrits ; ils louaient des cahiers de scolastique transcrits par des copistes. Si un professeur ou un écolier avait besoin d'un manuscrit pour le transcrire, le libraire était obligé de le prêter moyennant un gage et une rétribution fixée par l'Université elle-même. Il lui était interdit de louer aucune copie de manuscrits avant qu'elle eût été revue et approuvée.

En 1342 on comptait déjà à Paris vingt-sept libraires ; leur corporation portait alors le nom de *confrérie des Clercs-Libraires*. Elle s'accrut rapidement lorsque la découverte de l'imprimerie eut donné à cette industrie une impulsion puissante.

Le commerce de la librairie, restreint d'ailleurs par la censure et par de nombreuses prohibitions administratives, alimentait différentes industries, savoir : les copistes, les peintres enlumineurs, les parcheminiers. Les ouvriers de cette dernière profession étaient fort habiles ; les ratisseurs parcheminiers ne l'étaient pas moins. Il y avait tel parchemin qu'on ratissait jusqu'à cinq fois, et qui avait successivement porté les vers de Virgile, les controverses des Ariens, les décrets contre les livres d'Aristote, et enfin les ouvrages de ce grand philosophe. Le parchemin, disait un proverbe du moyen âge, est comme un bon homme qui se range toujours de l'avis de celui qui lui parle le dernier. Le nombre des parcheminiers et des ratisseurs diminua à mesure que celui des papetiers augmenta. Les *lieurs* de livres ou relieurs, chargés de coudre ensemble les feuillets des manuscrits. Les *lieurs* du moyen âge furent les dignes prédécesseurs des relieurs modernes; il est resté des Heures et des Missels qui sont, à bon droit, considérés comme des chefs-d'œuvre.

On reconnaissait le rang d'une dame à la reliure de ses Heures. Les princesses et les plus grandes dames avaient seules le droit d'y mettre plus de cinq diamants. Les femmes nobles et celles des hauts magistrats ne pouvaient pas dépasser ce nombre. Les bourgeoises n'en mettaient que quatre.

Les *copistes* ou clercs-écrivains, les *lieurs* et les parcheminiers formaient des confréries importantes.

La librairie parisienne eut beaucoup à souffrir pendant la longue période des guerres religieuses. On créa deux censures, l'une ecclésiastique, chargée de l'examen des livres religieux, l'autre laïque, pour inspecter les écrits politiques et littéraires. Les cartes et peintures furent surtout l'objet d'ordonnances très-sévères. Les imprimeurs et les colporteurs d'écrits prohibés, de caricatures, étaient passibles pour la première fois du fouet et de la peine capitale en cas de récidive. La célèbre ordonnance de Moulins autorisa le recteur de l'Université ou son délégué à se transporter chez les libraires pour visiter leurs livres et papiers. L'arrêt du 1er avril 1620 défendit aux imprimeurs et aux libraires de s'établir hors du quartier de l'Université et relégua les relieurs-doreurs dans la même circonscription. Les gens de qualité qui possédaient chez eux une imprimerie furent obligés de la supprimer, par arrêt du conseil du 21 novembre 1630. Louis XIII ordonna en même temps qu'aucun manuscrit ne fût livré à l'impression avant d'avoir reçu l'approbation du censeur et du garde des sceaux.

Ce système de persécution adopté par une police craintive, soupçonneuse, ruina la corporation des imprimeurs-libraires. On l'appliqua à plusieurs classes de la population, notamment à tous les artisans tenant hôtelleries, maisons garnies ou cabarets. Il leur fut défendu de recevoir aucun habitant domicilié; on voulait atteindre ainsi et disperser les familles d'ouvriers; en effet les hommes de métier, obligés de travailler le plus souvent à de grandes distances de leurs habitations, ne pouvaient sans perdre beaucoup de temps aller prendre leurs repas dans leurs foyers. On murmura beaucoup, et, en dépit de la sévérité de la police, la mesure fut presque toujours éludée.

Les boulangers des faubourgs n'étaient assujettis ni à l'apprentissage, ni à la maîtrise; ils exerçaient leur commerce en toute liberté. Le gouvernement leur avait laissé ce privilège afin d'avoir à sa disposition, dans les cas de disette, une quantité de pain suffisante. Cette tolérance avait attiré un si grand nombre de boulangers dans les faubourgs Saint-Antoine, Saint-Martin et Saint-Denis, qu'on y en comptait cinq à six cents, tandis que le faubourg Saint-Germain, quoique beaucoup plus étendu que tous les autres ensemble, n'en avait que soixante-dix, parce que la boulangerie se trouvait sujette à la jurande dans sa circonscription. Charles IX et Henri III soumirent les boulangers des faubourgs aux mêmes formalités que ceux de l'intérieur de la ville.

Les pâtissiers, les *oublaieurs*, les *buffetiers* avaient eu d'innombrables procès depuis le règne de Louis IX; le prévôt des marchands, d'accord avec le prévôt de Paris, publia le 6 juin 1497 une ordonnance où se trouvent énumérées de minutieuses dispositions réglementaires concernant le commerce de la pâtisserie. Il y est dit qu'un pâtissier ne pouvait donner à manger des gâteaux dans sa boutique, parce qu'il portait ainsi préjudice à ses confrères. Il leur était défendu d'employer, pour colporter leurs pâtisseries, des personnes d'une moralité équivoque, de mettre des fèves, des pois dans leurs talmouses ou échaudés, et d'exiger certaines sommes d'argent de personnes qui auraient la prétention de deviner dans quel gâteau se trouvait la fève ou le pois. Ce genre de commerce avait déjà pris un grand développement dans la capitale, et il n'est pas étonnant qu'on ait songé à réprimer certains abus. L'ordonnance de 1497 est très-explicite à cet égard.

En esquissant les annales de Paris sous Philippe-Auguste et saint Louis nous avons déjà indiqué un très-grand nombre de confréries marchandes et industrielles qui existaient au moyen âge, et dont la nomenclature est inscrite au *Livre des Arts et Métiers* d'Étienne Boileau; nous complétons ici, d'après les patientes compilations de M. Depping, l'énumération des diverses professions alors exercées dans la capitale de la France :

« Les talmeliers ou boulangers, — les meuniers du Grand-Pont, — les *blatiers* ou vendeurs de toute espèce de grains, — les mesureurs de blé, — les crieurs de Paris, — les jaugeurs, — les taverniers, — les cervoisiers (brasseurs), — les regrattiers de pain, de sel, de poisson de mer et de toutes autres denrées, *fors* poissons d'eau douce et cire ouvrée, — les orfévres, — les potiers d'étain, — les cordiers, — les ouvriers de toutes menues œuvres d'étain et de plomb, — les maréchaux, — les forgerons, — les couteliers, — les serruriers, — les boucliers, — les cloutiers, — les batteurs d'or, — les ouvrières de tissus de soie, — les fileuses de soie, — les ouvriers de drap de soie, — les tisserands, — les lampiers, — les maçons, tailleurs de pierre, plâtriers et morteliers, — les barilliers, — les charpentiers, — les tapissiers, — les teinturiers, — les charretiers, — les tailleurs de robes, — les épingliers, — les imagiers, — les peintres, — les huiliers, — les cuisiniers, — les poulaillers, — les boutonniers, — les étuveurs, — les potiers, — les merciers, — les fripiers, — les gantiers, — les chapeliers de fleurs, — chapeliers de feutre, — de coton, — de paon, — les fourreurs, — les pêcheurs, — les poissonniers d'eau douce, etc., etc. »

Viennent ensuite les ordonnances sur le commerce et les métiers, rendues par les prévôts depuis 1270 jusqu'à l'an 1300.

« Les boulangers, — les oubliers (pâtissiers), — les courtiers de vin, — les taverniers, — les mesureurs et porteurs de sel, — les oyers et cuisiniers, — les forcetiers, — les lormiers, — les épingliers, — les fourbisseurs, — les armuriers, — les maçons et charpentiers, — les huchers, — les escriniers, — les brodeurs, — les faiseuses d'aumônières sarrasines, — les courtepointiers, — les tisserands de toile, — les tisserands de drap, — les faiseurs de tapis sarrasins, — les tailleurs, — les mégissiers, — les gantiers, — les chirurgiens, — les bourreliers, — les courtiers de chevaux, — les bateliers, — les marchands de charbon, bois, tuiles et foin. »

Tout se tient dans les institutions d'une période historique.

La bourgeoisie et les corporations ouvrières n'avaient pas encore le sentiment de la liberté industrielle et commerciale, de sorte que ces deux grandes armées, qui formaient alors, comme aujourd'hui, le corps de bataille de l'industrie et du commerce, imitèrent les rois et les grands seigneurs en s'imposant des statuts, et se soumirent à une discipline qui anéantissait l'individualisme et la libre concurrence. La constitution des métiers rédigée par Étienne Boileau fut hiérarchique dans toute la force du mot; elle constituait des *maîtres* et des *apprentis*, reconnaissait ainsi des *seigneurs* et des *vassaux;* il y eut dès lors une *glèbe* d'ateliers semblable en tout point à la *glèbe* de l'agriculture imposée par les seigneurs aux habitants de leurs domaines. Le baron féodal trônait dans son vieux manoir hérissé de créneaux; le *maître* ou *seigneur* du travail trônait dans son atelier. De même que le pauvre paysan travaillait pour son baron, de même l'ouvrier apprenti travailla pour son *maître*.

Un économiste dont le nom fait autorité dans la science nous semble avoir apprécié dans une mesure convenable le système industriel et commercial qui avait prévalu en France avant 1789.

« L'histoire du régime des corporations industrielles, dit M. Pierre Clément, prouverait, au besoin, que, si elles furent utiles à un moment donné, du dixième au douzième siècle, pour permettre aux travailleurs de s'organiser contre l'oppression féodale, elles devinrent bientôt un instrument d'oppression insupportable pour les travailleurs pauvres, en même temps qu'elles furent très-nuisibles aux consommateurs. En 1348 un édit avait permis à tous ceux *qui étaient habiles* d'exercer leur art sans être reçus maîtres; en 1358 un édit de Charles V, relatif aux tailleurs, porte que les règles des corporations *sont faites plus en faveur et profit de chaque métier que pour le bien commun.* Peu de temps après, les corporations ayant pris une part active à la sédition des *Maillotins* (comme nous l'avons déjà dit), Charles VI annula leurs priviléges, établit des métiers dépendant uniquement du prévôt de Paris et interdit aux artisans de se réunir. Louis XI eut besoin dans sa lutte avec la féodalité de s'appuyer sur les gens de métiers, et ils en profitèrent. Les exigences des corporations ne connurent plus de bornes; on vit surgir alors les procès les plus ridicules, les plus absurdes. C'étaient les jurés-fruitiers qui plaidaient avec les épiciers et les pâtissiers, les cabaretiers et les taverniers avec les boulangers et les charcutiers, les cordonniers avec les savetiers, les tailleurs avec les fripiers. Ces derniers furent en procès depuis 1530 jusqu'en 1776. Le procès entre les poulaillers et les rôtisseurs ne dura que cent vingt ans, mais il n'en fut pas moins sérieux; il s'agissait de savoir si les rôtisseurs avaient le droit de vendre de la volaille et du gibier cuits. En 1590 les poulaillers le leur disputèrent. On remonta aux statuts de 1298, et, de procès en procès, on arriva jusqu'en 1628, où un arrêt du 29 juillet défendit aux rôtisseurs de faire noces et festins, et leur permit de vendre chez eux trois plats de viande bouillie et trois de fricassée. »

LIVRE XII.

PARIS DANS LES GUERRES DE RELIGION.

CHAPITRE PREMIER.

Règnes de François II et de Charles IX (1559-1574).

Nous abordons une période douloureuse et qui vit éclore de grands crimes et de grands dévouements. En esquissant les annales de Paris durant les guerres de religion qui ensanglantèrent la France vers le déclin du seizième siècle, nous nous abstiendrons, autant que possible, de raconter les événements qui ne se rattacheraient pas directement à l'histoire de la capitale du royaume ; nous ne les indiquerons qu'autant qu'il sera nécessaire de les mentionner pour la clarté du récit, et pour que l'on comprenne bien la réaction qu'ils exerçaient sur le bien-être et la condition morale de la population parisienne.

François II, à son avénement au trône, venait à peine d'atteindre sa dix-septième année ; il avait déjà épousé la reine d'Écosse Marie Stuart, promise à une fatale célébrité, et qui était nièce du duc et du cardinal de Guise. Ces deux personnages, unis à Catherine de Médicis, veuve de Henri II, prirent la haute direction des affaires et ne craignirent pas de mécontenter les princes de la maison de Bourbon (Antoine, roi de Navarre, et Louis de Condé) qui leur disputaient l'influence. Exclus par les Guises et par Catherine de Médicis, les Bourbons s'allièrent à la reine d'Angleterre et aux calvinistes. Anne de Montmorency, le vieux connétable, qui avait rendu à la France tant de services, essaya, de son côté, de conserver le crédit dont il avait été investi par la confiance de Henri II ; ses tentatives n'aboutirent qu'à lui attirer une disgrâce.

Maîtres du pouvoir les Guises ne négligèrent rien pour le garder et l'accroître. Bien déterminés à s'appuyer sur les catholiques, les plus nombreux et les plus forts et dont la prépondérance s'exerçait à Paris en toute liberté, ils continuaient la politique de répression inaugurée contre les protestants sous le gouvernement de Henri II. Ils ordonnèrent donc que le procès d'Anne du Bourg et des membres du Parlement arrêtés par ordre de Henri II fût repris dans un bref délai, afin que le supplice de ces magistrats intimidât et fît reculer le protestantisme. De leur côté les ministres de la religion prétendue réformée tinrent à Paris leur premier synode national, pour rédiger une pétition en faveur des prisonniers. Le 12 décembre 1559, entre cinq et six heures du soir, le président Minard, violent ennemi de du Bourg, fut tué d'un coup de pistolet au sortir de l'audience. Le peuple s'émut ; un acte du conseil municipal ordonna de fermer les portes de Paris pour se saisir de l'assassin. Au milieu de l'agitation des esprits le Parlement se hâta d'en finir avec Anne du Bourg. La tâche était facile : l'accusé avouait les doctrines qu'on l'accusait de professer. Ses anciens collègues cherchaient vainement à le sauver ; les déclarations écrites de du Bourg ne leur laissaient aucun moyen de révoquer en doute ses convictions luthériennes. Réduits à le condamner, ils lui accordèrent la grâce d'être étranglé avant de subir le supplice du feu. L'arrêt fut exécuté en place de Grève, le 23 décembre. Les autres conseillers arrêtés avec lui se sauvèrent en se résignant à quelques rétractations et ne furent soumis qu'à des peines légères.

La population de Paris, ardemment dévouée à la cause catholique, manifestait une vive exaspération contre les calvinistes. Pour lui complaire les Guises prescrivirent des visites domiciliaires ayant pour but de rechercher les protestants et de les livrer à la justice. « Après la perquisition des religionnaires dans la ville, dit Félibien, on vint au faubourg Saint-Germain, qu'on appeloit la *petite Genève*, surtout la rue des Marais, où un nommé Le Vicomte louoit plusieurs appartements pour servir d'asile assuré aux sectaires qui venoient de Genève ou d'Allemagne à Paris. Thomas de Bragelogne, lieutenant criminel, à la tête d'une troupe d'archers, en surprit seize à table. Au premier bruit des archers la plupart, n'étant pas assez hardis pour se mettre en défense, prirent la fuite. Il n'y eut que deux gentilshommes angevins, frères, officiers de la maison du roi de Navarre, qui mirent l'épée à la main, blessèrent plusieurs des archers et firent fuir les autres. Le lieutenant criminel courut grand risque de sa vie, qu'il ne sauva que par l'aide de l'hôte, qui, craignant pour lui-même et pour sa famillle, crut par là se rendre le magistrat favorable. Mais il n'y gagna rien; comme on trouva qu'il avoit fait servir de la viande ce jour-là, qui étoit un vendredi, il fut arrêté avec sa femme et ses enfants, conduit prisonnier, un chapon lardé porté devant lui pour servir de spectacle au peuple, et confiné dans un cachot, où il périt de misère (1). »

A Paris, selon une pieuse coutume du moyen âge qui n'est point entièrement éteinte, des images de la Vierge et des saints étaient érigées au coin des rues. Le peuple, pour protester à sa manière contre les entreprises des huguenots, se mit à entourer de fleurs les statues et les effigies de la Mère de Dieu et des saints patrons de la ville, et des processions improvisées eurent lieu qui stationnaient devant ces images, allumaient des cierges et chantaient des cantiques. Les habitants du quartier invitaient chaque passant à contribuer aux menus frais de ce culte, et, au moins, à se découvrir; si quelqu'un refusait de saluer l'image il était frappé, traîné dans la boue et parfois conduit en prison comme suspect d'hérésie. A Paris, alors, dans la grande ville de sainte Geneviève et de saint Louis, tout se rattachait à la foi catholique : mœurs publiques, vie privée, corps de métiers, corporations de marchands, institutions municipales, réunions et fêtes populaires, tout s'y trouvait animé et dominé par l'esprit de l'Église; le catholicisme était l'âme, la joie, la gloire et le bonheur du peuple dans son existence entière; aussi les novateurs, qui, dans l'emportement de leurs nouvelles croyances, confondaient Rome avec l'impure Babylone et se faisaient un devoir de détruire les signes extérieurs du culte, étaient-ils réputés par le peuple autant d'infidèles, autant de païens qu'on devait exterminer, et à l'égard desquels il n'y avait pas de justice trop prompte, de supplice trop rigoureux. Le peuple voyait donc avec enthou-

(1) Félibien, t. II, p. 1069.

siasme le gouvernement du débile François II s'associer à ses emportements et prendre l'initiative des mesures les plus sévères. Ainsi poursuivis, ainsi traqués, ainsi exaspérés par l'autorité et par la multitude, les protestants, qui se croyaient dans la vérité et qui bravaient le martyre, sentaient fermenter au fond de leur cœur les passions les plus violentes de haine et de vengeance. Les guerres de religion ne pouvaient tarder à éclater sur tous les points où les deux partis se trouveraient en force.

Une formidable conspiration s'ourdit sous les auspices du prince de Condé et des trois frères de la maison de Châtillon, l'amiral de Coligny, d'Andelot et le cardinal de Châtillon, évêque de Beauvais. Le chef apparent était La Renaudie, gentilhomme périgourdin, homme de tête et de main, qui, en peu de temps, conduisit si bien ses hardis projets que leur exécution paraissait devoir être couronnée de succès. Les Guises avec le roi et la cour étaient à Amboise; les conjurés devaient se rendre de tous côtés vers cette ville et se trouver en armes devant ses murs le 16 mars (1560). Là un coup de main aurait fait tomber l'omnipotence des tuteurs du jeune roi; les huguenots auraient conquis la liberté de conscience; Condé et les siens se seraient partagé l'autorité, et le calvinisme, déjà maître des avenues du trône, n'aurait pas tardé à devenir la religion de l'État. En attendant, les huguenots levaient secrètement des troupes et organisaient tout pour un coup de main décisif. Tandis qu'ils agissaient le complot fut révélé aux Guises, qui prirent toutes les dispositions pour le faire échouer. Cependant les protestants et leurs affidés ne se découragèrent point. Déjà ils marchaient en armes sur Amboise, commandés par l'intrépide La Renaudie, lorsqu'ils furent prévenus par leurs ennemis et surpris dans une embuscade; ceux qui ne furent pas tués les armes à la main périrent sur le gibet. Le prince de Condé, sommé de paraître à la cour pour justifier sa conduite, se tira d'affaire à force d'audace; mais, une fois sauvé du danger, il se rendit auprès du roi de Navarre et abjura publiquement la religion catholique. Son apostasie encouragea les protestants, et des soulèvements éclatèrent dans plusieurs provinces.

La conjuration d'Amboise, préparée contre les Guises, n'avait eu pour résultat que d'accroître leur pouvoir et leur influence. Le duc prit en main les rênes de l'administration publique, et, sous le nom de lieutenant général du royaume, exerça sur le roi et le peuple une autorité qui rappelait l'antique puissance des maires du palais. Le cardinal entreprit d'établir en France le tribunal redouté de l'Inquisition, avec l'extension terrible que la sombre politique de Philippe II, et non, comme il est de mode de le dire, le fanatisme religieux, lui avait donnée en Espagne. Le chancelier de l'Hospital parvint à empêcher l'exécution de ce plan. Ce magistrat parvint à faire ordonner, à la requête de Coligny, la convocation d'un concile national, et enfin celle des états généraux, institution que les deux derniers rois semblaient avoir voulu laisser tomber en désuétude (1560). Ces assemblées furent précédées d'une réunion de notables qui eut lieu à Fontainebleau sous la présidence du roi. Coligny y comparut en personne et osa s'y déclarer le chef des protestants. « La supplique que je présente pour mes coreligionnaires, dit cet amiral, sera bientôt signée par dix mille personnes. » Cette menace n'eut pour effet que d'attirer à Coligny cette réponse du duc de Guise : « Eh bien ! j'en présenterai une autre que cent mille hommes, dont je suis le chef, signeront de leur sang ! » Apostrophe qui rappelait à la fois l'audace des Pepin et le zèle de Simon de Montfort.

Les états généraux furent convoqués à Orléans, de l'assentiment des deux partis. Les princes s'y rendirent. La maison de Bourbon les choisit comme le champ de bataille où elle pourrait combattre la puissance de la maison de Lorraine; mais les Guises avaient pour habitude de ne point se laisser prévenir. Le prince de Condé et le roi de Navarre furent arrêtés et mis en prison; on fit juger le premier par des commissaires, et les Guises, ne se laissant pas arrêter, dans l'énergie de leur conviction religieuse, par la crainte de faire monter sur l'échafaud un prince du sang, n'écoutèrent ni la voix de la crainte ni celle de la pitié. Le prince de Condé fut condamné à mort, et son exécution fut fixée au 10 décembre, jour de l'ouverture des états généraux. L'instrument du supplice devait être dressé dans la salle même des séances pour épouvanter les calvinistes par un terrible exemple. Seule la reine-mère parlait de clémence et suppliait d'ajourner le sinistre dénoûment de ce drame judiciaire. Soudain un incident presque imprévu vint changer la situation; le jeune roi François II, languissant depuis un mois, vit s'aggraver rapidement sa maladie et mourut le 5 décembre 1560, à peine âgé de dix-sept ans. Sa mort déconcerta le parti des Guises et sauva les jours du prince de Condé.

Le roi ne laissait point d'enfants. La jeune Marie Stuart, sa veuve, se vit contrainte de retourner dans son royaume d'Écosse, qu'elle avait quitté à l'âge de huit ans et où tant de calamités l'attendaient ; elle ne se résigna qu'à regret à quitter la France, sa patrie adoptive. « Je l'ay veue, dit Brantôme, appréhender comme la mort ce voyage, et désiroit cent fois plus demeurer en France simple douairière que d'aller régner là en son pays sauvage. » Ses oncles, le cardinal et le duc de Guise, l'escortèrent jusqu'à Calais, où elle s'embarqua pour la Grande-Bretagne. « La galère, dit Brantôme, un de ceux qui la suivirent jusqu'en Écosse, estant sortie du port et s'estant eslevé un petit vent frais, on commença à faire voile... Elle, les deux bras sur la poupe de la galère, du costé du timon, se mit à fondre à grosses larmes, jetant toujours ses beaux yeux sur le port et le lieu d'où elle estoit partie, prononçant toujours ces tristes paroles : Adieu, France !... jusqu'à ce qu'il commença à faire nuict.... Elle voulut se coucher sans avoir mangé, et ne voulut descendre dans la chambre de poupe, et lui dressa-t-on là son lit. Elle commanda au timonier, si tost qu'il seroit jour, s'il voyoit et découvroit encore le terrain de la France, qu'il l'éveillast et ne craignist de l'appeler. A quoy la fortune la favorisa ; car, le vent s'estant cessé et ayant eu recours aux rames, on ne fit guères de chemin ceste nuict ; si bien que, le jour paroissant, parut encore le terrain de France. Et n'ayant failly le timonier au commandement qu'elle lui avoit faict, elle se leva sur son lict et se mit à contempler la France encore et tant qu'elle put... Adonc redoubla encore ces mots : Adieu, France ! adieu, France ! Je pense ne vous revoir jamais plus. »

Charles IX, frère du dernier roi et son successeur, n'avait encore que dix ans. La jeunesse de ce prince parut à Catherine de Médicis une conjoncture heureuse pour s'emparer de l'autorité. Placée entre la faction des Guises et celle des protestants, la reine-mère entreprit de ménager tous les partis pour se servir des uns contre les autres. L'irritation des esprits et la jalousie ardente des chefs ne favorisaient que trop cette politique adroite, mais immorale, qui empruntait indifféremment des ressources à la vérité et au mensonge. Catherine se réconcilia avec le roi de Navarre et fit mettre en liberté le prince de Condé, qui fut déclaré innocent par arrêt du conseil. Le connétable de Montmorency fut rappelé; les états généraux, convoqués à Orléans sous le dernier roi, continuèrent de siéger; mais ils n'apportèrent aucun remède à l'épuisement des finances et aux discordes religieuses. Les Guises se virent écartés du pouvoir, et, pour mieux les braver, Antoine de Bourbon, roi de Navarre, chef des huguenots, fut nommé lieutenant général du royaume.

Maîtresse de fait ou de droit de l'autorité, la reine-mère travaillait à contenir les protestants par les catholiques, les catholiques par les protestants, et à se rattacher autant que possible les uns et les autres par des promesses ou des espérances. De leur côté les chefs orthodoxes observaient avec inquiétude la marche du gouvernement; le duc de Guise et Anne de Montmorency, justement alarmés des progrès que cette politique promettait à l'hérésie, mirent un terme à la rivalité qui les avait rendus ennemis sous le dernier règne et se pardonnèrent les sujets de plaintes qu'ils s'étaient donnés.

Le moment était venu pour les catholiques de mettre fin à leurs divisions et de s'entendre. Le chancelier de l'Hospital avait fait rendre un édit de tolérance permettant aux protestants de s'assembler sans armes, hors des villes, pour l'exercice de leur religion. Cette première concession souleva les récriminations les plus ardentes. Les prédicateurs catholiques tonnèrent contre l'édit et contre la reine-mère qui l'avait accepté. Nous trouvons la trace de ces manifestations dans les registres du parlement de Paris; il y est dit : « Le 10 avril 1561, plaintes contre les prédicateurs séditieux, notamment contre M⁰ Fournier, prêchant à Saint-Séverin, dimanche dernier; il dit de la reine : *Ce n'est l'estat d'une femme de conférer les éveschés et bénéfices*, et allègue un passage de la sainte Écriture, assez mal à propos, disant : *Peuple, regarde si cette bonne reine, mère de Jésus-Christ, en l'élection de saint Mathias au lieu de Judas, s'en voulut mêler, encore que présente.* En ce sermon, qui était sur l'entrée de Jésus à Jérusalem, il y a : Ainsi que Jésus dit à deux de ses disciples : *Allez en ce château qui est contre nous. Et, peuple, sais-tu qui est ce château qui est contre nous? C'est ce château qui vous jettera hors de vos maisons. Au latin il y a* CASTELLUM; *mais il n'est pas entier château. Comment le nommerons-nous?* CASTELLUM *est diminutif de* castrun; *il le faut nommer en français* CHASTELET. *Chastelet n'est pas propre; il faut donc* CHASTILLON. *C'est ce* CHASTILLON *qui est contre vous et qui vous ruinera si vous n'y prenez garde.* » Le chef protestant que le prédicateur de Saint-Séverin désignait par ce jeu de mots puéril était l'amiral Châtillon de Coligny. Vainement voulait-on imposer silence aux moines dévoués à la défense de la foi. Dans la nuit du 10 décembre de la même année le prince de la Roche-sur-Yon fit enlever un frère minime qui prêchait dans l'église de Saint-Barthélemy avec une violence inouïe et le fit conduire dans les prisons de Saint-Germain. Le lendemain il jugea à propos d'en donner avis au Parlement, en lui communiquant l'ordre qu'il avait reçu du roi. A peine cette nouvelle se fut-elle répandue que les cours du palais se remplirent de bourgeois qui protestèrent contre cette arrestation, et les principaux, entre autres les nommés Nicolas Bourgeois et Claude Mariette, se rendirent à Saint-Germain pour réclamer le prisonnier; on fut obligé de le leur rendre, et ils le ramenèrent en triomphe dans l'église de Saint-Barthélemy (1).

La sanglante collision de Vassy avait fait éclater la guerre entre les catholiques et les huguenots, et ces derniers venaient de se rendre maîtres d'Orléans, où ils avaient saccagé les églises, profané les autels et brisé les saintes images. A la nouvelle de ces désastres le peuple catholique s'était ému et avait montré l'irritation la plus vive contre les prédicants calvinistes. Recrutés dans les classes pauvres, les religieux qui faisaient partie des ordres mendiants, les Capucins, les Jacobins, les Minimes, parcouraient les halles, exhortant les femmes et les enfants; quant aux hommes, réunis en confréries sous le patronage des saints protecteurs des corporations, ils voyaient avec déplaisir et répugnance les tentatives des émissaires calvinistes; ils s'irritaient contre les docteurs et les savants, alors fort occupés du soin de chercher des textes dans les Écritures pour les opposer aux prédicateurs des paroisses et pour établir sur les bases d'une fausse érudition les premières théories de la réforme. Le conseil de

(1) Saint-Victor.

ville, les échevins, les quarteniers, les syndics, les prieurs des métiers faisaient tous leurs efforts pour comprimer les manifestations de l'hérésie. A l'hôtel de ville on recevait des pétitions des bourgeois ou des marchands, « remontrant le danger où estoit la capitale à cause d'un grand nombre de *Genevois* et autres estrangers qui preschoient et soutenoient la nouvelle doctrine contre la sainte Église catholique, et qui menaçoient de piller les maisons et les autels. » Cinq jours après une autre assemblée eut lieu, également à l'hôtel de ville, et il « fut conclu en icelle... de supplier Sa Majesté de faire cesser les prédications de nouvelles doctrines, de renvoyer les ministres en leurs pays, et de faire visitation des maisons et hostelleries » pour y saisir les émissaires du calvinisme. D'autres assemblées protestaient avec la même énergie contre les édits qui assuraient aux huguenots la liberté religieuse, et plus la foi traditionnelle du pays était calomniée ou menacée, plus aussi les catholiques serraient leurs rangs pour lui venir en aide, déterminés à se passer du concours du roi ou de la reine-mère si ce concours leur était refusé ou n'était donné qu'avec réserve. Le Parlement s'associait volontiers à ces dispositions des masses. Il résultait de cette attitude du peuple et des magistrats que les protestants de Paris agissaient avec beaucoup de prudence et cherchaient, autant que possible, à éviter les prétextes de luttes; mais il n'était pas toujours possible aux chefs de contenir dans une attitude calme et patiente leurs adeptes des basses classes. L'église Saint-Médard fut envahie par les sectaires et livrée à d'indignes profanations. Habitués à rendre coup pour coup, violence pour violence, les catholiques détruisirent le temple protestant de Popincourt et exercèrent de nombreux sévices contre ceux des religionnaires qui se réunissaient près de la porte Saint-Jacques. Un autre jour les protestants s'étaient assemblés dans une maison du Pré-aux-Clercs, nommée la *maison de Pavanier*, qui appartenait au seigneur de Lonjumeau, lorsqu'ils furent assaillis par le peuple et une troupe d'écoliers. Pendant quatre jours consécutifs la maison fut assiégée, sans que l'autorité y mît ordre. Les protestants firent une vigoureuse résistance et tuèrent quatre ou cinq des assiégeants. Enfin le Parlement fit secourir le seigneur de Lonjumeau, qui abandonna sa maison presque entièrement dévastée. Le recteur de l'Université reçut l'ordre d'empêcher les écoliers d'aller en armes au Pré-aux-Clerc, et il fut prescrit aux sergents des barrières du pont Saint-Michel et du Petit-Pont *de se tenir en garde à la descente de l'Université*. Le seigneur de Lonjumeau fut obligé, par arrêt du Parlement, de sortir de Paris avec sa famille, sous peine d'être déclaré rebelle au roi et à la loi.

Les huguenots se réunirent ensuite dans une maison et un jardin appelés *la Cerisaie* et situés hors la porte du Temple. Le peuple ameuté vint les y assaillir; plusieurs personnes furent tuées ou blessées, et le roi, pour mettre fin à ces scènes de désordre résolut de désarmer Paris. A la suite d'une fouille qui fut ordonnée dans la maison de campagne du seigneur de Lonjumeau, on trouva plusieurs pièces de canon que ce chef calviniste y avait enfouies et dont ses coreligionnaires comptaient se servir contre les troupes royales et les populations catholiques. Ce fait suffirait pour attester quelles étaient les dispositions des partis; il justifierait toutes les appréhensions du peuple menacé dans sa foi et dans ses croyances, et qui se défendait trop souvent à sa manière, c'est-à-dire par la violence et l'émeute.

Les protestants firent réparer leur temple de Popincourt. Ils vinrent ensuite occuper un bâtiment situé au faubourg Saint-Jacques, dans la rue de l'Égout et au sud du Val-de-Grâce. Ce bâtiment porta le nom de *temple de Jérusalem*.

Ces deux temples ne subsistèrent pas longtemps. Le 4 avril 1562, le parti des Guises s'étant fortifié, le connétable voulut justifier le surnom que les protestants lui avaient donné, celui de *capitaine Brûle-Bancs*. A la tête de deux cents hommes bien armés il parcourut les rues de Paris, arrêta un avocat, nommé Rusé, qu'il fit conduire à la Bastille, se dirigea au faubourg Saint-Jacques, et, de sa propre autorité, dévasta le temple de *Jérusalem*, en fit brûler la chaire et les bancs. Ensuite il se porta, avec sa troupe, hors de la porte Saint-Antoine, au temple de Popincourt, où les bancs, la chaire, ainsi que l'édifice, qui était spacieux, devinrent la proie des flammes.

Un ennemi plus redoutable aux protestants que les fureurs populaires avait surgi contre eux à Paris. Depuis deux ans les Jésuites étaient admis en France comme ordre religieux, et le Parlement avait adhéré à l'approbation royale dont ils étaient nantis. Ainsi reconnus les Jésuites s'étaient hâtés de fonder un collége à Paris à l'aide de sommes considérables que leur avait léguées l'évêque de Clermont. Il leur manquait encore l'autorisation de l'Université pour ouvrir ce collége et y faire des leçons publiques, et il leur était fort difficile de l'obtenir, car, d'après des règlements invariablement suivis depuis un siècle, l'Université n'admettait les ordres réguliers dans l'enseignement que pour le droit canon et la théologie. Il n'était permis à aucun religieux de professer publiquement, à Paris, les différentes parties des connaissances humaines qui composaient alors la faculté des arts, c'est-à-dire la grammaire, la rhétorique et la philosophie. Or les Jésuites, dont le but principal était de former des enfants intelligents et instruits pour le service de l'Église catholique, cherchaient à éluder des prescriptions réglementaires dont la tyrannie s'opposait à leur action, et ils parvinrent à obtenir (leurs ennemis prétendent que ce fut par surprise) les lettres de scolarité qu'ils désiraient. C'était leur donner pied dans l'enseignement et les mettre en mesure d'organiser une armée fervente contre le protestantisme dont ils avaient mission d'assurer la défaite.

Ils ouvrirent à Paris et en grande pompe un établissement d'instruction publique qu'ils décorèrent du titre de *collége de la Société de Jésus*. Pour accréditer cette école naissante ils eurent soin d'en choisir les professeurs parmi les religieux les plus remarquables de leur ordre, au nombre desquels on citait Maldonat, un des hommes les plus savants du seizième siècle. Afin d'attirer des élèves ils annoncèrent que leurs leçons seraient gratuites, tandis que les professeurs universitaires de la faculté des arts, ne recevant point de traitement fixe, étaient forcés d'exiger de leurs auditeurs une rétribution pécuniaire d'ailleurs fort modeste. Quelques temps après les Jésuites demandèrent à l'Université de les admettre solennellement dans son corps ; cette requête fut rejetée, mais le Parlement, auquel ils en appelèrent, les maintint en possession du droit d'enseigner concurremment avec le corps universitaire. Le premier collége des Jésuites, à Paris, fut d'abord appelé *collége de Clermont*, du nom de leur bienfaiteur ; plus tard il reçut le nom de collége de Louis-le-Grand, dénomination qu'il porte encore.

La lutte était engagée. Les protestants essayèrent de s'emparer de la personne du roi, mais les catholiques réussirent à déjouer ce projet. Alors le prince de Condé, n'osant faire le siége de Paris, se jeta sur Orléans et s'en rendit maître. Les rebelles surprirent successivement Blois, Tours, Angers, Poitiers, la Rochelle, Bourges, Lyon, Grenoble, et plusieurs autres places importantes; ils s'emparèrent de Rouen, et, foulant aux pieds l'honneur et les intérêts de la France, livrèrent aux Anglais le port du Havre. Ce furent eux qui les premiers eurent la déplorable pensée d'associer l'étranger à nos querelles. Qui pourrait dire les scènes d'horreur qui souillèrent les triomphes des réformés? Dans toutes les villes qui tombèrent en leur pouvoir, dit Mézeray, dont ici le témoignage ne saurait être suspect, les églises furent pillées, les images abattues, les reliques brûlées et dispersées, les autels renversés, les saints mystères abandonnés aux plus horribles profanations, les prêtres et les religieux tourmentés et massacrés. Pendant le cours de ces affreuses guerres vingt mille églises furent détruites. Dans la seule province du Dauphiné les huguenots égorgèrent deux cent cinquante-six prêtres et cent douze moines; ils brûlèrent neuf cents villes ou villages. Leur rage s'exerça même sur les morts ; les cendres des martyrs et des confesseurs qui avaient les premiers allumé le flambeau de la foi dans les Gaules furent exhumées et jetées au vent. Le corps vénéré de saint François de Paule fut traîné dans les rues et brûlé dans un bûcher fait avec le bois d'une croix; la châsse de saint Bonaventure, aussi illustre par sa haute science que par sa piété, fut pillée et profanée.

Le duc de Guise, le connétable de Montmorency et le maréchal de Saint-André, les chefs les plus vigoureux du parti catholique, avaient ramené à Paris le roi et sa mère et les tenaient sous leur dépendance. Pour le moment ils étaient maîtres du pouvoir et en usaient avec énergie contre les huguenots. Deux édits obligèrent les partisans de la réforme de sortir de Paris, et l'exercice de leur religion fut interdit dans la prévôté et la vicomté de Paris. Les bourgeois de Paris avaient des armes; on leur enjoignit de porter à l'hôtel de ville les fusils et les arquebuses, et on leur fit signer un écrit aux termes duquel ils s'engageaient à n'employer leurs armes qu'au service du roi. Deux ans après, le 16 juillet 1564, toutes les armes à feu furent portées de l'hôtel de Ville à la Bastille. En compensation de cette rigueur le conseil royal permit aux bourgeois d'élire par quartier des officiers qui conduiraient la milice parisienne sous les ordres du corps municipal et du lieutenant général. Enfin on ordonna que tous les huguenots qui demeuraient encore dans la ville fussent désarmés, « mais sans tumulte et sans insulte, et leurs armes mises en lieu sûr pour leur être restituées en temps opportun. »

Les religieuses de Vendôme, fuyant devant les calvinistes, se réfugièrent à Paris dans la maison abbatiale de Saint-Germain des Prés. L'armée catholique venait de quitter la capitale, mais le maréchal de Brissac, lieutenant général du roi, prit toutes les mesures réclamées par les circonstances. Il ordonna, le 14 juin 1562, une procession générale en expiation du sacrilège commis à Saint-

Médard; il fit signer au Parlement et à l'Université une profession de foi; il ordonna *à ceux de la nouvelle religion* de sortir de Paris dans les vingt-quatre heures sous peine de la hart; ceux qui étaient seulement soupçonnés d'hérésie devaient comparaître à l'évêché pour y faire leur profession de foi; enfin le maréchal, qui était l'un des plus grands hommes de guerre de son temps, mit Paris à l'abri d'un coup de main.

Maîtres de Rouen, les calvinistes se dirigèrent sur Paris et s'emparèrent d'Étampes, de Dourdan et de Montlhéry. Ils ne comptaient point sans doute prendre d'assaut la capitale; mais ils voulaient, en ravageant l'Ile-de-France, décourager les Parisiens, qui avaient déjà fait de grands sacrifices pour la cause catholique, et les contraindre à imposer eux-mêmes la paix aux triumvirs. Le 23 novembre le prince de Condé arriva à Villejuif, d'où il alla camper le lendemain à la Saussaye, monastère de filles qu'il trouva abandonné; son armée était composée de huit mille hommes de pied et de six mille cavaliers. A cette nouvelle les bourgeois s'empressèrent de fortifier les remparts de la ville du côté de l'Université. Trois jours après l'amiral attaqua le faubourg Saint-Victor; l'alarme fut grande dans Paris lorsqu'on apprit qu'il avait cubulté six cents cavaliers; le premier président, Gilles Le Maître, l'un des plus cruels persécuteurs des réformés, mourut de frayeur en entendant le bruit de l'assaut. Les assiégeants firent une nouvelle tentative sur l'artillerie placée aux Chartreux et à l'extrémité du faubourg Saint-Jacques, mais ils furent repoussés. Le prince de Condé, surveillé par l'armée royale, qui le laissait s'épuiser sans combattre, et n'ayant que des troupes inférieures en nombre, ne pouvait pas agir ; il voulut cependant tenir Paris en échec et campa dans les vallées de Gentilly, d'Arcueil, de Cachan et de Vaugirard. Mais ses bravades et ses escarmouches ne découragèrent pas les Parisiens ; pendant les trois semaines du siége le Parlement n'interrompit pas un seul jour l'exercice de ses fonctions, l'Université continua ses leçons et les boutiques restèrent ouvertes.

Lorsque les chefs du parti protestant voulurent négocier avec les catholiques sous les murs de Paris, ils virent qu'on avait voulu les *amuser*, et, craignant d'être enveloppés, ils se retirèrent sur la Normandie ; mais, avant de lever le siége, Condé voulut faire une dernière tentative sur les faubourgs. Cette attaque, qui devait être exécutée la nuit, n'ayant pas mieux réussi que les autres, par suite de la défection d'un de ses principaux officiers, il donna le signal du départ.

Il n'entre pas dans le cadre qui nous est assigné de raconter les événements de cette guerre. Bornons-nous à rappeler que les catholiques reprirent Rouen, délivrèrent la Normandie, et remportèrent sur les protestants la bataille célèbre de Dreux, qui fut décisive.

Le duc de Guise ayant été assassiné par un huguenot, nommé Poltrot de Méré, la reine-mère reprit la direction des affaires et conclut avec les protestants un arrangement qui fut appelé la paix d'Amboise, et ne contenta ni l'un ni l'autre des partis (1563).

En dépit des efforts de la cour, qui se montrait tantôt favorable aux catholiques, tantôt éprise d'une grande sympathie pour les protestants, les chefs des deux causes rompirent d'eux-mêmes la paix d'Amboise, et la guerre ne tarda pas à renaître. Les calvinistes s'emparèrent d'Orléans, et y commirent d'affreux excès. Enhardis par l'impunité, ils s'avancèrent jusqu'à Saint-Denis, aux portes de la capitale; mais ils y rencontrèrent l'armée catholique, commandée par le vieux connétable Anne de Montmorency, âgé de soixante-quatorze ans. L'action s'engagea dans la plaine, et la victoire fut courageusement disputée de part et d'autre. A la fin elle se décida pour les catholiques; mais ils firent une perte considérable en la personne du connétable, qui périt glorieusement en voyant fuir devant ses yeux les ennemis de son Dieu et de son roi (25 octobre 1567). On lui rendit les honneurs funèbres réservés aux monarques; mais Catherine, qui voyait avec déplaisir s'élever auprès du trône toute grande existence politique, se réjouit en secret de sa mort. « J'ai, dit-elle, en ce jour, deux grandes obligations au Ciel : l'une, que le connétable ait vengé le roi de ses ennemis; l'autre, que les ennemis du roi l'aient défait du connétable. »

Les calvinistes se replièrent sur la Lorraine, où vinrent les joindre sept mille reîtres (cavaliers) et six mille lansquenets (fantassins) envoyés à Condé par l'électeur palatin. A l'aide de ce secours fourni par l'étranger les huguenots rétablirent leurs affaires et imposèrent à la cour une nouvelle paix qui fut signée à Lonjumeau (1568). On l'appela la paix *boiteuse* ou *mal assise*, par allusion aux infirmités ou au nom des seigneurs chargés de la négocier, et ce double jeu de mots fut justifié par l'événement : la paix ne dura que six mois.

Une tentative de la cour pour s'emparer de Condé et de Coligny ralluma pour la troisième fois la guerre. Les calvinistes enlevèrent la Rochelle, dont ils firent leur place d'armes. Des secours leur furent amenés d'Allemagne par le duc de Deux-Ponts et le prince d'Orange. Ils annoncèrent en principe qu'*il était loisible de tuer un roi et une reine qui résistent à la réformation de l'Évangile*. La reine de Navarre conduisit dans leur camp quatre mille soldats, des trésors et son fils, le jeune prince de Béarn, si connu depuis sous le nom de Henri IV. Ainsi soutenus par les ennemis du dehors, par l'Angleterre, l'Allemagne et la Navarre, les protestants envahirent l'Aunis, la Saintonge, l'Angoumois et le Poitou. Ils furent vaincus à Jarnac, dans l'Angoumois, et le prince de Condé, fait prisonnier, fut tué par le capitaine des gardes du duc d'Anjou : honteuse revanche de l'assassinat de Guise (1569). Coligny sauva par ses talents les débris de l'armée calviniste, dont Henri de Béarn fut proclamé généralissime. Les catholiques avaient beau gagner des victoires, les huguenots se recrutaient toujours en Allemagne. Douze mille étrangers vinrent encore de ce pays se ranger sous leurs drapeaux et menacer la nationalité aussi bien que la religion de la France. Malgré ce nouvel appui ils furent contraints de lever le siége de Poitiers.

La cour profita peu de ses victoires, et Coligny, se repliant sur la Bourgogne, se vit encore en état de menacer Paris. Cette période fut souillée par de nouvelles horreurs.

Le 26 novembre 1570 Charles IX épousa, à Mézières, Élisabeth d'Autriche, fille de Maximilien II, et les réjouissances se prolongèrent pendant tout l'hiver, à la faveur d'un nouveau traité de paix qui avait été conclu à Saint-Germain, avec les chefs protestants. « Les poëtes et les musiciens contribuèrent, dit Félibien, à l'éclat des fêtes, et le roi leur en témoigna sa grande satisfaction, ce qui leur fit naître l'idée, principalement à Antoine de Baïx et Thibaud Corneille, de lui proposer l'érection d'une académie de poésie et de musique. Le roy accorda volontiers des lettres patentes à ce sujet; Baïx et Corneille y joignirent des statuts et présentèrent le tout au Parlement, le 4 et le 15 décembre, avec une requeste où ils supplioient la cour de députer quelques présidents et conseillers, lesquels, avec le procureur général ou l'un des avocats du roy, prendroient la qualité de réformateurs de l'académie et auroient l'œil à ce qu'il ne s'y fist rien contre les intentions du roy déclarées dans ses lettres patentes. Les avocats du roy, Guy du Faur et Augustin de Thore, après avoir examiné ces lettres et ces statuts, consentirent à la vérification, à condition que dans cette académie il ne seroit rien composé ni chanté contre l'honneur de Dieu, le roy et le bien public. Le Parlement cependant ne se pressa pas d'ordonner l'enregistrement, et voulut, avant d'en délibérer, que l'Université examinât les lettres et statuts et en donnât son avis. »

Le 6 mars 1571 Charles IX vint à Paris, où il fut reçu avec magnificence. Il y amena la reine, qui fit son entrée solennelle le 29 du même mois, quelques jours après avoir été couronnée à Saint-Denis par les mains du cardinal de Lorraine.

« Et tout le long de la marche des dictes majestés, disent les registres de l'hôtel de ville, l'on voyoit arcs de triomphe richement ornés. A la porte Sainct-Denis, par laquelle ladicte majesté entra, fut faict un avant-portail à la rustique, d'ouvrage toscan, dédié à l'antique source et première origine des roys de France, fertilité et grandeur d'iceluy royaume invincible, et plusieurs autres peintures et architectures ; mais ledict portail rustique estoit le plus grand qu'autre qu'on eust veu par ci-devant, et ressembloit tout à faict au naturel, à cause des herbes, limaces et lézards entremeslés parmi, ce dont les spectateurs estoient en singulière admiration. La royne estoit dans une lictière descouverte, revestue par dedans et dehors d'une toile d'argent, et les mulets qui la traisnoient estoient aussi tout couverts de toile d'argent. Ladicte royne estoit habillée du sarrot d'hermine couvert de pierreries de très-grande, excellente et inestimable valeur, portant sur la teste une couronne d'or enrichie d'infinies perles et pierreries très-exquises, curieusement appliquées. Messieurs, frères du roy, estoient bien richement habillés et montés sur grands chevaux d'Espagne superbement enharnachés. Messieurs de la Ville firent plusieurs belles et notables harangues ; ils firent présent à la royne d'un buffet d'argent vermeil doré, ciselé, de grande valeur pour l'excellence de l'ouvrage et beauté des histoires dont il estoit orné. Puis le roy, messieurs ses frères et autres seigneurs furent au bal, qui estoit fort magnifique. Ensuite passèrent tous avec la royne en la salle prochaine, où estoit la collation, et cette collation estoit bien merveilleuse. »

Parmi ceux qui assistaient à ces fêtes on remarquait l'ambassadeur d'Espagne, don François Alava.

En dépit des calamités qu'enfantaient les guerres de religion la population de Paris s'était accrue et les affaires de police étaient en souffrance. Pour en accélérer l'expédition Charles IX établit d'abord un bureau chargé de connaître et de juger en dernier ressort les contraventions qui ne comportaient pas d'autre peine que l'amende ; mais cette institution, n'ayant point réalisé les espérances du gouvernement, fut supprimée après un an d'exercice. Le roi commit alors, dans chaque quartier de la ville, deux notables habitants désignés par l'élection. Ils furent chargés de juger sommairement et sans appel toutes les affaires de simple police qui n'entraîneraient qu'une amende moindre d'un écu. Ils pouvaient, en outre, condamner les contrevenants à payer des sommes plus fortes ; mais ceux-ci conservaient alors la faculté de se pourvoir, par voie de plainte, devant une assemblée générale de police qui se tenait chaque semaine sous la présidence du prévôt de Paris ou de ses lieutenants, et à laquelle devaient être appelés ou le prévôt des marchands, ou un échevin, ou le procureur du roi de la ville. A chaque séance les juges de police élus de tous les quartiers faisaient un rapport sur leurs opérations ainsi que sur les mesures générales qu'il leur paraissait utile de prendre dans l'intérêt d'une bonne administration. En centralisant ainsi l'instruction et le jugement des affaires les plus importantes, cette assemblée périodique avait l'avantage d'introduire dans chaque quartier une jurisprudence uniforme en matière de police. En dehors de leurs fonctions judiciaires les élus consacraient un ou deux jours par semaine à inspecter les ports et les marchés, à visiter les ateliers des artisans et les hôtels garnis. Dans leurs tournées ils se faisaient accompagner par des sergents de ville. On pressent aisément, d'après la sagesse de ces mesures, qu'elles avaient été conseillées au roi par l'illustre chancelier de l'Hospital et par l'élite des magistrats qui faisaient la gloire du parlement de Paris au seizième siècle.

Des mouvements populaires avaient éclaté à Paris à l'occasion d'une croix érigée dans cette ville par ordre de justice, sur l'emplacement de la maison d'un bourgeois, nommé Gastine, condamné à mort et pendu pour avoir provoqué, dans sa demeure, les assemblées de huguenots.

Cette croix s'élevait près de Sainte-Opportune et on y avait apposé une inscription rappelant la sentence. Pour se conformer à l'esprit du dernier édit de pacification le roi avait permis aux parents du supplicié de faire disparaître le signe qui rappelait la condamnation de Gastine. On lui représenta alors que cette mesure de clémence mécontentait vivement les catholiques. Afin de donner satisfaction aux deux partis Charles IX ordonna que la croix ne serait pas abattue, mais qu'on la transporterait au cimetière des Innocents, et qu'on enlèverait d'ailleurs l'inscription infamante. Le prévôt des marchands, Claude Marcel, fut chargé d'exécuter cet ordre pendant la nuit; mais, malgré ses précautions, le bruit s'en répandit la nuit même dans tout Paris. Aussitôt la populace de crier aux armes et de courir par les rues; les plus acharnés assaillirent quelques maisons huguenotes du voisinage et les pillèrent (9 et 10 décembre). Le roi irrité écrivit au Parlement une lettre ainsi conçue : « J'ay en-
« tendu vos remontrances, que j'ay accoutumé de trouver
« bonnes, comme mes prédécesseurs ont toujours fait et
« que je veux aussi faire quand je verrai que vous me
« porterez l'obéissance que me devez. Mais, voyant comme
« vous en avez usé depuis mon avénement à la couronne,
« et que ne laissez, encore que je sois homme, de conti-

« nuer à mépriser mes commandements, je vous ai voulu
« faire cet honneur non accoustumé de vous escrire de
« ma main, et commander d'ores en avant obéir à mes
« commandements, ou je vous ferai connoistre que n'eustes
« jamais roy qui se soit mieux fait obéir que je le ferai.
« *Signé* CHARLES. » Les remontrances du Parlement auxquelles le roi fait allusion dans cette lettre sévère lui avaient été apportées à Amboise par le chevalier du guet, auquel il avait exprimé sa colère des longueurs que le Parlement apportait à l'exécution de ses ordres, en disant que, si la populace de Paris se mutinait, il fallait pendre sur-le-champ ceux qu'on saisirait. Peu de jours après le Parlement envoya des députés au roi pour l'assurer de sa parfaite soumission. Pendant la nuit du 19 au 20 la croix fut abattue ; en manière de représailles le peuple mit le feu à ce qui restait de la maison de Gastine. Le lendemain matin le Parlement nomma deux commissaires, le maître des requêtes Masparault et le conseiller Fortia, pour apaiser le tumulte, et le prévôt des marchands ordonna aux capitaines des quartiers de leur prêter main-forte. Le roi, la reine et le duc d'Anjou écrivirent, en grand émoi, au Parlement, dès le 21, et envoyèrent à Paris le duc de Montmorency et le sieur de Lansac pour réprimer cette émeute, qui devenait sérieuse. Quelques-uns des révoltés furent tués, les autres prirent la fuite, et la sédition fut enfin dissipée lorsqu'on eut fait un exemple sur un vendeur de fruits qui fut pendu à l'une des fenêtres d'une maison qu'il venait de piller.

A la faveur de la paix de Saint-Germain l'influence

---

(1) M. de Gaulle, *Histoire de Paris*.

politique passa peu à peu entre les mains des chefs protestants, et la reine-mère vit avec autant de jalousie que de terreur l'amiral de Coligny entrer aux affaires et exercer une sorte de prépondérance sur les volontés du roi. Alarmée elle voulut anéantir d'un seul coup les protestants du royaume; elle les attira à la cour par de fausses promesses et sembla mettre le sceau à sa réconciliation avec les religionnaires en mariant le jeune prince de Navarre, Henri (depuis Henri IV), à sa fille, Marguerite de Valois (18 août 1572).

A la cour tout était pompes, et l'on ne cessait de célébrer par des danses et par des fêtes l'union des deux croyances, personnifiées dans les maisons de Valois et de Bourbon. Dans les appartements du roi il y eut des mascarades et des ballets dont le sujet était emprunté à la mythologie; les réjouissances ordonnées par le corps municipal furent à peu près semblables, et toutefois, comme il s'agissait d'un combat allégorique représentant la conquête du Paradis, les deux cultes se trouvèrent en présence, avec leurs susceptibilités toujours en éveil. Au fond les ressentiments les plus terribles fermentaient dans les masses, et le peuple, s'associant à son insu aux plans cachés de Catherine, se disait qu'au premier prétexte, au premier conflit, on se débarrasserait une fois pour toutes des huguenots.

Le prélude des crimes fut l'attentat commis sur l'amiral de Coligny. Le vendredi 22 août, Coligny, après avoir assisté au conseil, sortait du Louvre pour se rendre en son logis, situé rue Béthisy; comme il était dans la rue des Fossés-Saint-Germain-l'Auxerrois, un coup d'arquebuse, tiré d'une maison, vint l'atteindre et lui fit une blessure au bras gauche et à la main droite. On chercha en vain à trouver l'assassin ; cet homme, nommé Maurevert, stipendié par les Guises, avait fui par une porte de derrière et s'était éloigné promptement de Paris.

La cour témoigna une hypocrite douleur de cet événement, et, tout en faisant de grandes caresses aux protestants, elle n'en prépara pas moins leur extermination.

Le dimanche 24 août, jour de la Saint-Barthélemy, à deux heures du matin, la cour donna le signal des massacres ; les bourgeois, rassemblés en armes dans l'hôtel de ville, se répandirent dans les rues de Paris au son du tocsin de Saint-Germain l'Axerrois. Les quartiers voisins du Louvre furent les premiers témoins du crime, et l'amiral Coligny, que ses deux blessures retenaient au lit, fut assassiné par un Allemand, nommé Besme ; son corps fut pendu au gibet de Montfaucon.

Vers la même heure la cloche du palais répondit à celle de Saint-Germain l'Auxerrois et le massacre devint général. Les relations calvinistes disent que les meurtriers criaient : « Ce sont ceux qui nous ont voulu forcer, afin de tuer le roy après (1). » Ainsi, au début du massacre, on voulait faire croire à la population parisienne que l'on se bornait à protéger le roi et à punir des conspirateurs armés contre lui. D'après un pamphlet catholique, lu et publié à son de trompe dans les rues et dans les carrefours, on avertissait en ces mots le peuple de ce qui allait se passer : « Messires bourgeois et manants, tous les maudits huguenots ont fait conjuration contre la religion, le roy, la famille royale et MM. de Guise, pour

---

(1) *Relation* extraite des *Mémoires de l'état de la France sous Charles IX*, tome Ier.

se gouverner ainsi à la manière de Genève et en respublique. Dieu et la saincte Vierge ont permis que l'horrible conspiration fust découverte. La volonté du roy est qu'on extirpe cette maudite engeance, ces serpents contagieux, et, après avoir dissipé le venin de ces sectaires, on ne verra plus régner que les catholiques (1). » Bientôt La Rochefoucauld, Antoine de Clermont, La Chateigneraye, Lavardin et Soubise tombèrent l'un après l'autre sous le fer des meurtriers ou furent tués à coups d'arquebuse. Le célèbre Ramus, l'une des gloires du Collége de France, ne fut pas épargné et périt de la main même de plusieur de ceux qu'il avait initiés à la science. Montaumar, Rouvray, fils du baron des Adrets, un ami du roi qui avait passé joyeusement avec lui la soirée, Pardaillan, La Force, dont le second fils contrefit le mort et resta tout un jour caché sous les cadavres, eux et beaucoup d'autres furent inhumainement égorgés. On massacrait les huguenots jusque dans les corridors du Louvre, jusque dans les appartements de la reine de Navarre. « Le roi, vers le soir du dimanche, dit un historien contemporain, fit faire défense à son de trompe que ceux de la garde et des officiers de la ville ne prissent les armes, sous peine de la vie ; mais qu'ils missent tous prisonniers ès mains de la justice, et se retirassent en leurs maisons closes, ce qui devoit apaiser la fureur du peuple et donner loisir à plusieurs (protestants) de se retirer hors de là. » Mais le carnage ne cessa point, et l'on posa des corps-de-garde aux portes de la ville, dont le roi se fit apporter les clefs, afin qu'aucun huguenot ne pût échapper. Le fanatisme du peuple était

(1) *Discours sur les causes de l'exécution faite en personnes de ceux qui avoient conjuré contre le roy et son Estat.* »

porté à son comble par les enivrements qui naissent de l'ignorance et du meurtre. Le sang d'illustres victimes inonda le pavé de la capitale; on cite parmi elles Jean de Loménie, secrétaire d'État; Anne de Ferrières, célèbre avocat, âgé de quatre-vingts ans; Pierre de la Place, président de la cour des aides, protestant modéré et auteur d'un ouvrage estimé sur l'histoire de son temps; il fut tué rue de la Verrerie, en face de la rue du Coq.

Le massacre des huguenots servit de prétexte à des crimes et à des brigandages inouïs; c'était une dérision odieuse de toutes les lois divines et humaines. Beaucoup se servirent de cette occasion pour assouvir leurs vengeances particulières ou leur avidité, et des catholiques désignés comme huguenots à la fureur du peuple furent enveloppés dans le massacre. « C'étoit être huguenot, dit Mézeray, que d'avoir de l'argent, ou des charges enviées, ou des héritiers affamés. » Plusieurs hommes distingués par leur tolérance, désignés alors sous le nom de *politiques*, furent tués par quelques misérables; on cite parmi eux Pierre Lalsède, Espagnol; Guillaume de Bertrandi, conseiller au Parlement et chanoine de Notre-Dame. Celui-ci resta caché quelques jours chez un prêtre de ses amis; mais il fut découvert par la servante du logis et tué par un homme qui acquit à cette époque une triste célébrité; c'était un orfévre nommé Thomas Crucé. « Je me souviens, dit de Thou, d'avoir vu plusieurs fois ce Crucé, et m'en souviens toujours avec horreur. Cet homme, d'une physionomie vraiment patibulaire, disoit, en se vantant et montrant son bras nu, que ce bras avoit, le jour de la Saint-Barthélemy, égorgé plus de quatre cents hommes. »

Un très-petit nombre de ces malheureux opposèrent de la résistance; ils étaient attaqués à l'improviste ou succombaient sous le nombre de leurs ennemis. Biron, grand-maître de l'artillerie, craignant que le duc de Guise ne profitât des troubles pour se venger de lui, se retira à l'Arsenal et fit pointer des coulevrines sur les bandes des égorgeurs, qui prirent la fuite. Il se sauva ainsi avec quelques amis. Taverny, lieutenant de la maréchaussée à la table de marbre du palais, s'accula devant sa maison avec son domestique et se défendit contre les assassins pendant huit ou neuf heures consécutives. Lorsqu'il eut épuisé toutes ses munitions de guerre il lança sur eux de la poix fondue. Enfin il tomba sous les coups de ses ennemis, dont le nombre s'augmentait à chaque instant.

Durant le cours de ces lamentables scènes on remarqua dans le cimetière des Saints-Innocents une nouveauté étrange qui alluma de plus en plus la frénésie du peuple : une aubépine demi-sèche et dépouillée de ses feuilles ayant fleuri, la populace, sans rechercher si c'était, oui ou non, par le fait d'un stratagème, déclara que le Ciel approuvait d'une manière manifeste la destruction des huguenots. Les confréries se rendirent tambour battant au cimetière pour considérer le prétendu miracle, et le sang des proscrits coula plus abondamment encore. Un assez grand nombre de protestants s'étaient logés au faubourg Saint-Germain, qu'on appelait souvent la petite Genève, tant les opinions calvinistes y prévalaient. Laurent de Maugiron s'était chargé d'aller les massacrer; mais les mille hommes de garde bourgeoise qu'on lui avait promis pour cette expédition s'étaient dispersés dans la ville pour piller et égorger chacun dans leur quartier ceux de leurs voisins qu'ils soupçonnaient d'hérésie. Quand il eut rassemblé d'autres soldats, les clefs qu'on lui avait données pour entrer dans le faubourg se trouvèrent n'être pas celles des portes. Pendant ces retards l'alarme s'était répandue; le canon tirait; bientôt les protestants reconnurent les Suisses et les gardes-françaises qui traversaient la Seine pour venir à eux. Ils se rassemblèrent aussitôt en une seule troupe; le vidame de Chartres, Montgommery, Jean de Rohan, Godefroi de Caumont, La Nocle et Ségur se mirent à leur tête; ils sortirent du côté de Vaugirard, avec l'intention de se réfugier en Normandie. Les prisons étaient pleines de huguenots qui s'y étaient jetés comme dans un asile entre les bras de la justice, et quelques catholiques en avaient pris plusieurs à rançon ou les avaient cachés par pitié. Cependant les archers de la garde et les milices continuaient à massacrer les calvinistes désignés à leurs coups; les capitaines se les faisaient amener, les mettaient à mort et les jetaient à la rivière.

Sur la foi de chroniques suspectes et de traditions plus mensongères encore on a longtemps accusé Charles IX d'avoir lui-même, posté à une fenêtre du Louvre, tiré avec une longue arquebuse sur les protestants qui fuyaient à l'autre rive de la Seine. Ce conte, accrédité par *la Henriade* (on sait ce que vaut un pareil témoignage), n'est plus accepté de nos jours par les écrivains sérieux. Le crime de Charles IX fut assez grand pour qu'on ne cherche pas à l'aggraver encore à l'aide de légendes imaginaires.

Fatigué lui-même de tant d'horreurs, le jeune roi entreprit de modérer ou de suspendre la rage des meurtriers. Dans la journée du 24, un édit, signé de sa main, porta peine de mort contre ceux qui sortiraient de leurs maisons. « Le jour de Sainct-Barthélemy, environ midy, sur les remonstrances faictes au roi par le prévost des marchands et les eschevins que plusieurs, tant de la suite de Sa Majesté que princes et seigneurs de la cour et gentilshommes, archers de la garde du corps et les soldats aussi de sa garde et suite, ensemble toutes sortes de gens et peuples mêlés parmi, et sous leur ombre, pilloient et saccageoient plusieurs maisons et tuoient plusieurs personnes par les rues, le roy leur commanda de monter à cheval avec toutes les forces de la ville pour les faire cesser et d'y avoir l'œil jour et nuict. » Les échevins rendirent plusieurs ordonnances et mandements pour empêcher les troubles, pilleries, dérobbements et saccagements. Le même jour les quarteniers de Paris reçurent mandement pour faire poser les armes ; ces ordres, consignés sur les registres de l'hôtel de ville, portaient en termes exprès : « Tous les bourgeois, manans et habitants de vostre quartier qui ont pris ce jourd'hui les armes, suivant le commandement du roy, qu'ils aient à les poser et mettre bas, et eux retirer modestement en leurs maisons, jusqu'à ce qu'autrement par Sa Majesté en soit ordonné. » L'agitation avait pris des proportions si graves, la furie des multitudes était devenue telle que, nonobstant ces ordres royaux et municipaux, de nouveaux meurtres furent commis, de nouveaux crimes épouvantèrent la ville.

Le gouvernement imagina tout ce qu'il put pour donner le change à l'opinion publique sur ce qui venait de se passer. D'abord il voulut obtenir les conversions éclatantes du prince de Condé, du roi de Navarre et de leurs familles. Le roi les fit venir dans son appartement et leur dit seulement d'une voix menaçante ces trois mots : *Mort, messe* ou *Bastille*. Les princes cédèrent. Puis on instruisit le procès de deux calvinistes de renom, Cavagne et le capitaine Briquemaut, afin de les condamner dans toutes les formes comme conspirateurs et de couvrir ainsi les massacres passés d'un semblant de justice. Ils furent pendus et traînés sur la claie.

« On traîna avec eux l'effigie de l'amiral, faite de paille. Tout ce qu'on peut imaginer pour flétrir un homme éternellement fut accumulé dans l'arrêt porté contre sa mémoire. Il étoit dit que son effigie, portée de la Grève à Montfaucon, resteroit dans l'endroit le plus élevé; que ses armes seroient traînées à la queue des chevaux par l'exécuteur de la haute justice dans les principales villes du royaume; injonction de lacérer et briser ses portraits et ses statues partout où ils se trouveroient, de raser son château de Châtillon-sur-Loing sans qu'il pût jamais être rétabli, de couper les arbres à quatre pieds de haut, de semer du sel sur la terre et d'élever au milieu des ruines une colonne où l'arrêt seroit gravé. Enfin tous ses biens furent confisqués, ses enfants déclarés roturiers et inhabiles à jamais posséder aucune charge. Le même arrêt ordonnoit une procession solennelle tous les ans le jour de la Saint-Barthélemy, pour remercier Dieu d'avoir en ce jour préservé le royaume des mauvais desseins des hérétiques. Ce fut le dernier coup porté contre Coligny et comme la dernière scène de cette sanglante tragédie (1). »

---

(1) Anquetil.

Le 26 août le roi alla au Parlement et déclara à la cour que tout ce qui avait été fait l'avait été comme chose portée en son commandement.

On a voulu dissimuler dans plusieurs écrits la part regrettable que le corps de ville et la milice bourgeoise prirent aux massacres de la Saint-Barthélemy ; mais la dignité de l'histoire ne permet pas qu'on cherche ni à l'amoindrir ni à la dénaturer ; elle ne fut que trop réelle ; l'auteur des *Mémoires de l'état de la France sous Charles IX* nous éclaire complétement sur ce point. « Les commissaires, capitaines, quarteniers, dizainiers de Paris allaient, nous dit-il, avec leurs gens, de maison en maison, là où ils croyaient trouver des huguenots, enfonçant les portes, puis massacrant cruellement ceux qu'ils rencontraient, sans avoir égard ni au sexe, ni à l'âge, animés à ce faire par les ducs d'Aumale, de Guise et de Nevers, qui allaient criant par les rues : *Tuez, tuez ! le roi le commande.* Les charrettes chargées de corps morts, de damoiselles, femmes, filles et enfants, étaient menées et déchargées à la rivière, laquelle on voyait couverte de corps morts et toute rouge de sang, qui aussi ruisselait en divers endroits de la ville comme en la cour du Louvre. »

Le budget municipal solda les fossoyeurs qui avaient enterré les cadavres des malheureux protestants. Il résulte des comptes de l'hôtel de ville qu'il fut payé aux seuls fossoyeurs des Saints-Innocents vingt livres, par mandement du 13 septembre 1572, pour avoir enterré onze cents corps morts aux environs de Saint-Cloud, Auteuil et Chaillot ; les mêmes fossoyeurs avaient reçu, par mandement du 9 septembre, *quinze livres* pour avoir enterré les corps morts qui étaient aux environs du couvent de Nigeon (des Bons-Hommes).

On fit plus encore; et la ville fit frapper des médailles en commémoration de la Saint-Barthélemy; nous en trouvons la preuve dans les registres de l'hôtel de ville. Ainsi il fut payé « à Aubin Olivier, demeurant à Paris, quatre-vingts livres, sçavoir : pour quinze médailles d'argent, quarante-cinq livres; pour avoir refait le sceau et cachet de ladite ville, cinq livres; pour avoir fait les piles pour les jettons d'argent et de laiton, trente livres, *desquelles médailles* qui ont été faites *pour mémoire du jour de Saint-Barthélemy*. En a été distribué à mesdits sieurs le prévôt des marchands, eschevins, procureur, receveur et greffier de la icelle ville. »

La ville paya aussi les meurtriers, et dans le mois de septembre on accorda des gratifications aux archers de Paris, à leurs chefs et à plusieurs autres personnes qui avaient pris part aux massacres.

La Saint-Barthélemy fut un crime dont nous ne chercherons pas à atténuer la honte. L'Église réprouve de telles vengeances; il n'appartenait à personne de servir une cause sainte par la perfidie et l'extermination. La religion catholique n'a donc pas besoin d'être justifiée d'un attentat auquel elle demeura étrangère; ce fut l'œuvre d'une femme artificieuse et d'une cour corrompue, qui mirent en jeu l'assassinat, et, pour dissimuler à leurs propres yeux leur crime, se mirent sous l'abri d'intérêts sacrés qui n'ont rien à démêler avec le meurtre. On exalta des craintes vraies au fond, on irrita, on dénatura l'instinct religieux pour en faire un instrument politique. Qui osera imputer à l'Église une exécution désavouée par elle? Faudra-t-il proscrire l'amour de la patrie parce qu'on lui a fait produire les Vêpres siciliennes? anéantir la liberté parce qu'elle a enfanté, dans un moment de délire, les abominables scènes de septembre? Il vaut mieux condamner les assassins sous toutes les bannières, et s'écrier, avec le chancelier de l'Hospital, que la Saint-Barthélemy fit mourir de douleur : « Périsse ce jour funeste ! *Excidat illa dies œvo !* »

Les massacres de la Saint-Barthélemy, loin d'abattre le parti protestant, lui donnèrent une énergie nouvelle ; le désespoir décupla ses forces. Un cri d'indignation partit de l'étranger et vint en aide aux proscrits. La Saint-Barthélemy fut cependant applaudie en Espagne par le sombre Philippe II. Quant à Rome, si l'on s'en réjouit dans les premiers moments, c'est que, dans la capitale du monde chrétien, on se rendait peu compte de l'état des affaires de France, et l'on croyait sérieusement aux mensonges que Médicis et Charles IX inventaient pour colorer leur crime d'un prétexte de justice.

La guerre civile s'était rallumée. Tandis qu'elle ensanglantait nos provinces du centre et du sud-est, les ambassadeurs de la Pologne vinrent à Paris (19 août 1573) annoncer au duc d'Anjou, frère de Charles IX, que leur pays l'avait élu roi pour remplacer les Jagellons dont la race venait de s'éteindre. On fit à Paris une réception solennelle à ces illustres hôtes, qui apportaient une couronne de plus aux Valois. Le nouveau roi de Pologne, d'après le récit de Félibien, « jura sur les saints Évangiles de garder inviolablement les droits et les priviléges de la Pologne et de la Lithuanie. Il jura aussi les articles particuliers dont l'évêque de Valence, Montluc, Gilles de

Noailles et Gui de Saint-Gelais, ses envoyés, étoient convenus à la diète où s'étoit faite son élection. Le roi de France renouvela en même temps l'alliance entre les deux couronnes. Après cela les deux rois allèrent dîner avec les ambassadeurs à l'évêché. »

Félibien ajoute :

« La lecture publique du décret de l'élection du roi de Pologne se fit avec beaucoup de solennité, le 13 du même mois, dans la grande salle du palais. Le roi de France, celui de Pologne, le duc d'Alençon et le roi de Navarre furent assis sur le haut dais qu'on y avoit élevé près de la table de marbre. Ils avoient pour les accompagner, d'un côté les princes du sang, Henri de Bourbon, prince de Condé, Louis, duc de Montpensier, et François Dauphin, son fils, et de l'autre quatre cardinaux, au-dessous desquels étoient les évêques, les ambassadeurs, les conseillers d'État, et dans les siéges plus bas le Parlement en robes rouges; derrière étoient le recteur de l'Université et les chefs de plusieurs autres compagnies. Quand tout le monde fut placé arrivèrent, au son des trompettes, les ambassadeurs de Pologne, que le duc de Guise avoit été recevoir au pied des degrés. L'évêque de Posnanie, s'adressant au roi de France, lui dit l'élection du duc d'Anjou, son frère, pour roi de Pologne, et le pria de l'agréer, ce qu'il fit aussitôt par lui-même et par son chancelier. Puis l'évêque polonois adressa la parole au nouveau roi, qu'il supplia de venir prendre au plus tôt possession de ses États, et lui présenta le décret, qui fut lu par un des ambassadeurs, pendant que les deux autres tenoient les deux bouts de l'acte, scellé de plus de deux cents sceaux. On chanta ensuite le *Te Deum*, pendant lequel le roi de France et les princes du sang, après lui, allèrent embrasser le nouveau roi. Les ambassadeurs polonois furent aussi tous lui rendre leurs hommages et lui baiser la main. La cérémonie achevée, le décret d'élection fut remis dans la cassette de vermeil doré dans laquelle il avoit été apporté, et aussitôt deux des ambassadeurs la chargèrent sur leurs épaules et la portèrent jusqu'à la Sainte-Chapelle, où, ayant été délivrée à Hérault de Chiverny, chancelier du nouveau roi, elle fut mise sur une haquenée blanche et portée comme en triomphe du palais jusqu'à l'hôtel d'Anjou. En même temps toute la ville retentit du bruit de l'artillerie de l'Arsenal, pour marque de réjouissance publique. Le soir il y eut un festin magnifique au Louvre pour les ambassadeurs de Pologne, et les divertissements durèrent toute la nuit.

« Le jour suivant le roi de Pologne fit son entrée solennelle dans Paris, avec la même pompe et les mêmes cérémonies que le roi de France, son frère, avoit fait la sienne en 1571. Après avoir dîné à l'abbaye de Saint-Antoine des Champs et reçu les compliments de l'Université, du prévôt des marchands et des autres compagnies, il monta à cheval et traversa, au bruit des acclamations, toute la ville, décorée d'arcs de triomphe, de statues, de peintures et d'inscriptions à sa louange. Le lendemain la ville lui fit présent d'un char de vermeil doré rempli de figures qui représentoient ses vertus. Outre ce présent elle se cotisa pour réunir cinquante mille livres qu'elle lui donna pour les frais de son voyage. Vers le même temps de l'arrivée des seigneurs polonois vint aussi le féliciter sur son avénement à la couronne de Pologne Olivier Séraphin, envoyé du pape Grégoire XIII. Après les compliments il lui présenta de la part du pape une rose d'or, avec des lettres de Stanislas Hosius, évêque de Warmie ou Ermeland, cardinal, prélat fort distingué par sa science et par son amour singulier pour sa patrie. Le roi reçut le présent et la lettre avec beaucoup de joie.

« Quand tous les préparatifs pour le voyage de Pologne furent faits, le roi Henri partit de Paris la veille de saint Michel, accompagné du roi son frère, de la reine-mère, du duc d'Alençon, du roi de Navarre et d'un nombreux cortége de seigneurs et d'officiers, tant d'épée que de robe (1). »

Les remords, les emportements d'un caratère fougueux et les violents exercices de la chasse, auxquels Charles IX se livrait avec frénésie, minaient depuis longtemps la santé du jeune roi; une horrible maladie le consumait; il était fréquemment atteint de convulsions, d'accès de délire furieux, au milieu desquels le sang lui sortait par les pores, par le nez et par les oreilles. Des visions sanglantes l'effrayaient, et il entendait dans l'air des cris lamentables. Dans son délire il croyait voir des gouttes de sang qu'on ne pouvait effacer; les spectres des protestants égorgés lui apparaissaient la nuit en poussant des gémissements. La nourrice du jeune roi, présente à son agonie, rapporte qu'au milieu de douleurs aiguës il s'écriait : « Ah! ma nourrice, ma mie, ma nourrice! que
« de sang et que de meurtres! Ah! que j'ai suivi un mé-
« chant conseil! O mon Dieu, pardonne-les-moi et me
« fais miséricorde, s'il te plaist! Je ne sais où j'en suis
« tant ils me rendent perplexe et agité. Que deviendra

---

(1) Félibien, t. II, p. 1125-1126.

« tout ceci? que ferai-je? Je suis perdu et je le vois bien. »
Au milieu de ces cruelles tortures d'une conscience déchirée, Charles IX mourut, sans postérité, le 30 mai 1574. Ses remords prouvent qu'il n'était pas familiarisé avec le crime; ceux qui se commirent en son nom et sous son règne appartiennent tous à sa mère.

CHAPITRE II.

Règne de Henri III. — Première période de la Ligue (1574 — 1589).

Charles IX étant mort sans postérité, la couronne appartenait à son frère aîné, Henri, duc d'Anjou, qui, depuis quelques mois, avait été élu roi de Pologne. L'éclat de son mérite militaire avait déterminé les suffrages des Polonais à faire monter ce prince sur le trône des Jagellons, demeuré vacant par la mort de Sigismond-Auguste; mais après cette élévation il ne soutint pas sa renommée : *il devint lâche roi, d'intrépide guerrier*. Au lieu de se montrer digne de l'honneur que lui avait décerné la Pologne, il déplorait chaque jour le malheur qu'il avait de vivre au sein d'un peuple grave, dont la moralité contrastait avec son goût effréné pour les plaisirs. Ayant appris la mort de son frère, il s'évada de nuit comme un prisonnier, et vint échanger le sceptre polonais contre la couronne plus brillante des rois de France. Pendant qu'on lui ceignit cette couronne il la trouva trop pesante pour sa tête, et deux fois il faillit la laisser tomber à terre. Ces particularités, insignifiantes par elles-mêmes, semblaient annoncer aux esprits superstitieux un règne de luttes et de misères.

Henri III n'était plus le vaillant capitaine de Jarnac et de Moncontour; on ne voyait en lui qu'un prince de mœurs infâmes, sans énergie et sans vertu. Comme il mêlait aux plus honteuses débauches des pratiques extérieures de piété, il offrait aux calvinistes un prétexte de plus de décrier la sainte religion dont il abusait. Homme efféminé, entouré de favoris perdus de vices, qu'il appelait ses mignons, il abandonnait le soin des affaires à Catherine de Médicis : aux mains du fils le gouvernement était avili ; dans celles de la mère il était détesté.

Vers cette époque Paris fut encore témoin d'un drame judiciaire; Catherine de Médicis fit condamner et mettre à mort le comte de Montgommery, le même qui, dans un tournoi, avait tué Henri II par imprudence, et qui, plus tard, avait combattu avec les rebelles en Normandie. Les chroniques du seizième siècle racontent ainsi cet événement : « Le samedi 26 juin, le comte de Montgommery, par arrest de la cour du parlement de Paris, fut tiré de la conciergerie du palais, mis en un tombereau, les mains liées derrière le dos, avec un prêtre et le bourreau ; et de là mené en place de Grève, où il fut décapité, et son corps mis en quatre quartiers. Par ledit arrest il fut condamné, comme atteint et convaincu du crime de lèze-majesté, à souffrir en son corps les peines susdittes, ainsi que l'exécution en suivit, et encores à avoir la question extraordinaire, qu'il eut, déclaré dégradé de noblesse, ses enfants, qu'il laissa onze en nombre, neuf fils et deux filles, vilains, intestables, incapables d'offices, ses biens acquis et confisqués au roi et autres auxquels la confiscation en pourroit appartenir. Quand son arrest lui fut prononcé, et lorsqu'on le menoit au supplice, il disoit à haute voix qu'il mouroit pour sa religion, qu'il n'avoit oncques fait trahison ne autre faute à son prince... Il ne voulut point se confesser à nostre maistre Vigor, archevesque de Narbonne, qui s'alla présenter à lui en la chapelle pour l'admonester, ni prendre ou baiser la croix qu'on a coustume de présenter à ceux qu'on mène au dernier supplice, ni aucunement écouter ou regarder le prestre qu'on avoit mis au tombereau près de lui, mesme à ung Cordelier, qui, le pensant divertir de son erreur, lui commença à parler et dire qu'il avoit esté abusé. Le regardant fermement il lui répondit : « Comment, abusé! Si je l'ay esté, ç'a esté par ceux de vostre ordre; car le premier qui me bailla jamais une Bible en françois et qui me la fit lire, ce fut ung Cordelier comme vous, et là-dedans j'ay appris la religion que je tiens, qui seule est la vraye, et en laquelle, aiant depuis vescu, je veux, par la grace de Dieu, y mourir aujourd'hui. » Estant venu sur l'échaffaut, il pria le peuple de prier Dieu pour lui, récita tout haut le Symbole, en la confession duquel il protesta de mourir; puis, aiant fait sa prière à Dieu à la mode de ceux de la religion, eut la teste tranchée, laquelle, le lundi ensuivant 28 juing, fut mise sur un poteau en place de Grève, et la nuit en fut ostée par le commandement de la reine-mère, qui assista à l'exécution, et fut à la fin vengée, comme dès long-temps elle le désiroit, de la mort du feu roi Henri, son mari (1). »

Le 5 décembre 1574, la reine veuve, Élisabeth d'Autriche, quitta Paris pour retourner dans les États de son père. « Elle étoit si fort aimée et honorée des François, particulièrement du peuple de Paris, qu'on pleuroit et gémissoit de son départ, et chacun disoit qu'elle emportoit avec elle le bonheur de la France. »

Le roi ordonna, quelques jours après, la convocation

(1) *Collection des Mémoires pour servir à l'histoire de France*, par MM. Michaud et Poujoulat.

d'une assemblée de bourgeois en la grande salle de l'hôtel de ville de Paris. Dans cette réunion, qui eut lieu le 12 décembre, le prévôt des marchands, Charron, exposa aux assistants que le roi demandait qu'un emprunt par capitation lui fût accordé sur les bourgeois de la ville et de la prévôté de Paris, pour la solde des Suisses qu'il faisait venir pour la garde et défense du royaume. Les Parisiens votèrent les deux tiers de l'argent demandé.

Trahis par une cour hyprocrite et stimulés par les Guises, les catholiques eurent recours à une confédération nationale et religieuse dont on a trop souvent, et à dessein, méconnu le caractère. Ils prirent pour point de départ, pour modèles, des associations qui s'étaient formées, au temps de Charles IX, entre la noblesse et la bourgeoisie catholiques. A cette époque on n'avait pas cru pouvoir se constituer en dehors de l'autorité monarchique; désormais on savait à quoi s'en tenir sur les dispositions du gouvernement, et on se passa de son concours. Un sentiment généreux de patriotisme et de foi donna naissance à la confédération célèbre que les catholiques formèrent pour sauver de l'abandon du trône et des envahissements de l'étranger le territoire et la religion de la France. Cette association est connue dans l'histoire sous le nom de *sainte Ligue*. Ce fut à Péronne, en Picardie, l'une des places fortes que l'édit de Blois avait cédées aux calvinistes et qui refusa de les recevoir, que commença cette union, dont les membres s'engagèrent à protéger la foi contre les ennemis du dedans et du dehors, sans en excepter le roi lui-même. Un grand nombre de villes suivirent avec empressement cet exemple. Sous le rapport politique la Ligue était, au sein d'une monarchie, une tentative moitié féodale, moitié républicaine. Le trône étant occupé par un roi débauché, la couronne portée par une tête flétrie, les catholiques ne trouvaient plus dans le pouvoir des garanties suffisantes pour leurs doctrines, le peuple un tuteur assez fort contre l'étranger. La religion nationale et l'honneur du pays étaient également menacés; ils s'étayèrent mutuellement pour se défendre, se mettant peu en peine d'une royauté impuissante ou avilie.

On lisait dans l'acte de la *Sainte-Union* les engagements formulés et acceptés par les catholiques signataires du pacte. « Nous nous obligeons, disaient-ils, à employer nos biens et nos vies pour le succès de la Sainte-Union et à poursuivre jusqu'à la mort ceux qui voudront y mettre obstacle. Tous ceux qui signeront sous la sauvegarde de *l'Union*, et en cas qu'ils soient attaqués, recherchés ou molestés, nous prendrons leur défense, même par la voie des armes, contre quelque personne que ce soit. Si quelques-uns, après avoir fait le serment, viennent à y renoncer, ils seront traités comme rebelles et réfractaires à la volonté de Dieu, sans que ceux qui auraient aidé à cette vengeance puissent être inquiétés. On élira aussitôt un chef à qui tous les confédérés seront tenus d'obéir, et ceux qui refuseront seront punis selon sa volonté. Nous ferons tous nos efforts pour procurer à la *Sainte-Union* des partisans, des armes et tous les secours nécessaires, chacun selon nos forces. Ceux qui refuseront de s'y joindre seront traités en ennemis et poursuivis les armes à la main. Le chef seul décidera les contestations qui pourraient survenir entre les confédérés, et ils ne pourront recourir aux magistrats ordinaires que par sa permission. » Ainsi, pouvoir judiciaire, pouvoir exécutif, force armée, finances, obéissance et fidélité des citoyens, toutes les prérogatives de la royauté étaient déférées et transportées à ce chef, qui n'était pas le roi, puisque le roi n'était pas nommé dans l'acte, mais qui, selon toute apparence, devait être Henri de Guise. Selon ces instructions, les députés aux prochains états généraux, gagnés au duc de Guise, abolissaient l'édit de Loches et toutes les ordonnances favorables aux réformés; le peuple se soulevait à la voix du clergé; le duc prenait le commandement d'une armée de ligueurs; le duc d'Alençon était jugé et condamné comme criminel de lèse-majesté divine et humaine pour avoir extorqué à son frère l'édit de Loches; Henri III était renfermé dans un monastère pour le reste de ses jours, et la couronne de France était rendue aux Guises, descendants et seuls vrais héritiers de Charlemagne (1).

Les calvinistes ne pouvaient s'indigner de ce que leurs adversaires osassent avoir recours à de semblables ligues. Depuis trois ans ils s'étaient eux-mêmes constitués, dans les villes du Midi, et spécialement en Languedoc, en association intime pour la propagation et la défense de leurs doctrines et pour l'établissement d'une nouvelle forme de gouvernement à peu près fédérative. La ligue formée à Paris et dans le Nord fut comme une réponse à l'association protestante que le roi n'osait ou ne pouvait interdire. Henri III comprit le danger de la situation et l'impos-

---

(1) Il parut à cette époque divers écrits où l'on établissait que la maison de Guise était descendue en ligne directe des fils de Charlemagne, dépossédés par l'usurpation des Capétiens.

sibilité de se maintenir plus longtemps dans une attitude équivoque et indécise. Il ouvrit à Blois la session des états généraux ; les ligueurs y siégèrent en majorité et demandèrent que des bornes fussent posées à la puissance trop absolue des rois. Entre autres conditions ils réclamèrent que toute résolution unanime des états fût déclarée loi du royaume, et que, dans tout autre cas, le roi ne pût prendre une décision qu'après en avoir conféré avec la reine-mère, les princes du sang, les pairs de France et douze députés des états. Comme on le voit, c'était jeter les bases encore incertaines des formes gouvernementales modernes.

Henri III se trouvait placé entre deux forces rivales de son autorité : d'un côté les protestants, que l'édit de Blois avait élevés au rang de puissance considérable ; de l'autre les catholiques, disciplinés par les ligueurs. Pour se tirer d'embarras il s'avisa d'un expédient assez habile, celui de se déclarer lui-même chef de la Ligue. Après cette concession aux catholiques il rassura ses courtisans et les calvinistes en prononçant la dissolution des états généraux. Cette tactique lui fit perdre la confiance des deux partis, et la guerre civile ne tarda pas à se rallumer. Les ligueurs obtinrent d'abord quelques succès sous la conduite du duc de Mayenne, frère de Guise le Balafré ; mais Henri III, effrayé de l'importance que prenaient les catholiques, vint en aide aux protestants. Par un nouvel édit il mit leur culte sur le même pied que la religion apostolique et romaine (1577). Ainsi ce faible roi trahissait en même temps la religion catholique, la Sainte-Union, dont il avait osé se déclarer le chef suprême, et l'immense majorité de son peuple. Les huguenots, enhardis par ses concessions, étaient plus que jamais en mesure de braver l'autorité souveraine et de mettre le gouvernement sous leur tutelle. Les catholiques se voyaient avec douleur pris au piége et contraints de mettre bas les armes, sous peine d'être réputés factieux et fauteurs de guerre civile.

Cependant Henri III était de jour en jour plus méprisé par le peuple de Paris. On le voyait sans cesse entouré de courtisans affranchis de la peur de Dieu et des hommes, de spadassins élégants, débauchés, vêtus de soie et d'or, adultères publics et duellistes infatigables, et il les associait non-seulement à ses débauches, mais encore à ses hypocrites dévotions. On eût dit que, tourmenté à la fois par les remords et par le vice, il voulait accroître ses désordres et multiplier les expiations extérieures, comme si par de fastueuses pénitences il voulait racheter ses crimes et s'autoriser à en commettre de nouveaux. Au milieu de ses jours livrés au libertinage il se plaisait à visiter des monastères, à faire des pèlerinages, à assister à des processions de pénitents. Malheureusement pour lui on n'était plus au siècle où les regards du peuple ne pénétraient jamais dans le mystère des existences royales; l'imprimerie n'avait pas été en vain mise au service de la malignité publique; la personne de Henri III était sans relâche poursuivie par des pamphlets mordants, par des caricatures satiriques; ses mœurs étaient exposées à l'indignation de la France; jusque dans la chaire on tonnait contre le scandale de sa vie.

En 1578 une querelle s'éleva dans la cour du Louvre entre Quélus, favori du roi, et Balzac d'Entragues, attaché aux Guises. Ces deux gentilshommes se trouvèrent le lendemain, 27 avril, au marché aux Chevaux, sur l'emplacement du jardin des Tournelles, et se battirent chacun avec deux seconds : Maugiron, autre mignon du roi, et Livarot du côté de Quélus ; Schomberg et Riberac du côté d'Entragues. Ce dernier échappa seul sain et sauf. Maugiron et Schomberg restèrent sur la place ; Riberac mourut le lendemain ; Livarot, grièvement blessé, ne fut guéri qu'au bout de six semaines, et Quélus, percé de dix-neuf coups, languit pendant trente-trois jours. Le roi accourut aussitôt, tout éploré, à l'hôtel de Boissi, rue Saint-Antoine, où l'on avait transporté Quélus. Il y alla tous les jours, fit tendre des chaînes dans la rue, de peur que le blessé ne fût importuné du bruit des charrettes et des chevaux, et le pansa de ses propres mains. Henri III avait en vain promis de donner cent mille francs au médecin qui guérirait Quélus. Il fit faire à ses favoris des obsèques d'une magnificence royale. On éleva dans l'église Saint-Paul leurs statues en marbre sur leurs tombeaux. Peu après, un autre de ses favoris, Caussade de Saint-Mégrin, qui avait grièvement offensé les Guises, fut assassiné la nuit près du Louvre ; son cadavre était percé de trente-cinq coups. Les obsèques que lui fit faire Henri furent aussi magnifiques que celles de Maugiron, de Schomberg et de Quélus, et une statue de marbre fut également érigée sur son tombeau dans l'église Saint-Paul.

Le 31 décembre de cette même année Henri III institua l'ordre du Saint-Esprit, en souvenir de ce qu'il avait été élu roi de Pologne et était devenu roi de France le jour de la Pentecôte ; il espérait, grâce au serment que devaient prêter les nouveaux chevaliers, détacher les grands seigneurs du parti calviniste, et en même temps arrêter les progrès de la Ligue, dont il commençait à n'être plus le maître.

Vers le même temps l'université de Paris, s'attribuant en quelque sorte le droit de promulguer des dogmes, rendit une espèce de sentence aux termes de laquelle toute opinion contraire à l'Immaculée Conception de la sainte Vierge était déclarée erronée. L'Université, en statuant ainsi, avait cru censurer la doctrine des Jésuites touchant la croyance qui se rattachait à la conception immaculée de la Mère de Dieu, mais les Jésuites ne s'étaient jamais élevés contre cette croyance et s'étaient bornés à enseigner que, tant que Rome n'avait pas proclamé, comme une vérité digne de foi, le dogme de la conception immaculée, ce n'était encore là qu'une opinion pieuse. De nos jours la question a été ainsi comprise jusqu'au moment où l'Église, par la voix du pape, a rendu une décision solennelle qui console les catholiques et fixe la croyance.

En 1580 le cardinal de Bourbon, qui aimait les Jésuites, leur céda l'hôtel de Damville, qu'il avait acquis de Magdeleine de Savoie, veuve du connétable Anne de Montmorency. Il fit construire dans cette demeure une chapelle sous l'invocation de Saint-Louis, et les Jésuites, en s'y installant, prirent la dénomination de prêtres de la maison de Saint-Louis. Cette maison, située entre les rues Saint-Antoine et Saint-Paul, était de fort médiocre étendue; les Jésuites ne tardèrent pas à lui donner beaucoup d'accroissement par l'acquisition successive de plusieurs maisons voisines. Comme on le verra plus loin, c'est sur cet emplacement que s'élève aujourd'hui le lycée Charlemagne.

Bientôt après on vit s'établir à Paris une congrégation de religieux de l'ordre de Cîteaux qui, du nom d'une abbaye située en Languedoc, avaient pris le nom de *Feuillants*. Ils se livraient à la prédication et observaient une règle fort rigoureuse. Leur fondateur était Jean de la Barrière, d'une famille célèbre qui a eu l'honneur de compter parmi ses membres le vicomte de Turenne. Non contents de porter des cilices, d'user fréquemment de la discipline et d'employer toutes sortes de moyens ascétiques pour dompter la chair et maintenir l'empire de l'esprit, les Feuillants marchaient habituellement nu-pieds et tête nue, dormaient tout habillés sur des planches, et prenaient à genoux leur repas, composé simplement de pain et d'eau; ils avaient rétabli parmi eux le travail manuel, depuis longtemps tombé en désuétude dans l'ordre de Cîteaux, et qui préservait les religieux des distractions. La rigueur extrême de cette règle fut adoucie. On donna aux Feuillants un couvent et un enclos considérable, attenant à une propriété royale alors encore de peu de valeur et qui depuis a été le jardin des Tuileries. C'est sur l'enclos des Feuillants que furent ouvertes, de nos jours, la rue de Rivoli, la rue Mont-Thabor et la rue Castiglione.

Tandis que les ordres religieux se fondaient ou se développaient, en vue de combattre le protestantisme, le méprisable Henri III continuait de donner à la ville de Paris le scandale de l'immoralité et de la débauche. Le peuple pouvait à peine contenir son indignation au spectacle d'un prince qui courait publiquement la bague, vêtu en amazone, portant des pendants d'oreilles, et qui chaque jour « faisoit joutes, ballets et tournois, et force mascarades, où il se trouvoit ordinairement habillé en femme, ouvrant son pourpoint et découvrant sa gorge, y portant un collier de perles et trois collets de toile, deux à fraise et un renversé, ainsi que lors le portoient les dames de la cour? » Les bourgeois et manants murmuraient de pareilles profusions dans un temps de malheur et de disette, et ils en devenaient plus portés à s'attacher à la Ligue, dont les chefs ne négligeaient pas ces occasions d'aliéner du roi les bons catholiques.

Cependant la misère du peuple était extrême, et la cour, se préoccupant fort peu des souffrances de Paris, ne cessait, par tous les moyens, d'extorquer de l'argent à cette ville. La seule généralité (1) de Paris paya en quinze ans trente-six millions, outre les dons, emprunts et subsides extraordinaires. Cette somme, relativement à la modique valeur des denrées à cette époque, était énorme. Toute l'année 1577 s'était passée en extorsions financières; tantôt le roi demandait aux Parisiens 300,000 livres en don gratuit, tantôt il érigeait de nouveaux offices pour en tirer de l'argent; le plus souvent il voulait faire des emprunts, mais le bourgeois était devenu méfiant, il refusait, et, parfois, se moquait du prince.

> Un compagnon qui devoit de l'argent
> Fut adjourné pour acquitter sa debte.
> « Je suis ligué, ce dit-il au sergent;
> Ne rien paier de la Ligue est le texte.
> — Cela seroit une bonne recepte
> Pour nostre roy, répondit l'officier;
> Car, se mettant de la Ligue ainsi faite,
> Il seroit quitte aussi sans rien payer. »

(1) Une *généralité* était une circonscription financière. Sous Henri III la France était divisée en dix-sept généralités. Celle de Paris était subdivisée en vingt-deux *élections*.

Cet argent, obtenu avec tant de peine, était d'ailleurs sans cesse dissipé dans de folles orgies.

Vers l'an 1580 une maladie contagieuse désola Paris. D'abord ce ne fut que cette indisposition nommée *coqueluche* sous Charles VI et *grippe* dans les temps modernes; mais ensuite survint une sorte de peste qui fit en peu de temps de grands ravages; on nomma un magistrat, avec le titre de *prévôt de la santé*, chargé de faire porter à l'Hôtel-Dieu les pauvres pestiférés. Bientôt l'hôpital ne fut plus assez spacieux; on dressa des loges et des tentes dans les faubourgs Montmartre et Saint-Marceau, vers Montfaucon et Vaugirard, et dans la plaine de Grenelle, où l'on bâtit un nouvel hôpital. Malvedi, professeur de mathématiques au Collége royal et l'un des meilleurs médecins de l'époque, se consacra tout entier au service des pestiférés. Malgré son habileté et ses soins on calcula que la contagion fit périr à Paris environ quarante mille personnes, la plupart de la classe pauvre. Mais la peur du mal fut en quelque sorte plus grande que le mal même; tous les habitants s'enfuirent et livrèrent la ville presque déserte aux voleurs, qui pillaient les maisons les armes à la main sans que les magistrats pussent s'y oppposer. Le premier président, Christophe de Thou, refusa d'abandonner son poste; il se promena tous les jours en carrosse dans les rues, haranguant le peuple et veillant au bon ordre. Le commerce souffrit beaucoup, car personne, pas même les marchands forains, n'osa rentrer à Paris pendant six mois, et les ouvriers, sans ouvrage et sans pain, passaient le temps à jouer aux quilles dans les rues, sur les ponts et dans les salles du palais, et mouraient ensuite de misère.

La contagion fit encore plus de ravages, eu égard à la population, dans les petites villes qui avoisinent la capitale.

En cette même année la place de gouverneur de Paris, vacante par la mort du duc de Montmorency, fut donnée à René de Villequier, premier gentilhomme de la chambre du roi. Il fut reçu solennellement à l'Hôtel-de-Ville le 19 janvier. Les trois compagnies d'archers furent rangées en haie depuis la porte de la maison commune jusqu'à la rue de la Vannerie. Le prévôt des marchands et les autres officiers municipaux, revêtus de leurs costumes, reçurent le nouveau gouverneur à la première porte de l'Hôtel-de-Ville, et le conduisirent par le grand escalier, décoré de guirlandes de lierre, jusqu'à la grande salle. Villequier s'assit sous un dais qui avait été disposé, fit une courte harangue et présenta au bureau de la ville les lettres royales qui le nommaient gouverneur de Paris et de l'Ile-de-France. Lecture en fut faite ; puis cette cérémonie se termina par une collation magnifique (1).

De splendides fêtes eurent lieu à Paris à l'occasion du mariage du duc de Joyeuse, favori du roi, qui épousait Marguerite de Lorraine, sœur de la reine de France. Il y eut des joutes et des feux d'artifices. La reine donna au Louvre un repas qui se termina par un ballet où figuraient Circé et ses nymphes, « qui fut le plus beau, le mieux ordonné et le plus dextrement exécuté qu'on eust encore vu. » Le lendemain et le surlendemain se passèrent en fêtes militaires ; dans une belle et grande lice élevée au milieu

(1) M. de Gaulle, *Histoire de Paris*, t. III, p. 446-447. — Félibien, t. II, p. 1141.

des jardins du Louvre, le roi « exécuta son combat de quatorze blancs contre quatorze jaunes, à huit heures du soir, à la lumière des torches et flambeaux. Pour la fin des ballets et des carrousels, fut fait le jeudi 19 octobre le *ballet des Chevaux,* » pour lequel on avait, depuis cinq ou six mois, dressé des chevaux d'Espagne qui s'avançaient, se retiraient et se contournaient en cadence au son de la trompette et du clairon. « Tout cela fut beau et plaisant, dit l'Estoile ; mais la plus grande excellence de tout ce qui se vit fut la musique de voix et d'instruments, la plus harmonieuse et la plus déliée qu'homme y assistant eust jamais ouïe ni entendue ; et aussi les feux d'artifice, qui éclatèrent et brillèrent avec un incroyable épouvantement, à la grande satisfaction de toutes les personnes qui les virent. »

En 1581 deux envoyés du grand-seigneur vinrent à la cour de Henri III, qui les reçut fort bien et les traita magnifiquement. Le premier objet, ou, si l'on veut, le prétexte de leur mission dut paraître un peu étrange ; ils venaient prier le roi de France d'*assister* à la cérémonie de la circoncision du fils aîné du grand-seigneur, qui devait se célébrer solennellement dans la ville de Constantinople au mois de mai suivant, et en même temps, ce qui était à la fois plus important et moins difficile, ils demandaient le renouvellement de l'ancienne alliance de la France avec la Porte. Ils furent logés pendant leur séjour à Paris, au faubourg Saint-Germain, dans la rue de Seine, et le 10 décembre ils reprirent, chargés de présents, le chemin de Constantinople.

En 1582 arrivèrent à Paris les ambassadeurs des treize cantons suisses, chargés de réclamer le payement de cinq ou six cent mille écus que leur devait le roi et en même temps de renouveler l'alliance conclue entre leur pays et la France. « Le roi, contre la coutume, fit aller le prévôt des marchands et échevins au-devant d'eux, avec leurs robes my-parties de rouge et tanné. » Henri III voulait, dit-on, donner aux ambassadeurs suisses une grande marque de déférence et les traiter avec les honneurs qu'on ne rendait qu'aux têtes couronnées ou aux princes ; aussi le roi, ne bornant pas là ses soins pour eux, chargea le prévôt des marchands du soin de les loger, de les nourrir et de les distraire pendant le séjour qu'ils feraient dans la capitale. Les magistrats municipaux firent de leur mieux pour être agréables aux députés suisses; on les mena de fête en fête, leur faisant visiter toutes les curiosités et antiquités de Paris, et surtout garnissant leurs tables de bons mets et d'excellents vins. Les députés suisses se firent remarquer par leur extrême appétit, ce qui amena des quolibets de toute espèce, tant à la cour qu'à la ville; on les comblait de caresses, mais en même temps on se racontait tout bas et en persiflant le nombre de quartes d'hypocras qu'ils avaient bu, on plaisantait sur la quantité de pâtés qu'ils avaient consommés. Enfin les Suisses, pendant leur séjour, qui leur fut fort agréable, occupèrent beaucoup les Parisiens, qui en firent le principal sujet de leurs conversations; on suivait toutes leurs excursions, on se répétait toutes les naïvetés qui avaient pu leur échapper.

« Tant qu'ils demeurèrent à Paris, dit Malingre, tous les jours leur furent envoyés de l'hôtel de ville treize pâtés de jambons de Mayence, treize quartes d'hypocras, blanc et clairet, quarante flambeaux de cire, et ce par commandement du roy, qui, pour soulager d'autant la ville de cette dépense et du festin qu'elle leur fit, donna quatre mille écus. » Nous ne savons trop si Henri III soulagea réellement la ville de la dépense qu'elle fit, mais nous savons, par ce que nous dit Malingre, que pour le temps elle fut considérable, et que les députés suisses durent se trouver fort satisfaits des procédés du roi et surtout de ceux de l'hôtel de ville.

Le 14 mars 1582 le roi fit mander au Louvre le prévôt des marchands et les échevins et leur demanda instamment cinquante mille écus de don gratuit. (*Journal de l'Estoile*, livre II, chap. IV.) Il alla plus loin, et l'Estoile, dans son *Journal*, nous apprend qu'aux mois de mars 1582 et de septembre 1584 il se rendit chez Jean de Vigny, receveur de la ville, et s'empara de sa recette. Le conseil de ville, alarmé à juste titre par de pareils procédés, se décida à lui adresser des remontrances, dans lesquelles il déclarait que, sous Louis XI, François Ier, Henri II et Charles IX, la ville de Paris, ayant été taxée aussi fortement que les autres villes, avait adressé une requête au roi pour lui demander, en considération des priviléges dont jouissait Paris, la remise des sommes dont on voulait la grever.

Henri III ne voulut pas tenir compte des remontrances de l'hôtel de ville; il déclara de bonne prise les sommes qu'il avait enlevées chez de Vigny et donna l'ordre de cesser toute délibération sur cette matière; mais le conseil de ville ne se tint pas pour satisfait d'un pareil ordre, et il fit au roi de nouvelles remontrances qui furent appuyées par soixante membres du Parlement.

« Ils lui firent entendre hautement et librement, dit l'Estoile, que les pauvres veuves et orphelins qui avaient tout leur bien sur la ville criaient contre lui, et demanderaient vengeance à Dieu de ce qu'il leur retiendrait les moyens de vivre et d'avoir du pain en un temps si cher et si misérable. »

Sur ces entrefaites, en 1584, mourut le duc d'Anjou, dernier frère du roi, et, ce prince n'ayant pas d'enfants, Henri de Bourbon, roi de Navarre, chef du parti calviniste, fut proclamé héritier du trône.

Les catholiques comprirent le danger qui les menaçait et se rallièrent énergiquement à leurs chefs, les princes de la maison de Lorraine. Une affiliation de la Ligue se forma à Paris, par les soins d'Hotoman, dit La Roche-Bond, bourgeois de la ville, assisté de plusieurs ecclésiastiques du diocèse. Bien que se rattachant à la ligue déjà constituée à Péronne, la nouvelle association se cherchait surtout un point d'appui dans la bourgeoisie parisienne et semblait se rattacher à un système moins général. Dès le mois d'octobre ce comité catholique eut pour principaux membres un avocat nommé d'Orléans; Acarie, maître des comptes; Compan, marchand; Caumont, avocat; Ménager, avocat; Crucé, procureur; Manouvrier, de la famille des Hennequin; d'Effiat, gentilhomme d'Auvergne; Jean Pelletier, curé de Saint-Jacques la Boucherie; Guincestre, curé de Saint-Germain; Bussy Le Clerc, Emonet, La Chapelle, tous trois procureurs; Louchaud, commissaire; le notaire La Morlière et les deux frères Roland. Cette association, d'abord secrète, était dirigée par un conseil de six membres, présidé par La Roche-Bond. Les réunions, pour ne pas éveiller les soupçons de l'autorité, se tenaient en différents lieux, savoir : aux Chartreux, à la Sorbonne et au collège de Forteret, surnommé plus tard « berceau de la Ligue. » En peu de temps le nombre des sociétaires s'accrut dans une progression rapide, et tous s'engagèrent à la même cause par des serments mutuels.

Les ligueurs de Paris se mirent sans retard en rapport avec la Sainte-Union, placée sous la direction des Guises. Les uns et les autres, tandis que les protestants sollicitaient la protection d'Élisabeth d'Angleterre, s'entendirent pour s'assurer du concours du roi d'Espagne.

Henri III, comme pour rassurer les catholiques, organisait des confréries de *Pénitents* et s'y affiliait lui-même. Ces pénitents revêtaient une espèce de sac qui descendait jusqu'aux talons; un capuchon percé seulement à l'endroit des yeux leur enveloppait entièrement la tête et leur masquait le visage. Il y avait des pénitents noirs, blancs, verts et bleus; on les désignait ainsi d'après la couleur de leur sac. A la ceinture ils portaient un grand chapelet de têtes de mort et une longue discipline. Les processions se faisaient le soir ou la nuit; les pénitents allaient d'église en église, récitant sur un ton lugubre des litanies et des psaumes. Trop souvent, à cette époque de corruption et de désordre, les jeunes courtisans profanaient la pieuse institution des confréries en s'y associant pour commettre impunément des actes de débauche, favorisés par le déguisement.

Ces manifestations, qui ne trompaient guère le clergé et les hommes de bonne foi, se multiplièrent à l'infini; le peuple les nommait *processions blanches*. On rencontrait sur toutes les routes des confréries de pénitents qui visitaient les lieux de dévotion pour que le Ciel mît un terme à la peste, dont les ravages continuaient d'être effrayants à Paris. Ces processions donnaient lieu à de graves désordres; Paris était chaque jour ensanglanté; on volait et on assassinait en plein jour et dans les quartiers les plus fréquentés. En même temps l'insolence des exaltés augmentait. On appelait le roi *vilain Hérodes*, anagramme d'*Henri de Valois*; on publiait des satires et des libelles contre la cour, et quelques mécontents plus audacieux écrivirent un jour avec du charbon dans la *chapelle des Battus*, à l'église des Augustins, le quatrain suivant:

> Les os des pauvres trépassés,
> Qu'on te peint en croix bourguignonne,
> Montrent que tes heurs sont passés
> Et que tu perdras la couronne.

Au milieu de ces désordres Henri III inventait de nouveaux plaisirs; il ne quittait l'habit de pénitent et son gros chapelet à têtes de mort que pour prendre le masque et courir les rues de Paris avec ses mignons, « renversant les passants, battant les autres à coups de bâton et de perche, particulièrement ceux qu'ils rencontroient masqués comme eux, pour ce que le roi vouloit seul avoir privilége d'aller par les rues en masque. »

Sous le règne de ce prince sans dignité et sans énergie il y eut à Paris une émeute populaire produite par la municipalité elle-même. Le prévôt des marchands et les échevins demandaient au clergé le payement de certaines rentes exigées en vertu d'un contrat qu'ils prétendaient avoir été consenti en faveur du roi. Le clergé désavouait ce contrat et refusait d'acquitter les rentes; mais, voyant que ce refus causait du trouble dans la ville, il se soumit à les payer pendant dix ans. Peu d'années après cet incident on adopta à Paris la célèbre réforme du calendrier que le pape Grégoire XIII avait fait préparer par une assemblée des plus célèbres astronomes du seizième siècle.

Cependant les passions religieuses étaient plus que jamais en éveil; de nouvelles hostilités éclatèrent et prirent le nom de *guerre des trois Henris*, du nom des chefs de chaque parti : Henri III pour la cour et les *politiques*, Henri de Guise pour la Ligue, Henri de Navarre pour les protestants. Les ligueurs se rendirent maîtres de plusieurs places et contraignirent le roi à révoquer les priviléges accordés aux protestants.

A Paris l'organisation de la Ligue s'était rapidement développée et régularisée; la bourgeoisie, le clergé, le peuple se montraient également indignés des désordres et de la trahison de Henri III, également déterminés à ne point permettre à un huguenot de monter sur le trône. Les agents de l'autorité et de la force publique, qui, à un titre quelconque, relevaient de la ville, étaient pour la plupart secrètement dévoués à la Sainte-Union; on pouvait compter sur la majorité de la garde bourgeoise, sur un grand nombre de quarteniers, de dizainiers, de centeniers, mais surtout on avait pour soi les corporations et les confréries. C'était beaucoup à une époque où la plupart des magistrats et des officiers de ville tenaient leur autorité de l'élection et où leur pouvoir s'exerçait sans contrôle. L'organisation de la Ligue fut donc aisément adaptée au système municipal de Paris. Cette capitale était divisée en seize quartiers; le comité directeur de l'Union choisit seize affidés dans le sein de l'association, et confia à chacun d'eux le soin de présider les conciliabules et de stimuler le zèle des ligueurs de sa circonscription. Ce fut l'origine d'une organisation puissante, composée d'hommes d'action, sentinelles avancées du parti, et dont les chefs furent appelés « les Seize. » Un homme influent dans chaque état et dans chaque corporation eut charge d'initier les catholiques les plus dévoués de cette agrégation et de les affilier à la Ligue. Tandis que la Sainte-Union se développait à Paris sous la direction des Seize, un mouvement analogue s'accomplissait dans la plupart des grandes villes du royaume.

Le 11 août 1585 Henri III manda au Louvre plusieurs notables catholiques, membres du clergé et du Parlement, et leur annonça qu'il allait exiger de la ville, des différents ordres et du pays, de nouveaux subsides, seuls moyens qui lui permissent de continuer la lutte contre les protestants.

Tandis que la guerre ensanglantait les provinces, la famine et les maladies contagieuses désolaient Paris. On fut contraint d'envoyer deux mille pauvres à l'hôpital de Grenelle, pour y être nourris aux dépens du roi, qui faisait distribuer tous les jours 5 sous à chacun. Mais ces malheureux se dispersaient dans toute la ville ; alors les bourgeois se cotisèrent pour faire travailler les mendiants valides et nourrir les malades. Enfin on eut recours, dans ces tristes circonstances, aux prières publiques et aux processions. Le mardi 21 juillet 1587, le cardinal de Bourbon, abbé de Saint-Germain des Prés, ordonna une procession solennelle. A la tête du cortége étaient les enfants du faubourg, garçons et filles, la plupart vêtus de blanc et pieds nus, et portant un cierge à la main. Venaient ensuite les Capucins, les Augustins, les Cordeliers, les pénitents blancs et le clergé de Saint-Sulpice, qui précédaient les religieux de l'abbaye. Plusieurs reliques, notamment la châsse de sainte Geneviève, étaient portées par des hommes *nuds en chemise et couronnez de fleurs.* Le roi, qui assistait à cette solennité dans les rangs des pénitents blancs, fut très-content, et il en fit l'éloge pendant le dîner. « Le cardinal de Bourbon, mon cousin, dit-il, en a tout l'honneur. C'est un bonhomme. Je désirerais que tous les catholiques de mon royaume lui ressemblassent; nous ne serions pas en peine de monter à cheval pour combattre les reîtres. »

La ligue de Paris, en deux ans, avait pris un développement redoutable. Le conseil des *Seize*, qui la dirigeait, lui avait recruté des affiliés et des soldats dans toutes les classes de la population, et déjà il se trouvait en mesure de transmettre le mot d'ordre aux affiliations établies dans les provinces. Fort du nombre de ses affidés, appuyé sur le dévouement énergique des corporations, des confréries, des corps d'état et des métiers, il était à la veille d'arborer son drapeau et de dicter ses conditions. Un prétexte immédiat manquait d'ailleurs aux Seize pour donner le signal d'un soulèvement armé. Fallait-il s'emparer de la personne du roi et déférer l'exercice du pouvoir au duc de Mayenne, frère du duc de Guise? Cette détermination hardie plaisait aux ligueurs, mais on pouvait craindre de rencontrer de sérieux obstacles et de déchaîner les passions populaires, toujours désordonnées, toujours au service du mal. Les Seize préféraient s'en tenir à une démonstration moins agressive, c'est-à-dire à l'établissement de barricades dans tous les quartiers, afin de mettre la ville en état de défense contre le roi. Ce plan fut adopté; mais Henri III, prévenu à temps, introduisit dans Paris de grands renforts de troupes, et pour le moment tout projet d'insurrection dut être ajourné.

La guerre, un moment suspendue par la trêve de Saint-Bris, ne tarda pas à recommencer. Le duc de Joyeuse, l'un des favoris de Henri III, présenta la bataille à Henri de Navarre dans les plaines de Coutras, le 20 octobre 1587. L'armée royaliste étalait un luxe scandaleux, de vaines parures, un courage efféminé et vaniteux; les troupes protestantes faisaient parade d'un sombre et austère fanatisme. Avant l'action les huguenots s'agenouillèrent pour prier Dieu; les soldats de Joyeuse se plongèrent dans la débauche, à l'exemple de leur chef. Dieu ne voulut pas bénir leurs mains impures et permit que les protestants remportassent une éclatante victoire. Le roi de Navarre honora sa fortune par la modération généreuse dont il fit preuve envers les vaincus. On venait de voir ce que les soldats de la cour pouvaient faire pour défendre la foi; ceux de la Ligue se montrèrent plus dignes de leur mission. Guise remporta deux victoires, à Vimori et à Auneau, sur une armée allemande qui traversait la France pour secourir les huguenots. Henri III, s'étant mis en campagne, obtint quelques avantages, mais ce fut en vain pour sa popularité. Le parti national tout entier se donnait aux Guises, et le *Balafré* fut reçu à Paris comme le sauveur du pays. La foule chantait, sur le passage du roi et de l'audacieux sujet, ces paroles des livres saints : *Saül en a tué mille et David dix mille*. Le Saül de la France dévora en silence cet outrage. Le parti des Seize triomphait; il avait humilié le roi. Ce n'était point assez pour lui : dans la prévision d'un règne calviniste, il avait hâte de changer l'ordre de succession, même sans attendre la mort de Henri III. Guise lui-même était dépassé par ses partisans; son ambition ne demandait à être satisfaite que par l'ordre naturel des événements, mais la multitude était plus pressée. Et ce n'était pas seulement la multitude, car déjà la Sorbonne avait déclaré qu'*on pouvait ôter le gouvernement aux princes qui manquaient à leur mandat, comme l'administration aux tuteurs dont on avait à se plaindre.*

Profondément irrité de cette déclaration de la Sorbonne, Henri III manda au Louvre (30 décembre) le parlement de Paris et la faculté de théologie; en présence de ces magistrats et de ces ecclésiastiques il reprocha sévèrement aux docteurs leur *insolente et effrénée licence de prêcher;* il interpella avec colère le collége de Sorbonne sur la hardiesse de sa décision récente; puis, se bornant à des reproches, il leur dit qu'il consentait à leur pardonner, à la condition que pour l'avenir ils tiendraient compte de ses avertissements. C'était l'attitude d'un roi faible et timide, et non celle d'un maître qui veut être obéi; son mécontentement n'inspira aucune crainte et ne réveilla aucun respect. C'est dans de telles circonstances que s'ouvrit l'année 1588.

Bien pénétré des dangers de sa situation, Henri III cherchait à se mettre en mesure de soutenir la lutte. Dans ce but il concentra des troupes autour de Paris et donna ordre à quatre mille Suisses, alors cantonnés à Lagny, de rétrograder jusqu'au faubourg Saint-Denis. « Avant d'irriter la guêpe, lui avait dit la reine-mère, il faut bien se couvrir le visage. » Dirigé par ce conseil, Henri décida que les gardes-françaises seraient mises au complet, qu'on augmenterait le nombre des archers, qu'on s'approvisionnerait d'armes et de munitions de guerre, et que le duc d'Épernon, récemment nommé gouverneur de Normandie, irait prendre possession de cette province et s'assurer de Rouen et du Havre. Le conseil des Seize, averti des dispositions du roi, résolut de ne point en attendre l'effet et de hâter les événements; sur-le-champ donc il dépêcha l'échevin Brigart vers le duc de Guise pour l'informer des préparatifs du gouvernement et l'inviter à venir se mettre à la tête du peuple de Paris. En ce moment Henri de Guise se trouvait à Soissons, et un ordre du roi lui intimait de ne point reparaître dans la capitale sans une autorisation en bonne forme.

Le duc de Guise, fier du populaire surnom de *Balafré*, n'avait ni le génie, ni l'intelligence, ni la vive piété de son père, mais il n'était point indigne de l'honneur que lui faisait le peuple de Paris en se plaçant sous sa garde. Jeune encore, beau, brave, habile aux choses de la guerre, initié aux secrets de la politique et assez maître de lui-même pour ne rien laisser échapper de sa pensée, il s'appuyait sur la cause catholique comme sur le plus puissant élément de force; mais, par delà le triomphe de la foi orthodoxe, il entrevoyait sans déplaisir l'avénement de sa famille au trône de France. Les temps semblaient de retour où la race de Pépin d'Héristal avait pu faire disparaître sans résistance les derniers successeurs de Clovis; où Hugues Capet, duc de France, s'était trouvé assez fort pour déposséder de la royauté le légitime héritier de Charlemagne. La maison de Lorraine méditait contre les Valois et les Bourbons une œuvre semblable ; elle n'était point fâchée de se poser comme représentant les vieux droits des Carlovingiens, et *le Balafré*, son chef politique, se sentait porté au faîte de l'État par le flot de la popularité. *La France*, dit naïvement un historien, *étoit folle de cet homme ; pour mieux dire, elle en étoit amoureuse.*

Le roi avait fait signifier au duc de Guise l'ordre de ne point mettre le pied à Paris ; mais Bellièvre, chargé de cette mission, n'osa la remplir entièrement, car tous les esprits étaient indécis. Catherine de Médicis avait dit à Bellièvre : « Si le duc ne vient, le roi est si en colère qu'un monde de gens d'importance sont perdus. » Mais Henri III fit défendre de nouveau au duc de venir à Paris. En même temps il fit appeler les principaux d'entre les coalisés et leur fit de violentes menaces.

Le 9 mai 1588, vers l'heure de midi ; le roi était au Louvre, causant avec le capitaine Alphonse Corsi, lorsqu'on vint lui dire que le duc de Guise traversait Paris aux acclamations du peuple. En effet, pressé par les sollicitations des Seize, qui lui avaient dépêché à Soissons l'avocat François Brigart, *le courrier de la Sainte-Union*, pour le supplier de venir se mettre à la tête de la Ligue en danger, le duc de Guise, après avoir un instant balancé, s'était décidé à ne point tenir compte des ordres du roi. Il entra à Paris accompagné seulement de sept personnes et de Brigart. « Mais, dit l'historien Davila, comme une pelote de neige s'augmente en roulant et devient bientôt aussi grosse que la montagne d'où elle s'est détachée, de même, au premier bruit de son arrivée, les Parisiens quittèrent

leurs maisons pour le suivre, et en un moment la foule
s'accrut de manière qu'avant d'être au milieu de la ville
il avoit déjà plus de trente mille personnes autour de lui. »
Sur son passage, les cris du peuple retentissaient jusqu'au
ciel; jamais on n'avait tant crié *Vive le roi!* qu'on criait
alors *Vive Guise!* L'un l'embrassait, un autre le remer-
ciait, un autre se courbait devant lui; on baisait les plis
de ses vêtements, et ceux qui ne pouvaient l'atteindre
s'efforçaient du moins, en élevant les mains et par tous
les mouvements de leur corps, de témoigner leur allégresse. On en vit plusieurs qui, l'adorant comme un saint,
le touchaient de leurs chapelets, qu'ils portaient ensuite à
leur bouche ou à leurs yeux. De toutes les fenêtres les
femmes répandaient les fleurs et bénissaient son arrivée;
l'une d'elles (d'Aubigné nomme la demoiselle de Vitry,
dame d'honneur de la reine), abaissant son masque, lui
cria : « Bon prince, puisque tu es ici, nous sommes tous
sauvés. » Pour lui, le sourire sur la bouche, montrant à
tous un visage prévenant, il répondit à chacun d'une manière affectueuse, ou par des paroles, ou par le geste, ou
par le regard. Il traversait la foule la tête découverte; il
n'omettait rien pour se concilier de plus en plus la bien-
veillance et les applaudissements populaires. De cette
manière, sans s'arrêter à sa maison, il alla tout droit descendre de cheval à Saint-Eustache, au palais de la reine-
mère (c'était auparavant le couvent des Filles repenties,
depuis l'hôtel de Soissons). La reine, étonnée de son
arrivée imprévue, parce que Bellièvre, qui l'avait précédé
de trois heures seulement, avait cru l'avoir dissuadé,
le reçut toute tremblante, avec un visage pâle, ayant
presque, contre son usage, perdu sa présence d'esprit.

Henri de Guise se montra modeste et respectueux, sans se résigner à aucune concession. Bientôt après il se dirigea vers le Louvre. A sa vue la colère du roi se ranima, mais c'était là une fureur impuissante.

De part et d'autre on engagea des pourparlers, oubliant qu'il fallait agir. Le 10 et le 11 mai ces conférences stériles recommencèrent, mais on ne put rien conclure, et le roi, qui avait peu à peu introduit des troupes dans Paris, se montra moins disposé que la veille à écouter les propositions du Balafré. Des deux côtés on s'attendait à une collision sanglante; les partis étaient en présence, et on s'exaltait par les rumeurs exagérées ou mensongères qu'enfantent nécessairement de pareilles situations. On répandait dans les rangs de la multitude le bruit que le roi songeait à s'assurer de la personne de ses principaux ennemis; on disait qu'il allait d'une heure à l'autre faire périr les uns par le poignard, les autres par le supplice; la présence des troupes accréditait ces alarmes.

Cependant Henri III se croyait en mesure de soutenir la lutte. Les gardes suisses et les troupes royales mandées par ses ordres arrivèrent à Paris le 12 mai de grand matin et prirent position à la Grève, au Marché-Neuf et dans le cimetière des Innocents, où se trouvait un poste confié d'ordinaire à quatre compagnies bourgeoises qui l'avaient déserté pendant la nuit précédente. Les gardes-françaises se rangèrent en bataille sur le Petit-Pont, le pont Saint-Michel et le pont Notre-Dame. Crillon, qui commandait cette petite armée, voulait aussi s'emparer de la place Maubert, mais il avait reçu l'ordre exprès de ne point employer la violence, et cette place, centre du quartier des écoles, étant couverte d'une multitude en armes, il fut obligé, contrairement à son opinion, de se retirer. Le peuple, voyant qu'on n'osait l'attaquer, s'enhardit; chacun se rendit au poste qu'on lui avait assigné; les étudiants s'attroupèrent en grand nombre et s'établirent sur la place Maubert, sous les ordres d'un capitaine. Bientôt les quartiers qui avoisinaient Saint-Séverin furent remplis de bandes armées; on barricada les avenues, et le lieutenant du roi Crillon, chargé tardivement d'occuper cette partie de la ville, fut contraint de rétrograder avec ses hommes. A huit heures du matin la foule remplissait les rues, se pressait autour des Suisses, et de part et d'autre on échangeait des paroles menaçantes ou injurieuses. Ainsi se passa la première moitié de la journée; les deux partis s'observaient depuis le matin, sans qu'aucune collision eût encore éclaté. Henri III restait enfermé dans le Louvre, où il affectait une grande confiance et montrait même plus de gaieté que de coutume. Plusieurs parlementaires lui avaient été envoyés par les bourgeois pour le prier de faire retirer les troupes; mais, refusant de rien entendre, il avait répondu qu'il se ferait obéir et serait le maître. De son côté le duc de Guise ne s'aventurait pas au milieu des masses; toujours circonspect, il évitait de se prononcer trop ouvertement; sans mettre en doute le dévouement du peuple pour sa personne, il pensait que « ce même peuple, qui n'entend pas trop ce que c'est que la guerre ny de l'exécution des grandes entreprises, souventes fois saigne du nez, et ne sait vaillamment exécuter ny soutenir ce qu'il a prétendu et délibéré, quand ce vient au fait. » Vers midi les choses changèrent de face; une escarmouche sérieuse s'engagea sur le pont Saint-Michel entre les soldats et le peuple. Les Suisses d'abord eurent le dessus et refoulèrent vivement les bourgeois; mais ceux-ci, ayant été ralliés par quelques gentilshommes au bruit de la mousqueterie, revinrent à la charge, et les gardes, assaillis de tous côtés, même des fenêtres, d'où on les accablait de projectiles, se retirèrent en désordre et envoyèrent demander au Louvre qu'on vînt les dégager. Ce mouvement était décisif. En quelques instants l'alarme fut donnée dans tous les quartiers; le tocsin sonna à Saint-Séverin, à Saint-André, à Saint-Pierre des Arcis, et des barricades s'élevèrent, comme par enchantement, dans toutes les rues. En même temps des hommes armés de mousquets et d'arquebuses se montrèrent à toutes les fenêtres, de telle sorte que les gardes-françaises et suisses, prises en tête et en queue, enveloppées de toutes parts, ne pouvaient ni rétrograder ni avancer.

Une attaque générale fut ordonnée; on se battit sur la rive gauche, au Petit-Châtelet, sur la place de Grève, et sur tous les points l'avantage resta aux ligueurs et au peuple. Les Suisses se replièrent, demandant merci, mais on leur tua du monde. À la hauteur de la Madeleine, une de leurs compagnies ayant fait feu sur les bourgeois, la vue du sang versé transporta le peuple de colère, et il y eut de nombreuses victimes. « Or, dit une chronique contemporaine, Henry III, averti de ce qui se passoit, ne s'en émust nullement; mais les roynes en furent-elles grandement estonnées, et singulièrement la royne-mère, laquelle tout le long de son disner ne fit que pleurer à grosses larmes. »

Cette situation ne pouvait se prolonger davantage. Mis à la merci du duc de Guise, le roi députa vers lui le maréchal de Biron. La mission était délicate et coûtait à l'orgueil du maréchal ; mais il fallait avant tout désarmer la bourgeoisie. Biron se rendit à l'hôtel du duc de Guise. Après avoir échangé quelques paroles avec lui, le Balafré ajouta : « C'est à ceux qui ont allumé le feu de l'éteindre. » Le maréchal insista en faisant valoir les ordres du roi.

Il était cinq heures. Cédant aux injonctions réitérées que lui transmettait Biron, le duc de Guise sortit à pied, vêtu d'un pourpoint de satin blanc, sans autre arme que son épée et escorté de quelques gentilshommes. Sur son passage la multitude se livrait à des transports de joie. Arrivé vers la place de Grève, où les Suisses étaient en danger de mort, le Balafré n'eut qu'un signe à faire, et le peuple, posant les armes, laissa fuir les prisonniers. Aux Innocents, au Petit-Pont, au Marché-Neuf, Guise rencontra la même obéissance et sauva la vie aux troupes royales. Le cri de *Vive Guise !* était le seul que fît retentir la population, et le Balafré, intimidé par sa propre gloire, cherchait à calmer la bourgeoisie en répétant sans cesse : « C'est assez, Messieurs; c'est trop, mes amis! Vous me perdez. Criez : *Vive le roi !* » La nuit étant venue, on alluma des feux dans les rues et les maisons furent spontanément illuminées. Les bourgeois et les ouvriers n'en veillèrent pas moins auprès des barricades jusqu'au matin, et, dans la crainte d'une attaque nocturne, le prévôt des marchands, au lieu de donner le mot d'ordre au nom du roi, le transmit aux insurgés au nom du duc de Guise. Quant au Balafré, devenu maître de Paris, il songeait à faire face à de prochains dangers; dans ce but il mandait à l'un de ses principaux affidés : « Avertissez nos amis de nous venir trouver en la plus grande diligence, avec chevaux et armes, et sans bagages; ils le pourront faire aisément, car je crois que les chemins sont libres. » Puis il ajoutait, dans l'enthousiasme de sa fortune : « J'ai défait les Suisses, j'ai taillé en pièces une partie des gardes du roi, et je tiens le Louvre investi de si près que je rendrai bon compte de ce qui est dedans. Cette victoire est si grande qu'il en sera mémoire à jamais (1). » Henri III n'avait plus qu'à subir la dure loi de la nécessité; assiégé par les troupes de la Ligue, enfermé dans le Louvre, il donna ordre aux Suisses et à ses gardes de ne pas résister plus longtemps.

Pour lui, bien déterminé à ne pas subir l'humiliation de reconnaître la victoire de Guise et d'obéir à un sujet rebelle, il s'enfuit clandestinement de Paris, jurant qu'il n'y rentrerait que par la brèche. Il ne devait plus y rentrer.

En apprenant la fuite du roi Guise ne songea plus qu'à se rendre maître de Paris, tout en protestant qu'il n'avait d'autre but que le bien public et le service du roi. Il fit enlever partout les barricades, apaisa le peuple et engagea les magistrats à revenir siéger au palais; mais en même temps il s'empara des deux Châtelets, du Temple, de l'Arsenal, de la Bastille et de Vincennes. Laurent Testu, chevalier du guet, qui commandait la Bastille, abandonna lâchement son poste; il fut remplacé par Bussy Le Clerc, l'un des plus fougueux ligueurs. En même temps les ennemis de la maison de Guise étaient jetés en prison; parmi eux était Nicolas Hector, sieur de Péreuse, maître des requêtes et prévôt des marchands. Les échevins Louis Saint-Yon, Pierre Lugoli et Jean Lecomte furent des-

---

(1) *Mémoires de la Ligue*, t. II, p. 313.

titués, et le conseil des Seize, établi à l'Hôtel-de-Ville, nomma le cardinal de Bourbon gouverneur de Paris et procéda à l'élection d'une nouvelle municipalité. Pierre Clausse, seigneur de Miraumont, ayant refusé les fonctions de prévôt, comme *domestique* du duc de Guise, on nomma à sa place La Chapelle-Marteau, maître des Comptes, et pour échevins Nicolas Rolland, ancien conseiller, Jean de Compans, François de Cotte-Blanche et Robert Desprez. François Brigart fut choisi pour procureur du roi et de la ville. Les nouveaux magistrats, quoique ligueurs pour la plupart, protestèrent, sans doute par politique, qu'ils n'acceptaient leurs fonctions que sous le bon plaisir du roi, et, depuis, firent confirmer leur élection par Henri III. Le duc de Guise changea tous les officiers de l'Hôtel-de-Ville et donna ordre aux gardiens des portes de ne laisser sortir personne sans un passeport du prévôt des marchands ou de l'un des échevins. Enfin la faction des Seize, n'ayant pu attirer dans son parti Aubri Séguier, lieutenant civil, l'obligea de sortir de Paris, et le remplaça par l'un de ses partisans, Labruyère, lieutenant particulier.

Malgré le succès de la *journée des barricades*, le duc de Guise, déconcerté par la fuite du roi, parut reculer devant les dernières conséquences de la révolte et ne songea qu'à justifier sa conduite. Il montra une grande habileté dans son apologie, tandis que le roi avait un ton humble et soumis, « comme s'il avoit peur, dit un écrivain du temps, que M. de Guise fût offensé de ce qu'il ne s'étoit pas laissé prendre dans le Louvre, mais s'en étoit enfui. » Le duc entra en conférences avec la reine-mère, qui voulait le réconcilier avec son fils, et les ligueurs, pour rappeler le roi à Paris, décidèrent qu'on irait implorer son pardon. Guise autorisa une démarche qui replacerait le monarque entre ses mains. Aussitôt la fameuse confrérie des pénitents, autrefois si chère à Henri, partit à pied de la capitale et vint le trouver à Chartres. Voici la description que donne l'historien de Thou de cette singulière procession : « A la tête paroissoit un homme à grande barbe sale et crasseuse, couvert d'un cilice, et par-dessus un large baudrier d'où pendoit un sabre recourbé ; d'une vieille trompette rouillée il tiroit par intervalles des sons aigres et discordants. Après lui marchoient fièrement trois autres hommes, aussi malpropres, ayant chacun en tête une marmite grasse au lieu de casque, portant sur leur cilice des cottes de mailles, avec des brassards et des gantelets ; ils avoient pour armes de vieilles hallebardes rouillées. Ces trois rodomonts rouloient des yeux hagards et furibonds, et se démenoient beaucoup pour écarter la foule accourue à ce spectacle. Après eux venoit frère Ange de Joyeuse, courtisan qui s'étoit fait Capucin l'année précédente. On lui avait persuadé, pour attendrir Henri, de représenter dans cette procession le Sauveur montant au Calvaire ; il s'étoit laissé lier les mains et peindre sur le visage des gouttes de sang qui sembloient découler de sa tête couronnée d'épines ; il paroissoit ne traîner qu'avec peine une longue croix de carton peint, et se laissoit tomber par intervalles, poussant des gémissements lamentables. A ses côtés marchoient deux jeunes Capucins, revêtus d'aubes, représentant l'un la Vierge, l'autre la Madeleine. Ils tournoient dévotement les yeux vers le ciel, faisant couler quelques fausses larmes, et, toutes les fois que frère Ange se laissoit

tomber, ils se prosternoient devant lui en cadence. Quatre satellites fort ressemblants aux trois premiers tenoient la corde dont frère Ange étoit garrotté, et le frappoient à coups de fouet qui s'entendoient de très loin. Une longue suite de pénitents fermoit cette marche comique. » L'étrange ambassade des ligueurs fut suivie d'une députation du parlement de Paris, que le roi remercia en exhortant les magistrats à continuer de le bien servir. « Je sais, leur
« dit-il, que, s'il eût été en votre puissance de *donner*
« *ordre au désordre* de Paris, vous l'eussiez fait; je ne
« suis pas le premier à qui de tels malheurs sont arrivés.
« Toutefois je serai toujours bon père à ceux qui me
« seront bons enfants. Je traiterai toujours les habitants
« de ma bonne ville de Paris, en cette qualité de père,
« comme fils qui ont failli contre leur devoir, et non
« comme valets qui ont conjuré contre leur maître.
« Continuez vos charges, ainsi que vous l'avez accoutumé,
« et recevez de la bouche de la reine ma mère les com-
« mandements et intentions de ma volonté. » Ces paroles étaient modérées, elles étaient dignes, et ceux qui les entendirent parurent les accueillir avec reconnaissance. Leur approbation et leur soumission enhardirent le roi. Ayant rappelé les magistrats, ce prince leur fit entendre des menaces vives et irritantes à l'adresse des ligueurs; il les chargea de les transmettre aux bourgeois de Paris; mais, au lieu d'inspirer le repentir et la crainte, elles ne firent qu'exalter le dévouement et la résistance du parti catholique. La nouvelle municipalité, tout entière sous l'influence des Seize, prit sans retard des mesures de défense et de police ayant pour but de mettre la capitale du royaume à l'abri d'un retour offensif de Henri III. Pour

assurer l'exécution de ses ordres elle décida que l'on procéderait immédiatement à la réorganisation de la garde bourgeoise.

Le duc de Guise s'efforçait de gagner à sa cause le parlement de Paris, mais il trouva dans ce corps des magistrats fidèles au malheur et à leur serment. Le premier président, Achille de Harlay, le couvrit de confusion par cette noble réponse : *C'est grand'pitié quand le valet chasse le maître. Au reste, mon âme est à Dieu, ma foi est au roi, et mon corps aux mains des méchants ; ils en feront ce qu'ils voudront.* Guise fut ébranlé de cette résistance. Ses hésitations refroidirent ses amis, et les Parisiens, soit repentir, soit crainte, ne songèrent plus qu'à fléchir le roi. Henri III ne pouvait faire autre chose que pardonner ; il approuva donc ce qui s'était fait, livra à Guise un grand nombre de villes, le créa généralissime des armées du royaume, et convoqua les états généraux à Blois.

Le Balafré avait osé trop ou trop peu ; entre lui et Henri III il ne s'agissait plus que d'arracher ou de garder la couronne. L'assemblée des états de Blois, qui se tint sur ces entrefaites, donna au ligueur un formidable concours ; elle avisa à dépouiller le roi de toute autorité et à ne faire plus de lui qu'un vain fantôme. Henri, poussé à bout, et sachant que la duchesse de Montpensier, sœur de Guise, avait montré à ses amis les ciseaux qui devaient tondre sa chevelure, ne voulut pas se laisser reléguer dans un cloître comme le dernier des Mérovingiens. Trop faible pour combattre son rival, il parvint à le faire assassiner, prouvant ainsi que l'extrême lâcheté est souvent voisine des extrémités du crime (décembre 1588).

Les difficultés s'aggravèrent pour le roi qui avait

ordonné le meurtre de Henri de Guise et du cardinal de Lorraine, frère du Balafré. Vers le soir du 24 décembre la nouvelle de cet événement circula dans Paris et y causa une rumeur sinistre. Les Seize appelèrent le peuple aux armes. Tandis que les officiers et les agents municipaux et militaires dont ils disposaient ordonnaient tout en vue de la résistance, les échevins écrivaient aux comités des provinces pour stimuler leur dévouement et réclamer leur concours. Dans la journée du 25 décembre, au milieu des solennités de Noël, les Seize se réunirent à l'hôtel de ville et y constituèrent un conseil de gouvernement chargé de pourvoir aux nécessités de la lutte; ils y firent entrer, en nombre à peu près égal, des ecclésiastiques, des nobles, des bourgeois, et le duc d'Aumale, de la maison de Lorraine, fut nommé gouverneur de Paris. Cependant les églises étaient ouvertes aux multitudes qui venaient y entendre la parole des prédicateurs; du haut de la chaire on fit entendre un langage destiné à soulever les esprits et à susciter la guerre. Henri III y était désigné sous les noms de tyran, d'hérétique, d'excommunié, de « vilain Hérodes (1). » Au sortir d'un sermon prêché par le docteur Lincestre le peuple brûla les armoiries royales qui décoraient le portail de l'église. Dans toutes les paroisses on célébra en grande pompe des services funèbres pour le repos de l'âme du Balafré et du cardinal. Une députation se rendit auprès de la duchesse de Guise, qui était venue à Paris pour y faire ses couches, et, après avoir protesté de ses profondes sympathies, elle sollicita au nom de la ville l'honneur de tenir sur les fonts du baptême l'enfant

---

(1) Anagramme de ces mots : « Henri de Valois. »

dont la princesse allait devenir mère. Le même prédicateur Lincestre déclara qu'Hérode n'était plus roi de France, et il fit prêter à tous ses auditeurs le serment de verser leur dernière goutte de sang pour venger la mort de Guise. « Levez la main, dit-il au président de Harlay, levez la main bien haut, afin que le peuple la voie. » Des processions de nuit et de jour sillonnèrent la capitale; dans l'une d'elles cent mille personnes portant des cierges les éteignirent tout d'un coup en criant : « Dieu, éteignez ainsi la race des Valois ! »

Il importait aux ligueurs de dissiper les scrupules de conscience qui auraient pu retenir un certain nombre de catholiques ; le prévôt des marchands et les échevins s'adressèrent à la Sorbonne et lui demandèrent si le peuple de France pouvait être délié du serment de fidélité prêté à Henri III, et si le même peuple pouvait, par des sacrifices d'argent et d'hommes, détruire la puissance de ce roi. Soixante-dix maîtres de la faculté de théologie, assemblés le 7 janvier 1589, assistèrent à la messe du Saint-Esprit; puis ils déclarèrent : « Premièrement, que le peuple de ce royaume estoit délié et délivré du serment de fidélité et obéissance prêté au susdit roi Henri ; en après, que le même peuple pouvoit licitement, et en assurée conscience, être armé et uni, recueillir deniers, et contribuer, pour la défense et conservation de l'Église apostolique et romaine, contre les conseils pleins de toute méchanceté et offense dudit roi et de ses adhérents, quels qu'ils fussent, depuis qu'il avoit violé la foi publique, au préjudice de la religion catholique, et l'édit de la Sainte-Union, ainsi que la naturelle liberté de la convocation des trois ordres du royaume. » Lorsque cette déclaration de la Sorbonne eut été publiée, quantité de placards dirigés contre le roi furent affichés dans les carrefours. Les images de Henri III furent brisées, son nom fut effacé des monuments publics et des enseignes.

Catherine de Médicis étant morte, comme on la supposait complice de l'assassinat des Guises, les Seize dirent hautement que, si l'on apportait son corps à Paris pour l'inhumer à Saint-Denis, ils le jetteraient dans la Seine ou à la voirie.

On célébra dans chaque église un service funèbre pour les Guises; des tableaux représentant leur mort étaient exposés à la porte, et sur l'autel on voyait des statues du roi en cire, piquées au cœur, suivant les règles mystérieuses de l'*envoultement*. Des processions d'enfants parcouraient les rues; on en fit une de jeunes garçons et de jeunes filles qui partirent du cimetière des Innocents et se rendirent à Sainte-Geneviève, portant chacun un cierge de cire jaune. En entrant dans l'église ils l'éteignirent et le foulèrent aux pieds. Aux enfants se joignirent bientôt des personnes plus âgées, « tant fils que filles, dit un chroniqueur, hommes que femmes, qui sont tous nus en chemise, tellement qu'on ne vit jamais une si belle chose. » Ces manifestations étaient une occasion de scandale et de désordre. Le duc d'Aumale « jetoit dans les églises, à travers une sarbacane, des dragées musquées aux demoiselles qu'il connoissoit et leur donnoit des collations dans le cours de la marche. »

« O saint et glorieux martyr! s'écria dans son enthousiasme un religieux prêchant devant la mère du duc de Guise, ô saint et glorieux martyr! béni est le ventre qui t'a porté et les mamelles qui t'ont allaité! » Les exaltés allèrent plus loin ; le curé de Saint-Nicolas des Champs, François Pigenat, prononçant l'oraison funèbre du duc, demanda s'il ne se trouvait point dans l'auditoire un assez bon catholique pour venger ce meurtre par celui du tyran. La plupart des prêtres refusèrent l'absolution à ceux qui reconnaissaient encore Henri III pour roi. La multitude, excitée par ces discours, effaça toutes les armoiries royales et envahit l'église Saint-Paul, où elle détruisit les tombeaux des *mignons* Quélus, Maugiron et Saint-Mégrin.

Le Parlement avait refusé d'enregistrer la déclaration de la Sorbonne qui déliait les Français du serment prêté à Henri III. Un petit nombre de ligueurs séditieux, ayant à leur tête Bussy Le Clerc, emprisonna ou mit à mort les magistrats fidèles au droit monarchique, et on installa à leur place des juges plus dociles, dont le premier soin fut d'instruire un procès criminel contre « Henri de Valois, ci-devant roi de France et de Pologne. »

La duchesse de Guise s'était retirée à Paris après le meurtre de son mari ; elle y mit au monde un fils qui fut baptisé le 7 février à l'église de Saint-Jean en Grève. Il fut tenu sur les fonts par la ville de Paris et par la duchesse d'Aumale, et reçut le nom de François-Alexandre-*Paris*. Cette cérémonie fut magnifique. « La plupart des capitaines des dixaines de Paris, dit un témoin oculaire, marchoient deux à deux, portans flambeaux de cire blanche ardente, et étoient suivis des archers, arquebusiers et arbalétriers de la ville, vêtus de leurs hocquetons, marchant en même ordre et portant semblables torches ou flambeaux. Fut, après le baptême, donnée en l'hôtel de ville une belle collation aux ducs d'Aumale et de Nemours, chevalier d'Aumale, seigneurs et gentilshommes de leur suite, et à la duchesse d'Aumale, la marraine, et plusieurs dames qui l'accompagnoient; puis fut tirée l'artillerie de la ville en signe d'allégresse. Le peuple de Paris, en grande affluence, étoit espandu par les rues où passoit la pompe, bénissant l'enfant, et regrettant le père avec douleur et gémissements très-grands. »

Le duc de Mayenne, frère du Balafré, se rendit à Paris et s'y trouva naturellement investi de la lieutenance du royaume. Il se hâta, à son tour, de confirmer l'autorité des Seize, et, à l'appel de la Ligue, sur tous les points de la France, les catholiques se soulevèrent contre la royauté de Henri III.

Au milieu de cet orage, qu'il avait provoqué par ses fautes, le malheureux roi eut l'inconcevable faiblesse d'écrire à Mayenne et de le prier d'oublier l'assassinat de son frère. Il envoyait en même temps à Rome pour demander l'absolution des censures qu'il avait encourues par la mort du cardinal de Guise. Enfin, trahi, abandonné de toutes parts, il ne vit plus d'autre ressource que de se jeter dans les bras du roi de Navarre, chef des protestants, et de solliciter son alliance contre leurs ennemis communs.

Henri de Navarre était à la fois brave et généreux; il fut touché de la misère du roi dont il devait être l'héritier et ne voulut pas recevoir de lui une couronne plus longtemps dégradée. Il consentit donc à réunir ses forces à celles de Henri III, et tous deux, se trouvant à la tête de trente mille hommes, marchèrent en toute hâte pour enlever Paris aux ligueurs. Leurs premiers succès furent rapides. Encouragé par les préludes de la guerre, Henri III prit position sur les hauteurs de Saint-Cloud, à la tête de quarante mille hommes. Depuis le commencement de son règne il n'avait jamais commandé une armée aussi nombreuse. De la maison qu'il occupait le roi voyait Paris, et cette vue excitait en lui des désirs de vengeance. « C'est le cœur de la Ligue, disait-il, c'est droit au cœur qu'il faut frapper. Ce serait grand dommage de ruiner une si belle et bonne ville; toutefois il faut que j'aie raison des rebelles qui sont dedans et qui m'en ont ignominieusement chassé. »

Derrière les murs de cette ville le duc de Mayenne et les catholiques s'apprêtaient à se défendre avec un généreux courage; ils n'avaient que huit mille hommes; aucun secours ne leur était arrivé de l'étranger; mais ils étaient résolus à vendre chèrement leur vie. En cette extrémité les prédicateurs de la Ligue firent appel à l'enthousiasme des fidèles, et plusieurs d'entre eux, avec une violence de mauvais goût, se déchaînèrent publiquement contre le roi. Et comme si ces attaques, ridiculement furieuses, n'eussent pas suffi pour exaspérer la multitude, on avait recours à des démonstrations plus éclatantes encore, à des processions que la foule suivait pieds nus. « Le peuple estoit si enragé, dit un chroniqueur de cette époque, qu'après ces dévotions processionnaires il se levoit souvent de nuict et faisoit lever les curés et prestres pour le mener encore en procession, comme ils firent à René Benoist, curé de Saint-Eustache, lequel, pensant leur faire quelque remontrance, fut appelé politique et hérétique (1). » Ce sont là les regrettables exagérations qui

---

(1) *Journal* de Henri III, t. II, p. 174.

compromettent les meilleures causes et discréditent trop souvent les convictions les plus sincères et les plus désintéressées. Tous les partis traînent à leur suite des hommes ignorants et crédules dont le métier est de dépasser sans cesse les limites du bon sens et de la justice. C'est de haut qu'il faut juger les grands mouvements populaires comme les grandes luttes des armées ; à voir de près les détails on est étonné que de si magnifiques intérêts soient servis par des hommes bien petits et dégradés par beaucoup de misères.

En dépit de ces manifestations ardentes les deux rois poursuivaient le cours de leurs avantages. La ville de Dourdan capitula ; la ville de Poissy opposa aux armées des deux rois une vive résistance, mais enfin elle fut emportée d'assaut et les principaux de ses habitants furent mis à mort ; les royalistes châtièrent de même la courageuse défense des citoyens d'Étampes. Bientôt après, les armées combinées de Henri III et de Henri de Bourbon mirent le siége devant Pontoise. Après douze jours de tranchée, la ville, hors d'état de tenir tête à l'ennemi, se vit réduite à capituler (25 juillet). En peu de jours les deux rois enlevèrent aux ligueurs les petites places de l'Oise et se portèrent sur Conflans, où ils opérèrent leur jonction avec les Suisses, les reîtres et les lansquenets recrutés par Sancy. Ces renforts portèrent l'effectif numérique des troupes royales à plus de quarante mille hommes, et les deux rois, après avoir tenu conseil, se déterminèrent à entreprendre le siége de Paris. Le 31 juillet Henri III se rendit maître de Saint-Cloud et y établit son quartier général ; le même jour le roi de Navarre prit position à Meudon, et fit occuper les villages d'Issy, de Vanvres et de

Vaugirard. L'approche du danger, loin d'intimider les Seize et de faire fléchir leur courage, augmenta jusqu'au délire le dévouement de la Ligue.

Un grand crime s'accomplit alors. Un jeune fanatique, nommé Jacques Clément, appartenant à l'ordre des Dominicains, fut séduit par cette doctrine que certains prédicateurs professaient sur le prétendu droit d'ôter la vie aux tyrans. Exalté par leurs sophismes, et considérant Henri III comme le plus dangereux des ennemis publics, il conçut le projet de lui ôter la vie. S'étant donc rendu à Saint-Cloud pour y obtenir une audience de ce roi, il y accomplit son détestable projet et fut immédiatement mis à mort par la garde. On fit à ce malheureux, dans le parti des Seize, l'honneur de l'invoquer comme un martyr, tant le délire des passions humaines peut pervertir les notions de la justice et de la vérité!

Henri III mourut quelques heures après sa blessure, en pardonnant à ses ennemis, et en faisant reconnaître Henri de Navarre pour son successeur. En lui finit la branche des Valois, après avoir, dans un espace de deux cent trente et un ans, donné treize rois à la France (1er août 1589).

CHAPITRE III.

Paris à l'avénement de Henri IV et sous la Ligue. (1589 — 1594.)

La nouvelle de la mort de Henri III excita dans Paris des transports de joie extraordinaire. Oubliant trop vite que le crime n'a jamais droit aux honneurs de l'héroïsme et du martyre, les ligueurs exaltés applaudissaient au meurtre de Henri III. Les duchesses de Montpensier et de Nemours parcouraient les rues dans leurs carrosses, criant dans tous les carrefours : « Bonnes nouvelles, mes amis, bonnes nouvelles! Le tyran est mort! Il n'y a plus de Henri de Valois en France! » On faisait des feux de joie, et le peuple, toujours extrême dans ses démonstrations, se laissait aller à des actes ou à des discours plus dignes d'une faction en délire que d'une cité généreusement résolue à tout souffrir pour sa foi. Ces fautes sont de tous les temps; elles compromettent la dignité de toutes les causes humaines, et l'histoire ne les enregistre qu'avec un profond déplaisir. Sous l'empire de ce désordre moral on comblait de louanges le misérable Jacques Clément, assassin de Henri III; on le comparait à Judith, qui coupa la tête d'Holopherne, et une multitude de libelles et de portraits *en bosse et en plate peinture* se vendirent dans les rues avec privilége du conseil de l'Union et approbation des théologiens. Entre autres écrits on remarqua : *le Martyre de frère Jacques Clément, de l'ordre de Saint-Dominique.* La vieille mère du nouveau martyr, pauvre paysanne, fut appelée à Paris de son village de Sorbonne, près Sens. Le peuple alla au-devant d'elle en criant : « Heureux le sein qui vous a porté et les mamelles qui vous ont allaité. » Le conseil de l'Union lui fit une pension, et les prédicateurs engageaient les fidèles à aller *vénérer cette bienheureuse mère d'un saint martyr*, qui logeait chez la duchesse de Montpensier, rue du Petit-Bourbon Saint-Sulpice, au coin de la rue de Tournon. Lorsque la mère de Clément partit, cent quarante religieux l'accompagnèrent à une lieue de Paris. Enfin une bande de ligueurs se rendit à Saint-Cloud pour recueillir les cendres de l'assassin, dont le corps avait été écartelé et brûlé.

La guerre continuait; Henri de Navarre, qui se proclamait roi, sous le nom de Henri IV, avait jugé nécessaire de lever le siége de Paris et s'était replié sur la Normandie, où il venait de remporter plusieurs victoires. Après avoir rallié à lui les Anglais il revint vers Paris et se montra aux portes de cette ville, alors que les habitants, trompés par de fausses espérances, s'apprêtaient à le voir paraître dans leurs murs vaincu et prisonnier. En quelques heures il se rendit maître des faubourgs de la rive gauche (1er novembre); il allait franchir la Seine, mais le duc de Mayenne accourut, fit entrer des troupes dans Paris, occupa les quartiers de l'Université, les deux grandes îles et toutes les positions de la rive droite. Dès lors il n'était plus possible de se rendre maître de la capitale par un coup de main; il fallait entreprendre un siége en règle, et les hommes manquaient aussi bien que l'argent. Renonçant donc à emporter Paris en une journée, le roi de Navarre se mit en devoir de continuer la guerre dans les provinces voisines, et ses armes y furent presque toujours heureuses.

Le duc de Mayenne cherchait à contenir dans les bornes de la modération le pouvoir des Seize et les actes de la Ligue. Il fit proclamer roi de France le vieux cardinal de Bourbon, qui était alors prisonnier du roi de Navarre. On donna à ce fantôme royal le nom de Charles X. La guerre n'en continuait pas moins, tantôt ralentie, tantôt plus vive, et Henri de Navarre, assez souvent victorieux, se rapprochait de plus en plus de la capitale. Les catholiques avaient mis Paris en état de défense; Henri ne pouvait songer à s'en rendre maître, n'ayant sous ses ordres qu'une armée de treize mille hommes. Il résolut donc d'agir avec méthode, c'est-à-dire d'attaquer et de prendre successivement toutes les places et toutes les villes qui avoisinaient Paris, puis de se rendre maître des routes et des voies navigables, enfin de bloquer la ville et de lui couper les vivres. Le 25 avril, à la suite de plusieurs opérations heureuses, il prit ses cantonnements à Saint-Maur-les-Fossés; le 8 mai il établit ses canons sur les hauteurs de Montfaucon et de Montmartre; peu de jours après il reçut la soumission de Beaumont-sur-Oise. Enfin il se trouva maître du cours de la Seine en amont et en aval, puis des affluents de ce fleuve, et enfin des vallées de la Marne et de l'Oise. Dès ce moment Paris ne parvint que très-difficilement à se procurer des approvisionnements et des subsistances, et son immense population, d'environ trois cent mille âmes, dut se préparer aux souffrances de la guerre, peut-être même aux horreurs de la faim.

A deux reprises différentes les chefs de la Ligue avaient

essayé de recourir aux négociations, en prenant pour base
de leurs ouvertures pacifiques la condition imposée au
roi de Navarre de renoncer à l'hérésie. Le légat du pape
eut une entrevue avec Biron ; Villeroi se rendit à Melun
auprès du Béarnais. Ces différentes tentatives échouèrent,
et plus que jamais la question dut être abandonnée à la
force. Repoussé par la population de Sens, qui avait vaillamment lutté pour la cause catholique, le roi de Navarre
résolut de concentrer ses attaques sur Paris. Dans la prévision d'un siége à soutenir, un assez grand nombre de
familles nobles ou riches avaient abandonné la ville. Le
duc de Nemours exerçait à Paris les fonctions de commandant militaire; la garnison, à peine composée de
cinq mille soldats, dont quatre mille auxiliaires allemands
ou suisses, n'aurait pu suffire à défendre la dixième partie
de l'enceinte; mais la garde bourgeoise, qui correspon-
dait assez exactement à ce que nous appelons la garde
nationale, était alors composée d'environ quarante-trois
mille citoyens convenablement armés. Chefs et soldats, les
membres de cette milice avaient juré fidélité à la Sainte-
Union et s'étaient solennellement engagés à lutter jusqu'au
bout contre un roi huguenot. L'ambassadeur de Philippe II et le légat du pape encourageaient de leurs exhor-
tations et de leur présence la résistance du peuple de
Paris. Les agents des Seize stimulaient les classes ouvrières ; les prédicateurs, du haut de la chaire chrétienne,
montraient le ciel réservé en récompense à ceux qui
sauraient souffrir, combattre et mourir pour la foi.
Quant au duc de Nemours, actif et intelligent, il faisait
relever les fortifications tombant en ruines; il ordonnait
de tendre des chaînes sur la rivière, vers le quai de la

Tournelle et en face du Louvre; il faisait fabriquer de la poudre et fondre des canons; il mettait tous ses soins à accroître les approvisionnements; enfin il veillait à ce que la garde bourgeoise fût presque sans relâche exercée au maniement des armes.

Cependant la lutte s'était engagée avec vigueur autour de Paris. Le pont de Saint-Cloud fut emporté sans coup férir par le roi de Navarre; mais le pont de Charenton, vaillamment défendu par un poste de dix hommes, résista pendant trois jours aux attaques des calvinistes; à la fin ils succombèrent sous le nombre, et Henri de Bourbon, au lieu de respecter leur courage, les fit périr par le gibet. Maître de cette position, le Béarnais se trouva en mesure d'intercepter le passage des convois du côté de la Marne et au-dessus de Conflans. Bientôt après il assiégea Vincennes et Saint-Denis, et fit parcourir les campagnes, du côté de la rive gauche, par des détachements de cavalerie chargés de mettre obstacle au transport des vivres. Une attaque fut dirigée contre le faubourg Saint-Martin; soutenues par l'artillerie qui tirait des hauteurs de Montfaucon et de Belleville, les troupes du roi de Navarre s'élancèrent trois fois à la charge et furent trois fois repoussées avec perte par les ligueurs. Le roi de Navarre se vengea de cet échec en faisant incendier ou détruire les moulins qui avoisinaient Paris.

Le prévôt des marchands et les échevins félicitèrent la garde bourgeoise de la fermeté qu'elle avait montrée devant l'ennemi; puis ils firent appel à l'élite de cette milice, la conjurant de se mettre à la disposition du gouverneur et de former dans son sein un corps de volontaires destiné à agir comme l'armée régulière. Ceux qui s'inscrivirent pour être mobilisés furent nombreux, et on les répartit sur divers points de la ville ou de l'enceinte.

Sur ces entrefaites on apprit à Paris la mort du prétendu Charles X (le cardinal de Bourbon), mais cet événement ne disposa point le peuple à accueillir avec moins de répugnance les prétentions de Henri de Navarre à la couronne de France.

Pour entretenir l'exaltation religieuse de la multitude une procession générale fut ordonnée; elle se rendit aux Augustins, où, après une messe solennelle, le légat du pape, revêtu de ses habits pontificaux et tenant ouvert le livre des Évangiles, reçut un nouveau serment de tous les princes, prélats, chefs civils et militaires, qui jurèrent de répandre jusqu'à la dernière goutte de leur sang pour le maintien de la Ligue, de défendre Paris et les autres villes de l'Union, et de ne jamais se soumettre à un roi hérétique. Aussitôt après le peuple répéta le même serment entre les mains de ses quarteniers.

Après cette solennité la procession de la Ligue parcourut la ville. Pour mieux témoigner de leur dévouement, les plus zélés seigneurs avaient fait ordonner une revue générale des forces que pouvaient fournir les religieux de tous les ordres et les écoliers. Tous y vinrent, excepté les chanoines réguliers de Sainte-Geneviève et de Saint-Victor, les Bénédictins et les Célestins. « Roze, évêque de Senlis, marchoit à la tête en qualité de commandant et premier capitaine; derrière lui venoient les ecclésiastiques, marchant quatre par quatre; puis le prieur des Feuillants avec ses religieux; puis les quatre ordres mendiants; puis les Capucins et les Minimes. Les écoliers étoient disséminés dans les rangs. Les chefs des différents religieux portoient d'une main un crucifix et de l'autre une hallebarde; les autres étoient armés d'arquebuses, de pertuisanes, de dagues et de toutes les armes que leurs voisins avoient bien voulu leur prêter. »

« C'étoit, ajoute la *Satire Ménippée*, une grande quantité de prestres et moines et novices, en forme de goujats; la *Seizière* (les Seize), accompagnée d'un grand nombre de pédants, le tout de divers ordres et nations, armés à la légère sur le moule de l'antiquité catholique, se faisoient voir par les rues en ce folâtre et risible équipage. Après eux cheminoit un assez malotru personnage qu'on disoit être un avocat fou (l'avocat Louis d'Orléans), armé de même, à savoir d'un vieil corps de cuirasse de fer-blanc, une bourguignote d'Auvergne en tête, panachée et harnachée d'un superbe trophée de plumes de paon, une fourchefière sur son épaule gauche, le bec tirant contre-bas, un cornet de verre pendu à sa ceinture. »

On sent que cette description émane d'une plume hostile et malveillante; les indifférents et les *politiques* ne comprenaient pas ce qu'il y avait de fort et de redoutable dans ces manifestations religieuses et populaires de la ville de Paris. Quoi qu'il en soit, ceux qui, pour étendards, portaient des bannières à l'image de la Vierge, étaient environ treize cents. L'Écossais Hamilton, curé de Saint-Côme, faisait l'office de sergent de bataille. Il commandait les marches et les haltes, et de temps en temps arrêtait sa troupe pour lui faire entonner des hymnes ou tirer des salves de mousqueterie. Tout le monde accourut à ce spectacle extraordinaire qui représentait, disait-on, l'Église militante.

Le parlement de la Ligue rendit un arrêt portant peine

de mort contre ceux qui parleraient de capituler. Une surveillance incessante exercée sur tous les points de la ville et de fréquentes exécutions firent avorter les complots que les partisans du Béarnais, d'accord avec la faction des *politiques*, ne laissaient pas de tramer souvent pour introduire les troupes royales dans Paris. Les troupes régulières et les milices bourgeoises pouvant toujours se réunir en grand nombre sur un point donné de la ville faisaient de temps à autre des sorties, et dégageaient parfois les villages de la banlieue, ce qui permettait de faire entrer quelques vivres. On fit un recensement des habitants de Paris, et l'on reconnut qu'après tant de calamités et de souffrances il ne restait guère dans cette ville que deux cent mille individus, parmi lesquels on comprenait encore près de trente mille paysans des environs qui y étaient venus chercher un refuge.

Ce siége de Paris, que, sur la foi de *la Henriade*, il est de mode de dénigrer et de ranger du moins au nombre des folies que le fanatisme inspire, fut une période mémorable et dont nos pères auraient eu le droit de s'enorgueillir. Le temps de la justice est enfin venu pour des hommes qui surent se sacrifier jusqu'à la famine et jusqu'à la mort pour demeurer fidèles à leur culte. Sans doute des excès furent commis; des moines et des religieux se laissèrent emporter par l'aveuglement de leurs convictions jusqu'à des manifestations opposées à leur saint caractère; le fanatisme étouffa la miséricorde chez les uns, la voix de la nature chez les autres; mais ces déplorables exceptions, qu'il est nécessaire de condamner, ne furent que des malheurs occasionnés par la guerre et qui n'ôtent rien à nos pères de ce que leur courage eut d'héroïque. On avait fait espérer au Béarnais que la résistance des Parisiens n'aurait rien de sérieux. Au témoignage de Péréfixe, « on lui avait dit que, lorsque les Parisiens auraient vu, sept à huit jours durant, la halle et les marchés dégarnis de pain, les boucheries sans viande, les ports sans blé, sans vin et sans les autres approvisionnements dont la rivière a coutume d'être couverte, ils iraient prendre leurs chefs à la gorge et les contraindraient de traiter avec lui, ou que, si leur humeur séditieuse ne les portait pas si promptement à se rendre, la faim les y forcerait dans quinze jours. En effet, ajoute le même historien, il n'y avait que pour cinq semaines de vivres; mais on les ménagea fort, et ceux qui lui disaient cela ne connaissaient pas bien le peuple de Paris, car il est merveilleusement patient, et il n'y a point d'extrémité qu'il ne soit capable de souffrir pourvu qu'on le sache conduire. On ne saurait lire sans étonnement quelle fut l'aveugle obéissance et la constante union de cette fière et indocile populace pendant quatre mois entiers de misères horribles. La famine fut si grande que le peuple mangea jusqu'aux herbes qui croissaient dans les fossés, jusqu'aux chiens, aux chats et aux cuirs; quelques-uns même disent que les lansquenets mangeaient les enfants dont ils pouvaient s'emparer. »

Le naïf biographe du Béarnais ajoute encore :

« Les huguenots, ravis de tenir bloquée une ville qui leur avait fait tant de maux, insistaient fortement dans le conseil du roi, et criaient même tout haut, et le faisaient crier par les soldats, pour qu'on l'attaquât de vive force, disant qu'en six heures ce serait une affaire vidée. Mais le bon et sage roi n'avait garde de suivre ces conseils passionnés; il savait bien qu'ils voulaient prendre Paris de force pour y égorger tout, en revanche des massacres de la Saint-Barthélemy. D'ailleurs il considérait qu'il désolerait une ville dont la ruine, comme une blessure faite au cœur, serait peut-être mortelle à toute la France, qu'il dissiperait en un jour le plus riche et presque l'unique trésor de son État, et que personne n'en profiterait que la soldatesque, qui, enivrée d'un si riche butin, se perdrait dans les délices ou l'abandonnerait aussitôt.

« Ceux qui avaient pris soin de la police intérieure avaient fait une grande faute de n'avoir pas mis dehors la pauvre populace, les bouches inutiles. La disette s'augmentant, ils cherchèrent trop tard les moyens d'y remédier, et, n'en ayant pu trouver aucun, ils députèrent vers le roi pour lui demander la permission d'en laisser sortir un certain nombre, qui, espérant cette grâce, s'étaient déjà assemblés près la porte de Saint-Victor et avaient pris congé de leurs amis et de leurs voisins avec des regrets qui fendaient les cœurs les plus insensibles. »

Le roi, résistant aux conseils rigoureux de ses lieutenants, consentit à laisser passer ces misérables, qui s'échappèrent ainsi au nombre d'environ quatre mille.

Cependant Henri de Navarre pressait vigoureusement le siége; il s'empara de Saint-Denis, qu'il appelait la *citadelle de Paris*, et le 27 juillet, vers minuit, l'armée royale, divisée en dix brigades, attaqua en même temps les faubourgs. Le Béarnais, du haut de l'abbaye de Montmartre, contemplait le terrible spectacle de ce combat nocturne, qui dura deux heures avec un tel acharnement *qu'il sembloit*, suivant les propres expressions de Sully, *que la ville et les faux-bourgs fussent tout en feu*. Cette entreprise réussit, et la misère des assiégés redoubla. « C'étoit chose pitoyable, dit l'auteur du *Discours véritable et notable du siége de Paris*, de voir les pauvres défaillir et tomber de foiblesse, se mourant peu à peu de faim dans les hôpitaux, sur les fumiers et au milieu des rues; et tous communément, tant à cause de la faim que de la mauvaise nourriture, devenoient gros et enflés par tout le corps comme hydropiques : spectacle qui à la vérité émouvoit un chacun d'une compassion qu'il est impossible d'exprimer. Bref, la nécessité étoit si extrême qu'un chien ne paroissoit pas sitôt en rue que l'on ne courût avec lacets et cordages pour le prendre, le faire cuire et le manger; ce qui s'est fait en plusieurs endroits de la ville publiquement, et plusieurs ne se nourrissoient que de chats qu'ils mangeoient en leurs maisons. » On tua pour le même objet environ deux mille chevaux et huit cents ânes ou mulets. Mais, toutes ces ressources étant épuisées, on eut recours à ce qu'on put trouver ; on mangea *de l'oingt dont on fait la chandelle*, du cuir, des herbes, des rats, des souris. On fit du pain de son, mêlé de poussière d'ardoise, de foin et de paille hachée; on fit de la farine des os des bêtes qu'on tuait et même avec de vieux ossements volés dans les cimetières. Ce pain, qu'on appela le *pain de madame de Montpensier*, « pour ce qu'elle exaltoit partout l'invention, sans toutefois en vouloir taster, » fit périr la plupart de ceux qui en mangèrent. Le peu de denrées qui se trouvaient par hasard dans Paris se vendaient à un prix excessif, et les riches avaient à peine de quoi se nourrir, eux et leurs gens. Une chambrière de la duchesse de Montpensier mourut de faim, et le prévôt des marchands, Lachapelle-Marteau, ne put trouver dans toute la ville *une cervelle de chien* pour faire un bouillon à l'un de ses parents malade; madame de Montpensier avait seule conservé un petit chien, mais elle refusa de le vendre au prévôt, et le garda, dit-elle, pour sustenter sa propre vie au besoin. Enfin on vit se renouveler les horreurs du siége de Jérusalem : une mère riche mangea son enfant mort et expira de douleur sur cette affreuse nourriture. Des lansquenets *commencèrent à chasser aux enfants comme aux chiens et en mangèrent trois, deux à l'hôtel Saint-Denis et un à l'hôtel de Palaiseau* (1).

Maîtres des faubourgs de Paris, les calvinistes s'y retranchèrent, et la situation de Paris devint telle que les gens de guerre jugèrent la résistance désormais impossible.

Pierre Cornéo, catholique, qui avait pris part au siége, nous a transmis les détails suivants. « Voilà donc, dit-il dans sa relation, voilà donc où en étoit cette louable ville, tant pressée de faim que non-seulement les pauvres en mouroient, mais aux plus grandes maisons et plus riches, comme celles de M. le légat, de l'ambassadeur d'Espagne, des princes et princesses. Chaque jour les gentilshommes n'y mangeoient que six onces de pain. En la plupart des autres maisons on ne pouvait quasi rien donner aux serviteurs, et tout le menu peuple enduroit la même nécessité. La chair étoit fort chère;.... les pauvres mangeoient des chiens, des chats, des rats, des feuilles de vigne et autres herbes qu'ils trouvoient; encore étoient-ils fort chers. Entre autres, le gardien des Cordeliers m'a assuré qu'en trois semaines on n'avoit pas mangé en son couvent

(1) *Journal-registre de Henri IV*, par l'Estoile.

un morceau de pain, et qu'ils n'avoient qu'un peu de ces herbes crues que nous avons dit, et de ces bouillies faites de son d'avoine, comme les autres. Et beaucoup de ceux qui n'avoient de quoi acheter de ces petites choses mouroient par les rues (ce qui doit bien tourner à la louange de la chrétienté et compassion de ce pauvre peuple); et s'en trouvoit quelques matinées cent, cent cinquante et quelquefois jusqu'à deux cents, morts de faim par les rues; et de compte fait il se trouve qu'en trois mois il est bien mort treize mille personnes de faim. C'étoit là le changement de la gloire et triomphe de cette belle ville, en laquelle, au lieu de ces belles et riches tapisseries, vaisselle d'argent, joyaux et pierres précieuses, au lieu des beaux carrosses, coches et chevaux qui promenoient les gentilshommes et dames par la ville, ne se voyoit autres choses que chaudières de ces bouillies et herbes cuites, dont ils mangeoient avec autant d'appétit comme ils eussent fait des meilleures viandes du monde. Le boire ne les soutenait guère davantage, parce que (comme j'ai dit) les tavernes et cabarets de bon vin s'étoient changés en trafic de je ne sais quelles eaux, comme tisanes mal cuites et mal faites, qui se vendoient par les carrefours. La musique qui s'y entendoit étoit les cris des pauvres, des vieilles gens, pauvres femmes et petits enfants qui demandoient du pain sans que personne leur en pût donner, ni les secourir. » Ces détails sont confirmés par Pierre Lestoile, qui d'ailleurs cherche à tourner en ridicule le *sot peuple* qui savait ainsi souffrir et mourir pour le triomphe d'un principe. Grâce à Dieu, il est enfin permis de réhabiliter cette France catholique de 1589, trop longtemps calomniée et vouée aux railleries du scepticisme.

Cependant toutes les forces s'usent à la longue; déjà deux conspirations avaient éclaté dans Paris dans le but de livrer la ville au roi; les coupables avaient été châtiés; mais c'étaient là des symptômes dont il fallait tenir compte. Le légat du pape fit consulter trois théologiens, parmi lesquels était le Jésuite Bellarmin, sur les questions suivantes : 1° si on pouvait rendre la ville à un prince hérétique, lorsqu'on y était contraint par la famine, sans encourir l'excommunication; 2° si ceux qui se rendraient auprès du même prince pour le convertir ou obtenir de lui des conditions meilleures seraient frappés par la bulle d'excommunication du pape Sixte V. La réponse des théologiens fut que la bulle d'excommunication n'était pas applicable aux cas proposés. Ce premier point étant réglé, le duc de Nemours, le légat du pape, l'ambassadeur d'Espagne, le cardinal de Gondi, le chevalier d'Aumale, la duchesse de Montpensier, le prévôt des marchands, les conseillers du Parlement et tous les principaux habitants se réunirent en assemblée générale dans la chambre de saint Louis. Tous reconnurent la nécessité de traiter si on n'était secouru dans un bref délai. Quelques-uns toutefois parlèrent de prolonger encore la résistance; mais, à la suite d'une délibération de plusieurs jours, le plus grand nombre fut d'avis de député l'évêque de Paris et l'archevêque de Lyon vers le roi de Navarre pour ouvrir avec lui une négociation.

Des saufs-conduits ayant été aussitôt demandés et obtenus, les deux plénipotentiaires, accompagnés seulement de deux gentilshommes, se rendirent, le 6 août 1590, à l'abbaye de Saint-Antoine des Champs, lieu indiqué pour la conférence. Henri de Bourbon les accueillit honorablement, mais avec froideur; puis il leur imposa des conditions si dures que les négociateurs, sûrs d'être désavoués par le peuple de Paris, n'osèrent les accepter.

Le lendemain le roi de Navarre fit établir une batterie de treize canons destinée à battre en brèche les abords de la porte Saint-Germain. Le duc de Nemours opposa à cette artillerie des canons en plus grand nombre, et qui, plus habilement dirigés, la firent taire. Dans l'intérieur de Paris, le parti des politiques, profitant de l'excès des souffrances de la ville, tenta un mouvement pour contraindre le gouverneur et les Seize à subir les conditions de l'ennemi. Le duc de Nemours, averti à temps, déjoua ce complot; mais il y eut du sang répandu, et un certain nombre de coupables furent punis de mort; leurs complices moins compromis en furent quittes pour de grosses amendes et reçurent ordre de quitter la ville. Parmi ces derniers on remarqua l'avocat général Talon, le conseiller Allégrain et le président de Thou. Les politiques n'en continuèrent pas moins de pousser le peuple à la révolte, soit en déroulant le tableau des calamités occasionnées par le siége, soit en publiant des libelles diffamatoires et des pamphlets habilement rédigés dans le but de calomnier les chefs catholiques ou de les livrer au ridicule.

Les ligueurs et les Espagnols, qui guerroyaient dans les provinces voisines de Paris, ne restaient pas insensibles aux souffrances de cette grande ville et travaillaient à la délivrer. Bientôt les armées du duc de Mayenne et du duc de Parme opérèrent leur jonction à Meaux et s'emparèrent de Lagny, qui était alors une importante place de guerre. Ayant ensuite réussi à attirer l'armée assiégeante dans la plaine de Chelles, ils firent entrer dans Paris d'immenses convois de vivres et huit mille hommes de bonnes troupes. Henri de Navarre, ayant vainement offert la bataille à Farnèse, laissa à Bondy le gros de son armée et porta son avant-garde du côté de Paris, avec ordre d'attaquer le faubourg Saint-Jacques, sur la rive gauche. L'exécution de ce coup de main fut confié à Châtillon. Vers minuit le bruit des armes et des pas des chevaux donna d'abord l'alarme aux sentinelles, et les bourgeois avertis se rendirent en armes sur les remparts; mais, comme il faisait nuit, qu'on ne voyait rien et que le bruit avait cessé, on crut que c'était une fausse alerte et chacun se retira. Les Pères jésuites seuls, dont le collége était dans le voisinage, et quelques bourgeois moins confiants, entre autres le libraire Nicolas Nivelle et l'avocat anglais Guillaume Balden, demeurèrent sur les murailles à faire la garde. Ces précautions n'étaient pas inutiles, car, sur les quatre heures du matin, les soldats royaux, profitant d'un brouillard épais, se glissèrent dans le fossé sans être aperçus et y placèrent sept à huit échelles à l'aide desquelles ils escaladèrent les murailles. Mais les Jésuites n'avaient pas quitté leur poste ; ils repoussèrent les premiers assaillants à coups de hallebarde et appelèrent au son du tocsin les bourgeois des corps de garde environnants, qui accoururent en toute hâte. Le roi, jugeant dès lors l'entreprise manquée, ne poussa pas plus avant (1). Le lendemain, 11 septembre, abandonné d'une partie de sa noblesse et se trouvant hors d'état de solder entièrement ses troupes et de les nourrir, il prit le parti de lever le siége et de se

---

(1) M. Victor de Chalambert, *Histoire de la Ligue*, t. II.

replier vers Senlis, avec ceux de son armée qui lui demeuraient fidèles.

Vers le 20 janvier il tenta de nouveau d'emporter Paris par surprise. Par ses ordres soixante gentilshommes, déguisés en paysans et conduisant des chevaux et des charrettes chargées de farine, s'avancèrent les premiers, suivis par cinq cents cuirassiers et deux cents arquebusiers de Lavardin. Après eux venait le baron de Biron, avec un corps de troupes de douze cents hommes, soutenus par les Suisses et deux pièces de canon. Les royalistes entrèrent sans bruit dans le faubourg Saint-Honoré et s'arrêtèrent près du couvent des Capucins. Il était trois heures du matin. Les gentilshommes déguisés, bien armés sous leurs sarreaux, devaient embarrasser la porte Saint-Honoré avec leurs voitures, tailler en pièces le corps de garde et donner entrée aux gens d'armes qui les suivaient, tandis que le reste des troupes tenterait l'escalade sur d'autres points. Douze d'entre eux se présentèrent en effet à la porte; mais, sur la nouvelle de quelque mouvement des troupes royales, on avait pris la précaution de terrasser et de fermer, le soir précédent, la porte Saint-Honoré. L'avis leur en fut donné par le seigneur de Tremblecourt, qui les engagea à descendre au bord de la Seine, où un bateau recevrait leurs farines. Les officiers désappointés se retirèrent, et le roi, voyant d'après leur rapport que son dessein était découvert et que les Parisiens se tenaient sur leurs gardes, ordonna la retraite. Les Parisiens, qui ne connurent le danger qu'ils avaient couru que lorsqu'ils en furent délivrés, célébrèrent un *Te Deum* et ordonnèrent qu'on en ferait la fête tous les ans, sous le nom de *la journée des farines;* on célébrait déjà celles de *la journée des barricades, du pain ou de la paix, de la levée du siége et de l'escalade.* Ces cinq fêtes nouvelles furent chômées dans Paris jusqu'à la réduction de cette ville par Henri IV.

La nouvelle du siége de Chartres par le roi ranima la fureur des ligueurs, parce que les Parisiens tiraient de cette ville la plus grande partie de leurs blés. On ne fit pendant deux mois et demi que prières et processions publiques.

Cependant les habitants de Paris étaient en proie aux divisions; les uns ne voulaient imposer au roi d'autre condition que de se faire catholique; les autres, travaillés par les agents du roi d'Espagne, voulaient changer l'ordre dynastique et se prêtaient aux suggestions de l'étranger. D'un autre côté les Seize, inquiets des progrès du parti modéré, s'attachaient à maintenir l'exaltation de la multitude et à la surexciter par des appréhensions de trahison. Un comité secret, appelé Conseil des Dix, fut chargé du soin de diriger les fureurs populaires contre le parti modéré et les prétendus traîtres du Parlement.

Les premiers coups furent dirigés contre le président Brisson et quelques autres magistrats suspects comme lui d'attachement à Henri de Navarre. Le 11 novembre on résolut de les mettre à mort, en conservant à leur égard quelques formes judiciaires. Dans la nuit du 14 au 15 le Conseil des Dix se réunit plus nombreux que de coutume chez le curé de Saint-Jacques la Boucherie; au point du jour plusieurs d'entre eux sortirent clandestinement et allèrent communiquer le mot d'ordre aux capitaines espagnols et napolitains qui formaient la réserve armée du parti exalté. Au même instant Bussy Le Clerc, fameux par l'emprisonnement de l'ancienne magistrature, et avec lui Louchard, Lenormand, Anroux, accompagnés d'amis plus obscurs, se dirigèrent sur le pont Saint-Michel et y attendirent le président Brisson. Dès qu'il parut ils l'arrêtèrent sans mot dire et le conduisirent au Petit-Châtelet, où, par les soins des conjurés, tout avait été préparé d'avance, et où s'était déjà installé un tribunal secret à la dévotion du conseil des Dix. Peu de temps après on amena devant les mêmes juges Larcher, conseiller à la cour, et Tardif, conseiller au Châtelet. Un autre personnage à figure sinistre avait été mandé au plus vite : c'était Jean Rozeau, exécuteur des jugements criminels.

L'interrogatoire des accusés fut court : l'arrêt de mort était prononcé d'avance; on envoya chercher des cordes, et le bourreau pendit les trois magistrats à l'une des poutres de la chambre du conseil. Cet audacieux attentat répandit dans la ville une profonde stupeur en même temps qu'il révéla aux citoyens de Paris l'existence du conseil des Dix. Le lendemain, 16 novembre, les meurtriers firent transporter en la place de Grève les cadavres de leurs victimes et les suspendirent à des potences, après avoir placé sur la poitrine des morts des écriteaux ainsi conçus : « BARNABÉ BRISSON, *l'un des chefs des traîtres et*
« *hérétiques*; CLAUDE LARCHER, *l'un des traîtres et po-*
« *litique*; TARDIF, *l'un des ennemis de Dieu et des princes*
« *catholiques.* » Le peuple ne s'associa point à ce crime; il demeura silencieux et morne, et plusieurs femmes furent battues par les Seize et les satellites de Bussy « pour
« ce qu'elles ne purent se tenir de dire tout haut que
« c'étoit grand'pitié ». Un moment surpris et découragés par la désapprobation de la multitude, les Dix parurent

hésiter. Toutefois, entrés dans une voie de proscription et de sang, ils jugèrent que, pour prévaloir et se sauver eux-mêmes, ils devaient aller jusqu'au bout et prévenir toute résistance par la terreur. Ils décrétèrent donc qu'il serait aussi établi une chambre ardente de justice qui connaîtrait du fait des hérétiques, fauteurs et adhérents, traîtres et conspirateurs contre la religion, l'État et la ville de Paris. En même temps ils firent circuler une liste de proscription appelée *papier rouge*, sur laquelle étaient inscrits les noms des principaux politiques et même de plusieurs ligueurs modérés.

Les Seize dominaient alors la ville par la terreur, mais le duc de Mayenne, effrayé de leur audace et encouragé par tous les gens de bien, marcha sur Paris à la tête de sept cents cavaliers et de quinze cents hommes à pied. Les Seize allèrent au-devant de lui, le 27 novembre, à la porte Saint-Antoine; Boucher voulut le haranguer, mais Mayenne les reçut froidement et résolut d'anéantir cette puissante faction. La saine partie du peuple l'encourageait par son silence. Le lendemain il somma Bussy-Leclerc, gouverneur de la Bastille, de rendre cette forteresse, et fit diriger contre elle les canons de l'Arsenal. Bussy se rendit sous la condition qu'il aurait la vie sauve et la permission de se retirer où il voudrait (1). Cinq jours se passèrent; le duc prenait des informations et ne laissait point deviner ses projets; il invita même à souper les chefs des factieux; mais le lundi 2 décembre, comme il revenait du Palais, où il avait fait élire quatre présidents, il répondit au colonel d'Aubray, qui l'entretenait des excès des Seize :

(1) Il se réfugia à Bruxelles, où il vécut misérablement; il avait été obligé de se faire prévôt de salle pour gagner sa vie.

« Mon père, je vous assure que dans vingt-quatre heures je vous en ferai raison. » Ses troupes s'emparèrent aussitôt de tous les carrefours, et le mercredi 4 décembre, à quatre heures du matin, Vitry alla par son ordre enlever de leurs maisons Nicolas Ameline, avocat au Châtelet, Jean Aymonot, procureur au Parlement, et Barthélemi Anroux, tous forcenés ligueurs et membres du comité des Dix ; ils furent pendus sur-le-champ dans la salle basse du Louvre par Jean Rozeau, le bourreau. Le commissaire Louchart, arrêté par le sieur de Congis, éprouva le même sort (1). C'étaient des gens féroces et cupides, mais d'une grande énergie. Ameline était un homme de tête, qui recherchait depuis longtemps la charge de procureur général au Parlement ; aussi Édouard Molé disait-il en riant : « Si Ameline n'eût été pendu, Molé l'eût été (2). » Plusieurs ligueurs exaltés furent mis en prison, et parmi eux on signala le chanoine Sanguin, les nommés Poteau, Régis, Renault et Lamothe ; trois de leurs complices, de Launay, Cronie et Cochery, prirent la fuite et se réfugièrent dans les Pays-Bas. Ainsi fut vaincu, châtié et dissous le conseil des Seize. Peu de jours après Mayenne publia une amnistie destinée à mettre un terme aux violences et aux réactions dont le parti catholique avait lui-même à souffrir.

Tandis que ces événements ensanglantaient Paris, le roi de Navarre guerroyait contre la Ligue, promenait ses armes en Normandie, et une lutte, dont nous n'avons

---

(1) Des prêtres fanatiques prièrent pour ces *saints martyrs* ; le peuple appela la salle basse *la chapelle saint-Louchart*.

(2) Les Seize avaient en effet dressé la liste des *politiques* de Paris, dont chaque nom était précédé des lettres *P.*, *D.*, *C.*, ce qui signifiait pendre, *daguer* et chasser. Molé *était marqué au P*.

point à faire le récit, se poursuivait dans les provinces, presque toujours au profit du Béarnais.

Le 22 mars 1592, la nouvelle étant venue à Paris que le roi de Navarre avait été blessé au combat d'Aumale, « Boucher, en son prône, dit qu'à la vérité la chair du Béarnois ou plutôt sa charogne avoit esté entamée, mais qu'elle n'avoit esté enfoncée à cause des caractères magiques qu'on avoit découvert qu'il portoit sur lui. » Mais ces grossières invectives n'obtenaient plus le succès d'autrefois. L'empressement n'était pas éteint cependant pour les manifestations exagérées, pour les processions nombreuses que l'on faisait encore. Les premiers mois de l'année 1592 furent remplis de pieux pèlerinages à Sainte-Geneviève, à Saint-Denis, dans tous les lieux consacrés de la ville et des environs. On chanta solennellement le *Te Deum* à Notre-Dame lorsqu'on apprit que Henri de Navarre avait levé le siége de Rouen; on le chanta encore pour célébrer la victoire obtenue en Bretagne par le duc de Mercœur sur les troupes royales, et l'on pavoisa la cathédrale d'étendards pris aux vaincus. Le 3 juillet un nouveau *Te Deum* fut ordonné à Notre-Dame pour la victoire qui venait d'être remportée près de Lautrec par le duc de Joyeuse sur les huguenots; « du moins le croyoit-on, dit l'Estoile; car c'étoit beaucoup, pour Paris, sur deux nouvelles d'en trouver une vraie. »

Nonobstant ces démonstrations le peuple se lassait, et le parti des *politiques* s'augmentait de jour en jour; on parlait hautement en faveur de Henri IV. « Le samedi 20 juin, dit un contemporain, je fus ouïr prescher un fol *à Cambrai*, qui se disoit ambassadeur de la paix; auquel, pour ce qu'il parloit de paix, on fit accroire qu'il estoit sage, et l'envoya-t-on, au sortir de sa chaire, prisonnier. Il avoit plus de peuple à son sermon que n'avoient les trois meilleurs prédicateurs de Paris. A l'issue d'icelui on trouva affiché le quatrain suivant, qui n'étoit trop mal rencontré :

> Fol est qui ne jouit du bien pendant qu'il a,
> Et plus fol est celui qui soi-mesme s'oublie ;
> Mais encore plus fols sont aujourd'hui ceux-là
> Auxquels il faut qu'un fol remoutre leur folie. »

On attaquait le parti de la Ligue par le ridicule avec plus de succès que par la force, et la population, fatiguée de souffrir et d'attendre, se prêtait volontiers à tourner en raillerie l'exaltation sombre et fanatique de ses chefs.

Un édit de Mayenne convoqua les états généraux du royaume. La session devait s'ouvrir le 17 janvier 1593, mais il y eut quelques jours de retard. La guerre ne fut point un obstacle à l'élection des députés ; le roi de Navarre, tout en faisant des réserves pour le maintien de ses droits, avait adhéré à la convocation des états. Plus tard, offensé des attaques dirigées contre lui par une proclamation du duc de Mayenne, il publia à son tour un manifeste aux termes duquel il annonçait de nouveau qu'il n'avait *aucune opiniâtreté pour sa religion*, qu'il était toujours disposé *à se faire instruire*, et que le temps seul jusque-là lui avait manqué. Il déclarait, en terminant, « l'assemblée des états tenue ou à tenir en la ville de Paris entreprise contre les lois, le bien et le repos du royaume, et tout ce qui y est ou y sera fait, dit, traité et résolu, abusif, de nul effet et valeur ; défendoit à toutes personnes, de quelque condition ou qualité qu'ils soient, d'y aller ou y envoyer ; remettoit néanmoins toute peine à quiconque, y étant allé, se retireroit et rentreroit dans ses foyers. » En dépit de ces protestations les élections eurent lieu, et la session des états fut ouverte au Louvre, par le duc de Mayenne, le 26 janvier 1593.

Henri de Navarre, voyant avec inquiétude les dispositions des états et les tentatives de l'Espagne, se détermina à tenter la voie des négociations. On accueillit ses ouvertures et des conférences se tinrent au village de Suresne. Elles duraient encore lorsqu'on se mit en devoir de célébrer à Paris l'anniversaire du 12 mai, jour de l'insurrection des barricades, et le parti exalté, trop aisément d'accord avec les agents de l'Espagne, se mit en mesure de profiter de cette circonstance pour déterminer un mouvement d'enthousiasme en faveur de l'infante ou des Seize.

Ce jour-là donc il y eut une procession générale à laquelle assistèrent les princes, le légat, les députés des trois ordres et les membres des cours souveraines. Trois archevêques et neuf évêques portaient en grande pompe les reliques vénérées des martyrs, patrons de Paris; treize conseillers du Parlement portaient sur leurs épaules la châsse du roi saint Louis; deux religieux de Saint-Denis suivaient nu-pieds et portant sous un riche poêle le bois de la vraie croix. Une messe solennelle fut célébrée à Notre-Dame, et un prédicateur de la Ligue, le docteur Boucher, fit entendre, du haut de la chaire, l'un de ces sermons entachés de mauvais goût et de violences qui, peu d'années auparavant, avaient le don de charmer les multitudes. Cette fois le temps de ces appels à la résistance était passé, et, à l'exception d'un petit nombre d'exaltés et d'Espagnols, tous les catholiques sincères désiraient qu'une transaction fût possible et que la conversion réelle et sérieuse de Henri de Navarre permît à la France de lui décerner la couronne. On n'applaudit guère à l'étrange conseil que donna le docteur Boucher à la ville de Paris lorsqu'il la supplia de se *débourber* (débourbonner). Les Seize et des envoyés de Philippe II n'eurent donc point à se féliciter de l'effet produit par cette journée.

Au demeurant, la bourgeoisie parisienne voulait en finir avec la guerre par un compromis honorable, et ne demandait qu'à reconnaître pour roi Henri de Navarre, à la seule condition qu'il se fît catholique. Les exaltés continuaient, dans des pamphlets ou dans des sermons, à soulever les passions du peuple contre ce prince. Le curé de Saint-André des Arcs, l'un des Seize les plus ardents, s'écriait du haut de la chaire : « On nous dit qu'il (le roi de Navarre) sera catholique et qu'il ira à la messe. Eh! mes amis, les chiens y vont bien, et si vous dirai davantage que, s'il y va une fois, la religion est perdue. On me dira là-dessus que je n'appelle pas la conversion de l'hérétique, mais sa mort. Au contraire, je la souhaite et désire, et n'empêche point qu'il soit reçu pour pénitent en l'Église; mais pour roi je l'empêche, et plus de cent mille avec moi. Badauds que vous êtes, qui ne connaissez pas que ce vieil loup fait le renard seulement pour entrer et manger les poules! car d'être jamais autre qu'hérétique, il n'est et ne le sera; même dimanche dernier et jeudi encore il fut au prêche, et le sais de ceux qui l'y ont vu. Mais quoi! nos bons politiques, qui contrefont tant ici avec nous les bons catholiques, aiment ce *Ventre saint-gris;* c'est un luron qui leur plaît, parce que ce sont pourceaux à qui ce loup promet de remplir la panse, qui est tout ce qu'ils cherchent. De moi, mes amis, je ne puis croire que nos princes entendent jamais à aucun accord et ne puis croire ce qu'on en dit... Que s'il étoit question de faire la paix, voilà cinq ans que nous souffrons ; pourquoi a-t-on tant attendu ? Que ne l'a-t-on faite plus tôt, sans nous faire tant languir ? Ah ! pauvre peuple, pensez-y ! Ne l'endurons pas ; mes amis, plutôt mourir ! Prenons les armes ; ce sont armes de Dieu, encore qu'elles soient matérielles. » Ces violences étaient imitées par d'autres prédicateurs placés sous l'influence des Seize ; mais le nombre de ceux qui comprenaient autrement le devoir des catholiques continuait à s'accroître, et beaucoup de prêtres non moins dévoués que la Ligue aux intérêts de l'Église conseillaient d'adhérer aux droits du roi de Navarre, à la seule condition que ce prince abjurât sincèrement l'hérésie.

En présence des excès dont on le rendait témoin et pour mettre la couronne de France à l'abri de l'usurpation espagnole, le parlement de Paris rendit un arrêt célèbre qui se terminait ainsi : « La Cour.... enjoint à Jean Lemaître, président, accompagné d'un nombre suffisant de conseillers, de se retirer par devers le lieutenant général de la couronne, et là, en présence des princes et seigneurs assemblés pour cet effet, de lui recommander qu'en vertu de l'autorité suprême dont il est revêtu il ait à prendre les mesures les plus sûres afin que, sous prétexte de religion, on ne mette pas une maison étrangère sur le trône de nos rois, et qu'il ne soit fait aucun traité, pacte ou convention, tendant à transférer la couronne à quelque prince ou princesse d'une autre nation, déclarant au surplus lesdits traités, si aucuns ont été faits, nuls, contraires à la loi salique et aux autres lois fondamentales du royaume. »

De leur côté les états généraux assemblés à Paris prirent une résolution qui maintenait les droits de la maison de Bourbon et l'autorité de la loi salique.

Vers la fin de juillet 1593, la guerre s'étant ralentie, Paris n'attendait plus que l'abjuration de Henri de Navarre pour lui ouvrir ses portes et le recevoir comme roi. Le 25 juillet ce prince se rendit à Saint-Denis; il était vêtu de blanc, à la manière des catéchumènes. Sur son passage une grande foule de bourgeois et d'hommes du peuple venus de Paris le salua aux cris répétés de : *Vive le roi !*

L'archevêque de Bourges l'attendait sur le seuil du temple, entouré des évêques, des docteurs et du cardinal de Bourbon. Dès que le prince se fut avancé vers lui : « Qui êtes-vous? lui dit-il. — Je suis le roi, » répondit Henri de Bourbon. « Que demandez-vous? » reprit l'archevêque. « Je demande, répliqua le prince, à être reçu au giron de l'Église catholique, apostolique et romaine. — Le voulez-vous? — Oui, je le veux et le désire. » Et, s'agenouillant alors, Henri répéta à haute voix sa profession de foi; puis il la remit, signée de lui, entre les mains du prélat. Un moment après il baisa l'anneau de l'archevêque, reçut l'absolution et entra dans l'église.

Pendant ce temps, disent les relations, « le peuple étoit entré en grand nombre, et sur le passage de Sa Majesté ne cessoit de crier : *Vive le roi !* » Un moment après l'archevêque l'entendit en confession, tandis que le clergé et l'assistance chantaient le *Te Deum*. Après la messe, qu'il entendit, le roi fut ramené à son hôtel en grande pompe et au bruit des acclamations populaires.

L'abjuration d'un prince relaps et excommunié par l'Église ne pouvait être régulièrement reçue sans le consentement du pape; des négociations s'ouvrirent avec Rome, et, en attendant, la guerre fut déclarée suspendue.

A Paris, grâce [à la trêve, grâce surtout à la lassitude des chefs et du peuple, on ne luttait plus par l'épée, on n'avait plus à tendre les chaînes et à construire des barricades; mais une guerre vive s'était engagée dans la presse. C'est pour la première fois que nous employons ce nom qui, deux siècles plus tard et surtout de nos jours, a reçu une signification si considérable. Alors on n'avait point de journaux ni de gazettes, mais on rédigeait des pamphlets virulents, mais on affichait des placards provocateurs, et l'imprimerie, qui déjà n'avait que trop servi les passions prétendues religieuses et les ennemis de l'Église, fournissait aux hommes de parti, aux ligueurs et aux royalistes de toutes nuances, des moyens multiples de combattre, d'attaquer ou de résister.

La décision du pape se faisait attendre. Rome doutait, non sans motifs, de la sincérité de la conversion du Béarnais, et sa soumission, plus ou moins marchandée, ne semblait pas suffisante. La trêve expira vers le 1er janvier 1594. Au mois de février, Henri, qui était maître de Chartres, se fit sacrer roi de France dans l'église cathédrale de cette ville. Le duc de Mayenne n'en persistait pas moins à fermer à ce prince les portes de Paris. Le roi, au point où en étaient les choses, voulait éviter de prendre la capitale de vive force et s'attachait à rallier à lui, par des dons et des promesses, ceux qui gardaient cette ville pour la Ligue. Il engagea des négociations clandestines avec le comte de Brissac, gouverneur de Paris en l'absence du duc de Mayenne, dont le départ précipité avait donné beau jeu au Béarnais. Brissac prit l'engagement de livrer Paris à l'armée royaliste, et dans ce but il ne négligea aucune ruse pour tromper la vigilance des Seize et celle des agents espagnols. Un très-petit nombre d'hommes dévoués et habiles furent seuls initiés au secret de la conjuration, et parmi eux figurèrent le prévôt des marchands, L'Huillier, et les échevins Martin et Langlois. L'exécution du plan concerté entre eux et le roi fut fixée au 22 mars. Dans la soirée du lundi 21 mars, vers les neuf heures, le prévôt et l'échevin Langlois réunirent les principaux colonels et quelques capitaines de la garde bourgeoise, et leur révélèrent l'entreprise dont la réussite réclamait leur concours. Quelque chose transpira au dehors de ces dispositions, et les chefs militaires de la garnison espagnole prirent des mesures pour en neutraliser l'effet; mais ils agissaient au hasard, et on réussit aisément à dissiper leurs soupçons. Il en fut de même des Seize, qui, après avoir veillé jusqu'à trois heures du matin pour faire échouer le complot, se rassurèrent mal à propos et se retirèrent dans leurs maisons. Or c'était précisément à cet instant de la nuit que la ville devait être livrée aux royalistes. Ils y entrèrent par trois portes différentes, et toutefois leur arrivée fut retardée par la pluie et le mauvais état des chemins. A six heures du matin, aidés de leurs amis et de leurs affidés, ils occupèrent une partie des remparts et les principaux quartiers, et le roi reçut du prévôt des marchands les clefs de la ville. Aux abords de l'école Saint-Germain un corps de lansquenets allemands essaya quelque résistance. Le maréchal de Matignon, à la tête d'une division de l'armée royale, dispersa ces étrangers et leur tua trente ou quarante hommes. Cependant le jour s'était levé et les bourgeois affluaient dans les rues; quelques-uns avaient déjà le mot d'ordre, le plus grand nombre étaient attirés par la curiosité. A la vue de Henri de Navarre qui s'avançait à cheval, décoré de l'écharpe blanche, la plupart firent entendre les cris répétés de : *Vive le roi! Vive la paix!* et bientôt après tous les quartiers de la rive droite arborèrent la bannière royale.

Avant d'entrer au Louvre Henri se rendit à Notre-Dame. « Étant descendu devant l'église, dit Félibien, au bruit des trompettes, des cloches et des acclamations redoublées du peuple, il fut reçu non par l'évêque, ni le doyen, ni le chantre, qui s'étoient retirés dans les villes royales, mais par le sous-chantre Dreux et le reste du clergé. Le sous-chantre, lui ayant donné la croix à baiser, lui fit le compliment suivant : « Sire, vous devez bien louer
« et remercier Dieu de ce que, vous ayant fait naître de la
« plus excellente race des rois de la terre, vous ayant con-
« servé votre honneur, il vous rend enfin votre bien. Vous
« devez doncques en ces actions de grâces avoir soin de
« votre peuple, à l'imitation de Notre-Seigneur Jésus-
« Christ, duquel voyez ici l'image et pourtrait, comme il a
« eu du sien, afin que, par le soin que vous prendrez de lui
« en le défendant et soulageant, l'obligiez d'autant plus à
« prier pour votre prospérité et santé, et que, vous ren-
« dant bon roi, vous puissiez avoir bon peuple. » Le roi lui répondit : « Je rends grâces à Dieu et le loue infini-

« ment des biens qu'il m'a faits, dont je me trouve
« indigne, les reconnoissant en si grande abondance que
« je ne sais comment je l'en pourrai assez remercier ;
« mais principalement depuis ma conversion à la religion
« catholique, apostolique et romaine, en laquelle je pro-
« teste, moyennant son aide, vivre et mourir. Pour la
« défense de mon peuple j'emploierai jusqu'à la der-
« nière goutte de mon sang et le dernier soupir de ma
« vie. Quant à son soulagement, j'y ferai mon pouvoir
« en toutes choses. J'en appelle à témoins Dieu et la
« Vierge, sa Mère. » Le roi entendit ensuite la messe et le *Te Deum*, qui furent chantés en musique ; après quoi il remonta à cheval et se rendit au Louvre, où il trouva son dîner préparé, comme s'il y avoit été attendu depuis plusieurs jours. Le sous-chantre Dreux mourut la nuit suivante d'une attaque de maladie qui ne dura que deux heures, ce que les factieux imputèrent à la punition divine. »

Félibien ajoute :

« Pendant que le roi étoit encore à Notre-Dame, le nouveau maréchal de Brissac, le prévôt des marchands, l'échevin Langlois et un bon nombre d'autres, accompagnés de hérauts, de trompettes et de gens à pied et à cheval, parcoururent les principales rues de la ville à grand bruit, pour annoncer la paix et l'amnistie générale, et semer partout des billets qui contenoient la même assurance de la part du roi, suivant son ordonnance datée du 20 du mois. Ces billets, qu'on faisoit passer de main en main, furent portés incontinent jusque dans les quartiers les plus reculés. Un changement si subit causa une consolation extrême à tous les gens de bien. On n'entendoit de toutes parts que des cris de joie, comme en un jour de fête et de triomphe. Le peuple, se mêlant avec les soldats, leur versoit à boire au milieu des rues et jusque dans les maisons.

« Deux troupes de ligueurs, dont l'une étoit dirigée par le curé de Saint-Côme, qui marchait armé d'une pertuisane, par Senault, Crucé et plusieurs partisans des Seize, et l'autre conduite par les minotiers, à la solde des Espagnols, tentèrent de soulever le quartier de l'Université; mais le conseiller du Vair, accompagné de gens armés, ayant rencontré Crucé, capitaine du quartier Saint-Jacques, avec ses ligueurs, les arrêta tout court près de l'hôtel de Cluny, et les renvoya, le curé dans son église, et les autres dans leurs maisons, avec menace, s'ils faisoient résistance, de les livrer à Jean Rozeau, l'exécuteur de la justice de Paris, qui jouissait encore de l'amnistie accordée par le duc de Mayenne aux complices du meurtre de Barnabé Brisson. Malgré cette menace ils allèrent joindre la bande des minotiers pour se rendre maîtres de la porte Saint-Jacques. Sur ces entrefaites vint un héraut avec dix ou douze trompettes, suivi de gens d'armes et d'une immense multitude qui crioient de toutes leurs forces: *Vive le roi! Vive la paix!* Après avoir traversé le pont Saint-Michel, et les rues de la Harpe, des Mathurins et de Saint-Jacques, ils joignirent heureusement le gouverneur, le prévôt des marchands et leur escorte, qui descendoient de Sainte-Geneviève par la rue Saint-Étienne-des-Grés. Ce renfort dissipa bientôt les deux troupes de ligueurs. Chacun d'eux se retira chez soi, et le quartier de l'Université, où il y avoit eu plus de bruit qu'ailleurs, devint aussi tranquille que tous les autres. On vit le jour même les boutiques ouvertes, le marchand à son comptoir, l'artisan à son ouvrage ; en un mot toute la ville jouissoit d'une tranquillité aussi complète que si elle n'eût jamais été agitée par aucun trouble. »

Le roi était déjà dans Notre-Dame que la garnison étrangère ignorait encore qu'il fût entré dans la ville. Ces soldats walons, espagnols et napolitains, casernés en partie à la porte de Buci, en partie dans le quartier du Temple, n'avaient pas osé sortir de leurs corps-de-garde, et les gens qu'ils envoyaient de temps à autre étaient pris par les royalistes, qui saisissaient de même ceux des ligueurs qu'ils voyaient sortir de leurs maisons. Le duc de Féria et le capitaine napolitain Alexandre de Monte avaient cependant fait armer leurs troupes, car ils n'espéraient pas sortir sans coup férir de leur dangereuse position ; mais le roi leur fit offrir une capitulation honorable. Il leur envoya dire qu'il consentait à ce qu'ils sortissent de Paris, le jour même, tambour battant, enseignes déployées, avec tout leur bagage, seulement la mèche éteinte. Il leur fit demander en même temps le capitaine Saint-Quentin, chef des Walons, qu'ils avaient arrêté comme coupable d'intelligences avec les royalistes. Les Espagnols acceptèrent tout, et leur troupe se mit en marche pour sortir de Paris, emmenant à sa suite un certain nombre de ligueurs fort compromis. Le roi se mit à la fenêtre pour voir défiler les Espagnols, et, comme ils s'inclinaient respectueusement en passant devant lui, il les salua avec sa courtoisie ordinaire et leur dit en riant :
« Recommandez-moi bien à votre maître. Allez-vous-en,
« mais ne revenez-plus ! »

Le cardinal de Pellevé, l'un des chefs de la Ligue, était

alors dangereusement malade; ayant entendu le mouvement qui se manifestait dans les rues, on lui répondit que le roi venait d'entrer dans Paris et que tout était tranquille; sans dire mot il se retourna de l'autre côté et mourut. Le cardinal légat, invité par le roi à se rendre au Louvre, le pria de l'en dispenser; il fut conduit à Montargis par du Perron, évêque d'Évreux. Dans la soirée du même jour le roi, pour témoigner de son esprit de conciliation, voulut faire une visite aux duchesses de Nemours et de Montpensier, qui avaient joué un rôle très-ardent durant les guerres de la Ligue; il se montra avec elles jovial et affable. Quelques heures après il rentra au Louvre et s'y endormit, étonné de son triomphe. Le lendemain il pourvut aux besoins de l'ordre et de la police, évitant d'ailleurs, autant que possible, tout ce qui aurait pu présenter le caractère d'une réaction. Au moment de la surprise amenée par la capitulation de Brissac la Bastille était aux mains d'un brave et digne gentilhomme du nom de Dubourg. Quand il avait vu la cornette blanche arborée sur Paris il avait tiré le canon sur la ville et ceint l'écharpe noire en signe de deuil et de défense meurtrière; mais, manquant de vivres, il fut obligé de se rendre. « Il ne voulut jamais prendre argent pour la reddition de ceste place, monstrant par là sa générosité et valeur. Estant sollicité de recognoistre le roy, et que c'estoit un bon prince, il répondit qu'il n'en doutoit point, mais qu'il estoit serviteur de Mayenne, auquel il avoit donné sa foy; au reste, que c'estoit un traistre que Brissac, et que pour luy maintenir il le combattroit entre quatre piques en présence du roy et lui mangeroit le cœur du ventre; que la première chose qu'il feroit, estant sorti, ce seroit de l'appeler au combat, et qu'il lui envoyeroit une trompette, et pour le moins luy feroit perdre l'honneur s'il ne luy faisoit perdre la vie (1). »

Le 29 mars eut lieu, en mémoire de la restauration qui s'était accomplie, une procession solennelle qui, chaque année et durant près de deux siècles, fut renouvelée le 22 mars. Cette démonstration religieuse ne suffisait pas pour faire taire les ressentiments de la Ligue. Les Seize étaient vaincus, leur impuissance apparaissait au grand jour, et pourtant on voyait encore se manifester de leur part et de celle de leurs affidés des symptômes d'hostilité et de résistance. Le clergé surtout demeurait froid et défiant; il subissait par contrainte, mais il n'acceptait pas la domination d'un prince encore placé sous le coup de l'excommunication de Rome et dont la victoire paraissait une menace pour la foi catholique. Dans la plupart des églises on s'était abstenu de reprendre l'ancien usage de prier pour le roi; à la Madeleine on avait recommandé aux prières des fidèles « les bons princes catholiques et tous ceux qui avoient été affligés par la journée de mardy » (c'était le jour de l'entrée du roi). L'université de Paris avait refusé de paraître au Louvre et de faire acte de soumission. Dans les réunions de la bourgeoisie on ne craignait pas de faire entendre des paroles haineuses, des protestations et des cris de vengeance. Le gouvernement voulut en finir avec ces difficultés, dont il appréciait la portée. Comme tous les pouvoirs qui se fondent à la suite de commotions et de guerres civiles, il prit des mesures de haute police envers ceux dont les noms étaient le plus

(1) *Journal de Henri IV*.

compromis, et il interna ou exila environ cent vingt mécontents dangereux. Dans ce nombre figuraient neuf curés, le recteur de l'Université, l'évêque de Senlis et plusieurs personnages considérables. Henri IV donna un nouveau chef à l'Université, et, insensiblement, les résistances tombèrent d'elles-mêmes à Paris, tandis que la lutte se prolongeait dans le reste du royaume.

CHAPITRE IV.

État physique et moral de Paris durant les guerres de religion. — Institutions. — Monuments. — Établissements généraux.

La période dont nous venons d'esquisser le récit fut beaucoup trop tourmentée pour que Paris, au milieu de ses épreuves, eût pu s'enorgueillir d'un nombre considérable d'améliorations et de fondations utiles; toutefois, en dépit de la surexcitation des colères et des haines que les guerres de religion ne cessaient d'entretenir, et malgré les énormes dépenses qu'elles imposaient au trésor royal ou aux citoyens, la sagesse des magistrats chargés de l'administration publique et les aspirations de la cour vers les choses de luxe et d'art se manifestaient encore par des créations et des embellissements dont l'histoire doit conserver le souvenir.

Sous le règne, si court d'ailleurs, de François II, on établit à Paris, dans le faubourg Saint-Marcel et aux abords de la rue de l'Ourcine, *l'hôpital de l'Ourcine* ou *de la Charité chrétienne*. Il remplaçait, dit-on, un ancien hospice de *Saint-Marcel* ou *de l'Ourcine* qu'avait fondé, au même lieu, durant le treizième siècle, la reine Marguerite de Provence, veuve de saint Louis, et qui, dès le quatorzième siècle, appartenait à Guillaume de Chanac, évêque de Paris et patriarche d'Alexandrie, d'où lui était également venu le nom d'*Hôtel-Dieu du patriarche*.

Dans le principe Marguerite de Provence avait destiné cette maison à des filles hospitalières. Le Parlement, par arrêt du 25 septembre 1559, mit ces bâtiments sous la main du roi pour y faire transférer les malades atteints du mal vénérien. Cette fondation fut mal administrée par des gérants avides, qui, là comme dans tant d'autres institutions, s'emparèrent des revenus destinés au soulagement des pauvres. L'hôpital de l'Ourcine tombait en décadence lorsque Nicolas Houel, homme riche et bienfaisant, obtint d'y transférer, de la maison des Enfants-Rouges, de jeunes orphelins instruits dans l'art de préparer des médicaments, pour être distribués aux pauvres honteux. Ce changement eut lieu en avril 1579. Houel établit en ce lieu un *jardin de pharmacie*, à l'instar de celui de Padoue et le premier qui ait existé en France. Ce fut l'origine de l'école de pharmacie, qui toutefois n'y fut établie définitivement que beaucoup plus tard.

C'est au règne de Charles IX que remonte la fondation du chateau des Tuileries.

Au quatorzième siècle il existait à quelque distance du Louvre, et à l'ouest de ce palais, une maison appelée l'*hôtel des Tuileries*, à cause des fabriques de tuiles qui l'avoisinaient. Vers le commencement du seizième siècle on rencontrait au même endroit, mais plus rapprochée de la Seine, une autre maison appartenant à Nicolas de Neuville de Villeroy. A cette époque la duchesse d'Angoulême, mère de François Ier, se trouvant incommodée au palais des Tournelles, résidence royale de l'époque (1), et voulant changer d'air et d'habitation, vint demeurer dans la maison de M. de Neuville, qu'elle préféra au château du Louvre, qui avait alors plutôt l'aspect d'une forteresse que

---

(1) *Dictionnaire historique des Rues et des Monuments de Paris.*

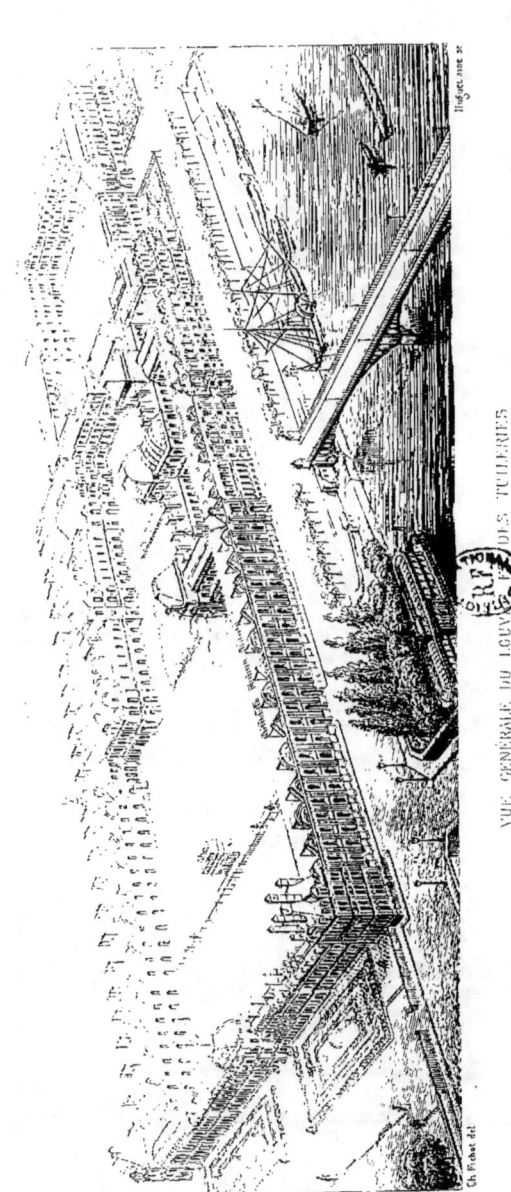

VUE GÉNÉRALE DU LOUVRE ET DES TUILERIES

d'une...   ...nté, ce
...   . En
1564, Charles...
des...
fais...   p...
l'...   des hôtels des Tuesnes et de...
...   ... fondements dès la même année. Telle...
gine du palais des T...   ... agrandi
sous les règnes...

Catherine de M...   ... de l'...
... ... magnifique bâtiment...
...   ...pries lez Paris, pour ce qu'il...
ciennement une tuillerie audict lieu. » On a souvent rappelé que, le principal...   ...   d'Athènes avoir...
p... que...

que Ducer...   ...
devait être un édifice d'un...
...   ...tions ... dans toutes ses par...
...   ...d'un... ...de pierre de...
... ...   par...
de...   ...   ... recevoir...
...   ...   l'une bâtisse ...   ... la tro...
... ...construi... ... ... d'un dôme avec...
couronné d'un dôme hémisphérique s'élevait à...

(1) Description historique et topographique du T...
    ... de Charles Nod... in-8°, avec fig...
...   ... de ga...
de...
E..
...
...

d'une habitation royale (1). Elle y recouvra la santé, ce qui engagea le roi à en faire l'acquisition en 1518. En 1564, Charles IX ayant ordonné la démolition du palais des Tournelles, Catherine de Médicis résolut aussitôt d'en faire construire un plus vaste et plus magnifique sur l'emplacement des hôtels des Tuileries et de Neuville. On en jeta les fondements dès la même année. Telle est l'origine du palais des Tuileries, qui fut successivement agrandi sous les règnes suivants (2).

Catherine de Médicis, dit le Père du Breul, fit commencer « le magnifique bastiment de l'hostel royal dit des Tuilleries lez Paris, pour ce qu'il y avoit anciennement une tuillerie audict lieu. » On a souvent rappelé que le principal jardin public d'Athènes portait, pour une semblable raison, le nom de Céramique, dont la signification est la même. D'après le plan primitif que Ducerceau nous a conservé, le palais des Tuileries devait être un édifice d'une rare élégance, parfaitement proportionné dans toutes ses parties, composé, du côté des jardins, d'une façade pleine de mouvement et d'originalité, complété, vers les cours, par une série de portiques qui se seraient prêtés à recevoir tous les services accessoires d'une habitation royale. La façade seule fut construite. Un pavillon, décoré avec luxe et couronné d'un dôme hémisphérique s'élevait au centre;

(1) *Description historique et graphique du Louvre et des Tuileries*, par le comte de Clarac, 1 vol. in-8°, avec planches, Paris, 1853. Voir aussi la notice sur la grande et la petite galerie du Louvre, par A. Berty, dans son magnifique ouvrage intitulé : *la Renaissance monumentale en France*, in-4°, Paris, 1858.

(2) *Dictionnaire historique des Rues et des Monuments de Paris*, au mot TUILERIES.

deux galeries, ouvertes et surmontées d'un attique de la sculpture la plus riche, l'accompagnaient, et chacune d'elles aboutissait à un corps de logis quadrangulaire dont les colonnades sont restées comme les plus gracieux modèles que la Renaissance nous ait transmis. « L'escalier de ce bel hostel (il était placé sous le dôme), tournant en limaçon et suspendu en l'air, sans aucun noyau qui en soutienne les marches, est le plus beau chef-d'œuvre d'architecture et une des plus hardies pièces qu'on puisse voir en notre France (1). » Mais cette belle et simple ordonnance, ce merveilleux escalier ne subsistèrent pas longtemps. Henri IV ne jugea pas que le château fût assez vaste pour loger le roi et sa famille ; il fit construire, par Ducerceau, cette aile à grands pilastres composites qui se dirige vers le sud, et un énorme pavillon, connu sous le nom de *pavillon de Flore*, qui arrivait jusqu'au quai.

Sous Catherine de Médicis les pavillons et les galeries qui composaient cette demeure princière étaient remarquables par la régularité de leurs proportions ; on critiquait néanmoins les énormes toitures empruntées à l'architecture des châteaux forts de la féodalité, lesquelles formaient une contradiction avec l'ordonnance grecque et romaine que Delorme fut le premier à donner à l'architecture française, après l'avoir dépouillée de la forme et des ornements gothiques.

Catherine de Médicis habitait le château des Tuileries ; le roi se tenait au Louvre. A cette époque, un astrologue ayant prédit à cette princesse qu'elle mourrait près de Saint-Germain, « on la vit fuir avec soin, dit Mézeray,

---

(1) Du Breul, *Théâtre des Antiquités de Paris* (1612).

tous les lieux et toutes les églises qui portoient ce nom. Elle n'alla plus à Saint-Germain-en-Laye, et même, à cause que son palais des Tuileries se trouvoit sur la paroisse de Saint-Germain-l'Auxerrois, elle en fit bâtir un autre (l'hôtel de Soissons) près de Saint-Eustache. »

En 1600 le roi Henri IV fit commencer la superbe galerie qui joint les Tuileries au Louvre du côté de la rivière. Les deux nouveaux corps de logis et les deux grands pavillons ne furent entièrement achevés que sous Louis XIII, sur les dessins de Ducerceau, qui changea l'ordonnance et la décoration des premiers architectes. On lui attribue les deux corps de bâtiment, d'ordonnance corinthienne ou composite, qui suivent les deux pavillons du milieu, ainsi que les deux grands pavillons d'angle qui terminent chaque côté de cette longue ligne de façade. De cette multiplicité de parties, de styles divers, dont se trouvent composées les deux façades opposées, ne tarda pas à résulter un défaut d'ensemble et de proportions qui frappe les regards. En effet le pavillon du milieu, fort bien en rapport avec la façade primitive, paraît aujourd'hui trop petit pour la façade actuelle et nous semble écrasé par les grands pavillons des extrémités, sous lesquels s'affaissent trop les deux pavillons intermédiaires, et plus encore les deux premiers corps de bâtiment ou les galeries.

A une époque toute récente de nouveaux changements ont été introduits dans l'ensemble de ce palais par le roi Louis-Philippe. Pour rendre le palais plus commode, ce prince a construit un large bâtiment sur une des terrasses latérales du dôme, et substitué un troisième escalier à celui que Louis XIV avait fait établir. Le premier passait pour un chef-d'œuvre; le second avait encore une certaine majesté; celui qui en tient lieu est d'une structure vulgaire, et de plus il a l'inconvénient d'obstruer complétement un des portiques de Philibert Delorme.

Au moment où nous écrivons ces lignes, le gouvernement impérial fait réédifier sur de plus larges assises le pavillon de Flore et les galeries qui s'y rattachent, du côté du sud et de l'est. Ces travaux sont poursuivis nonobstant des difficultés qui naissent de la nature du sol et exigent d'énormes dépenses. Ils étaient devenus indispensables dans l'intérêt de la dignité et de la sécurité d'une résidence affectée aux souverains. Nous en parlerons d'une manière toute spéciale quand nous esquisserons la situation de Paris sous le règne de Napoléon III.

Au demeurant, les architectes qui, de Henri IV à Louis-Philippe, ont eu successivement à compléter la restauration du palais des Tuileries, dont ils ne pouvaient changer les constructions premières, ont eu à exécuter un travail ingrat, qui sort du domaine de la critique; car il leur était impossible, dans les conditions où ils se trouvaient, de faire disparaître des façades toutes les disparates d'ensemble et de détail qui s'y trouvaient. Ils ont dû se borner à ramener, autant que possible, toutes les masses discordantes de ces bâtiments à une ligne d'entablement à peu près uniforme, seul moyen qui leur restait de donner une apparence d'unité à des parties détachées et sans accord. Ils y sont à peu près parvenus en assujettissant les croisées et les trumeaux, les pleins et les vides de la façade à une disposition presque régulière.

Le pavillon du milieu, soit considéré de la cour, soit

considéré du jardin, est le morceau le plus riche de toute la longue façade du palais des Tuileries ; ce qu'on a laissé subsister de Philibert Delorme, c'est-à-dire l'ordonnance des colonnes à bandes de marbre, serait tout ce qu'on peut faire de plus riche en architecture si le goût pouvait, dans cet art, admettre les superfluités au nombre des richesses. Pour répondre à ce luxe, on a, du côté du Carrousel, employé des colonnes de marbre dans les ordonnances supérieures, genre de magnificence qu'il est rare de trouver en France en dehors des édifices.

Le palais et le jardin des Tuileries étaient primitivement séparés par une rue d'une grande largeur, bornée du côté du jardin par un mur de peu d'élévation, qui formait une espèce de cour. Du côté opposé la cour proprement dite a subi diverses modifications. Elle était une quand le palais ne se composait que de trois pavillons et de deux galeries ; elle fut ensuite divisée en trois parties au moyen de deux murs qui les séparaient, à partir des deux premiers pavillons latéraux exclusivement, de sorte que la cour du milieu ne comportait d'autre largeur que celle du pavillon du milieu et des deux galeries adjacentes, et chacune des deux autres comprenait l'emplacement que forme le pavillon qui est au bout de cette galerie, le corps de logis qui le suit et le grand pavillon d'angle. Du côté de la place du Carrousel ces trois cours étaient bornées par une ligne de constructions dont les deux extrémités ne pouvaient être considérées que comme un mur épais. Le centre de cette ligne présentait deux pavillons situés aux angles de la séparation des cours, et deux guérites au milieu desquelles était la grande porte d'entrée, en face du vestibule du château ; ces pavillons étaient joints aux guérites par une galerie en bois, couverte et appuyée sur un mur crénelé.

Lors de la révolution du 10 août 1792 les pavillons furent incendiés et ne se relevèrent jamais. Quelque temps après, les murs qui divisaient les cours et qui les séparaient de la place du Carrousel disparurent; les limites de la cour unique furent reculées de manière à la rendre assez spacieuse pour y faire manœuvrer plusieurs régiments de cavalerie et d'infanterie, et une belle grille de fer, à piques dorées, posée sur un mur à hauteur d'appui et parfaitement semblable à celle de la terrasse du jardin des Tuileries, remplaça, sous le Consultat et l'Empire, les constructions qui obstruaient la vue de la façade du palais.

Nous empruntons aux anciens historiens de Paris la description de l'intérieur du château et des diverses sections du jardin des Tuileries, avant 1789; nous dirons un peu plus tard quelles transformations de détail cette situation a subies dans les temps modernes, celles qu'elle subit encore; pour le moment il importe de donner à nos lecteurs une idée des splendeurs de la demeure royale sous le grand roi et durant le dix-huitième siècle.

« Louis XIV, en 1664, ordonna plusieurs ouvrages pour la restauration et l'embellissement de ce château. M. Colbert, qui venoit d'acheter la charge de surintendant des bâtiments du roi, y fit aussitôt travailler, et se servit de Louis Levau et de François d'Orbay, son élève. Le gros pavillon du milieu n'avoit été décoré jusqu'alors que de l'ordre ionique et du corinthien, mais on ajouta le composite et un attique. Les colonnes de tous ces ordres sont de marbre brun et rouge. Sur l'entablement règne un fronton accompagné de plusieurs statues de pierre, et dans le tympan sont les armes de France. Les deux pavillons qui sont à côté du grand sont ornés de colonnes ioniques, posées sur un piédestal qui règne le long de ce superbe édifice. Le second ordre est de colonnes corinthiennes, et au-dessus est un attique terminé par une balustrade et par deux vases de pierre. Les deux autres corps de logis, et les deux gros pavillons qui terminent cette façade, sont décorés de pilastres cannelés d'ordre composite. Dans les deux pavillons cet ordre est surmonté d'un attique, et sur l'entablement sont des vases de pierre.

« On entre dans les appartements de ce château par un grand vestibule, qui est dans le pavillon du milieu, et dont le plafond, qui est un peu bas, est soutenu par des arcades formées d'ordre ionique. Sur le premier palier on trouve la principale entrée de la chapelle, et ici naissent deux autres rampes qui conduisent dans une grande enfilade d'appartements.

« Le grand salon au-dessus du vestibule est occupé par les cent suisses lorsque le roi séjourne dans ce château; la salle des Gardes vient ensuite. Six croisées de chaque côté ont réglé la distribution des peintures et des ornements. Au-dessus de la corniche sont quatre bas-reliefs, feints par autant de tableaux, dont les sujets conviennent parfaitement aux guerriers qui occupent cette pièce; car ils représentent une marche d'armée, une bataille, un triomphe et un sacrifice. Entre les bas-reliefs est un corps d'architecture feint, sur les extrémités duquel sont deux figures assises et rehaussées d'or. Sur un socle de marbre paraît un trophée d'armes aussi peint et rehaussé d'or. Le tableau du milieu remplit la voûte de cette pièce, et fait voir un ciel ouvert, et plusieurs figures en l'air qui désignent les biens et les honneurs dont on récompense la vertu militaire.

« L'antichambre du roi est éclairée par huit croisées, dont quatre sont du côté de la place du Carrousel et les quatre autres du côté du jardin. Dans le plafond on a peint une ouverture feinte, au travers de laquelle on voit le soleil sur son char, qui s'élève sur l'horizon et répand la lumière de toutes parts. Un vieillard qui tient une clepsydre, et représente le Temps, semble montrer au soleil la carrière qu'il doit parcourir. Auprès de lui sont un enfant qui tient le plan d'un édifice et deux figures assises sur des nuages, dont l'une tient un serpent, qui, mordant sa queue, forme un cercle dans lequel est marquée l'année 1668, qui est le temps où les peintures furent achevées. L'autre représente le Printemps, qui de la main droite montre le signe du Zodiaque, et de la gauche tient une corne d'abondance, symbole de la fertilité qu'il nous promet. D'un autre côté on voit la Renommée qui embouche une des trompettes qu'elle tient. Quatre tableaux peints sur des fonds d'or représentent les quatre parties du jour par des sujets pris des Métamorphoses d'Ovide. Dans le premier l'on voit l'Aurore que Cupidon rend amoureuse de Céphale. Le second nous fait voir la statue de Memnon, qui rendoit des oracles lorsque le soleil dardoit ses rayons sur elle, mais qui redevenoit muette lorsqu'il les retiroit. Dans le troisième et le quatrième sont Clitie changée en tournesol et le Soleil qui se délasse chez Thétis. Les encoignures sont ornées de quatre autres bas-reliefs de figure ovale, peints en couleur de bronze, qui représentent encore les quatres parties du jour. Toutes les peintures de ces deux salles sont de Nicolas Loyr.

« La grand'chambre du roi est superbement meublée lorsque Sa Majesté fait son séjour dans ce château; mais, outre ces meubles précieux qu'on change selon les temps et les occasions, elle a des ornements à demeure et qu'on y voit toujours. Le tableau du plafond représente la Religion sous la figure d'une femme couronnée d'une couronne antique, et qui tient d'une de ses mains une toile d'attente pour un portrait; au-dessus et dans l'air sont plusieurs figures d'Anges et de Génies qui tiennent dans leurs mains, l'un l'oriflamme, un autre la sainte Ampoule, un troisième une épée, le quatrième un casque, et le cinquième l'écusson de France. Ce tableau a été peint par Bartholet Flamael, mort chanoine de Liége. Au pourtour de cette chambre règne une corniche dorée, sur laquelle sont des brasiers de stuc qui ont été sculptés par Lerambert; les figures qui les accompagnent sont du fameux Girardon. Les ornements et les grotesques peints sur le plafond et sur le lambris sont l'ouvrage des Le Moine.

« De cette chambre on passe dans la chambre du lit du roi. Les peintures du plafond de cette pièce, de même que celles du petit cabinet qui est de plein-pied, sont de Noël Coypel. Les paysages que l'on voit dans ces deux pièces sont de Francisque Millet, peintre flamand, très-habile paysagiste. Le grand cabinet est décoré avec beaucoup de goût et de magnificence de plusieurs ouvrages de stuc. L'on voit plusieurs figures dans les panneaux du lambris, qui désignent la Guerre et l'Abondance. C'est dans ce cabinet que s'est tenu le conseil de Régence pendant la minorité de Louis XV. De ce cabinet l'on entre dans la galerie des ambassadeurs ainsi nommée parce que c'est dans ce lieu que Louis XIV donnoit ses audiences publiques aux ministres étrangers. Le plafond est distribué en plusieurs compartiments ou bordures dans lesquels sont des tableaux qui représentent la fable de Psyché et plusieurs autres sujets pris des Métamorphoses. La plupart de ces tableaux ont été copiés à Rome, d'après la galerie Farnèse, peinte par le fameux Annibal Carrache. Colbert fit faire ces copies par les plus habiles élèves de l'académie de Peinture que le roi entretient à Rome. Cette galerie a été fort maltraitée pendant le séjour que Louis XV a fait dans ce château; car on fut obligé, pour la commodité du maréchal de Villeroy et pour celle de quelques officiers de Sa Majesté, de la couper et de la partager par des cloisons et par des soupentes qui font un très-mauvais effet.

« Au bout de cette galerie est un escalier par lequel on va à l'appartement qu'occupoit autrefois la reine Marie-Thérèse d'Autriche. Les tableaux dont il est orné sont de Nocret, peintre lorrain, qui, dans quelques-unes de ces peintures, a représenté la reine Marie-Thérèse sous la figure de Minerve.

« Les appartements du rez-de-chaussée qui sont au-dessous de ceux qu'on vient de décrire ont été autrefois occupés par Louis XIV. Les peintures sont de Nicolas Mignard et sont allégoriques au roi Louis XIV, dont le soleil étoit la devise. Dans le plafond de l'antichambre le feu roi est représenté sous la figure d'Apollon, assis sur un trône, et ayant sous les pieds un globe. Les quatre parties du monde et Neptune, dans des attitudes de soumission et de respect, lui sont présentés par Minerve. Le reste de ce plafond est rempli par des figures symboliques peintes en forme de bas-relief.

« Le plafond de la pièce qui suit nous fait voir Apollon assis et environné du Zodiaque. Dans le lointain on voit les Heures, représentées par de belles filles, qui s'empressent d'atteler les coursiers au char de ce dieu, et au-dessous sont les quatre Saisons, figurées par des femmes qui sont d'un âge et dans des attitudes qui conviennent à ces quatre parties de l'année. Aux côtés de ce grand tableau il y en a deux petits, dont l'un représente Apollon, qui, à coup de flèches, tue les Cyclopes, pour venger la mort de son fils Esculape, que Jupiter avoit tué d'un coup de la foudre qu'ils avaient forgée. L'autre petit tableau représente Apollon, Diane et Latone, qui se vengent sur les enfants de Niobé de la préférence qu'elle leur avoit donnée sur ceux de Latone. Dans l'alcôve de cette chambre la Nuit est représentée par une femme dont le manteau est parsemé d'étoiles et qui est environnée de pavots. Les deux enfants qu'elle tient entre ses bras désignent les songes qui accompagnent ordinairement le sommeil. Les deux tableaux qui sont aux côtés de celui-ci nous font voir le supplice du satyre Marsyas et celui du roi Midas. Au-dessus des portes sont deux marines, dans l'une desquelles est la chute d'Icare.

« Dans le petit cabinet de cet appartement on voit Apollon qui distribue des couronnes de laurier, une à la muse de la Poésie, une autre à la muse de la Peinture et une à la muse de la Musique. Sur la cheminée est Apollon qui reçoit une lyre des mains de Mercure. Vis-à-vis est un autre tableau où l'on voit Apollon et Daphné. Au-dessus des portes sont Clithie et Hyacinthe, qui représentent le lever et le coucher du soleil. Le grand cabinet de cet appartement n'a point de peintures dans son plafond. L'appartement qui est de plein-pied à celui dont on vient de parler a servi à Louis de France, Dauphin de Viennois et fils de Louis XIV. Les peintures dont il est orné consistent dans un tableau de l'Éducation d'Achille, peint par Philippe ; on y voit les différents exercices et les amusements de la jeunesse. Ces deux appartements ont été plus tard occupés par le duc du Maine, surintendant de l'éducation de Louis XV, et par la duchesse du Maine.....

« De l'autre côté est la chapelle, qui a sa principale porte sur le premier palier du grand escalier. Elle n'a rien que de fort simple ; on remarque cependant sur l'autel une excellente copie de la belle Nativité du Corrége. La tribune du roi est au-dessus de la grande porte. La sacristie est derrière le maître-autel, et au-dessus est la tribune des musiciens.

« La salle des machines est une des plus vastes et certainement la plus ingénieusement et la plus richement décorée qu'il y ait en Europe. Elle a été construite par ordre du roi Louis XIV, pour la représentation des ballets et des comédies. Ce fut Vigarani, gentilhomme italien, qui donna le dessin et conduisit l'exécution de ce superbe théâtre, qui peut aisément contenir sept ou huit mille personnes. Celui de Parme, qui est tant vanté, est un peu plus grand que celui-ci, mais d'ailleurs il n'a aucun ornement, au lieu que le plafond de la salle des machines est enrichi de sculptures dorées et de peintures qui ont été exécutées par Noël Coypel, sur les dessins de Le Brun. Les loges sont soutenues par des colonnes corinthiennes, dont les chapiteaux et les soubassements sont dorés, de même que les corniches et les balustrades. Ce côté est terminé par un grand pavillon qui fait symétrie avec celui qui est vis-à-vis le Pont-Royal ; c'est là que logeoit le grand-écuyer avant qu'on lui eût fait bâtir un hôtel tout auprès. On a commencé à ce pavillon une galerie parallèle à celle qui règne du côté de la rivière.

« La grande écurie est aussi de ce côté, et entre le pavillon où logeoit le grand-écuyer et la rue Saint-Honoré. C'est un vieux bâtiment qui n'est en rien comparable aux écuries superbes que Louis XIV a fait bâtir à Versailles ; au-dessus de la porte est une figure de cheval qui est très-mutilée ; elle est de maître Paul Ponce, sculpteur florentin. On trouve ensuite un manége découvert et un manége couvert, qui a été bâti pendant la minorité de Louis XV, et qui, n'étant pas entièrement achevé lorsque le roi alla faire son séjour ordinaire au château de Versailles, en 1722, resta longtemps dans le même état.

« Le jardin des Tuileries n'étoit autrefois ni commode, ni bien distribué, ni étendu, outre qu'il étoit séparé du château par une rue qui prenoit depuis les écuries, et qui, régnant le long de ce palais, aboutissoit presqu'à la porte d'entrée actuelle, près le Pont-Royal, et une place vague, depuis les murs jusqu'à ce palais. Son étendue n'étoit pas considérable ; il y avoit cependant un étang, un bois, une volière, une orangerie, des allées, des parterres, un écho, un théâtre et un labyrinthe. La volière consistoit en plusieurs bâtiments et étoit située vers le milieu du quai des Tuileries, ainsi qu'on peut le voir dans le plan de Paris que Gomboust fit graver en 1652. L'écho étoit au bout de la grande allée, c'est-à-dire au bout du jardin, et étoit entouré d'une muraille de deux toises de haut, arrondie en demi-cercle de vingt-quatre pieds de diamètre et cachée par des palissades. Auprès de cet écho, du côté de la porte Saint-Honoré, étoit l'orangerie, comme elle y est encore, et auprès étoit une espèce de ménagerie où il y avoit des bêtes féroces. Dans le bastion qui tenoit à la porte de la Conférence, et qui fut construit en 1581, étoit un grand terrain qui servoit de garenne, et à une des extrémités duquel, entre la porte de la Conférence et la volière, étoit un chenil que le roi Louis XIII donna à Renard, par brevet du 20 avril 1630, à condition qu'il défricheroit ce terrain et qu'il le rempliroit de plantes et de fleurs rares; en second lieu, qu'il donneroit deux mille livres au nommé Paschal, qui avoit soin des chiens du roi; en troisième lieu, qu'il bâtiroit à ses dépens un chenil à un autre endroit; quatrièmement, qu'après sa mort ses héritiers pourroient retirer les fleurs et les plantes qui s'y trouveroient, ou du moins qu'on leur en tiendroit compte. Ce brevet fut confirmé par un autre du dernier jour d'août de l'an 1630, par lequel le roi l'assuroit qu'il ne le déposséderoit point de son jardin qu'après l'avoir récompensé de toutes les dépenses qu'il y avoit faites, et que, si on venoit jamais à le joindre aux Tuileries, dès lors il lui en donnoit la conciergerie par avance.....

« Colbert, ayant résolu de faire travailler à l'embellissement des maisons royales, commença par le palais des Tuileries, auquel il joignit le jardin qui étoit séparé par une rue, ainsi qu'on l'a dit plus haut, laquelle se nommoit encore, au milieu du siècle passé, rue des Tuileries, fit abattre le logement de mademoiselle de Guise, la volière et les autres maisons, jusqu'à la porte de la Conférence, pour y élever une terrasse plantée de deux rangs d'ormes, qui règnent le long de la rivière, pendant l'espace de deux cent quatre-vingt-six toises sur environ quatorze de largeur, et qui est parallèle à celle qui est le long du manége de la grande écurie. On enferma en même temps le jardin de Renard dans l'enclos des Tuileries, et l'on coupa par le milieu l'ancienne terrasse qui étoit au bout, pour laisser libre la vue du Cours. On fit dans cet endroit un fer à cheval pour y monter des deux côtés. Par ce que l'on vient de dire il est aisé de s'apercevoir que ce jardin est entouré de deux terrasses, l'une du côté du manége et de la rue Saint-Honoré, et l'autre du côté de la rivière. Elles commencent presqu'à la terrasse qui règne devant la façade du château, dans toute la longueur du jardin, et se terminent au fer à cheval, devant l'esplanade qui est vis-à-vis le Cours.

« Ce jardin est sans contredit le plus beau de l'univers, de l'aveu de tous les étrangers. La disposition est d'André Le Nostre, homme incomparable en cette partie et le plus savant qui ait été depuis l'établissement de la monarchie. Elle est si belle et si ingénieuse que, quoique ce jardin ne contienne que soixante-sept arpents, on y trouve cependant tout ce que l'on peut désirer dans les promenades les plus vastes et les plus délicieuses. Son habileté lui fit surmonter les obstacles de l'inégalité du terrain, et il le rendit l'objet de l'admiration des Parisiens et des étrangers.

« Il a fallu un grand art pour le faire paroître de niveau, car il a dans sa largeur une pente de cinq pieds ; ce qui fait que le dessus de la terrasse qui est du côté des Capucins est de niveau au bas de la terrasse qui est du côté de la rivière, et que celle-ci a cinq pieds de haut ;

c'étoit plus de trente mille toises cubes de terre qu'il eût fallu rapporter. Le génie de Le Nostre surmonta cette grande difficulté et rendit ce lieu admirable par la juste proportion de toutes ses parties, dont l'œil est toujours enchanté.

« Sur la terrasse qui regarde le long de la façade du château il y a six statues et deux vases. Les trois qui sont du côté de la rivière sont de Coustou l'aîné et représentent un Chasseur et deux Chasseresses. Celles qui sont du côté du manége sont de Coyzevox et nous font voir un Faune jouant de la flûte traversière, une Hamadryade et Flore.

« Le parterre est distribué en un grand nombre de compartiments remplis de belles fleurs, suivant les différentes saisons de l'année, et animé par trois jets d'eau qui tombent dans autant de bassins posés en triangle. Le plus grand des bassins est dans une esplanade à la tête de la grande allée. Au pourtour sont quatre groupes de marbre blanc, dont le premier nous fait voir Lucrèce, qui, ne pouvant survivre à la violence que le jeune Tarquin lui avoit faite, se poignarde en présence de Collatin, son mari. Ce groupe a été commencé à Rome par Théodon, un des pensionnaires entretenus par le roi à l'académie de Saint-Louis. Après sa mort, il a été achevé à Paris par Le Pautre. Vis-à-vis de ce groupe en est un autre d'Énée, qui porte son père Anchise et qui mène son fils Ascagne par la main ; il a été sculpté par Le Pautre dans le temps qu'il étoit à Rome. Le troisième groupe représente l'enlèvement d'Orithye par Borée ; il est d'Anselme Flamen. Le quatrième est l'enlèvement de Cybèle par Saturne, sous la figure du Temps ; Cérès est à ses pieds, appuyée sur un lion, symbole de la terre. Celui-ci a été fait par Regnaudin. Ces deux derniers groupes étoient autrefois dans l'orangerie de Versailles; ils furent apportés ici en 1716.

« La grande allée a cent soixante-cinq toises de longueur sur seize de largeur; elle est plantée de marronniers d'Inde. Au bout de cette allée est un grand bassin, ou pièce d'eau, de figure octogone. A droite et à gauche de cette grande allée on trouve plusieurs autres allées, des bosquets et des boulingrins de différentes figures, et des pièces de gazon rondes et ovales et creusées en pente douce. A main droite, en descendant, Colbert avoit fait dresser un théâtre de verdure, pour y représenter la comédie, et un amphithéâtre qui en étoit séparé par une espèce de parterre, capable de contenir plus de mille spectateurs. Au lieu où étoit ce théâtre, on fit un jeu de mail pour servir aux amusements du roi Louis XV pendant le séjour qu'il a fait au château des Tuileries. Dans le vide de ce mail on avoit élevé un pavillon d'architecture dont les dehors étoient ornés de marbre et de bronze feints. Dans ce pavillon étoit un billard qui a servi aussi aux plaisirs du roi Louis XV. Ce prince ayant quitté ce séjour, on a détruit le mail et le pavillon, et on a fait sur le terrain qu'ils occupoient une grande pièce de gazon. Entre la grande pièce d'eau et le fer à cheval on a posé quatre grands piédestaux de marbre qui portent de grandes statues de marbre, dont deux représentent le Tibre et le Nil : elles ont été copiées à Rome, d'après l'antique, par les étudiants de l'Académie; les deux autres sont la Seine, sculptée par Coustou l'aîné, et la Loire, par Vanclève. Les seize enfants qu'on voit ici en diverses attitudes auprès du Nil désignent la fécondité que les débordements de ce fleuve procurent au pays qu'il arrose.

« Au haut du fer à cheval on a placé sur des jambages rustiques deux chevaux ailés de marbre blanc, dont l'un porte une Renommée qui embouche sa trompette et l'autre un Mercure. Ces deux figures désignent la Renommée et les hérauts d'armes qui, sous le règne de Louis le Grand, ont annoncé aux nations tantôt la paix, tantôt la guerre, mais toujours la gloire de ce grand prince. Ces deux groupes, sculptés par Coysevox, ont été transportés ici de Marly, le 7 de janvier 1719. Chacun de ces groupes est d'un seul bloc de marbre de douze pieds de haut, sans qu'on ait été obligé d'y rien ajouter, non pas même pour la trompette de la Renommée, qui a été épargnée avec une attention infinie.

« Au milieu du fer à cheval qui termine ces jardins, du côté du Cours et des Champs-Élysées, on a construit en 1716 un pont tournant qui est d'un dessin ingénieux et qui facilite la communication des Tuileries avec la place de Louis XV, le Cours et les Champs-Élysées. Il est de l'invention de frère Nicolas Bourgeois, Augustin, connu par différents ouvrages de mécanique fort ingénieux (1), etc. »

Au mois d'octobre 1789 l'infortuné Louis XVI et sa famille, qui résidaient à Versailles, furent ramenés à Paris par des hordes populaires et s'installèrent aux Tuileries. Sous la République ce palais fut occupé par la Convention nationale, bientôt après par le conseil des Anciens, puis par l'empereur. A la suite de la révolution de 1848 on voulut le transformer en *hospice des Invalides*

---

(1) Hurtaut et Magny, 1779.

civils ; depuis 1852 il a repris sa destination normale, qui est de servir de résidence aux souverains.

Les distributions intérieures et la décoration des appartements ont trop souvent varié, dans les temps modernes, pour qu'il nous soit possible d'exposer ici l'histoire bien complète des transformations que cette demeure impériale et royale a subies depuis 1789.

La chapelle, dont nous transcrivions tout à l'heure l'ancienne description, n'a guère été embellie sous le règne de Louis XVI et de ses successeurs. Elle est décorée simplement de deux ordres de colonnes doriques en pierre et en stuc, formant, au premier étage, un rang de tribunes sur trois faces. La tribune impériale fait face à l'autel, au-dessus duquel on a placé l'orgue et réservé un espace pour les musiciens. En arrière de la chapelle et du salon avec lequel elle communique se trouve encore la salle de spectacle, de forme demi-circulaire et décorée d'un rang de colonnes ioniques, supportant quatre arcs-doubleaux sur lesquels s'appuie la voûte. La loge de l'empereur occupe le centre, et de chaque côté se développent deux amphithéâtres en forme de corbeilles réservés aux dames. Le parterre, la galerie de plain-pied et le premier étage sont ordinairement destinés aux personnes de la cour ; il y a un rang de loges grillées au rez-de-chaussée et deux autres au-dessus de la galerie pour les invités. Lorsqu'on donne des bals la décoration de la salle est répétée, en constructions mobiles, sur l'espace occupé par la scène.

La première salle importante qui se présente après la chapelle est la *galerie de la Paix*, ou galerie des fêtes. Elle doit son nom à une belle statue de la Paix, de grandeur naturelle et en argent, donnée à Napoléon I*er*, en 1807, par la ville de Paris. Sa décoration or et blanc est relevée par des colonnes et des pilastres doriques. La cheminée, placée au centre, est surmontée d'un portrait de Napoléon III, à cheval. Cette galerie aboutit à *la salle des Maréchaux*, la plus remarquable, la plus ornée, la plus monumentale de tout le palais. Elle occupe le premier et le second étage du grand pavillon du milieu, sous le dôme, et a vue en même temps sur le jardin des Tuileries et sur le Louvre. Cette splendide salle est décorée des portraits et des bustes d'un grand nombre de maréchaux et d'amiraux. Au-dessus, sur de riches consoles, règne tout à l'entour un balcon sur lequel s'ouvrent vingt arcades cintrées, tendues, ainsi que les portes et les fenêtres, de velours rouge parsemé d'abeilles d'or. Au milieu de la face, du côté du jardin, une tribune s'avance en saillie sur le jardin et a pour supports quatre cariatides colossales, entièrement dorées et semblables à celles de Jean Goujon, au Louvre. Le plafond a la forme d'une coupole à quatre pans, dont les angles sont occupés par des panoplies gigantesques, et au centre de laquelle est suspendu un immense lustre, accompagné de quatre autres lustres moins grands, mais encore magnifiques. Après le *Salon blanc* et le *salon d'Apollon*, dont on a respecté, autant que possible, l'ancienne décoration et les peintures, on entre dans la *salle du Trône*, autrefois la chambre du roi. On traverse ensuite la salle de Louis XIV et d'Anne d'Autriche, dont la description a été mise sous les yeux de nos lecteurs, et bientôt après on entre dans la *galerie de Diane*, qui termine, au midi, la longue ligne des appartements, et occupe tout le premier étage du pavillon à grands pilastres qui précédait l'ancien pavillon de Flore, à moitié reconstruit au moment où nous écrivons ces lignes. La galerie de Diane est divisée en deux parties égales par une cloison mobile qui s'enlève au besoin. A l'une des extrémités s'élève une statue équestre de Louis XIV, et des glaces répètent à l'infini la longue perspective de cette belle salle décorée de dix lustres.

On sort en traversant le *salon de Mars*, antichambre des appartements de l'impératrice, situés au premier étage, au-dessus des appartements de l'empereur. Ces appartements ont été splendidement décorés par les soins de Napoléon III. Nous bornons ici cette description, nécessairement incomplète, puisqu'à cette heure de vastes et importants travaux sont ordonnés et poursuivis, qui rendront indispensables, dans un très-prochain avenir, de nouveaux embellissements destinés à rendre le palais des Tuileries l'objet de l'admiration de l'Europe.

Le jardin des Tuileries a subi encore plus de transformations que le palais. Nous venons de voir ce qu'en avaient fait les soins habiles de Le Nôtre. Sous les gouvernements qui se succédèrent depuis 1789, on maintint le bois et les quinconces, et l'on conserva le caractère majestueux que donnent à ce parc, beaucoup trop symétrique pour le goût moderne, la beauté de ses grands arbres et les grandes lignes de ses perspectives; on fit disparaître une partie des massifs, des bosquets, des salles de verdure et des grottes. Le grand mur couvert de charmilles qui fermait dans toute sa longueur la terrasse des Feuillants fut démoli en l'an X, lorsque fut ouverte la rue de Rivoli, et remplacé par une magnifique grille à fers de lances dorés que soutiennent, de distance en distance, des pieds-droits surmontés de vases de marbre. La longue et large *allée des Orangers*, qui sert de rendez-vous aux promeneurs, sous la terrasse des Feuillants, remplaça les massifs de verdure bordés de plates-bandes qui reposaient assez heureusement les regards. Napoléon Ier fit établir une galerie souterraine qui, de l'intérieur du palais, communiquait avec le jardin public en passant sous une partie de la terrasse du bord de l'eau. A l'extrémité de cette terrasse il fit établir, pour l'usage du roi de Rome, un kiosque récemment détruit et qui a fait place à une orangerie. En 1832 le roi Louis-Philippe supprima la terrasse qui se prolongeait devant le château; il y substitua un jardin particulier orné de plates-bandes et séparé du jardin public par des fossés gazonnés, profonds de deux mètres. Ce fut de la part des journaux mécontents et du public boudeur de Paris un concert de plaintes ridicules et d'ineptes déclamations dont on a plus tard reconnu l'injustice. De nos jours ce jardin particulier vient d'être agrandi et embelli. Le saut de loup qui l'entourait a été reculé jusqu'à la hauteur du plus grand bassin des parterres, qu'il laisse en dehors, renfermant au milieu des pelouses, des allées curvilignes, quelques massifs d'arbres et de fleurs, et les deux autres bassins plus petits, symétriquement placés à droite et à gauche de l'avenue principale. Sur le quai des Tuileries on a pratiqué, pour la partie publique du jardin et à travers la terrasse du bord de l'eau, une entrée latérale autrefois placée tout près du palais. Au-dessus de ce passage s'étend un pont élégant dont la structure rappelle le Rialto de Venise. De nouvelles statues ont été placées dans le jardin, qui, ajoutées à celles qui embellissaient les allées et les bois des Tuileries sous Louis XIV, donnent à cette magnifique promenade un aspect plus splendide encore. Quelques-unes de ces statues sont des œuvres d'art remarquables; d'autres, qui seraient mieux placées dans des musées, y seront sans doute transportées lorsqu'on voudra faire droit aux pudiques réclamations des mères de famille. On a conservé, au milieu des quinconces, des salles de verdure qui sont d'un effet mesquin et dont les artistes ne regretteraient pas la suppression.

Un instinct semble avertir la population parisienne que le jardin des Tuileries est destiné à des transformations qui lui enlèveront son caractère de parc vraiment impérial pour le partager en squares livrés au public. La nécessité des choses y pousse les gouvernements et les administrations. Le jardin des Tuileries et la place du Carrousel coupent en deux la ville de Paris entre les plus beaux quartiers des deux rives de la Seine. Pour communiquer du faubourg Saint-Germain à la rue de la Paix, aux boulevards et à la Chaussée d'Antin, les voitures doivent faire des détours immenses, et les piétons, autres que les promeneurs oisifs, se trouvent retardés dans leur marche et contraints à suivre des voies trop longues. Cela vient de ce que le jardin des Tuileries n'est point traversé par deux ou trois rues qui seraient livrées à la circulation publique, du sud au nord. On en viendra là, tôt ou tard, à mesure que Paris se développera autour de la résidence impériale. Que l'on se souvienne de ce que sont, dans le principe, les demeures des souverains. On ne les établit point au centre, mais aux extrémités des capitales, et, quand les villes s'agrandissent et se peuplent de manière à gêner et à rendre étroite la retraite du monarque, alors ce dernier recule sa résidence et la transporte dans un endroit où les édilités municipales ne lui disputent ni le soleil, ni l'ombre, ni les espaces. Du palais de la cité, où nos rois se trouvaient d'abord confinés, ils ont établi leurs demeures au Louvre et au palais des Tournelles. Quand le Louvre et l'hôtel des Tournelles ont été cernés de rues et environnés de demeures bourgeoises, la royauté a fait un pas de plus pour trouver l'air et la verdure et s'est établie aux Tuileries. Le jour viendra où elle se reposera des fatigues et des réalités prosaïques du pouvoir en s'installant aux abords du bois de Boulogne et non loin de l'Arc de Triomphe, tout en maintenant peut-être le siége officiel des affaires au palais des Tuileries. Alors le jardin qui nuit aux rapports ordinaires de Paris avec Paris sera sillonné par des voies larges et utiles, qui se prolongeront sous de beaux ombrages et seront séparées entre elles par des squares impériaux. C'est l'avenir qui nous semble réservé au jardin dont nous signalons aujourd'hui les magnificences.

Nous avons parlé de l'établissement des Jésuites et de la fondation du collége de Clermont (aujourd'hui le lycée Louis-le-Grand); ce fut également vers le déclin du seizième siècle que fut institué à Paris, rues des Amandiers Sainte-Geneviève, le *collége des Grassins;* ce collége dut son origine à Pierre Grassin, natif de Sens, conseiller au Parlement. Ce magistrat laissa, par son testament du 16 octobre 1569, une somme de trente mille livres, laquelle devait être employée, selon la disposition d'Antoine-Thierry Grassin, son frère et son exécuteur testamentaire, et par le conseil de Le Cirier, évêque d'Avranches, à fonder un collége pour les enfants pauvres de la ville et du diocèse de Sens ou un hôpital pour les malades du même diocèse. Dans le cas où son fils viendrait à mourir sans enfants la somme destinée à cette fondation devait être doublée. Celui-ci ne survécut pas longtemps à son père et augmenta la fondation de douze cents livres. L'exécuteur testamentaire, Thierry Grassin, s'étant décidé à faire bâtir un collége, acheta, le 26 avril 1571, de Jean-Jacques de Mesme, une partie de l'hôtel d'Albret, consistant en une grande maison et deux petites contiguës à la première. Les 1er et 15 mai suivants il acheta encore quatre maisons voisines. A ces acquisitions, qui remplissaient les intentions des fondateurs, il ajouta ses propres bienfaits, et acheva de consolider cet établissement en lui léguant sa bibliothèque et environ trois mille livres de rente.

Les bâtiments de ce collége ne furent achevés qu'en 1574; la chapelle fut dédiée, en 1578, sous l'invocation de la sainte Vierge.

En 1669 on transporta dans ce collége la fondation faite, quelques années auparavant, dans celui des Lombards en faveur des pauvres étudiants irlandais. Ils y restèrent jusqu'en 1710; à cette époque un arrêt du Parlement leur enjoignit de rentrer dans leur premier domicile.

La fondation primitive du collége des Grassins avait été faite pour un principal, un chapelain, six grands boursiers et douze petits; vers la fin du dix-septième siècle le mauvais état du temporel de cette maison mit l'administration dans la nécessité de supprimer douze de ces bourses jusqu'au moment où l'acquittement des dettes permettrait de les rétablir. Ce moment fut accéléré par les libéralités de Pierre Grassin, seigneur d'Arci, directeur général des monnaies de France, libéralités qui furent assez grandes pour rendre à ce collége toute son ancienne splendeur. Les bourses, destinées de préférence aux pauvres écoliers de Sens, étaient à la collation de l'archevêque de cette ville.

On remarquait dans la chapelle de ce collége les tableaux suivants : sur le maître-autel, *Notre-Seigneur bénissant les petits enfants*, par Hallé; sur la porte de la sacristie, *la Résurrection du fils de la veuve de Naïm*, par Simon Vouet; vis-à-vis, *le Départ de Tobie*, par Lebrun (1).

La fondation de *Saint-Jacques du Haut-Pas* remonte au règne de Charles IX. Dans l'origine il existait un hôpital de ce nom établi durant le quatorzième siècle, et dont la chapelle, reconstruite en 1519, fut érigée, vers 1566, en église succursale des paroisses du quartier. A cette époque l'hôpital se trouvait abandonné et l'on n'y recevait plus de malades. En 1572 Catherine de Médicis, ayant transféré au couvent de Saint-Magloire les Filles pénitentes que Louis XII avait établies à l'ancien hôtel d'Orléans, plaça les religieux de ce monastère dans la maison de Saint-Jacques du Haut-Pas. Quelques années plus tard, en 1584, les habitants du quartier firent construire, à côté de la chapelle du couvent, une chapelle nouvelle, qui fut rebâtie et agrandie, en 1630, sur les dessins de Gittard. Ce fut l'église actuelle de Saint-Jacques du Haut-Pas, deuxième succursale de Saint-Étienne du Mont. La nef a été élevée en 1675 et la chapelle de la Vierge en 1688. Cet édifice a un portail décoré de quatre colonnes

---

(1) M. de Gaulle, *Histoire de Paris*, tome III.

doriques et une tour carrée d'une élévation médiocre; il n'offre, d'ailleurs, rien de remarquable. Les bâtiments de l'ancien hôpital étaient séparés de l'église paroissiale par la rue des *Deux-Églises*. On y établit, en 1618, le séminaire des prêtres de l'Oratoire, qui s'y est maintenu jusqu'en 1791. Depuis cette époque l'emplacement a été concédé aux *Sourds-Muets* et cette institution l'occupe encore. L'ancienne chapelle de l'hôpital, devenue propriété particulière, a été démolie en 1823.

Une particularité s'attachait aux religieux qui donnèrent leur nom à l'hôpital et à l'église de Saint-Jacques du Haut-Pas. Cet ordre, dont les membres étaient autrefois appelés *Pontifices* ou faiseurs de ponts, prit naissance en Italie vers le milieu du douzième siècle, et ne fut d'abord qu'une société de laïques institués spécialement pour faciliter aux pèlerins le passage des rivières en faisant eux-mêmes des bacs et des ponts pour cet usage; aussi portaient-ils un marteau brodé sur la manche gauche de leur habit. Cet institut forma dans la suite une congrégation religieuse dont le chef-lieu fut l'hôpital de Saint-Jacques du Haut-Pas, situé dans le diocèse de Lucques, en Italie. Ces religieux avaient pris leur nom d'un endroit appelé *Haut-Pas* ou *Maupas*, situé sur la rivière d'Arno, où se fit le premier établissement de leur ordre (1).

Jaillot fixe au douzième siècle l'époque de leur établissement à Paris. « Il ne me paroît guère probable, dit-il, qu'on puisse appliquer à d'autres qu'à eux une donation faite en 1183, par Philippe-Auguste, aux *Frères de*

---

(1) Piganiol, tome VI, p. 140.

l'ordre de la milice Saint-Jacques, de tout ce qui lui appartenoit sous Montfaucon (1). » Ces hospitaliers, ne pouvant rendre en France les services auxquels ils étaient obligés par leur règle, n'y furent pas moins utiles en recevant les pèlerins des deux sexes et en les nourrissant dans leur hôpital.

Dans l'église de Saint-Jacques du Haut-Pas et dans le cimetière qui y était annexé avaient été autrefois inhumés : Jean Duvergier de Hauranne, abbé de Saint-Cyran, mort en 1643; Jean-Dominique Cassini, célèbre astronome, mort en 1712; Philippe de La Hire, habile géomètre et fils du peintre de ce nom, mort en 1718; Jean Desmoulins, curé de cette paroisse, et l'un des plus dignes pasteurs dont puisse s'honorer l'Église de Paris, mort en 1732.

Parmi les objets d'art qui décoraient autrefois l'église Saint-Jacques du Haut-Pas on remarquait, sur le dernier pilier de la nef, à droite, près de la croisée, *le Martyre de saint Barthélemy,* par La Hire : ce fut, dit-on, ce tableau qui commença la réputation de cet habile peintre; vis-à-vis de la chaire, un *Christ,* par Lelu; sur la porte de la sacristie, une *Nativité* et un *Saint Pierre dans la prison;* sur l'autel de la Vierge, une *Assomption;* dans une chapelle à gauche, *le Mariage de la Vierge*. De nos jours (en 1819) on a placé dans cette église un tableau de grande dimension représentant l'*Ensevelissement de Jésus-Christ;* cette remarquable peinture est de George, élève de David.

Ce fut également sous les deux derniers Valois, vers le

---

(1) Jaillot, tome IV, *Quartier Saint-Benoît.*

déclin du seizième siècle, que fut établi l'Arsenal, à l'extrémité du quai Morland. Sur son emplacement étaient des granges fondées par la ville et où se conservaient les canons de Paris. François Ier emprunta ces granges à la ville et ne les lui rendit pas. Henri II agrandit les bâtiments et fit construire plusieurs logements pour les officiers de l'artillerie, sept moulins à poudre, deux grandes halles, etc., qui, dans la suite, furent presque tous ruinés. A l'angle méridional du jardin s'élevait la *tour de Billy*, qui fit explosion en 1538. Vingt-cinq ans plus tard un accident fit prendre feu aux poudres que contenaient les bâtiments; quatre moulins furent détruits, et beaucoup de personnes perdirent la vie ou furent grièvement blessées.

Charles IX fit reconstruire les édifices détruits, qui furent agrandis et réparés sous ses successeurs. Sully demeura à l'Arsenal, en sa qualité de grand maître de l'artillerie. Sous Louis XIV cet établissement ne servit plus qu'à contenir des canons et des fusils hors de service, et des fonderies où l'on coulait des figures de bronze. Le régent, en 1718, fit abattre plusieurs vieux bâtiments et construire l'hôtel du gouverneur. En 1788 l'Arsenal fut supprimé. Sur le jardin furent établis le boulevard Bourdon (1806) et le grenier de réserve (1807). La Bibliothèque de l'Arsenal, dite d'abord de *Paulmy*, est une des plus précieuses de la capitale.

L'Arsenal avait une juridiction spéciale qu'on appelait le *bailliage de l'Arsenal*. Le bailli était un juge auquel appartenait la connaissance des différends survenus entre les officiers et les ouvriers fondeurs, et qui prétendait, ce qui lui était contesté par le Châtelet, avoir aussi dans sa juridiction les crimes et délits commis dans l'enceinte de l'Arsenal. Il y avait aussi dans la maison, outre les grands-officiers, un détachement d'artillerie et une compagnie d'invalides.

Sous le règne de Henri III, tourmenté par tant de calamités et d'orages politiques, peu de fondations, peu de monuments utiles furent établis à Paris.

En 1574 les Capucins, venus d'Italie, s'installèrent au village de Picpus, et bientôt après dans un emplacement sur lequel s'élève en partie, aujourd'hui, le ministère des finances; un peu plus tard ils s'établirent rue Saint-Honoré, dans une maison que leur donna Catherine de Médicis. En 1790 l'Assemblée constituante installa ses bureaux dans ce couvent, supprimé en vertu de ses décrets, et, douze ans plus tard, ce monastère étant démoli, on ouvrit sur son emplacement la rue de Rivoli, la rue Castiglione et la rue du Mont-Tabor.

L'église des Capucins, bâtie en 1106, était visitée par les connaisseurs. On y remarquait plusieurs beaux tableaux des meilleurs maîtres de l'école française. Dans la nef était la tombe d'Ange de Joyeuse, longtemps favori de Henri III; il portait, en entrant dans le monde, le nom de marquis d'Arques, qu'il quitta pour prendre celui de comte du Bouchage. En 1587, vingt-six jours après la mort de sa jeune épouse, il abandonna la cour, où son crédit était grand, et, pour apaiser les remords de sa conscience, il se fit Capucin. Quelque temps après, le P. Ange, ayant perdu successivement ses trois frères, quitta le froc sous prétexte des services qu'il pouvait rendre à la religion pendant les troubles de la Ligue, et se mit à la tête des troupes de ce parti dans le Languedoc. Il traita enfin

avec Henri IV, qui le nomma maréchal de France en
1596. Joyeuse était en même temps duc et pair, chevalier
des ordres du roi, gouverneur et lieutenant général du
Languedoc, etc. Il ne pensait plus guère aux Capucins,
dont il était sorti, lorsqu'une raillerie assez amère du roi
le piqua si vivement qu'il rentra aussitôt dans son cloître;
huit jours après il montait en chaire dans l'église Saint-
Eustache, au grand étonnement de la cour (mars 1599).
Quelques années après, comme il revenait de Rome en
vrai Capucin, c'est-à-dire à pied et les pieds nus, il lui prit
une fièvre violente dont il mourut à Rivoli, près de Turin,
le 27 septembre 1608, à l'âge de quarante et un ans. Son
corps fut apporté à Paris par la duchesse de Montpensier,
sa fille, et inhumé avec pompe. Toute son histoire est
résumée dans ce vers de *la Henriade* :

> Il prit, quitta, reprit la cuirasse et la haire.

Auprès de son tombeau était celui du célèbre Père
Joseph. Celui-ci était fils aîné de Jean Leclerc du Tremblay, ambassadeur à Venise, chancelier du duc d'Alençon,
président aux requêtes du parlement de Paris. Il fit profession au couvent de la rue Saint-Honoré, le 3 février
1600, entre les mains d'Ange de Joyeuse. Ses talents et
surtout son esprit l'introduisirent auprès du cardinal de
Richelieu et il s'y rendit nécessaire. On sait quel rôle
il joua alors sur la scène politique. Le Père Joseph, conseiller et confesseur de Richelieu, venait d'être nommé
par le roi au cardinalat lorsqu'il mourut à Ruel, le 18
décembre 1638.

En 1577 Henri III avait fait venir de Venise une
troupe de comédiens, connus sous le nom de *gli Gelosi;*

ces acteurs étrangers, après avoir donné des représentations dans la salle des états de Blois, vinrent s'établir à Paris et jouèrent plusieurs pièces sur le théâtre du Petit-Bourbon. Ils eurent des démêlés avec les confrères de la Passion et le Parlement, et bientôt après, effrayés des troubles qui désolaient la France, ils retournèrent dans leur pays. En 1584 et en 1588 d'autres comédiens vinrent d'Italie à Paris; ils étaient à la solde du roi. Parmi les artistes qui composaient cette troupe était l'excellente actrice Isabelle Andréini, membre de l'académie des *Intenti* de Florence. On a d'elle plusieurs ouvrages. Tels furent, à Paris, les commencements de la *Comédie italienne*.

L'architecture élevait alors, à quelque distance de Paris, le magnifique château de Gaillon, dont le portique (nous en donnons ci-après le spécimen) a été rétabli et installé à Paris, au palais des Beaux-Arts.

Plusieurs monuments importants dont s'honore Paris, l'hôtel de ville et le Pont-Neuf entre autres, furent commencés durant le seizième siècle ; mais, comme ils ne furent terminés que sous le gouvernement de Henri IV, nous en parlerons après avoir esquissé les événements qui, dans la capitale du royaume, signalèrent le règne de ce prince.

Nous nous bornerons à mentionner divers travaux qui furent exécutés à Paris durant cette même période et sur lesquels nous n'aurons point à revenir.

Pendant la minorité de Charles IX on entreprit d'agrandir l'enceinte de Paris du côté de l'ouest. On renferma dans la ville le jardin des Tuileries, dont l'extrémité occidentale fut fermée par un large bastion sur l'emplacement duquel on établit, deux siècles plus tard, la place Louis XV (place de la Concorde) et ses inutiles fossés, récemment comblés. Le faubourg Saint-Germain avait été à moitié ruiné et détruit par les guerres du quinzième siècle ; la charrue y passait dans des lieux naguère couverts d'habitations. Sous François Ier on commença à le rebâtir ; ces constructions furent continuées par les soins des successeurs de ce prince.

Un groupe de maisons s'était élevé au delà de l'enceinte septentrionale de Paris et formait un hameau appelé *Villeneuve*. Ce hameau ayant reçu, en 1552, le caractère d'un village, on permit aux habitants d'y avoir une église, laquelle fut remplacée, comme on l'a vu plus haut, par celle qu'on nomme aujourd'hui *Notre-Dame-de-Bonne-Nouvelle*.

Dans la Cité, sur l'emplacement appelé autrefois *la Ceinture Saint-Éloi*, plusieurs rues furent ouvertes et des maisons construites.

En 1563 l'Arsenal presque tout entier fut détruit par l'explosion de quinze à vingt milliers de poudre qu'il contenait. Des travaux furent entrepris pour réparer cet édifice.

En 1564 le palais des Tournelles fut démoli.

En 1566 le pont au Change fut réparé.

En 1572 on s'occupa à construire le quai des Bons-Hommes, qui forme aujourd'hui la route de Paris à Versailles, au bas de Chaillot. Une ordonnance de police du 18 avril de cette année porte que tous les gravois provenant des démolitions faites dans le quartier des Halles, Saint-Honoré, dans les rues Montmartre, Saint-Denis et Saint-Sauveur, à l'Apport-Paris et à la Vallée-de-Misère, etc., seront portés sur le *quai neuf des Bons-Hommes*.

En 1578 le cardinal de Bourbon, abbé de Saint-Germain des Prés, continua de faire au bourg de ce nom les changements et améliorations qu'avait commencés l'abbé de Tournon, son prédécesseur. Il fit paver quelques rues de ce bourg. Dans la suite on parvint à combler un immense cloaque qui se trouvait à l'extrémité orientale de la rue Taranne. Plus tard le Parlement, sur la requête de l'Université, ordonna (5 août 1587) que la rue du Colombier serait pavée aux dépens des propriétaires des maisons qui la bordaient.

CHAPITRE V.

Mouvement artistique et littéraire à Paris vers le déclin du seizième siècle.

Cette période artistique et littéraire n'avait pas été sans éclat. De Rabelais à Montaigne la langue française, bien qu'elle eût fait de grands pas vers la clarté et la régularité, était encore magnifiquement riche de locutions expressives, de mots pittoresques, de phrases surabondantes sans être parasites. Rabelais ne peut de nos jours être compris qu'avec l'aide de certains commentateurs, mais Montaigne peut se passer de leur secours. Le style de Rabelais se compose de trois éléments mélangés, au milieu desquels le gaulois domine, tandis que les autres, le grec et le latin, ajoutent à la clarté des termes et en diminuent l'originalité naïve. La phrase de Rabelais court vagabonde et hardie, et, comme un fleuve qui roule avec ses flots la dépouille des bois et des moissons, elle entraîne, comme en se jouant du lecteur, une abondance inouïe de substantifs, d'adjectifs, de verbes, qu'elle a rencontrés en chemin et au-devant desquels on ne l'a pas vue courir.

Montaigne écrit comme il parle; il ne recherche ni l'esprit, ni l'effet; l'imagination est la qualité dominante de son style, et, ce qu'il ne peut représenter à l'aide des phrases convenues, il le peint d'un mot, sans effort, sans travail, avec une facilité dont parfois il abuse. S'il imite les anciens, c'est pour lutter avec eux de finesse et d'élégance; s'il emprunte leurs idées, c'est pour les rendre siennes en les revêtant d'une forme ingénieuse et neuve. Montaigne brille par l'esprit; Amyot, son prédécesseur, plus gaulois que lui par le style, nous ravit à force de simplicité et de naïveté, et résout l'étrange problème de traduire Plutarque dans une langue qui n'a point de syntaxe et attend encore sa forme définitive, et de le traduire avec un charme et une vérité dont aucune traduction moderne n'a pu être au même degré embellie. Doué d'un génie heureux, patient et souple, il sut enrichir l'idiome maternel sans le corrompre. L'hérésiarque Calvin, habile prosateur, avait employé cette même langue avec talent, mais sans flexibilité. Amyot, selon l'expression d'un de ses contemporains, « suça tout ce qu'il y avoit d'harmonieux et de doux en notre langage, » et resta, comme Montaigne, un modèle inimité.

L'impulsion était vigoureusement donnée aux intelligences, et déjà les poëtes, que ne décourageait aucune tentative sans résultat, conviaient la langue française à détrôner la littérature grecque et romaine. « Les langues, disait Joachim du Bellay, ne naissent pas comme les plantes, les unes infirmes et débiles, les autres saines et robustes... Si notre langue est plus pauvre que la grecque ou la latine, ce n'est pas à son impuissance qu'il faut l'imputer, mais à l'ignorance de nos devanciers, qui nous l'ont laissée si chétive et si nue qu'elle a besoin des ornements et pour ainsi dire des plumes d'autrui. » Plus loin il disait encore : « Là doncques, François, marchez courageusement vers cette superbe cité romaine, et des serves dépouillés d'elles (comme vous avez fait plusieurs fois) ornez vos temples et vos autels. Ne craignez plus ces oies criardes, ce fier Manlie et ce traître Camille, qui, sous ombre de bonne foi, vous surprennent nuds, comptant la rançon du Capitole. Donnez en cette Grèce menteresse, et y semez encore un coup la nation des Gallo-Grecs. » Pasquier nous dit que cet appel de du Bellay fut entendu, et il ajoute : « Ce fut une belle guerre que l'on entreprit lors contre l'ignorance. » Tout le monde sait que cette levée de boucliers, dont les auteurs s'armaient pour doter le pays d'œuvres littéraires vraiment françaises, fut le premier cri de guerre de la fameuse « pléiade » ralliée à la suite de Ronsard. Aucun homme en France, avant Ronsard, n'avait comme lui exercé sur son siècle et sur ses contemporains la domination qui appartient à l'intelligence littéraire, au génie créateur dans les questions d'art et de bon goût. Ce fut un étrange engouement que nous ne pouvons comprendre, alors même que, cherchant à réhabiliter les gloires éteintes, on s'efforce d'aimer, de mettre en relief, de combler de louanges tout ce qui, dans les œuvres de Ronsard, paraît encore digne d'être sauvé de l'oubli. Les rois, les princes, les savants, les poëtes du seizième siècle applaudirent à cet homme dont aujourd'hui on conteste les titres, dont on nie la gloire. Marie Stuart lui envoyait un Parnasse d'argent et se consolait des ennuis de la captivité en lisant ses œuvres ; l'Académie des Jeux Floraux le proclamait le *prince des poëtes ;* Diane de Poitiers, Élisabeth Tudor, Marguerite de Savoie, le Tasse, Charles IX se faisaient un titre d'honneur de correspondre avec lui en vers ou en prose ; on le surnommait *miracle de l'art, prodige de la nature ;* on le comblait des faveurs des cours, et même, selon la triste coutume du temps, de bénéfices ecclésiastiques et d'abbayes. « Nul alors, dit Pasquier, ne mettoit la main à la plume qu'il ne le célébrast, et, sitost que les jeunes gens s'estoient frottés à sa robe, ils se faisoient accroire d'estre devenus poëtes. » Le cardinal du Perron le citait comme une des trois merveilles du siècle; son nom était connu et révéré dans toute l'Europe civilisée.

Ronsard mourut en 1585, et l'engouement dont il avait été l'objet n'eut pas une très-longue durée. Ses élèves, ses disciples, ses amis ne partagèrent ni sa renommée, ni sa fortune. Nous citerons parmi eux quelques-uns qui ne furent pas sans mérite et ont droit au souvenir de la postérité : Antoine de Baïf, Desportes, Maurice Sève, Jodelle, Dubartas, Jean Passerat, Nicolas Rapin, Gilbert Durand. Par un singulier retour aux idées païennes, tandis que les hommes de guerre, les personnages politiques du seizième siècle versaient leur sang pour la défense de leur Église, lorsqu'il s'agissait pour eux d'aligner des mots cadencés et de poursuivre des rimes, ils employaient leur talent à des sujets puérils ou profanes, presque toujours à chanter de vulgaires amours. La plupart des odes, des sonnets, des chansons de cette époque ont une empreinte de licence ou de grossièreté qui nous révolte; ce sont des œuvres épicuriennes et sensualistes, indignes du génie chrétien, et qu'on dirait détachées de la littérature païenne. Vainement, en Italie, Dante et le Tasse ont-ils rendu leurs noms immortels en chantant les glorieuses conquêtes de la foi catholique; les poëtes de la Renaissance, sous les Valois et sous Henri IV, ne nous parlent que de Cupido, de Bacchus, de Jupiter, de Vénus et d'Apollon; aussi se battent-ils les flancs sans rencontrer les fibres du cœur, et méritent-ils à juste titre que leurs élucubrations froides et maniérées ne rencontrent aucune sympathie.

L'originalité s'était réfugiée chez les poëtes satiriques. Nous avons déjà donné quelques fragments de la Ménippée ; si le cadre bien étroit dans lequel nous sommes contraint de nous renfermer nous permettait d'introduire ici des documents poétiques, nous pourrions de nouveau puiser dans cet arsenal et multiplier les citations de couplets et d'épigrammes. A côté de ces satiriques du tiers-parti, catholiques plus dévoués à la couronne qu'à la religion, nous donnerons place au cynique Théodore Agrippa d'Aubigné, guerrier et poëte calviniste, dont les satires, écrites avec du fiel et du sang, sont empreintes d'un génie audacieux et contempteur.

Les auteurs dramatiques marchaient d'un pas inégal sur les traces de l'antiquité païenne, et des élucubrations de la vieille muse gauloise il n'était resté au théâtre que la célèbre « farce de Maistre Pathelin, » rajeunie au dix-septième siècle et qui est encore en possession de la faveur du parterre. Au déclin de la race des Valois, et grâce aux justes sévérités des magistrats, on vit s'éteindre obscurément la verve des basochiens et des Enfants sans-souci. Octavien Saint-Gelais traduisit six comédies de Térence ; Bonaventure Desperriers et Charles Estienne reproduisirent l'*Andrienne*; Lazare de Baïf publia une traduction de l'*Électre* de Sophocle et de l'*Hécube* d'Euripide ; Thomas Sibilet imita l'*Iphigénie*, et Ronsard traduisit en vers et fit représenter au collége de Coqueret le *Plutus* d'Aristophane, dont le succès prodigieux fit éclore en peu d'années une multitude d'imitations plus ou moins fidèles des œuvres scéniques de la Grèce et de Rome.

Parmi les écrivains qui associèrent leur nom à ce mouvement littéraire l'histoire a conservé le souvenir de Jodelle et de ses disciples, Jean de la Péruse, Charles Toutain, Jean et Jacques de la Taille, Jacques Grévin, Mellin de Saint-Gelais, Jean-Antoine de Baïf et Remi Belleau. Cette école se signala surtout dans la tragédie; on joua ces drames informes au collége de Beauvais, à celui d'Harcourt, à l'hôtel de Reims, en présence des rois; mais ni la splendeur de l'auditoire, ni l'intelligence des « entre-parleurs » (des acteurs) n'eurent la puissance de donner aux tragédies de Jodelle, de Garnier et de ses émules, l'invention, l'originalité, le métier scénique dont elles étaient absolument dépourvues. En dépit des succès de Jodelle et de Garnier, les comédiens de la vieille école gauloise étaient demeurés en possession de l'hôtel de Bourgogne et ne cessaient d'y donner des représentations assez bien accueillies de la foule; c'est là qu'ils reproduisaient, mal déguisées sous le nom de bergeries et d'églogues, les *farces* et les *moralités,* trop souvent grossièrement indécentes, que les édits royaux avaient proscrites; mais ces productions surannées, dépourvues d'esprit et de talent, ne sont point venues jusqu'à nous. Sur les nouveaux théâtres, au collége d'Harcourt, à l'hôtel de Reims, les comédies même les plus classiques rappelaient également les sotties du temps de François Ier et de Louis XII. Les moines, les maris, les femmes étaient toujours l'occasion ou le prétexte de plaisanteries triviales, de jeux de mots obscènes; mais ces bouffonneries charmaient la bourgeoisie et la noblesse. Vers le même temps la connaissance du théâtre italien commençait à se répandre en France, et plusieurs traductions des œuvres dramatiques de cette langue avaient déjà paru ; un essai d'imitation avait même été tenté par Jean de la Taille, dans sa comédie des *Corrivaux*. Mais l'honneur de cette entreprise revient tout entier à Pierre de Larivey, qui déclare formellement son intention d'imiter les Italiens et de composer comme eux des comédies en prose.

Montaigne avait dit : « Que sais-je? » Son disciple Charron, théologien érudit, mais parfois téméraire, exagéra son système en disant : « Je ne sais rien. » Dans son traité *de la Sagesse* il parut enseigner l'art de vivre selon la raison. Moins égoïste, moins superficiel que Montaigne, il n'eut ni l'originalité, ni les allures vives de ce maître, et plus audacieusement que lui il dirigea le doute sur les problèmes religieux. L'un et l'autre furent les précurseurs de La Mothe Le Vayer, de Hobbes et de Gassendi, et de l'école sceptique du dix-septième siècle. Le seul service qu'ils rendirent à la philosophie fut de la dépouiller des formes pédantesques dont on l'avait embarrassée, pour la mettre à la portée de tous dans la causerie, dans le discours, dans le dialogue. Or, en la popularisant ainsi pour la mettre au service des esprits vulgaires et du demi-savoir, ils la rendirent plus dangereuse chaque fois qu'elle se fit une arme de la subtilité, de la mauvaise foi et du mensonge.

Vers la fin du seizième siècle l'histoire sort de ses langes et apparaît, dans le domaine de la littérature nationale, avec une forme plus arrêtée, plus grave, plus didactique, qu'elle ne l'avait eue au temps des *Chroniques* et des *Mémoires*, de Ville-Hardouin à Froissart, de Philippe de Comines à Blaise de Montluc. Ce n'est plus au point de vue d'un homme isolé, c'est au point de vue général que les faits sont envisagés et retracés. Cependant l'un des documents historiques les plus importants de cette époque sont les *Mémoires* de Pierre de Bourdeilles, seigneur de Brantôme, écrivain licencieux, parfois obscène, et qui rédigeait la chronique secrète des cours de Charles IX et de Henri III. Citons après lui les *Commentaires* de Montluc, les *Mémoires* de Pierre de Castelnau et les fougueux écrits de Théodore Agrippa d'Aubigné, calviniste, qui écrivit avec l'entraînement des passions religieuses l'histoire de la seconde moitié du seizième siècle.

De ce que la plupart des écrivains et des poëtes de ce temps restèrent au-dessous des conditions du génie, de ce qu'ils échouèrent dans leurs tentatives pour frayer à l'art des voies inconnues, soit pour ressusciter la muse antique, soit pour enfanter la littérature nouvelle, gardons-nous de conclure à leur impuissance et à leur pauvreté. Leur siècle fut une période d'incubation féconde, d'où surgit, à l'heure marquée, un siècle grand et fort, qui fut plus tard celui de Louis XIV. Au-dessus des ruines du moyen âge l'antiquité avait débordé comme un large fleuve, déracinant ou couvrant de limon, pour quelques moments, les œuvres splendides du génie chrétien, et réhabilitant avec l'orgueil de la conquête les vieilles traditions du paganisme. Après ce débordement l'art essaya de se reconstituer, de se rajeunir, de tirer parti de la tempête, de se mettre à la suite de l'inondation. Durant un siècle, de Clément Marot à Malherbe, ses tentatives s'accomplirent, non sans succès partiel, mais d'une manière inégale, mais prématurément, et sans amener un triomphe définitif. Le monde était livré à l'épée. Ceux qui cherchaient à construire se hâtaient au travail d'une main blessée ou lasse, et ils se reposaient après avoir ajouté au hasard quelques pierres à l'édifice. Ils succombèrent à l'œuvre, mais ils eurent l'honneur de l'avoir essayée. De Rabelais, qui ouvrit le sillon, procéda plus tard La Fontaine; Montaigne commença l'éclectisme, et nous ne lui en savons aucun gré; Ronsard, vaincu et oublié durant plusieurs générations, se ranima plus tard sous le nom d'André Chénier, et pour avoir égalé, deux siècles d'avance, Victor Hugo et Musset, qui naquirent de sa race, il ne lui manqua que d'avoir comme eux l'admirable instrument de la langue française. Respectons le seizième siècle jusque dans ses défaites; car les vaincus littéraires de cette époque se dévouèrent sincèrement à la cause de la poésie et de l'art.

CHAPITRE VI.

Mœurs et coutumes des Parisiens au déclin du seizième siècle.

Nous éviterons d'imiter les historiens qui, généralisant fort mal à propos des faits particuliers, d'ailleurs peu authentiques, ont puisé à pleines mains des vilenies dans les chroniques scandaleuses du seizième siècle pour faire croire aux lecteurs modernes que la population de Paris était alors en proie à toutes les dépravations de l'immoralité, de l'hypocrisie et de la débauche. Quelques incidents déplorables qui signalaient parfois la haute noblesse et la cour aux mépris de la bourgeoisie n'étaient, après tout, que de fâcheuses exceptions, et les faits généraux, plus dignes de créance que les livres cyniques de Brantôme et de ses acolytes, attestent que les masses, à Paris et en France, étaient profondément pénétrées de la foi chrétienne et des vertus qu'elle inspire. Dans les grandes époques où le dévouement aux idées et aux croyances se manifeste par les luttes, la guerre, les souffrances et les sacrifices, les peuples qu'entraîne l'exaltation peuvent bien se laisser aller à des excès et à des violences que nous n'entendons pas excuser, mais, leur courage et leur générosité l'attestent, ils ne sont ni flétris par le mensonge, ni énervés par le vice, ni abâtardis par la corruption des mœurs. Les désordres de la cour et des mignons révoltaient le peuple et ne le pervertissaient pas, quoi qu'on ait pu dire; le clergé, presque toujours recruté dans les rangs subalternes, était parfois ignorant, âpre, et porté aux excès que le fanatisme engendre, si l'on peut appeler fanatisme l'exaltation des croyances poussée jusqu'aux limites de la violence; mais ce clergé, après tout, était moral et honnête, et ne cherchait d'autres triomphes que ceux de la religion.

La féodalité était aux trois quarts éteinte, mais la noblesse avait conservé des priviléges qui, de nos jours, sembleraient exorbitants et injustes. Le noble seul portait l'épée et le vêtement rouge; dans les solennités il marchait après le clergé et avant la bourgeoisie; il ne payait ni les tailles, ni les passages de bacs, était exempt du guet et des factions aux remparts; dans les procès il franchissait un ou deux degrés de juridiction; il ne pouvait être emprisonné pour dettes, et, en cas de crime capital, il périssait par la hache et était exempt de l'ignominie du gibet. Toutefois sa position était infime auprès des princes du sang royal. C'était un gentilhomme qui servait le roi à table, c'était un noble qui tous les soirs dressait le lit du prince. Tout à la cour était obligation, et la préséance, et la place à table, et la conversation, et le deuil.

Les prodigalités de la cour et de la noblesse étaient un peu trop imitées par les classes moyennes, et le luxe devenait à Paris une cause permanente de ruine. Cependant les lois somptuaires ne manquaient pas. Sous le règne de Henri II une ordonnance fut édictée pour mettre des bornes au luxe effréné des habitants; cet édit, fort significatif, porte dans son préambule que les gentilshommes et leurs femmes faisaient des dépenses excessives pour leurs habits, « en draps ou étoffes d'or et d'argent, pourfilures, passemens, bordures, orfévreries, cordons, canetilles, velours, satins ou taffetas barrés d'or ou d'argent. » Il prohibe ces superfluités comme ruineuses et tendant à confondre tous les états de la société, et règle le plus ou moins de richesse des habits sur la différence des états des personnes. D'abord il ordonne de ne porter d'étoffes de soie qu'aux manches, au-devant du corps, sur les sayes qui seront découpées, et sur les bordures seulement de la largeur de quatre doigts. Il permet aux princes et princesses de se vêtir d'étoffes de soie rouge-cramoisi; aux gentilshommes, d'en placer à leurs pourpoints et hauts-de-chausses; aux dames et damoiselles, sur leurs cottes et manchons. Les filles qui servent les reines ne pourront avoir des robes de velours d'une couleur autre que le rouge-cramoisi; celles qui sont au service des princes et dames ne pourront se vêtir que de velours noir ou tanné. Les femmes et filles des présidents et conseillers des diverses cours de justice ne doivent porter aucune robe de velours, ni drap de soie, si ce n'est à leurs cottes et manchons. Les gens d'église, à moins qu'ils ne soient princes, ne porteront point de robe de velours. Tous ceux qui ne sont ni gentilshommes ni gens de guerre ne doivent point mettre soie sur soie, c'est-à-dire une saye de soie sur une robe de la même matière, ne doivent avoir ni bonnets ni souliers de velours, ni fourreau d'épée de la même étoffe. Il est de plus défendu à tous artisans mécaniques, paysans, gens de labeur, de porter pourpoint de soie, ni chausses bandées ni bouffantes de soie. « Et parce qu'un grand nombre de bourgeoises se font d'un jour à l'autre damoiselles, il leur est défendu de changer leur état, à moins que leur mari ne soit gentilhomme. »

Quelques jours après on fut obligé de donner à cette ordonnance des interprétations et des développements. En 1561 et 1563 il fallut encore la renouveler. Vers le même temps on trouve dans les registres manuscrits du Parlement ces mots : « Le roi sera supplié de ne donner dispense à personne, et de défendre l'*usage des coches* par cette ville. » Ces coches étaient les carrosses du temps ; ils existaient avant 1563, mais on n'en faisait que bien rarement usage. A cette époque les rues de Paris étaient trop étroites pour que les voitures pussent y circuler, et trop boueuses pour que des courtisans, proprement chaussés, pussent les parcourir à pied ; ils se servaient le plus souvent de cheval ou de mulet. Les courtisans se rendaient ordinairement à la cour à cheval, ayant quelquefois leurs dames en croupe. Les présidents et conseillers du Parlement allaient au palais montés sur des mules. On lit dans les registres de cette cour que, le 9 mai 1560, on fit bâtir un montoir devant la Sainte-Chapelle du Palais, pour servir aux présidents et conseillers à monter sur leurs mules. Ce montoir coûta cent sous. Un édit de Henri II défendait aux pères de famille de donner à leurs enfants, en mariage, une dot de plus de deux mille livres tournois, et condamnait les contrevenants à une forte amende. Il était interdit aux financiers de donner à leurs filles plus du dixième de leurs biens. Le chancelier de L'Hôpital, dans un édit qu'il soumit à la signature royale, s'appliqua à régler les repas eux-mêmes. « Qu'en quelques noces, dit-il, festins, banquets ou tables privées, il n'y ait jamais plus de trois services, savoir : les entrées de table, puis la chair ou poisson, et finalement l'issue. » Il ne permit que six plats à chaque service et défendit de les doubler.

« Comme par exemple, disait-il, ne pourront se servir deux chapons, deux lapins, deux perdrix, mais seulement un de chaque espèce. » Il se montra plus indulgent pour le rôti : « Quant aux poulets et pigeonneaux, se pourront servir jusqu'à trois; alouettes, une douzaine; grives, bécassines et autres tels oiseaux, jusqu'à quatre. » Cela passerait, de nos jours, pour une effrayante sobriété.

Ce fut pendant cette période que l'usage de porter la barbe longue s'établit en France. François Ier, en 1521, dans un combat simulé, ayant reçu une blessure au visage, laissa croître sa barbe pour en cacher la cicatrice. Tous les courtisans l'imitèrent; les évêques en firent autant, et, de proche en proche, toutes les classes de la société adoptèrent cet usage.

Mais la mode des longues barbes trouva dans les chapitres métropolitains et dans les parlements des ennemis puissants. Les chapitres refusèrent de recevoir dans leur église des évêques à longues barbes; il fallut souvent que les rois interposassent leurs prières ou leur autorité pour les y contraindre. Cette singulière question fut soumise, en 1581, à l'examen de la Sorbonne, et ce docte corps rendit un décret pour interdire aux théologiens, comme contraire à la modestie, l'usage de porter la barbe longue. Le Parlement ne se montra pas moins sévère à l'égards des mentons barbus.

Le gouvernement tenta plusieurs fois de faire exécuter les lois somptuaires. « Le dimanche 13 novembre 1583 le prévôt de l'Hôtel et ses archers prirent, à Paris, prisonnières cinquante ou soixante tant demoiselles que bourgeoises, contrevenans en habits et bagues à l'édit de la réformation des habits, sept ou huit mois auparavant publié, et les constituèrent prisonnières au Fór-l'Évêque et autres prisons fermées, où elles couchèrent, quelques remontrances et offres de les cautionner et payer les amendes énormes que pussent faire les parents et amis; ce qui fut une rigueur extraordinaire et excessive, vu que par l'édit il n'y gisoit qu'une amende pécuniaire. Mais il y avoit en ce fait un tacite commandement et consentement du roi, qui ferma la bouche aux plaintes qu'on en vouloit faire. Les jours en suivant, les commissaires de Paris donnèrent assignation à plusieurs personnes contrevenans à cet édit, et ce par-devant le lieutenant civil, qui, en condamna plusieurs en amendes plus grandes ou moindres, selon la qualité des personnes et de la contravention. » Je n'ai pas besoin d'ajouter que toutes les mesures adoptées pour réprimer le luxe furent inutiles, comme il arrive toujours.

Le 6 novembre 1594, au baptême d'un fils de madame de Sourdis, Gabrielle d'Estrées parut vêtue d'une robe de satin noir, « tant chargée de perles et de pierreries qu'elle ne se pouvoit soutenir. » — « Le samedi 12, ajoute L'Estoile, on me fit voir un mouchoir qu'un brodeur de Paris venoit d'achever pour madame de Liancourt (Gabrielle d'Estrées), laquelle le devoit porter, le lendemain, à un ballet, et en avoit arrêté le prix avec lui à dix-neuf cents écus qu'elle lui devoit payer comptant. »

L'Estoile rapporte d'autres exemples de ce luxe, qui faisait des progrès dans toutes les classes. En 1596, pendant que la peste décimait la population, « on dansoit à Paris, on s'y promenoit; les festins et les banquets s'y faisoient à quarante-cinq écus le plat, avec les collations magnifiques à trois services, où les dragées, confitures sèches et mascepans (massepains) étoient si peu épargnés que les dames et damoiselles étoient contraintes d'en décharger sur les pages et les laquais, auxquels on les bailloit tout entiers. Quant aux habillements, bagues et pierreries, la superfluité y étoit telle qu'elle s'étendoit jusques au bout de leurs souliers et patins; ce qui fut occasion de faire dire tout haut à un seigneur de la cour, qui s'étoit trouvé en une de ces collations, que c'étoit à Paris qu'il falloit demander de l'argent et qu'il le diroit au roi, et, quand il contraindroit les Parisiens de lui en bailler, qu'il ne leur feroit point de tort, pour ce que, s'ils en trouvoient bien pour fournir à leurs excès et superfluités, à plus forte raison et meilleure en devoient-ils trouver pour soulager la nécessité de leur prince. » Au mois d'avril de la même année la femme d'un simple procureur eut une robe *de laquelle la façon revenoit à cent francs.*

En 1593 on vit trois religieuses se promener dans les rues de Paris, les cheveux frisés et *poudrés.* Tel est le commencement de cet usage qui fut plus tard généralement adopté. L'usage des montres, qu'on appelait *montres-horloges*, s'établit à Paris sous le règne de Henri IV; elles étaient volumineuses, et on les portait sur la poitrine, pendues au cou.

En dépit des ordonnances somptuaires, la cour scandalisait la population par un luxe effréné, et dont les chroniques du seizième siècle nous ont transmis le souvenir.

« C'est, dit un écrivain du temps de Henri III, la coutume de France que le gentilhomme veut faire le prince, et, s'il voit que son maître se pare de pierreries, il en veut avoir aussi, dût-il vendre sa terre, ses prés, ou s'engager chez le marchand.... Les meubles jadis étoient simples ; on ne savoit ce que c'étoit que tableaux et sculptures ; on ne voyoit point une immensité de vaisselle d'argent et d'or, point de chaînes, bagues, joyaux, comme aujourd'hui. Pour entretenir ces excessives dépenses il faut jouer, emprunter et se déborder en toutes sortes de voluptés, enfin payer ses créanciers par des cessions et faillites...... On ne se contente plus à un dîner ordinaire de trois services, consistant en bouilli, rôti et fruits ; il faut, d'une viande, en avoir cinq ou six façons, des hachis, des pâtisseries, salmigondis et autres excès, et, quoique les vivres soient plus chers qu'ils ne le furent jamais, rien n'arrête ; il faut de la profusion ; il faut des ragoûts sophistiqués pour aiguiser l'appétit et irriter la nature. Chacun veut aujourd'hui aller dîner chez Lemore, chez Samson, chez Innocent, chez Kavart, ministres de volupté et de profusion, et qui, dans un royaume bien policé, seroient blâmés et chassés comme corrupteurs des mœurs. »

La richesse des ajustements fut à son comble sous Charles IX et Henri III. Ce dernier prince prodiguait à ses mignons les parures, les bijoux, les pierreries, et se montrait quelquefois en amazone, portant des boucles d'oreille et se découvrant la gorge, à l'instar des dames de la cour. Les mignons avaient des chausses étroites et à bouffants, des cuisses à la ceinture, avec un justaucorps bien serré et un petit manteau à large collet ; sur la tête ils portaient une toque ou un chapeau à plumes. C'est pendant la Ligue que l'usage des chapeaux de feutre se répandit en France. Les hommes et les femmes portaient des collets à fraises. Les bourgeois imitaient les modes de la cour ; mais, chez eux, les culottes couvraient les cuisses, le manteau était long et à manches, les bords du chapeau peu développés.

Les magistrats et les corps municipaux, bien que découragés par les difficultés de leur œuvre, cherchaient à prendre des mesures de police pour garantir la sécurité de la ville et celle des individus. De là de nombreux règlements, en général mal observés.

Il n'était permis à personne d'avoir plus d'une porte à sa maison ; le chef de la police avait le droit de faire murer les autres; on ne devait pas laisser sa maison inhabitée sans y placer un garde de ville. Ainsi dans chaque maison sans exception il y avait un homme aux aguets et qui, au premier signal, sonnait la cloche jusqu'à ce que les cloches voisines eussent répondu ; alors et à l'instant toutes les fenêtres de la rue s'illuminaient, tout le monde sortait en armes, et les malfaiteurs étaient poursuivis, cernés et arrêtés. Le soir point de réverbères, mais des lanternes ; chaque passant était tenu d'en avoir une à la main ; ce mouvement de lanternes se croisant par milliers était d'un aspect curieux et rendait moins tristes les soirées d'hiver. Cela n'empêchait pas des bandes de voleurs et de meurtriers de menacer la sécurité des citadins honnêtes et de dévaliser les riches bourgeois attardés dans les rues tortueuses. Ces misérables s'associaient entre eux, à titre de champions, et formaient des compagnies; plusieurs de ces hordes se faisaient appeler compagnies des *Guileris*, des *Plumets*, des *Grisons*, des *Tire-Laine*, des *Tire-Soie* et des *Tire-Chapes*. La compagnie des *Mauvais-Garçons* se composait de bravi et de condottieri qui vendaient leurs services au plus offrant et épousaient, moyennant salaire, la querelle des premiers venus. Quelques noms donnés aux rues du vieux Paris rappellent encore les quartiers que hantaient de préférence ces bandes de malfaiteurs.

L'usage des masques s'était introduit à la cour dès le quatorzième siècle; les débauchés de haut parage se couvraient la figure d'un morceau de carton ou de velours pour n'être point reconnus par le public. Plus tard le masque reçut de la mode une destination plus avouable; les femmes, au temps de François Ier, s'en servirent pour préserver leur visage des atteintes de l'air. Vers le milieu du seizième siècle, et à la cour de Catherine de Médicis, on commença à porter des bas de soie. Sous le règne de Henri III commença l'usage des *fourchettes à table*; c'est ce qu'indique le passage d'une pièce satirique de ce temps. L'auteur, parlant des mets que l'on servait à la table de ce roi, et notamment d'une salade qui ne ressemblait en rien aux salades ordinaires, dit : « On la servoit « dans de grands plats émaillés, qui étoient tous faits par petites niches; ils (les convives) les prenoient avec des *fourchettes*; car il est défendu, en ce pays-là, de toucher la viande avec les mains, quelque difficile à prendre qu'elle soit, et aiment mieux que ce petit instrument fourchu touche à leur bouche que leurs doigts (1). »

Vers le même temps on voit poindre à la cour la singulière mode des paniers. L'un des plaisirs à la mode était le jeu de paume, que deux siècles auparavant le roi Charles V avait essayé de prohiber. L'usage des raquettes n'était point encore adopté; on poussait la balle avec la

---

(1) Document cité par le *Journal de Henri III*

paume de la main, d'où vint la dénomination de *jeu de paume;* un peu plus tard les joueurs s'enveloppèrent la main avec un gantelet de cuir ou d'autres matières élastiques. L'usage des raquettes ne tarda guère à s'introduire dans ce jeu. Guillaume Coquillart, qui écrivait vers le milieu du quinzième siècle, parle de cet instrument :

<blockquote>
Se semblent raquettes cousues,
Pour frapper au loin un *esteuf*.
(Coquillart, *Droits nouveaux*, p. 17.)
</blockquote>

Esteuf était le nom qu'on donnait à la balle.

Le jeu de paume de la rue Grenier-Saint-Lazare n'était pas le seul à Paris au quinzième siècle ; il en existait deux dans la rue de la Poterie des Halles, laquelle avait porté le nom de *rue Neuve des deux Jeux de Paume.* Un des édifices de ces jeux fut réparé en 1571. Charles IX fit construire une cheminée dans une chambre qui communiquait à la salle principale.

Deux jeux de paume étaient établis à l'entrée du Louvre, du côté de Saint-Germain-l'Auxerrois.

Il fut défendu d'établir de nouveaux jeux de paume dans la ville ; on en établit dans les faubourgs, et surtout dans celui de Saint-Marcel. Le Parlement, le 24 mars 1550, fit défense de bâtir de nouveaux jeux de paume dans la ville et dans les faubourgs. L'année suivante (18 juin 1551) même défense, sous peine de démolition de l'édifice. (*Registres de la Tournelle criminelle*, reg. coté 94 et 95.)

Cet édit ne fut guère observé et les jeux de paume se multiplièrent à Paris. Il y en avait un rue des Francs-Bourgeois Saint-Michel; un autre jeu de paume existait dans la Vieille-Rue-du-Temple; les comédiens italiens y établirent un théâtre qui fut nommé *théâtre du Marais*.

Le jeu de paume de la rue Mazarine, qui existait encore il y a peu d'années, servit en 1673, après la mort de Molière, d'asile aux acteurs de sa troupe. Le jeu de paume dit *de l'Étoile*, situé rue des Fossés-Saint-Germain, fut, en 1688, converti en salle de spectacle pour les comédiens français. Dans la suite on vit s'élever un nouveau jeu de paume dans la rue de Vendôme.

Parmi les autres délassements fort en honneur au seizième siècle Rabelais mentionne le jeu de tarrauts ou tarrots; c'était le même que nos jeux de cartes, moins les raffinements introduits par une longue coutume.

Durant la période dont nous venons d'esquisser le récit l'*université de Paris* avait traversé de rudes épreuves.

Ils étaient loin ces temps que nous avons racontés à diverses reprises, ces jours dans lesquels, fière du renom de ses professeurs, forte de ses priviléges et armée de ses droits, cette compagnie puissante comptait comme un des premiers corps politiques du royaume. Éclat effacé, force maîtrisée, pouvoir déchu ! De tout ce passé, où son rôle avait été si grand, il ne restait plus à la fille aînée de nos rois que le souvenir de sa gloire. Cette gloire remontait bien haut, il est vrai, dans notre histoire; elle datait des jours où la parole d'Abélard avait peuplé les clos jusqu'alors déserts de la montagne Sainte-Geneviève. A partir de ce moment Paris avait vu affluer vers ce mont sacré de l'enseignement une foule d'étudiants que la réputation des maîtres attirait de toutes les parties du royaume. Tout un peuple d'écoliers venus de France, de Flandre, d'Allemagne, d'Angleterre, etc., vivait dans ces cinquante colléges suspendus comme des ruches aux flancs de la montagne. C'était une ville dans la ville, une ville du moyen âge embastionnée dans ses prérogatives, et que le pouvoir du roi ne pouvait que difficilement atteindre; car, si chacune de ces *nations* se régissait d'après ses propres lois, toutes, défendues par des priviléges communs, se réunissaient et formaient une république fédérative. Dans cette corporation féodale où le maître se portait défenseur des droits de l'élève et l'élève des droits du maître, l'autorité du souverain était sans action. C'est à peine si le prévôt de Paris pouvait pénétrer dans cette rue du Fouarre, fermée par une barrière, de peur que le bruit des voitures ou les cris des passants ne troublassent les leçons que les professeurs faisaient à leurs écoliers assis sur la terre jonchée de paille. Pourtant il eût été bon de porter la discipline parmi ce monde turbulent de jeunes gens qui parcouraient en armes les rues de Paris, qui s'associaient aux truands et aux malfaiteurs, battant, détroussant les passants, volant avec effraction, et dont quelques-uns allèrent parfois jusqu'à jouer aux dés sur les autels des églises.

Il eût été bon de mettre un terme à ces fêtes célébrées par les nations en l'honneur de leurs patrons, et qui n'étaient qu'une occasion de débauches et des plus effrayants désordres. Mais l'Université, s'élevant contre la justice du prévôt, réclamait les siens, et devant ses menaces le Châtelet relâchait les coupables. Quant aux maîtres, pour ne pas exciter des révoltes à main armée, ils n'en étaient pas moins insoumis. Tantôt en lutte contre l'État, tantôt contre l'Église, l'université de Paris, grande par la célébrité de son enseignement, puissante par ses prérogatives, arbitre dans les grandes querelles de la royauté et de la papauté, s'était vue souvent ménagée par les rois dans l'intérêt de leur couronne; mais, comme toutes les institutions de la féodalité, elle avait disparu avec le temps devant la puissance toujours croissante de la royauté. Force lui avait été de reconnaître la suprématie royale et de se soumettre à la juridiction du Parlement. Ses prérogatives lui échappaient de jour en jour; elle perdit même jusqu'à l'influence de son enseignement.

Une révolution s'était faite dans les études. La dialectique avait occupé presque seule les écoles du moyen âge; d'enseignement des sciences physiques et naturelles, de rhétorique même on trouve fort peu de traces dans ces temps adonnés tout entiers aux subtilités de la logique. Quand le goût des choses littéraires eut remplacé l'ardeur des disputes scolastiques, quand les sciences prirent une plus large part dans les universités d'Italie, l'université de Paris se sentit dépassée de beaucoup dans son enseignement resté stationnaire. Ce fut un coup mortel porté à l'illustre compagnie; elle vit déserter ses écoles. On était alors au commencement du seizième siècle; le malheur des temps fit le reste. Avec les guerres de religion, avec les haines politiques, les sombres passions, elle devait être mortellement atteinte. Ses cours furent bientôt délaissés, à ce point que plusieurs de ses colléges, saccagés pendant les barricades, furent occupés par les troupes de la garnison. « Lors de l'entrée du roi à Paris, écrit un contemporain, on ne pouvoit éprouver assez de surprise et de douleur à l'aspect de la misérable Université. Elle ne conservoit plus aucun vestige de son ancienne dignité ; des soldats espagnols, belges et napolitains, mêlés aux paysans des campagnes voisines, avoient rempli les asiles des muses d'un attirail de guerre au milieu duquel erroient les troupeaux. Où retentissoit autrefois la parole élégante des maîtres de la jeunesse on n'entendoit plus que les voix discordantes des soldats étrangers, le bêlement des brebis, les mugissements des bœufs; en un mot les colléges étoient devenus plus infects que les étables d'Augias, et l'Université plus silencieuse qu'Amycla. »

Tel était le déplorable état de l'université de Paris lorsque le roi Henri IV, après l'entière pacification du royaume, porta ses soins vers la restauration de cette grande corporation. Le 1er février 1595, nous apprend un de ses greffiers, auquel nous devons une volumineuse histoire de l'illustre compagnie (du Boulay), le 1er février 1595, le recteur Galland, accompagné des doyens des facultés, des procureurs des nations, des officiers de l'Université et des bedeaux, vint offrir, suivant l'ancienne coutume, un cierge au roi. Le prince déclara que son dessein était de rendre à l'Université le lustre qu'elle avait eu autrefois pour que la jeunesse, formée aux bonnes mœurs, fût préparée à bien servir le roi, et il désigna les personnages considérables qu'il avait choisis pour l'aider dans ce projet. C'était le grand-aumônier de France, le premier président du parlement de Paris, le procureur général, le lieutenant civil et le premier président du parlement de Bretagne.

Il faut bien le dire, tout en introduisant dans le corps enseignant de salutaires modifications, la réforme prescrite par Henri IV eut pour but de soustraire l'Université de Paris, cette fille aînée des rois de France, à l'influence directe du clergé catholique, à l'autorité comme aussi à la protection des souverains pontifes. Henri IV fut le premier de nos rois qui considéra le droit d'enseigner la jeunesse comme l'une des attributions essentielles de la puissance séculière. Ce n'est pas en vain que, pendant quarante ans de sa vie, il avait combattu l'Église catholique ; alors même qu'il était rentré dans son sein comme par capitulation il se défiait d'elle, et il se passait d'elle autant que l'opinion des multitudes encore énergiquement religieuses semblait lui permettre d'agir ainsi. Les nouveaux statuts de l'Université royale furent publiés en la même année que l'édit de Nantes. Les lettres patentes du roi qui constituaient l'enseignement sur de nouvelles bases furent homologuées par le Parlement le 3 septembre 1598, et des statuts complémentaires, promulgués à la suite d'une nouvelle révision des règlements, obtinrent deux ans après les honneurs de l'enregistrement. Il n'entrait pas dans la pensée du roi d'organiser l'enseignement en haine de la religion catholique ; cette combinaison impie et insensée devait être l'œuvre du vandalisme révolutionnaire et philosophique de la Convention. Henri IV voulut que la jeunesse reçût une éducation religieuse, sincère et utile ; mais des mesures furent prises pour que, sous prétexte d'éviter tout ce qui pourrait « porter atteinte aux droits et à la dignité du roi et du royaume, » l'enseignement catholique fût étroitement surveillé, pour que les théories qu'on appelait déjà « libertés gallicanes, » pour que les doctrines mises en honneur, depuis 1584, par Pierre et François Pithou, fussent placées sous la protection des règlements universitaires et désormais enseignées comme lois de l'État. Les mêmes statuts règlent dans tous les détails l'enseignement des colléges et le haut enseignement. On fit entrer dans le cercle de l'enseignement classique les notions principales de la science et des lettres, afin d'en faire une préparation aux études spéciales du droit, de la médecine, de l'art militaire. On était alors dominé par un engouement exclusif pour les modèles de l'antiquité païenne ; on relégua dans les obscures ténèbres de la barbarie la littérature catholique, telle que l'avaient fondée les écrits des Pères de l'Église et des docteurs du moyen âge ; on revint aux poëtes et aux prosateurs d'Athènes et de Rome, et l'on donna à l'étude de la langue grecque une importance et une extension qui, un peu plus tard, furent attribuées surtout à la langue latine. Les élèves des colléges n'apprenaient d'ailleurs le français qu'au moyen de la traduction des auteurs anciens. Les statuts de l'Université royale, au temps de Henri IV, ne prescrivaient aucun exercice régulier et systématique pour l'étude de la grammaire, de la langue, de la littérature nationales ; les professeurs enseignaient en latin et les élèves ne devaient parler qu'en latin. Ce déplorable abus de la science, que les historiens déterminés à tout admirer ont essayé de justifier, était évidemment contraire au bon sens et à la raison. On lui dut de voir remplacer la langue si naïve, mais si riche, mais si féconde, de Montaigne, de Rabelais et d'Amyot, par cette langue belle et froide, régulière et sans hardiesse, qui sert d'instrument à l'intelligence française, que mille chefs-d'œuvre ont immortalisée, qui est un monument de clarté et de simplicité, mais qui n'en fut pas moins appauvrie et déplorablement émondée, à la grande douleur de ceux que nous aimons à proclamer les maîtres en l'art de parler et d'écrire.

Quoi qu'il en soit, de ce moment fut inaugurée la restauration de ce corps. Ce ne fut pas sans difficultés et sans tâtonnements que le régime nouveau fut substitué à l'ancien. Dans ces matières délicates de l'éducation publique, des questions sans nombre se soulevaient chaque jour, et, après avoir subi bien des modifications, bien des retouches, les statuts parurent enfin après quinze mois d'attente, et eurent pour résultat d'enlever à l'université de Paris le caractère de corporation religieuse et politique pour la placer exclusivement à la tête de l'enseignement public, sous la dépendance du pouvoir royal et sous la surveillance des parlements. Nous la verrons fonctionner dans ces conditions nouvelles et nous la suivrons dans les diverses phases qu'elle eut à traverser, jusqu'au jour où, s'abîmant dans les tempêtes de 1791, elle disparut pour renaître avec la dynastie impériale.

Les nécessités de notre récit nous font une obligation de mentionner ici les vicissitudes d'une industrie moins intellectuelle et moins noble; nous voulons parler du commerce des vins, à Paris, vers la fin du seizième siècle.

Le principe qui présidait alors à toute organisation industrielle était celui-ci : « Garder le métier. » Aussi, comme nous l'avons constaté à plusieurs reprises, tous les genres de commerce étaient enrégimentés en corporations ayant à leur tête des *gardes*, qui veillaient non-seulement à prévenir ou à réprimer toute fraude, mais encore et surtout à empêcher toute concurrence et à conserver entiers, fussent-ils abusifs, les priviléges de la corporation. Sous le règne de Henri III des ordonnances assignèrent des règles précises à l'industrie des marchands de vin, classe alors divisée en marchands en gros, taverniers, cabaretiers et hôteliers. A dater de ce moment le corps eut des statuts généraux qui faisaient sa force, et chacune des jurandes concourant à former la corporation fut soumise à des règlements spéciaux qui ne permettaient pas l'envahissement d'une jurande sur l'autre et délimitaient d'une manière précise la sphère d'action laissée à chacune.

Ainsi que nous l'avons dit précédemment, le vin arrivait par eau à Paris ; c'était la façon la plus économique et presque la seule praticable en ces temps où les routes de terre n'étaient guère entretenues, et où elles étaient si peu sûres que les marchands voyageaient en caravane sous la protection d'un *capitaine de caravane* et de nombreux braves sous ses ordres.

Les marchands en gros devaient tirer leur vin de pays distants de Paris d'au moins vingt lieues, et ils l'amenaient aux ports Saint-Paul, de la Tournelle et Saint-Nicolas, concurremment avec les marchands forains. Seulement, comme on ne pouvait être bourgeois de Paris sans avoir quelque privilége, les marchands en gros, bourgeois de la ville, pouvaient débarquer une partie de leur vin, tandis que les forains devaient vendre toute leur marchandise sur bateaux, au risque de la voir geler en hiver et s'évaporer en été. Les marchands bourgeois pouvaient encaver les deux tiers de leur marchandise ; le dernier tiers ils le vendaient en gros sur leurs toues, distinguées des toues foraines par une banderole aux couleurs et aux armes de la ville de Paris flottant à l'arrière. Ce tiers réservé était destiné à permettre aux habitants de s'approvisionner à la barrique, approvisionnement qui ne se faisait point à terre.

En effet, les marchands qui vendaient en gros sur navée, et qui, étant fort riches, étaient d'autant plus privilégiés, jouissaient de ce curieux droit de vendre chez eux au détail, à huis coupé, c'est-à-dire sans tenir boutique, à proprement parler. Ainsi les marchands en gros sur l'eau étaient aussi marchands au détail à terre. D'abord ils ne détaillèrent pas au pot d'étain, mais seulement *à broche* ou au broc, faisant ainsi une sorte de quart ou de demi-gros. On passait son broc par-dessus la porte coupée en deux ou entr'ouverte, et le marchand rendait la vaste mesure toute pleine du liquide demandé, à moins qu'on ne voulût descendre à la cave pour s'assurer de la sincérité du marchand.

Mais plus tard on remplaça le broc par une moindre mesure, le pot d'étain, et les marchands en gros prirent le nom de marchands à pot ou au pot.

Ces marchands ne pouvaient tenir table chez eux; le vin était pris dans leurs caves pour être bu au dehors. Toute la licence qu'on leur permettait, c'était d'avoir deux caves aux époques d'approvisionnement ou lorsqu'il y avait danger de voir la marchandise se corrompre faute d'un débit rapide. La vente à la bouteille était prohibée, la capacité de ces récipients étant très-variable et pouvant favoriser la mauvaise foi (1).

Cette prohibition de la vente à la bouteille ne fut pas longtemps observée avec rigueur; les riches consommateurs avaient l'habitude de l'enfreindre et les marchands leur vendaient volontiers les vins de choix dans ces mesures non contrôlées. L'intérêt du vendeur se mettait ici

---

(1) M. Léon Michel, *le Commerce parisien avant* 1789.

d'accord avec la vanité de l'acheteur, et la corporation n'en réalisait que de plus gros bénéfices.

Alors comme aujourd'hui les tavernes n'étaient pas d'aussi bons lieux que les caves des gros marchands; mais les taverniers constituaient, par rapport aux cabaretiers, une véritable aristocratie. Le tavernier ne vendait pas en gros; mais, s'il détaillait son vin, s'il le servait sur table dans sa taverne, il ne mettait pas la nappe et les assiettes comme le cabaretier. Il ne faisait pas la cuisine; on buvait chez lui, on avait cet honneur, mais l'on n'y mangeait pas. Le tavernier pouvait, comme le marchand à pot, prendre son vin dans le vignoble même, à plus de vingt lieues de Paris; le cabaretier ne le pouvait pas.

A la longue les taverniers vinrent à penser que, s'ils vendaient à manger comme les cabaretiers, ils retireraient un bénéfice sur cette vente, qu'en outre l'on boirait plus et qu'ainsi le bénéfice s'accroîtrait d'autant. Quelques-uns s'abaissèrent donc jusqu'à donner à manger; mais ils ne le purent faire impunément; on les dégrada, on les fit descendre au rang de cabaretiers et payer l'impôt plus fort que devaient ces derniers; car c'était la règle au temps jadis de payer d'autant plus qu'on était plus bas sur l'échelle sociale : un vilain payait beaucoup, un bourgeois ne payait guère, un seigneur ne payait pas du tout; loin de là, il percevait!

Mais, à mesure que le commerce progressait, il devenait bien difficile de s'en tenir aux distinctions et priviléges établis par les vieilles ordonnances royales. Les marchands à pot eux-mêmes furent pris de la fièvre du double gain, ou plutôt ils cédèrent aux exigences des temps nouveaux, et ils obtinrent du roi, un siècle plus tard, une déclaration par laquelle permission leur était donnée de donner à boire et même à manger en leur maison, sans toutefois être réputés cabaretiers.

Comme il fallait éviter les plaintes des commerçants, provoquées par la concurrence, les marchands de vin ne devaient fournir que des viandes prises toutes cuites chez les rôtisseurs et les charcutiers. Pour que d'autres corps ne souffrissent pas, c'est chez les marchands de victuaille que les marchands de vin étaient tenus de se pourvoir.

Les marchands de vin proprement dits se distinguaient toujours des cabaretiers, car, d'après les édits du temps, « sont effectivement réputés *cabaretiers* tous ceux qui ont chez eux montres, étalages de viandes et cuisiniers. »

Défense était faite aux marchands de vin des diverses catégories de recevoir des gens de mauvaise vie, des vagabonds et des joueurs. Assurément ils ne tenaient guère compte de cette dernière défense, car « les dez, les cartes et autres jeux défendus » trouvaient au cabaret une licence sur laquelle la police semblait volontairement fermer les yeux. Il était défendu de jurer ou de blasphémer dans les tavernes, prohibition dont les buveurs ne tenaient guère compte. En outre il était défendu aux taverniers et cabaretiers de recevoir chez eux d'autres pratiques que les passants ou les gens étrangers à la localité; quant aux habitants des villes, bourgs et villages, ils ne pouvaient prendre du vin en détail que pour l'emporter; défense leur était faite de le boire sur place. Cette défense s'appliquait surtout aux gens mariés.

Aux siècles passés les marchands de vin fermaient leurs établissements à l'heure où maintenant se fait la meilleure recette. Les anciennes ordonnances enjoignaient de clore quand tintait le couvre-feu, c'est-à-dire à sept heures en hiver et huit heures en été. Il est vrai que, Paris n'étant pas éclairé, les honnêtes gens n'eussent guère fréquenté la taverne après sept heures.

Plus tard un édit de sûreté fixa la fermeture à six heures en hiver et à neuf heures en été; mais, à mesure que la ville prenait plus d'importance et qu'elle était mieux gardée, l'autorité se relâcha d'une sévérité que rien ne justifiait, et on put, par tolérance, fréquenter les cabarets après huit heures du soir en hiver et après dix heures en été.

Les hôteliers faisaient partie du corps des marchands de vin; en effet, pour remplir convenablement leur office et répondre aux besoins de leur clientèle, il leur fallait vendre du vin, tenir table et faire la cuisine. A tous ces titres, en conséquence, ils devaient faire partie du corps des marchands de vin.

Les hôtelleries, d'ailleurs, étaient l'hôtel d'aujourd'hui avec un autre genre de confortable. On n'y rencontrait pas d'hôte en habit de cérémonie, mais le plus ordinairement un bon gros aubergiste, rieur et bavard, bien préférable aux messieurs roides et guindés, obséquieusement serviles de nos jours (1). Chaque voyageur conduisait lui-même son cheval à l'écurie. La cuisine était sans recherche, mais abondante; les lits grossiers, mais généralement confortables. D'après les règlements de police les hôtelleries devaient être fermées après le couvre-feu; cependant, comme il pouvait y avoir des voleurs parmi les hôtes de la maison, voici les naïves précautions que le prévôt

---

(1) Léon Michel, *le Commerce parisien avant* 1789.

de Paris avait ordonné de prendre tous les matins dans les auberges :

« A esté créé que tous hostelliers et autres qui s'entremettent de hébergier gens pour argent cloent et tiennent leurs huys fermez depuis l'heure de queuvre-feu jusques à lendemain matin, et qu'ils ne soient sy hardys de ouvrir leurs huys jusques à ce que ilz aient signiffié et demandé à tous leurs hostes se ils ont aucune chose perdu ; et s'il avient qu'aucun ouvre son huys sans le faire sçavoir à ses hostes, et il y en ait aucun quy perde rien, l'hoste sera tenu de restituer la perte, dont le perdant sera creu par son serment. »

On n'avait point de passe-port à cette époque, seulement les hôteliers devaient « s'enquérir curieusement des noms et demeurances de tous ceux arrivant en leur logis... pour à l'instant en advertir les gouverneurs » de l'endroit. Ils devaient avoir une enseigne sous telle devise qu'il leur plaisait, au-dessous de laquelle était écrit en grosses lettres : *Hostellerie par permission du roy.*

Les hôteliers, à cause des services qu'ils rendaient, étaient exempts de diverses charges et contributions ; ils étaient exempts de « faire la cueillette des deniers du roy, tout ainsi que les collecteurs des tailles ; » ils étaient exempts de « marguilleries ou trésoreries de paroisse, » de guet, garde de portes, logement des gens de guerre, corvée, fourniture de chevaux et harnais « pour tirer les chariots et artilleries et munitions de guerre. »

L'article 1er de l'ordonnance royale de 1587 nous fait connaître les conditions qu'il fallait remplir pour avoir la licence du commerce du vin dans Paris. Tout naturellement il fallait être « reçu et passé maître, » ce qui n'avait lieu qu'apres avoir servi les maîtres l'espace de quatre ans, à moins qu'on ne fût « fils de maître, né de loyal mariage. » Pour peu que les marchands de vin se mariassent entre eux, le commerce devait ne pas sortir de la famille. Mais ce n'était pas tout, il fallait encore être de bonne vie et mœurs et appartenir à la religion catholique et romaine. Cette dernière condition avait évidemment pour but d'assurer, autant que possible, dans les tavernes, dans les cabarets et les auberges, l'observation des règles établies par l'Église. Des huguenots ou des juifs eussent certainement violé sans scrupule les prescriptions religieuses. En effet les marchands de vin, taverniers et cabaretiers devaient observer la règle du dimanche et des fêtes de la religion; ils ne devaient recevoir personne ces jours-là pendant les offices religieux; leurs établissements devaient rester fermés également les trois derniers jours de la semaine sainte; l'on ne devait pas servir de viandes pendant le carême ou les jours maigres. Pour que ces règles fussent plus sûrement observées, les apprentis serviteurs et domestiques devaient, comme leur patron, être de la religion catholique, et comme lui de bonnes vie et mœurs. Un maître ne pouvait avoir plus de deux apprentis.

Les maîtres de la communauté devaient, en entrant, payer *le droit du roy*, et en outre un sou par semaine pour subvenir aux frais de la communauté. Pareillement les apprentis, en entrant chez les maîtres, payaient le droit du roi, qui était de 4 sous, et aux gardes de la communauté un droit de 16 sous.

Le corps était *gardé* par des maîtres élus selon le règlement observé dans le corps de la draperie, ce corps qui avait pour devise : *Ut cæteros dirigat*. Les gardes devaient visiter les marchands de Paris et de la banlieue et signaler les abus.

Les veuves de maîtres pouvaient continuer le commerce de leur mari, à la condition de rester veuves et de ne pas « faire faute en leur viduité. »

Les courtiers et les jurés vendeurs ne pouvaient appartenir à la corporation (1).

Ces priviléges et ces statuts, d'abord confirmés par Henri IV, le furent également par son fils; un édit rendu en 1611 ordonna que les marchands de vin jouiraient, aux entrées des rois, des priviléges dont jouissaient les six corps, c'est-à-dire qu'ils assisteraient aux entrées du roi et de la reine « avec les habits qui leur seroient prescrits par les prevost des marchands et eschevins, pour marcher avec lesdits six corps, selon le rang à eux baillé par lesdits prevost et eschevins. »

Ces priviléges ne devaient, d'ailleurs, profiter qu'aux marchands en gros, ces marchands accaparant, en raison de leur richesse, tous les priviléges, honneurs et dignités du corps de la marchandise du vin, dont ils ne formaient cependant qu'une catégorie.

Quand fut rendu, par Louis XIII, l'édit qui conférait aux marchands de vin des priviléges égaux, ou à peu près, à ceux des six corps, les marchands à pot considérèrent que cette faveur était faite à eux, gros marchands, et non à tous ces hôteliers qui tenaient maison ouverte, où l'on buvait, mangeait et dormait tout son soûl, plèbe du commerce toujours en contact avec la plèbe populaire. Et en réalité ce furent les marchands à

(1) Léon Michel, *le Commerce de Paris avant* 1789.

pot qui s'assirent au fauteuil consulaire, qui prirent place aux côtés du prévôt des marchands au milieu de l'échevinage, qui revêtirent les robes de velours et de soie aux entrées des rois, des reines et des légats, qui voulurent porter le dais sur la tête du roi et ne le portèrent pas, les six corps, étroitement unis comme leur faisceau de six baguettes, ne l'ayant pas permis.

Les six corps devaient lutter jusqu'au dernier jour pour empêcher les marchands de vin de jouir de ces priviléges égaux aux leurs et octroyés par Louis XIII, mais ils ne réussirent qu'à les écarter aux jours de cérémonie. Ils voulurent aussi les priver du droit de siéger au tribunal consulaire, mais ce fut en vain; là ils échouèrent. Aussi le prévôt des marchands, Christophe Sanguin, considérant que les marchands de vin, formant l'un des principaux corps de Paris, avaient fourni des échevins à la municipalité, des juges au tribunal consulaire, des receveurs généraux à l'assistance publique, permit à la communauté d'avoir des armoiries : *Un navire d'argent et bannières de France, flottant, avec six autres petites nefs d'argent à l'entour, une grappe de raisin en chef*, lesdites armoiries *en champ bleu* (1).

Sauf quelques améliorations de détail, qu'il serait sans intérêt de mentionner ici, l'organisation de l'industrie dont nous venons d'esquisser l'histoire et les priviléges se maintint forte et puissante jusqu'à la révolution de 1789, qui vit disparaître des monopoles et des droits bien autrement dignes de respect.

(1) Léon Michel, *le Commerce de Paris avant* 1789.

LIVRE XIII.

PARIS DURANT LE RÈGNE DE HENRI IV.

CHAPITRE PREMIER.

Événements généraux (1594-1610).

Henri IV avait triomphé des résistances de la Ligue parisienne, et sa conversion avait enlevé à ses ennemis tout motif de s'opposer à ce qu'il régnât pacifiquement au Louvre. Cependant des passions ardentes survivaient encore, que ses victoires irritaient, et des attentats isolés menaçaient à Paris sa vie, tandis que, dans quelques provinces, les armées combinées des ligueurs et des Espagnols ne lui cédaient que pied à pied le territoire de la France.

Vers cette époque le roi échappa à une nouvelle tentative d'assassinat dirigée contre sa personne. Le coupable, un jeune homme de dix-neuf ans, nommé Jean Châtel, le frappa d'un coup de couteau; mais, par un bonheur providentiel, il ne lui fit qu'une blessure sans gravité. Les relations contemporaines mentionnent ainsi cet événement : « Le 27ᵉ décembre 1594, sur les six à sept heures du soir, Henri IV, le roy très-chrétien, roy de France et Navarre, estant arrivé à Paris, Jean Chastel, natif de Paris, escolier nourri et eslevé au collége des Jésuites, âgé de dix-neuf ans, estant entré au Louvre, approcha de Sa Majesté, et, comme elle se baissoit pour embrasser un gentilhomme affectionné à son service, qui lui faisoit la révérence, il luy donna un coup de cousteau dans la bouche, qui luy coupa la lèvre d'en haut, et, s'il n'eust rencontré les dents, eust outre passé ; puis tascha de se sauver, ayant jetté le cousteau par terre ; mais il fut pris par un capitaine des gardes. » Quelques instants après l'attentat, et se jouant de ses périls, Henri écrivait de sa propre main à plusieurs de ses bonnes villes : « Il n'y avoit pas plus d'une heure que nous estions arrivés à Paris, de retour de nostre voyage de Picardie, et estions encore tout botté, qu'ayant autour de nous nos cousins le prince de Conty, comte de Soissons et comte de Saint-Paul, et plus de trente ou quarante des principaux gentilshommes de nostre cour, comme nous recevions les sieurs de Raguy et de Montigny, qui ne nous avoient pas encore salué, un jeune garçon, nommé Jean Chastel, fort petit et âgé au plus de dix-neuf ans, s'estant glissé avec la troupe dans la chambre, s'advança sans estre quasi aperçu, et pensant nous donner dans le corps du couteau qu'il avoit. Le coup (parce que nous nous estions baissé pour relever les sieurs qui nous saluoient) ne nous a porté que dans la lèvre supérieure, du costé droit, et nous a entamé et coupé une dent. Il y a, Dieu merci, si peu de mal que pour cela nous ne nous mettrons pas au lict de meilleure heure (1). » Quoi qu'il en soit, Jean Châtel fut arrêté. On apprit qu'il était fils d'un honnête marchand drapier de la rue de la Barillerie et qu'il avait étudié chez les Jésuites. C'était un maniaque, un misérable exalté, dont la raison

---

(1) Fontanieu, *Portefeuille*, n° 429-430.

était altérée par la débauche, et qui, tourmenté de remords, croyait qu'on gagne le paradis en assassinant un prince hérétique. Au lieu de le faire enfermer comme fou on le traduisit devant des juges, et le Parlement, qui haïssait les Jésuites, saisit avec bonheur cette occasion d'incriminer la compagnie tout entière et de la rendre solidaire du crime de Jean Châtel, en lui imputant, ce qui était faux, d'avoir enseigné cette doctrine qu'il était permis de résister aux tyrans et de les mettre à mort. Le 29 décembre un arrêt condamna Jean Châtel à périr du supplice des parricides, à avoir le poing droit coupé, le corps tenaillé et écartelé. Par le même arrêt le Parlement ordonna que les Jésuites seraient chassés de Paris dans trois jours et du royaume dans quinze jours, comme corrupteurs de la jeunesse, perturbateurs du repos public et ennemis du roi et de l'État. Le même jour Jean Châtel subit son affreux supplice. Les jours suivants l'arrêt d'exil fut exécuté en ce qui concernait les Jésuites, et un procès de complicité fut dirigé contre les PP. Guignard et Guéret, membres de la compagnie. Le premier fut condamné à être pendu, et, le 7 janvier 1595, on le conduisit, nu en chemise, la corde au cou, au parvis Notre-Dame, pour y faire amende honorable; mais le religieux, fort de son innocence, refusa avec fermeté de prononcer aucune parole qui pût ressembler à l'aveu implicite d'un crime qu'il n'avait pas commis, et, lorsque le lieutenant Rapin lui dit qu'il eût à demander pardon à Dieu et au roi, selon la formule que le greffier allait lire : « Je demande bien pardon à Dieu,
« répondit le Père, mais au roi, pour quel motif? Je ne l'ai
« pas offensé — Vous l'avez offensé, reprit Rapin, en ce
« que vous avez écrit contre lui. — Ce que j'en ai écrit,

« répliqua Guignard, a été avant que Paris fût remis en
« son obéissance. — Vous le dites, reprit Rapin, ce qui
« n'est pas. » Puis, comme le religieux persistait dans sa
résolution de ne rien rétracter, on le mena à la place de
Grève, où son corps fut attaché à la potence et ses cendres
jetées au vent. Avant de mourir il avait prié pour le roi.

Durant plusieurs années Henri IV, obligé de conquérir l'une après l'autre plusieurs provinces de son royaume, les unes au pouvoir de la Ligue, les autres occupées par les troupes espagnoles, ne fit à Paris que des apparitions plus ou moins longues et n'eut pas le loisir de rendre à sa capitale le bien-être et le lustre dont il désirait l'investir. L'argent manquait pour tant de réparations nécessaires, et les nécessités de la guerre absorbaient les revenus du trésor. Aussi, bien cruellement éprouvée par la guerre et la famine, la ville de Paris, après la levée du siége et l'entrée du roi, ne voyait que bien lentement disparaître ses souffrances. « Il y avoit alors, dit un contemporain, peu de maisons entières et sans ruines; elles étoient la plupart inhabitées; le pavé des rues étoit à demi couvert d'herbes; quant au dehors, les maisons des faubourgs étoient toutes rasées; il n'y avoit quasi un seul village qui eût pierre sur pierre, et les campagnes étoient toutes désertes et en friche. » Une maladie épidémique, suite de tant de souffrances, vint mettre le comble aux misères de la ville, mais elle n'empêcha pas la nouvelle cour de donner des fêtes. « Pendant qu'on apportoit, dit L'Estoile, à tas de tous les côtés à l'Hôtel-Dieu les pauvres membres de Jésus-Christ si secs et si atténués qu'ils n'étoient pas plus tost entrés qu'ils rendoient l'esprit, on dansoit au Louvre, on y mommoit; les festins et les banquets s'y faisoient à quarante-cinq écus le plat, avec les collations magnifiques à trois services. » De plus, les guerres civiles avaient engendré une multitude d'aventuriers, de pillards, de gens sans aveu qui infestaient la ville ; espions des Espagnols, satellites des Seize, soudards royalistes, valets des princes jetaient continuellement le désordre dans les rues ; on n'entendait parler que de vols, de meurtres, de guet-apens. « Chose étrange, dit L'Estoile, de dire que dans une ville de Paris se commettent avec impunité des voleries et brigandages tout ainsi que dans une forest. — Il y a, ajoute-t-il, adultères, empoisonnemens, voleries, meurtres, assassinats et duels si fréquents à Paris, à la cour et partout, qu'on n'ose parler d'autre chose, même au palais, où l'injustice qui y règne rend effacés la beauté et lustre de cet ancien sénat. » A cette époque aucune rue n'était encore éclairée pendant la nuit ; nul n'osait sortir de sa maison après le coucher du soleil ; les lieux de plaisir, théâtres, cabarets, devaient être fermés dans l'hiver à quatre heures. De plus Paris était à peine pavé, et les voies les plus fréquentées semblaient des cloaques ou des fondrières ; il n'y avait qu'un très-petit nombre de quais, peu de places, point de promenoirs.

En 1598 la paix de Vervins réconcilia la France et l'Europe, et Paris put entrevoir l'heure où Henri IV mettrait à profit ses victoires et sa puissance pour rendre à la capitale du royaume un peu de sécurité et d'ordre.

Henri IV, fatigué de tant de soucis, las de tant d'années laborieuses passées en batailles civiles et en guerres étrangères (il luttait depuis plus de vingt-cinq ans), manifesta sa joie de la signature du traité et s'empressa de donner des ordres pour que l'heureuse paix de Vervins fût dignement célébrée.

Le roi mandait aux autorités municipales et aux échevins : « Très-chers et bien amés, les longues oppressions et calamités dont nos peuples et subjects ont esté si longuement affligés, il a plu à Dieu avoir pitié de ce royaume, et mettre entre nous, le roy d'Espagne et le duc de Savoye, une bonne et sincère paix, que nous espérons, avec la grâce et bonté de Dieu, devoir estre de longue durée. »

Le roi mandait ensuite :

« Sire Cosme Carrel, quartenier, trouvez-vous avec deux notables bourgeois de vostre quartier, demain sept heures du matin, en l'hostel de ville, pour nous accompagner à la procession générale qui se fera; et, outre, faictes faire ce soir feux de joye en chascune de vos dixaines, pour rendre grâces à Dieu de la paix. »

Vers le même temps Henri IV, dominé par la pensée de mettre fin aux guerres de religion, accorda aux protestants, par le célèbre édit de Nantes, des priviléges tout à fait contraires aux engagements qu'il avait pris envers le peuple de Paris pour se faire ouvrir les portes de cette ville. Non-seulement on autorisait, en France, le libre exercice du culte calviniste, non-seulement on leur accordait les droits de citoyens et leur admissibilité à tous les emplois et à toutes les charges, mais on allait au delà en stipulant qu'il y aurait dans chaque parlement une chambre composée d'un nombre égal de juges catholiques et calvinistes, devant laquelle les affaires des protestants seraient portées; que les églises calvinistes auraient le droit d'élire des députés pour former des assemblées générales, aux temps et lieux marqués par le gouvernement du roi, et sous les yeux de ses commissaires; qu'il leur serait permis de lever tous les ans un impôt sur eux-mêmes pour les besoins de leur parti; que, d'ailleurs, ils seraient assujettis à la police de l'Église catholique, tenus de payer les dîmes, de ne pas travailler les jours de fêtes, et de ne jamais troubler, soit en paroles, soit en actions, les cérémonies ecclésiastiques. Enfin, en vertu de décrets antérieurs qui étaient maintenus, le roi s'engageait à payer des appointements aux ministres calvinistes, permettait à leurs chefs de garder pendant huit ans des places de sûreté et d'en nommer eux-mêmes les gouverneurs; il s'engageait, de plus, à leur compter tous les ans quatre-vingt mille écus pour l'entretien des garnisons. Jamais, depuis la rébellion de Luther, on n'avait fait d'aussi grandes concessions au parti de l'hérésie. Le Parlement, l'Université et la Sorbonne, ces trois grands corps que les rois ménageaient avec tant de prudence, s'élevèrent vainement contre cet édit; le roi, dont la paix générale avait consolidé l'autorité, vint à bout de le faire enregistrer et surmonta à cet égard les plus opiniâtres résistances.

Quoi qu'il en soit, même de nos jours, et sous l'empire de lois qui garantissent à chaque culte une protection, une liberté égales, la postérité n'a pas ratifié sans réserve l'œuvre de Henri IV. En se plaçant même au point de vue du seizième siècle, l'acte dont ce prince revendiquait l'honneur était imprudent et impolitique. L'édit de Nantes, en effet, accordait plus que la liberté de conscience; il constituait en France une nation protestante à côté d'une nation catholique. Les huguenots, possesseurs de places fortes, étaient en cela plus favorisés que les orthodoxes, qui n'avaient pour garantie que la volonté du roi. La création de chambres mi-parties était une dangereuse anomalie, en ce qu'elle admettait une justice protestante et une justice catholique, consacrant ainsi des divisions qu'il eût été d'une politique plus sage d'éteindre. Henri IV, il faut le reconnaître, était trop indifférent en matière religieuse pour se préocuper beaucoup du déplaisir que ces concessions exagérées causeraient aux catholiques; il ne voyait que ce qui se passait à la surface de la France et non au cœur, et trouvait commode de terminer les difficultés de son temps au détriment de l'avenir. Aussi, en dépit des réclamations de Rome et des plaintes de l'Université, de la Sorbonne et des parlements, Henri IV poursuivit son œuvre. Il ne se laissa point intimider par la désapprobation du chef de l'Église; il persévéra à maintenir, envers et contre tous, l'édit de concession qui mettait fin, pour le moment, aux guerres religieuses, et, satisfait de pacifier les esprits sous son règne, il se mit peu en peine de léguer des soucis et des dangers à ses successeurs.

Henri IV ayant fait casser son mariage avec Marguerite de Valois, sœur de Charles IX, fit la guerre au duc de Savoie et contraignit ce prince à solliciter la paix. Durant le cours de ces hostilités il épousa Marie de Médicis, nièce du grand-duc de Toscane. Ainsi se terminait pour Paris et pour la France le seizième siècle, période troublée par tant de calamités et de crimes, et alors commençait un autre siècle qui allait, presque tout entier, appartenir au progrès, à la civilisation et à la gloire.

Paris fut témoin, en 1602, du procès, de la condamnation et du supplice du duc de Biron, atteint et convaincu du crime d'avoir, avec les ennemis du dehors et les rebelles de l'intérieur, conspiré contre la vie du roi et la sûreté de la France. Jamais, depuis Louis XI, la féodalité ne s'était vue aussi profondément humiliée.

Henri IV n'était point cruel; s'il ne se laissa fléchir ni par les supplications de Biron, ni par les larmes de sa famille, c'est qu'il accomplissait une œuvre de réédification monarchique, œuvre interrompue depuis Philippe le Bel et Louis XI, et qu'il recommençait à son tour pour la léguer à Richelieu. Il fallait en finir avec ces grands vassaux qui avaient vendu si cher leurs services et dont les prétentions ne tendaient à rien moins qu'au démembrement du royaume. Henri IV eût fait grâce à un coupable vulgaire; il se montra sans pitié pour un homme dont l'impunité eût encouragé la haute noblesse à de nouvelles conspirations. Nous ne serons pas de ceux qui lui reprochent le supplice de Biron; c'était un coup porté dans une bataille à l'ennemi qui vous jette le gant, et le roi, à peine vainqueur de la Ligue, se retournait contre d'autres adversaires moins excusables et plus dangereux. Il fut sévère par système, non par plaisir.

Henri IV n'avait point grandi comme les autres rois; héritier de la couronne de Navarre, on ne l'avait élevé ni dans la mollesse des cours, ni à l'ombre des cloîtres. Son aïeul maternel, Henri d'Albret, roi de Navarre, aux deux tiers dépossédé par l'Espagne, était un prince comme les aiment les philosophes, et qui semblait avoir devancé de plus de deux siècles, en matière d'éducation, les théories mises à la mode par J.-J. Rousseau. Il avait voulu que son petits-fils passât son enfance comme les petits montagnards du Bigorre, formant son corps aux rudes exercices de la course et de la lutte, grimpant sur les rochers et sur les arbres, s'endurcissant par la fatigue et la faim et méprisant avant tout le repos et le luxe. Devenu roi de France, après vingt-cinq ans de guerres, de luttes et d'épreuves, Henri IV prouva qu'il était de ceux qui réussissent à conquérir un trône malgré les obstacles et ont l'art non moins difficile de s'y affermir. Quoi qu'en disent les poëtes, il ne fut pas tout à fait « le vainqueur de ses sujets; » il ne chercha pas toujours à en être « le père; » mais il fut clairvoyant, habile, hardi, opiniâtre, et, au milieu de l'aveuglement de ses passions, tout en subissant le joug de ses favorites, tout en cessant de respecter ses cheveux blanchis et les espérances de ses peuples, il sut demeurer roi et conduire à bonne fin les affaires de la royauté.

La situation matérielle de la France, les conditions politiques du royaume s'étaient sensiblement modifiées depuis dix ans, nonobstant la longue durée des luttes intérieures et extérieures. Le roi n'était plus cet aventurier de bonne famille, mais pauvre, qui ne savait parfois où trouver à souper et qui portait des pourpoints troués au coude. On voyait reparaître à la cour le luxe, le faste, et cette prodigalité qui ne déplaît pas au peuple de Paris, parce qu'il n'en fait pas les frais et qu'il y trouve son compte. Le roi était respecté et craint, mais le clergé, la noblesse et la bourgeoisie ne devaient l'aimer qu'après sa mort, et les classes laborieuses, bien que rapprochées de lui par de mutuelles sympathies, ne comprenaient encore ni sa valeur ni sa sagesse. Elles avaient peine à oublier les événements, bien récents, il est vrai, durant lesquels le peuple et le roi s'étaient combattus en ennemis.

Une fois maître de Paris Henri IV évita de convoquer

les états généraux et se borna à réunir quelques assemblées de notables. Il s'attribua, comme les Valois, sans scrupule et sans contrôle, l'exercice du pouvoir législatif, se soumettant d'ailleurs à ne rendre ses lois exécutoires qu'après l'enregistrement des parlements, formalité qui, dans les circonstances graves, retardait ou ajournait l'accomplissement des ordres du souverain et équivalait à ce qu'on a appelé plus tard « un *veto* suspensif. » Investi de la plénitude des pouvoirs législatif et exécutif, Henri IV s'attribua le privilége, plus longtemps contesté à la couronne, de fixer chaque année le chiffre de l'impôt, d'en déterminer l'assiette, de le lever sans l'adhésion des contribuables, sans réclamer le concours des trois ordres. Il y avait là usurpation et abus. Les hommes clairvoyants pouvaient prévoir, dans cette situation nouvelle, une grande cause de périls et de conflits prêts à surgir contre la royauté elle-même. Remarquons, au surplus, que le contrôle des parlements était sérieux, ainsi qu'on l'a vu dans les questions de l'édit de Nantes, et qu'il amenait parfois le souverain à modifier ses ordonnances, à retirer ses ordres. Henri IV n'aimait pas l'opposition, mais il subissait généreusement l'empire de la vérité. En 1605, dans une circonstance où il avait prescrit la vérification du titre des rentes de l'hôtel de ville, on le vit s'arrêter devant les réclamations des magistrats de Paris et s'abstenir d'user du droit de la force à l'égard des bourgeois ameutés par ses réformes. Il était las des luttes inutiles et désireux, avant toute chose, de pacifier les esprits. Une telle disposition le tenait en garde contre l'abus de sa propre autorité.

En ces temps où le pouvoir royal avait la prétention de surmonter tout obstacle, on ne se résignait pas à voir le gouvernement placer à volonté des garnisons dans les villes. Les grandes communes pourvoyaient à leur propre sûreté et à leur police, et on ne mettait des troupes que dans les places de guerre voisines de la frontière. Le roi respecta cet usage; il ne voulait, disait-il, « avoir de citadelles que dans le cœur de ses sujets. » A Paris, les anciens ligueurs, toujours influents sur l'esprit des multitudes, l'accusaient d'un penchant secret pour le prêche; le clergé, ému des scandales de la demeure royale, se défiait de la sincérité de sa foi et ne se ralliait qu'avec lenteur et réserve; la noblesse tournait en ridicule ses mœurs, et lui reprochait tantôt sa prodigalité, tantôt son avarice. Pour résister à ces dispositions malveillantes le roi comprimait de tous ses efforts la presse et la parole. Mieux inspiré, plus digne du passé et de l'avenir de sa race, il cherchait à mettre de l'ordre dans le gouvernement, de la régularité dans les dépenses; surtout il s'attachait à encourager l'agriculture, l'industrie, les entreprises utiles, et à multiplier ainsi tous les éléments de prospérité et de bien-être. Là fut sa gloire; c'est par là qu'il mérita le nom de Grand, décerné par des courtisans durant sa vie, et ratifié, après sa mort, par les regrets tardifs de la France.

Aidé de son fidèle ministre, Rosny, duc de Sully, il parvint, après de longs et patients efforts, à rétablir le progrès et l'ordre dans tous les services de l'administration, de la guerre, de la marine et des finances. On supprima les emplois inutiles, on régularisa la perception des taxes, on fit disparaître d'énormes abus qui grevaient le peuple sans enrichir le roi. Les misères des campagnes furent soulagées; l'agriculture obtint beaucoup de sécurité et de liberté; on mit fin aux pillages des soldats et des capitaines. Le roi favorisa les cultures utiles ; il encouragea les travaux et les essais d'Olivier de Serres, dont la science introduisit de grands et admirables changements dans la pratique agricole. Olivier de Serres, fort de l'estime et de l'appui du roi, s'attacha à réformer et à perfectionner les cultures anciennes, à découvrir dans de nouvelles cultures le principe de plus amples richesses; il recommanda l'emploi des procédés à l'aide desquels on pouvait obtenir « la fine soie pour se meubler et vestir honorablement, par la nourriture et artifice des vers à soie, dits magniaux ; » il propagea le maïs, le houblon, la betterave, « dont le jus, écrivait-il, rendu, en cuisant, est semblable à sirop au sucre ; » et ce peu de mots indique qu'il pressentait déjà l'une des applications les plus utiles de la science moderne. Mais le plus remarquable effort que tenta Henri IV, pour hâter les progrès de l'agriculture et améliorer la condition matérielle du peuple, fut consigné dans les lettres patentes, dans les ordonnances, dans les édits au moyen desquels il rétablit, maintint et dégagea de toute entrave la liberté du commerce des grains, non-seulement de province à province, mais encore de nation à nation. Henri IV et Sully, malgré les réclamations de la routine et les préjugés invétérés dans les multitudes, eurent la gloire de proclamer et de faire entrer dans le domaine des lois les vrais principes en matière de transactions et de transports, et leur intelligence devança d'autant mieux l'avenir que, de nos jours encore, à la moindre crise locale, ces principes se heurtent sans cesse contre les résistances populaires. Les contemporains de Henri IV nous ont transmis la touchante parole qu'il adressa au duc de Savoie, vers l'an 1600, lui faisant remarquer le retour progressif du bien-être dont jouissaient les campagnes. « Si Dieu me donne vie, disait-il, je ferai qu'il n'y aura pas de laboureur dans mon royaume qui n'ayt moyen d'avoir une poule dans son pot. »

Henri IV avait à cœur d'établir sur une large échelle, dans son royaume, l'industrie de la soie. Il fit planter le mûrier jusque dans les allées du jardin des Tuileries; il invita les provinces où il était possible d'acclimater cet arbre à procéder en grand à sa culture, « et à tirer des entrailles de leurs terres le trésor de soye qui y estoit caché, et par ce moyen mettre en évidence des millions d'or y croupissants (1). » On suivit l'impulsion donnée par le prince, et les environs de Paris se couvrirent bientôt de mûriers; des magnaneries furent établies dans les jardins royaux et au palais de Madrid, dans le bois de Boulogne. Ces établissements furent dirigés par l'Italien Balbani, et dès l'année 1602 on obtint des soies qui rivalisèrent avec les plus beaux produits manufacturés des autres nations. On fit d'abondantes distributions de plants de mûrier, de semence de vers à soie; une pépinière de mûriers fut établie dans chaque élection, et dès l'année suivante, en 1603, Olivier de Serres put constater avec bonheur « l'introduction de la soye au cœur de la France, où l'exemple de Sa Majesté avoit esté joinct à ses commandements, avec grand efficace pour le bien du peuple (2). »

(1) Olivier de Serres, *la Cueillette de la soye par la nourriture des vers qui la font*, etc., Paris, 1599. — *La seconde Richesse du meurier blanc*, etc., Paris, 1603.

(2) Idem, *Théâtre d'Agriculture*, livre V.

Des ouvriers italiens fort habiles enseignèrent aux ouvriers de Paris l'art de tisser l'or et l'argent, et plusieurs manufactures furent élevées qui devinrent, en France, le foyer de cette opulente industrie. On rétablit les anciennes manufactures de tapisseries de haute lice. En 1603 le roi fit venir de Flandre de fort habiles ouvriers en ce genre d'industrie; il leur assigna pour logement la maison des Gobelins, au faubourg Saint-Marceau, et il aida leurs premiers établissements par de très-fortes subventions. D'autres ouvriers appelés du dehors vulgarisèrent en France la fabrication des tapis du Levant, celle des tapisseries de cuir doré et frappé. « Le roi, dit Sauval, s'était proposé d'avoir chez lui toutes sortes de manufactures et les meilleurs artisans de chaque profession, tant pour les maintenir à Paris que pour s'en servir au besoin. Il voulait que ce fût comme une pépinière d'ouvriers qui pût fournir d'excellents maîtres et en remplir la France. Il pratiqua sous la galerie du Louvre plusieurs appartements afin de les y loger, et il leur accorda, en 1608, toutes les prérogatives les plus favorables à leur industrie et au commerce qu'ils pouvaient en faire... Il avait dans les galeries du Louvre les meilleurs sculpteurs, horlogers, parfumeurs, couteliers, graveurs en pierres précieuses, forgeurs d'épées d'acier, doreurs, etc. »

Par un édit de 1601 Henri IV institua à Paris une commission chargée « de vacquer au rétablissement du commerce et des manufactures dans le royaume. » Ce haut conseil fut la première chambre de commerce créée en France, et cette institution porta des fruits utiles; elle contribua puissamment à réformer et à rétablir l'industrie des draps et des étoffes de laine. Vers le commencement de l'année 1604 elle tint à Paris une sorte de congrès où furent appelés à siéger les principaux commerçants, industriels et manufacturiers de France, et cette assemblée, bien autrement active et importante que notre conseil supérieur du commerce, se rendit compte de la situation de toutes les industries, se préoccupa de leurs besoins et les signala à la sollicitude éclairée du roi. Les études qui eurent lieu à cet égard entre le gouvernement et les administrés donnèrent lieu à des progrès sérieux : la fabrication du fer et du cuivre, la conversion du fer en acier fin, la fabrique du blanc de plomb, l'emploi des tuyaux de plomb, l'apprêt des futaines, la filature des laines et cotons, l'extension et la propagation des haras.

Le roi se préoccupait avec une louable activité d'assurer au peuple beaucoup de sécurité et de bien-être. Par sa législation et ses fondations relatives à la salubrité des villes et aux hôpitaux il améliora la santé publique et prodigua aux ouvriers et aux pauvres les secours qui jusqu'alors leur avaient trop souvent manqué. Les rues de Paris étaient étroites, rarement pavées, presque toujours encombrées d'immondices, et cette situation devenait redoutable en temps d'épidémies ou de maladies contagieuses. Le roi mit tous ses soins à assurer le nettoyage et l'élargissement des rues de Paris ; il améliora autant qu'il dépendait de lui le service de la grande et de la petite voirie ; il prescrivit le prompt enlèvement des boues, et, par l'augmentation des pompes et des fontaines, il donna une impulsion très-sérieuse à l'assainissement de la voie publique. Les Mémoires contemporains citent, parmi les ouvrages remarquables du prévôt François Miron, « plusieurs rues ouvertes et pavées, pour escouler les immondices et les eaux croupissantes. » Henri IV travailla d'ailleurs autant à l'assainissement de Paris par les voies nouvelles qu'il ouvrit que par celles qu'il fit élargir. Les rues qui datent de son règne, et qui pour la plupart avoisinent le Pont-Neuf et la place Royale, cette même place et la place Dauphine, attestent encore de nos jours la sollicitude intelligente de ce roi pour les intérêts de Paris. Quant aux hôpitaux, il en quadrupla le nombre et fit reconstruire ou agrandir ceux qui avaient été fondés sous le règne de ses prédécesseurs (1).

Les ennemis du roi, ceux qui continuaient à soulever contre lui les rancunes ignorantes de la population parisienne, ne se trouvaient nullement désarmés par la sollicitude dont ce prince faisait preuve pour les intérêts et la prospérité de Paris. Ils avaient recours aux plus misérables inventions pour calomnier Henri IV et le rendre en butte à la haine de ses sujets. Ils l'accusaient de magie et d'impiété, et ce roi, dont la popularité est devenue proverbiale, se voyait réduit à écrire ce qui suit au gouverneur de Paris : « Mon cousin, depuis peu de jours je suis adverti que l'on faict courir un bruit aussi peu véritable qu'il est esloigné de toute humanité, aucuns supposant que par mon commandement l'on faisoit surprendre et tuer quelque quantité d'enfants pour en tirer du sang et faire servir à quelque indisposition que l'on présuppose estre en mon neveu le prince de Condé. Aussitost que j'en ay eu la nouvelle, désireux d'en prouver la fausseté et réprouver un si cruel dessein, j'ay mandé à mon procu-

(1) Voir, pour de plus amples détails au sujet de ces agrandissements et de ces améliorations, les chapitres ci-après, dans lesquels sont énumérés les travaux d'édilité et d'art ordonnés à Paris par Henri IV.

reur général, comme aussi au prévost des marchands de ma ville de Paris, que chacun d'eux fist tout devoir possible de recognoistre les auteurs de tels bruits, pour les faire chastier selon leur démérite; mais ils l'ont trouvé aussitost esteint et étouffé, comme sinistrement il estoit né, ne s'estant trouvé personne quelconque plaintive de la perte d'aucun enfant, non-seulement en ville et fauxbourgs, mais aussi ez villages circonvoisins. Tout ce que l'on a pu tirer de lumière est qu'un certain Grec, distillateur, fréquentant la maison du marquis de Pisani, qui a la conduite de mon neveu, a recherché quelquefois des barbiers et chirurgiens de Paris pour lui faire recouvrer du sang humain, pour s'en servir, comme il dict, à quelque distillation, esquelles il est expert. Ce qu'estant entendu, d'aucuns ignorants ou autrement mal affectionnés ont inventé et mis en advant le bruit susdict. Je fais continuer l'information et poursuivre la recherche de personnes si ignorantes ou malicieuses, afin que leur punition fasse cognoistre la vérité de ceste imposture, laquelle je me doute pourra parvenir jusques à vostre gouvernement, et donner, si elle estoit négligée, quelque mauvaise impression à mes subjects. C'est ce qui me faict escrire la présente, afin que soigneusement et exactement vous fassiez prendre garde que ceste mauvaise nouvelle ne prenne cours, faisant entendre, si besoin est, ce que vous apprenez par la présente, et incontinent punir et chastier ceux que vous saurez en avant la mettre, sans exception ni acception de personne (1). »

Dans une autre circonstance on calomniait le roi auprès

(1) Bibl. imp. Mss. Dupuy, vol. 590.

du peuple de Paris ; on cherchait à faire croire que l'Arsenal, dont la construction s'achevait, était en réalité une troisième bastille destinée à l'asservissement de la capitale du royaume. « Le prévost auroit esté trouver Sa Majesté à son retour de Sainct-Germain, pour luy faire entendre que la muraille de l'Arsenal estoit de dix pieds de fondement et d'épaisseur, ce qui sembloit une forteresse et vraie menace contre les habitants. « Je ne puis estre bien content, respondit le roy, de l'ombrage que mes subjects ont pris de ceste entreprise, qui n'est certes pas à mauvaise intention ni volonté contre eux. Quelle inquiétude peut donner l'Arsenal, dont les murailles sont de tous costés basses et ouvertes sans flancs ? Depuis deux ans j'ay faict remplir les fossés et bastions qui estoient du costé du pavillon pour en faire un grand jardin. Je n'y veux point comprendre le lieu où l'on a coutume d'asseoir les sentinelles, ny gesner le passage du casematier ; mais j'entends bastir un petit pavillon de plaisir pour me venir rafraischir au sortir de la rivière, quand je m'y baigneray, et puis il y aura là un petit bateau pour retourner au Louvre par eau. Eh ! Monsieur le Prévost, dictes-leur que tel est mon plaisir. J'ai assez faict pour mes subjects, assez consumé de pertes, labeurs et travaux, pour qu'on me laisse maintenant jouir des aises et esbats du repos public, et je regarderay comme ennemys ceux qui voudront si mal interpréter mes actions, qui ne tendent qu'au bien public ; et j'entends, Monsieur le Prévost, que fassiez cognoistre ceste mienne intention aux habitants de ma bonne ville. Allez ! Dieu vous conduise (1). » C'est ainsi que

(1) Bibl. imp. Mss. Colbert.

le roi se préoccupait de dissiper et de réduire à néant toutes les calomnies au moyen desquelles on pouvait entretenir contre lui les mauvaises dispositions des Parisiens.

Un arrêt du Parlement avait banni de Paris et du ressort de la cour de justice la Compagnie de Jésus, si injustement compromise dans le procès de Jean Châtel. Les jours de réparation semblaient d'autant mieux venus pour cet ordre célèbre que le roi cherchait alors à se rattacher le pape et à isoler Rome des intérêts de l'Autriche. Le rétablissement des Jésuites lui fournissait une occasion sérieuse de plaire au chef de l'Église et de calmer les défiances des catholiques; il mit beaucoup d'énergie et d'apparat dans cet acte de justice, et, lorsque le parlement de Paris vint lui présenter à ce sujet des remontrances depuis longtemps prévues, il n'hésita pas à maintenir l'autorité de sa décision, et il répondit en ces termes à la harangue du premier président, M. de Harlay : « Je vous sais bon gré du soin que vous avez de ma personne et de mon État; j'ai toutes vos conceptions en la mienne, mais vous n'avez pas la mienne en la vôtre. Vous m'avez proposé des difficultés qui vous semblent grandes et fort considérables, et n'avez su considérer que tout ce que vous me dites a été pesé et considéré par moi il y a huit ou neuf ans. Vous faites les entendus en matière d'État, et vous n'y entendez toutefois non plus que moi à rapporter un procès... La Sorbonne, dont vous parlez, les a condamnés; ç'a été, comme vous, avant que de les connoître, et, si l'ancienne Sorbonne n'en a pas voulu par jalousie, la nouvelle y a fait ses études et s'en loue. S'ils n'ont été jusques à présent en France que par tolérance,

Dieu me reservoit cette gloire, que je tiens à grâce, de les y établir, et, s'ils n'y étoient que par manière de provision, ils y seront désormais et par édit et par arrêt. La volonté de mes prédécesseurs les y retenoit, ma volonté est de les y établir.

« Vous dites qu'en votre Parlement les plus doctes n'ont rien appris chez eux; si les plus doctes sont les plus vieux, il est vrai, car ils avoient étudié avant que les Jésuites fussent connus en France; mais j'ai ouï dire que les autres parlements ne parlent pas ainsi, ni même tout le vôtre. Et si l'on apprenoit mieux qu'ailleurs, d'où vient que par leur absence votre Université s'est rendue déserte, et qu'on va les chercher, nonobstant tous vos arrêts, à Douai, à Pont-à-Musson et hors le royaume? Ils attirent, dites-vous, les enfants qui ont l'esprit bon et choisissent les meilleurs, et c'est de quoi je les estime. Ne faisons-nous pas choix des meilleurs soldats pour la guerre? et, si les faveurs n'avoient place entre vous, en recevriez-vous aucun qui ne fût digne de votre compagnie et de seoir au Parlement? S'ils vous fournissoient des précepteurs et des prédicateurs ignares vous les mépriseriez; ils ont de beaux esprits, et vous les en reprenez!

« Le vœu qu'ils font au pape ne les oblige pas plus à suivre l'étranger que le serment de fidélité qu'ils me feront à moi de n'entreprendre rien contre leur prince naturel; mais ce vœu-là n'est pas pour toutes choses. Ils ne font que d'obéir au pape quand il voudroit les envoyer à la conversion des infidèles, et, de fait, c'est par eux qu'on a converti les Indes. Et c'est ce que je dis souvent : si l'Espagnol s'en est servi, pourquoi ne s'en serviroit le François? Sommes-nous de pire condition que les autres?

L'Espagne est-elle plus aimable que la France ? et, si elle l'est aux siens, pourquoi ne le sera la France aux miens? Vous dites : Ils entrent comme ils peuvent ; aussi font bien les autres, et suis moi-même entré comme j'ai pu en mon royaume..... Laissez-moi le maniement et la conduite de cette compagnie et obéissez à ma volonté. »

Le Parlement enregistra l'édit le 2 janvier 1606 ; l'année suivante la pyramide construite sur les débris de la maison de Jean Châtel fut abattue, et bientôt les Jésuites virent accroître le nombre de leurs colléges. En 1606 ils tinrent leur congrégation provinciale à Paris et allèrent remercier Henri IV de sa protection. Ajoutons que l'édit aux termes duquel le roi ordonnait le rétablissement des Jésuites n'était exempt ni de défiance, ni de précaution injurieuse. Le roi leur enjoignait de se conformer au droit commun. Il leur défendait, en outre, d'administrer les sacrements, et celui de la confession en particulier, à d'autres qu'à des Jésuites, à moins qu'ils n'en obtinssent la permission des évêques et celle des parlements dans le ressort desquels ils étaient établis. Il leur défendait d'acquérir aucun immeuble en France, par achat, donation ou autrement, sans autorisation préalable du roi, et de prendre ou recevoir aucune succession, soit directe, soit collatérale. Les membres de la société admis en France devaient tous être Français et prêter serment de soumission au roi. L'un d'eux devait toujours résider à la cour, en quelque sorte à titre d'otage, et répondre de la conduite de ses frères.

L'histoire de Paris ne fut signalée, durant cette période, par aucun incident digne d'attention. En 1609 parut pour la première fois à la cour Charlotte-Marguerite, troisième fille du connétable de Montmorency, alors âgée de seize ans. Elle était d'une incomparable beauté, et, au dire des Mémoires du temps : « Sous le ciel il n'y avoit alors rien de si bien, ni de meilleure grâce, ni de plus parfait. » Le roi, en dépit de ses cinquante-six ans et de sa barbe blanche, eut la faiblesse d'en devenir éperdument amoureux et de laisser éclater au dehors sa passion. Mademoiselle de Montmorency était promise à Bassompierre; le roi détermina ce courtisan à renoncer à cette union et maria Charlotte-Marguerite à Henri II de Bourbon, prince de Condé, jeune homme de vingt et un ans, toujours absorbé par les plaisirs de la chasse, et dont il espérait mettre à profit l'insouciance ou la docilité. Le prince de Condé trompa ce calcul d'un rival; à peine marié il jugea nécessaire aux intérêts de son honneur d'éloigner sa jeune femme de la cour, et il la conduisit à Moret, à Chantilly, à Verneuil. Bientôt après, redoutant les poursuites du roi, et cédant trop aisément peut-être aux suggestions des agents de l'Espagne, il emmena la princesse dans les Pays-Bas.

Henri IV avait médité une guerre générale dont le résultat devait être le remaniement politique de l'Europe. Il n'entre pas dans le cadre qui nous est assigné de rendre compte de cette vaste combinaison, dont on pouvait contester la justice, et qui, sous plusieurs rapports, n'était peut-être qu'une utopie irréalisable. A la veille de donner le signal de cet embrasement, le roi voulait régler à Paris l'organisation politique de l'administration destinée à pourvoir en son absence aux soins des affaires. Dès le 20 mars 1610 il avait attribué à la reine Marie de Médicis les pouvoirs éventuels de régente du royaume, et toutefois il avait placé auprès d'elle un conseil destiné à diriger ses actes. Marie de Médicis désirait être sacrée ; Henri, qui n'aimait guère sa femme, se montrait peu disposé à ordonner cette pompeuse solennité ; mais la reine redoublait d'instances. Elle craignait d'être répudiée ; elle se disait qu'en l'absence du roi son époux des circonstances pouvaient surgir qui lui feraient regretter de n'avoir pas obtenu, pour se concilier les respects du peuple, la haute consécration de l'Église. Henri, vaincu par ces obsessions, se détermina à faire couronner la reine avant son départ ; mais ses pressentiments sinistres n'en redoublaient que plus. « Hé, mon ami, disait-il à Sully, que ce sacre me déplaît ! Je ne sais ce que c'est, mais le cœur me dit qu'il m'arrivera quelque malheur. » Puis, s'asseyant sur une chaise basse, à l'Arsénal, tantôt rêvant, tantôt se relevant avec colère, il ajoutait : « Pardieu ! je mourrai en cette ville et je n'en sortirai jamais. Ils me tueront, car je vois bien qu'ils n'ont d'autre remède en leurs dangers que ma mort. » Ainsi la pensée du roi se reportait sur l'Espagne et imputait aux émissaires secrets de cette puissance d'organiser un complot. Plus de vingt fois, depuis son avénement, il avait été l'objet de tentatives régicides, et son esprit était frappé de l'idée qu'un ennemi plus adroit et plus heureux que les autres ne tarderait pas à lui enlever la vie. Le roi ajouta : « Maudit sacre ! tu seras cause de ma mort... Pour ne vous rien céler, mon ami (s'adressant à Sully), l'on m'a dit que je devois être tué à la première magnificence que je ferois et que je mourrois dans un carrosse. » Sully l'interpellant à son tour lui dit : « Vous ne m'aviez, ce me semble, jamais dit cela, Sire ; aussi plusieurs fois me suis-je étonné de vous voir crier dans un carrosse comme si vous eussiez appréhendé ce petit péril, après vous avoir vu tant de fois parmi les coups de canon, les mousquetades, les coups de lances, de piques et d'épées... Si j'étois que de vous, je partirois dès demain et je laisserois faire le sacre sans moi. » Le roi ne partit pas, et, surmontant ses craintes, fit publier le 12 mai que le sacre aurait lieu le 13 à Saint-Denis, et que la reine ferait son entrée solennelle à Paris le dimanche 16.

Marie de Médicis fut sacrée le jeudi 13 mai, en grande pompe, et des préparatifs de fêtes eurent lieu à Paris pour célébrer l'entrée prochaine de la reine; ils attirèrent un concours inaccoutumé de peuple, si bien « que l'on ne pouvoit aller presque par les rues, principalement aux endroits où la royne devoit passer. Les uns regardoient tout le long de la rue Sainct-Denis les arcs triomphaux, les autres les statues, les devises et les peintures; d'autres, de dessus Nostre-Dame, ne pouvoient oster leur vue de dessus les termes qui estoient le long de ce pont, avec des paniers d'osier pleins de toute sorte de fruicts, et de voir attachés au berceau de dessus les armoiries, devises et chiffres de Sa Majesté. D'autres s'amusoient à voir abattre les boutiques que les marchands du Palais avoient faites dans la cour. On ne voyoit qu'échaffauds dressés par toutes les avenues, et en tous endroits chacun employoit ses amis pour avoir quelque place en une fenestre, ou quelque boutique ou coin d'échaffaud. La maison de ville avoit fait faire montre aux métiers, et le roy mesme les avoit vus passer estant à la Samaritaine, comme il avoit vu aussi les enfants de la ville près le bois de Vincennes. Bref tout se préparoit à une grande réjouissance quand, en un clin d'œil, un coup, le plus malheureux qu'il fût jamais, le changea en une extresme douleur (1). »

« Le vendredi 14, jour triste et fatal pour la France, le roy, sur les dix heures du matin, fut entendre la messe aux Feuillans; au retour il se retira dans son cabinet, où le duc de Vendôme, son fils naturel, qu'il aimoit fort, vint lui dire qu'un nommé La Brosse, qui faisoit profession d'astrologie, lui avoit dit que la constellation sous laquelle Sa Majesté étoit née le menaçoit d'un grand danger ce jour-là; ainsi qu'il l'avertissoit de se bien garder. A quoi le roy répondit en riant : « La Brosse est un vieil matois
« qui a envie d'avoir de votre argent, et vous un jeune
« fol de le croire. Nos jours sont comptés devant Dieu. »
Et sur ce le duc de Vendôme fit avertir la reine, qui pria le roy de ne pas sortir du Louvre le reste du jour; mais Henri lui fit la même réponse.

« Après dîner le roy s'est mis au lit pour dormir; mais, ne pouvant recevoir de sommeil, il s'est levé triste, inquiet et rêveur, et s'est promené dans sa chambre quelque temps; puis il s'est jeté derechef sur le lit. Mais, ne pouvant dormir encore, il s'est levé et a demandé à l'exempt des gardes quelle heure il étoit. L'exempt des gardes lui a répondu qu'il étoit quatre heures, et a dit :
« Sire, je vois Votre Majesté triste et toute pensive; il
« vaudroit mieux prendre un peu l'air, cela la réjoui-
« roit. — C'est bien dit. Eh bien! faites apprêter mon
« carrosse; j'irai à l'Arsenal voir le duc de Sully, qui est
« indisposé et qui se baigne aujourd'hui. »

« Le carrosse étant prêt, il sortit du Louvre, accom-

(1) *Mercure françois,* année 1610, t. 1er.

pagné du duc de Montbazon, du duc d'Épernon, du maréchal de Lavardin, de Roquelaure, La Force, Mirebeau et Liancourt, premier écuyer. En même temps il chargea le sieur de Vitry, capitaine de ses gardes, d'aller au Palais diligenter les apprêts qui s'y faisoient pour l'entrée de la reine, et fit demeurer ses gardes au Louvre ; de façon que le roy ne fut suivi que d'un petit nombre de gentilshommes à cheval et quelques valets de pied. Le carrosse étoit malheureusement ouvert de chaque portière, parce qu'il faisoit beau temps et que le roy vouloit voir en passant les préparatifs qu'on faisoit dans la ville. En entrant de la rue Saint-Honoré dans celle de la Ferronnerie les gens du roy trouvèrent d'un côté un charriot chargé de vin, et de l'autre une voiture chargée de foin, lesquels obstruoient le passage. On fut contraint de s'arrêter, car la rue est fort étroite, à cause des boutiques qui sont bâties contre la muraille du cimetière des Saints-Innocents (1). »

Au moment où l'un des deux pages qui étaient restés près du roi se baissait pour rajuster sa chaussure, on vit s'élancer à côté de Henri IV un homme de forte corpulence, âgé de trente-deux ans, portant la barbe rouge et les cheveux noirs, ayant les yeux gros, les narines ouvertes, et qui depuis longtemps suivait le carrosse, le manteau sur l'épaule et un couteau à la main. Ce misérable, ayant un pied appuyé sur une borne, l'autre sur un des rayons de la roue, frappa le roi d'un coup de couteau. Henri IV, par un mouvement naturel, leva le bras gauche en disant : « Je suis blessé ! » Comme il découvrait ainsi la région du cœur, l'assassin le frappa une seconde fois, mais la première

(1) *Journal de L'Estoile.*

blessure était mortelle. Plusieurs seigneurs étaient assis dans le carrosse royal ; le meurtrier avait agi si rapidement qu'aucun deux ne s'était vu en mesure d'arrêter son bras. Au milieu du désordre qui se produisit, quelques seigneurs s'élancèrent sur François Ravaillac (c'était le nom de cet homme), s'assurèrent de sa personne et empêchèrent qu'il ne fût massacré; d'autres jetèrent un manteau sur le corps sanglant du roi, disant tout haut que ce prince n'était que blessé et qu'on allait le ramener au Louvre. La triste vérité n'en fut pas moins promptement connue, et le peuple laissa éclater la plus profonde stupeur. Dès ce moment il entrevoyait la grande perte qui frappait tout un pays en la personne d'un homme. Pour le roi il n'avait pas repris un seul moment la conscience de sa situation; sa vie venait de s'éteindre avec un soupir.

CHAPITRE II.

Paris sous Henri IV. — Améliorations en matière d'édilité. — Voirie. — Ponts. — Fontaines. — Hôpitaux. — Fondations charitables. — Hôtels.

Paris avait beaucoup souffert depuis un quart de siècle et avant le jour où il fut permis à Henri IV de s'en dire maître. On y voyait peu de maisons entières et sans ruines; la plupart étaient inhabitées; l'herbe couvrait à moitié le pavé des rues; les édifices des faubourgs étaient rasés; il ne restait plus pierre sur pierre dans les villages de la banlieue, et les campagnes qui les entouraient demeuraient sans culture. Le roi, dès que la paix de Vervins lui eut rendu quelque liberté d'action, travailla de tout son pouvoir à la restauration de la capitale de la France. Paris avait alors pour évêque Henri de Gondy et pour prévôt roy l Jacques d'Aumont, baron de Chapes, gentilhomme ordinaire de la chambre du roi. La ville n'avait pas d'autre gouverneur que le roi lui-même; un des grands de la cour suppléait le prince dans ses fonctions, avec le titre de lieutenant général au gouvernement de Paris. En 1600 le roi y nomma François de la Grange, sieur de Montigny, à la place d'Antoine d'Estrées, qui avait été le premier lieutenant général. Jacques Danes, président à la cour des comptes, était le prévôt des marchands; il avait pour lieutenant civil un homme remarquable, nommé François Miron, qui, deux ans plus tard, devait le remplacer dans cette importante magistrature municipale. Soit en qualité de lieutenant civil, soit comme prévôt des marchands, François Miron sut parfaitement remplir les intentions du roi en secondant activement ses projets d'améliorations dans la ville, au nom de la municipalité parisienne. Dès le 22 septembre 1600 le roi prescrivit au prévôt de Paris de rendre une ordonnance pour la police générale et le règlement sur la voirie, pour l'alignement et l'élargissement des rues, la destruction des saillies sur la voie publique, le pavage et la propreté des rues. Le roi confirma et doubla l'autorité de cette même ordonnance en promulguant lui-même, huit ans plus tard, un édit qui reproduisait toutes les dispositions de l'ordonnance prévôtale, et y ajoutait la défense de jeter aucun immondice dans les rues de Paris. Il voulait faire pénétrer et circuler l'air sur la voie publique. On trouve sous la date du 4 janvier 1602 des lettres patentes portant confirmation des articles accordés à Michel Gauthier, dit le capitaine Lamothe, pour tenir les rues de Paris nettes. En 1609 le roi fit cesser un conflit qui pouvait compromettre la régularité du nettoyement des rues et de l'enlèvement des boues. Les bourgeois avaient accusé les entrepreneurs d'avoir exigé d'eux, pour ce service, une taxe plus élevée que ne portaient les anciens rôles; de leur côté les entrepreneurs établissaient que, par suite des résistances opposées à la perception des taxes, ils étaient eux-mêmes à découvert. Le roi, par arrêt de son conseil, en date du 31 décembre 1609, se chargea de la dépense du nettoyement et en exempta les habitants, au moyen d'une augmentation de quinze sous d'entrée sur chaque muids de vin. De nos jours une pareille opération, si l'État voulait la prendre à sa charge, serait bien autrement onéreuse pour les habitants ou pour le trésor.

Le pavé de Paris avait été amélioré par les soins de Miron. De son côté Sully, en sa double qualité de grand-voyer et de voyer particulier de Paris, donna une attention et des soins spéciaux à l'extension et à l'entretien du pavage. En obligeant l'entrepreneur Lichany à venir lui rendre compte, deux fois par semaine, de l'état des travaux et des réparations; en lui imposant, l'an 1608, à lui et à ses subordonnés, des règles inflexibles, il porta ce service à un degré inespéré d'exactitude, de plénitude et de prompte exécution. Désireux de fournir à la grande cité et en abondance des eaux pures, nécessaires à l'alimentation des habitants et à la propreté des maisons et des rues, Henri IV réussit à doubler la quantité d'eau dont Paris avait disposé jusqu'alors. Il donna à la ville la première machine à faire monter l'eau qu'elle ait eue, en faisant construire celle qui portait le nom de *Samaritaine*; elle était attenante au Pont-Neuf et placée dans sa partie septentrionale. L'eau élevée par cette pompe fut distribuée dans le Louvre, dans les Tuileries, et dans les quartiers voisins de ces édifices. Neuf fontaines furent établies avec intelligence dans les centres parisiens les plus populeux.

La Samaritaine était, à cette époque, le monument qui plaisait davantage aux habitants de Paris, mais son établissement ne s'était pas opéré sans résistance; en 1603 le prévôt des marchands voulut s'opposer à l'érection de cette machine, parce qu'elle gênait, disait-il, la navigation. Le roi écrivit aussitôt à Sully : « Sur ce que j'ai entendu dire que le prévôt des marchands et les échevins de ma bonne ville de Paris font quelque résistance à Lintlaër, Flamand, de poser le moulin servant à son artifice en la deuxième arche du côté du Louvre, sur ce qu'ils prétendent que cela empêcheroit la navigation, je vous prie les envoyer quérir et leur parler de ma part, leur remontrant en cela ce qui est de mes droits; car, à ce que j'entends, ils les veulent usurper, attendu que ledit pont est fait de mes deniers et non des leurs, etc. » Cette pompe fut terminée en 1608. C'était un petit pavillon à trois étages, dont le second était au niveau du pont. « Les faces des côtés, dit Piganiol, sont percées de cinq fenêtres à chaque étage et de deux sur le devant. Ces deux dernières sont séparées par un avant-corps, en bossage rustique, *vermiculé* et cintré au-dessus du cadran, que l'on a placé dans un renfoncement. Le bas est rempli par un groupe qui représente Jésus-Christ avec la *Samaritaine*, auprès du puits de Jacob, représenté par un bassin dans lequel tombe une nappe d'eau. La première de ces figures est de Bertrand, et la seconde de Fremin, sculpteurs habiles, de l'Académie royale de Peinture et de Sculpture. Sous le bassin est cette inscription :

Fons hortorum,
Puteus aquarum viventium.

Dans le milieu, au-dessus du cintre, on a élevé un campanile de charpente revêtu de plomb doré, où sont les timbres de l'horloge et ceux qui composent le carillon, qui joue à toutes les heures. » Cette célèbre horloge n'existait plus sous Louis XIV, mais la machine hydraulique, réparée à plusieurs reprises et reconstruite en 1772, n'a été démolie qu'en 1813.

Les autres fontaines de Paris étaient alimentées par les eaux des aqueducs des prés Saint-Gervais et de Belleville; elles ne se trouvaient que dans la partie septentrionale de Paris, c'est-à-dire dans la Ville. En 1598 on cessa d'accorder gratuitement des concessions d'eau, concessions qui, devenues trop nombreuses, tarissaient les fontaines. On fit réparer les aqueducs, et ce travail fut achevé en 1602. Enfin on créa de nouvelles fontaines, entre autres celle *du Palais*, qui fut élevée, en 1605, par François Miron, prévôt des marchands, sur l'emplacement de la pyramide commémorative du crime de Jean Châtel, dans la Cité. Elle était alimentée par les eaux de l'aqueduc du pré Saint-Gervais. Elle fut transportée, avant 1624, dans la cour méridionale du Palais de Justice, et reçut le nom de *Sainte-Anne*, en mémoire de l'épouse de Louis XIII. Elle est alimentée aujourd'hui par les eaux de la pompe du pont Notre-Dame.

Henri IV se préoccupait très-sérieusement de mener promptement à bonne fin ces importants travaux. En 1606, quelque retard ayant été apporté aux constructions, le roi se hâta d'écrire à Sully : « Mon amy, ayant commandé au prévost des marchands de ma bonne ville de Paris de me mander quand les fontaines de devant le Palais et la Croix du Tiroüer seroient parachevées, et si ce ne seroit pas à la Saint-Jean prochaine, comme il m'avoit asseuré, il m'a escrit que, à cause d'un arrest qui a esté donné en mon conseil, cela ne pourroit estre de sitost. Et pour ce que je désire que les dites fontaines se parachèvent au plus tost, je vous fais ce mot et vous envoye ce laquais exprès. » Deux ans plus tard, par ses lettres patentes du 19 décembre 1608, le roi ordonna la suppression des concessions particulières d'eaux à Paris et les rendit aux besoins et à l'usage publics.

Dès l'an 1578 Henri III avait fait commencer par Jacques Androuet du Cerceau, architecte justement célèbre, la construction d'un pont destiné à unir ensemble le faubourg Saint-Germain, la Cité et la Ville. Voici comment L'Estoile parle de cette entreprise :

« En ce même mois (de mai), les eaux de la Seine étant fort basses, fut commencé le Pont-Neuf, de pierres de taille, qui conduisit de Nesle à l'école de Saint-Germain (l'Auxerrois), sous l'ordonnance du jeune du Cerceau, architecte du roi..., et furent, en ce même an, les quatre piles du canal de la Seine, fluant entre le quai des Augustins et l'île du Palais, levées environ une toise chacune par-dessus le rez-de-chaussée. Les deniers furent pris sur le peuple..., et disoit-on que la toise de l'ouvrage coûtoit 85 livres. »

Le 31 mai de cette année, le soir du jour où Henri III fit inhumer avec une pompe extraordinaire les corps de ses mignons Quélus et Maugiron, ce roi vint, en grande cérémonie et avec une suite brillante, poser la première pierre de la culée de ce pont du côté des Augustins. Quatre piles seulement de ce côté furent élevées d'environ une toise au-dessus du fond de la rivière. L'ouvrage en resta là ; les troubles civils en empêchèrent la continuation. Vers l'an 1602 Henri IV fit reprendre les travaux de ce pont ; ils étaient fort avancés le 20 juin 1603, époque où ce roi voulut y passer, malgré les dangers qu'il y avait à courir. « Le vendredi, 20 de ce mois (juin 1603), le roi passa du quai des Augustins au Louvre par-dessus le Pont-Neuf, qui n'étoit pas encore trop assuré, et où il y avoit peu de personnes qui s'y hasardassent. Quelques-uns, pour en faire l'essai, s'étoient rompu le cou et tombés dans la rivière ; ce que l'on remontra à Sa Majesté, laquelle fit réponse, à ce qu'on dit, qu'il n'y avoit pas un de tous ceux-là qui fût roi comme lui. » On pouvait, en 1604, passer sans danger sur ce pont, dont le passage ne fut assuré qu'en 1607.

Charles Marchand et Petit construisirent ce pont, un des plus beaux de l'Europe. Sa longueur totale est de 229 mètres 41 centimètres, sa largeur entre les têtes est de 23 mètres 10 centimètres. Il est établi sur douze arches en pierre, dont sept entre le terre-plein et le quai de l'École et cinq dans l'autre partie. On remarquait, il y a quelques années, sur les deux faces, une corniche très-saillante, qui régnait dans toute sa longueur et qui était supportée par des consoles en forme de masques, de sylvains et de dryades. Ces ouvrages, d'un excellent style, avaient été dirigés en partie par Germain Pilon. Le Pont-Neuf, qui resta longtemps inachevé, était et est encore aujourd'hui divisé en trois parties ; celle du milieu est réservée aux voitures ; les deux autres sont des *trottoirs*, qui s'élargissaient autrefois en demi-cercles sur chaque pile du pont. On y voyait alors de misérables tentes qui servaient de boutiques. En 1775 Louis XVI ordonna de grandes réparations à ce pont; on reconstruisit en partie les trottoirs, et sur les demi-lunes on éleva des guérites ou boutiques en pierre de taille, couvertes de voûtes en demi-coupoles; ces boutiques existaient encore il y a peu d'années. Le prix de la location, qui était de 600 livres chacune, appartenait à l'Académie de Saint-Luc, pour être employé aux pensions en faveur des pauvres veuves de cette Académie. En 1820 M. Lamandé, ingénieur des ponts et chaussées, fit exécuter de grands travaux au Pont-Neuf; toute la surface fut refaite et abaissée; les trottoirs furent plus élevés, et l'on y pratiqua des marches en granit pour en rendre l'abord plus facile. La petite foire qui se tenait sur ces trottoirs fut alors transférée sur le terre-plein, autour de la statue de Henri IV. Plus tard les réverbères qui éclairaient ce pont durent être remplacés par des lanternes au gaz.

Le Pont-Neuf, l'un des endroits les plus fréquentés de Paris, se trouve dans une situation admirable. « De là, sur les deux bords de la Seine, dit Sauval dans son style diffus et précieux, se présentent d'une part à la vue une longue suite de maisons superbes et régulières, et cette galerie si magnifique du Louvre, qui n'a pas sa pareille au monde, ni en longueur ni en ordonnance. Les yeux, lassés de tant de belles choses, s'égarent après dans le mariage de la rivière et des arbres de ce cours incomparable, dressé par Marie de Médicis, et se vont enfin éblouir à trois lieues de Paris dans le tertre du mont Valérien et dans les nues. D'autre part la vue s'embarrasse dans un grand chaos de ponts, de tours, de clochers, de maisons, de palais, d'églises, de rivières, et dans cette place Dauphine, qui ne cède ni en grandeur, ni en gentillesse, ni en régularité, qu'à la seule place Royale... » Si le bon Sauval vivait de nos jours il aurait évidemment à modifier cette description et à donner d'autres points de comparaison à son enthousiasme.

Dès le règne de Henri IV et durant tout le dix-septième siècle le Pont-Neuf fut bâti comme un champ de foire permanent ouvert à la badauderie parisienne. C'était la station ordinaire des charlatans, des saltimbanques, des arlequins de tout costume, et les lignes rimées de cette époque nous en ont transmis le souvenir :

. . . .
Vous, rendez-vous des charlatans,
Des filous, des passe-volans,
Pont-Neuf, ordinaire théâtre
Des vendeurs d'onguent et d'emplâtre;
Séjour des arracheurs de dents,
Des fripiers, libraires, pédans,
Des chanteurs de chansons nouvelles,
D'entremetteurs de demoiselles,
De *coupe-bourse*, d'argotiers,
De maîtres de sales métiers,
D'opérateurs et de chimiques,
De fins joueurs de gobelets,
De ceux qui vendent des poulets.
. . . .

Le terre-plein du Pont-Neuf est occupé par la statue équestre de Henri IV. Jean de Bologne, élève de Michel-Ange, venait de couler un cheval en bronze pour un monument en l'honneur de Ferdinand, grand-duc de Toscane, lorsque la mort du prince et celle de l'artiste suspendirent les travaux. Le successeur de Ferdinand, Côme II, offrit à Marie de Médicis, sa fille, régente de France, ce cheval de bronze, qui fut embarqué à Livourne; Mais le vaisseau vint échouer sur les côtes de la Normandie, et l'œuvre de Jean de Bologne ne fut retiré de la mer qu'à grands frais et au bout d'un an. Le 12 juin 1614 le roi posa la première pierre d'un piédestal en marbre sur le terrain du Pont-Neuf, et l'on y plaça le cheval; mais le monument ne fut pas continué avec activité, et le peuple, accoutumé à voir ce cheval sans cavalier, prit l'habitude, même lorsque la statue de Henri IV fut posée, d'appeler l'ensemble du monument *le Cheval de bronze*. Le roi était représenté tenant d'une main la bride de son cheval et de l'autre le bâton de commandement. Le piédestal d'alors, exécuté d'après les dessins de Civoli, était orné aux quatre coins de figures en bronze, représentant des esclaves enchaînés, qui foulaient aux pieds des armes de différentes espèces; ces statues assez médiocres étaient de Bourdon et de Francheville. Le piédestal était en outre décoré de bas-reliefs et d'inscriptions qui représentaient ou expliquaient les principales actions de Henri IV; les dessins étaient de Boudin, de Bourdon et de Tremblay, les inscriptions de Gaulmin, mort conseiller d'État en 1665. Richelieu fit entourer ce monument d'une grille, qui fut enlevée en 1790.

Vers les commencements de la Révolution, la statue de Henri IV, affublée de la cocarde nationale, fut respectée des démagogues; mais enfin elle subit le sort réservé aux monuments de l'antique monarchie, et on la détruisit le dimanche 12 août 1792.

Disons encore que l'architecture du Pont-Neuf a été modifiée tout récemment d'une manière fâcheuse; on a cru devoir en abaisser le tablier aux dépens des proportions de l'ensemble, et de nouvelles arches ont été construites en contre-bas des anciennes; il a fallu aussi reprendre toute la corniche. Des artistes habiles ont du moins reproduit les nombreux masques de faunes et de satyres qui soutenaient la corniche ancienne; les originaux les mieux conservés sont maintenant disposés dans la salle des Thermes, au musée de Cluny, comme des modèles intéressants de sculpture grotesque. L'exécution matérielle n'en est pas moins curieuse que l'invention.

Qu'on nous permette de regretter les petites boutiques demi-circulaires qui existaient sur le Pont-Neuf depuis près d'un siècle, et qui étaient comme un bazar offert aux petites bourses parisiennes; ceux qui sacrifient tout à la ligne droite et à la perspective géométrique les ont fait disparaître, sans pitié pour les goûts, également respectables, à notre avis, de ceux qui aiment dans une ville la variété, le pittoresque et les divers genres de contrastes. Nous appartenons à cette dernière classe d'administrés.

Un petit monument, qui portait le nom de *Château-Gaillard*, était situé vers l'extrémité méridionale du Pont-Neuf, sur le quai Conti, au bord de la Seine, et à l'endroit où est aujourd'hui la voûte sous laquelle on passe pour descendre à l'abreuvoir. Il présentait une construction isolée, munie d'une tour ronde. Il est figuré dans les anciens plans. Un rimeur du siècle de Louis XIV a dit :

> J'aperçois là bas sur la rive
> Le beau petit château Gaillard.
> . . . .
> A quoi sers-tu dans ce bourbier ?
> Est-ce d'abry, de colombier ?
> Est-ce de phare ou de lanterne ?
> De quoi ? de port ou de soutien ?
> Ma foi ! si bien je te discerne,
> Je crois que tu ne sers de rien.
>   (*Paris ridicule*, poëme satirique.)

Ce château Gaillard, où Brioché faisait jouer ses marionnettes, fut démoli sous le règne de Louis XIV.

Le dimanche 22 décembre 1596, à six heures et un quart du soir, le *Pont-aux-Meuniers* fut entraîné par la violence des eaux. Ce pont était en bois, et presque à chaque arche on avait attaché un bateau à moulin. Ces bateaux, offrant une grande résistance au courant, contribuèrent beaucoup à la chute du pont. Il était chargé de maisons habitées; hommes et biens, tout périt. On évalua le nombre des personnes qui perdirent la vie à cent cinquante. « On remarqua, dit L'Estoile, que la plupart de ceux qui périrent en ce déluge estoient tous gens riches, aisés, mais enrichis d'usures et pillages de la Saint-Barthélemy et de la Ligue. » Cet écrivain voit, dans la ruine de ce pont, le doigt de Dieu comme cause principale, et dans le *mauvais gouvernement et méchante police de Paris* une cause accessoire.

Le lendemain les gens du roi dirent à la cour du parlement qu'ils ne « savoient d'où procédoit cet accident, si ce n'est de ce que, les roys ayant donné ledit pont au chapitre de Notre-Dame, ledit chapitre n'a voulu souffrir que ledit pont fût visité par les maîtres des œuvres (architectes) du roi. »

Au mois de janvier 1598 Charles Marchand, l'un des contructeurs du Pont-Neuf, obtint des lettres patentes qui l'autorisaient à rétablir, à ses dépens, le Pont-aux-Meuniers. En 1599 il en commença la construction, et parvint à lever les difficultés que lui opposaient le maître de la voirie et les anciens propriétaires des maisons du pont détruit, et, après dix ans de travaux, en décembre 1609, il l'acheva entièrement.

Dans les lettres patentes il était spécifié que ce nouveau pont porterait le nom de son constructeur. En conséquence Marchand avait placé à chaque extrémité de ce pont une table de marbre où était gravé ce distique :

> Pons, olim submersus aquis, nunc mole resurgo ;
> Mercator fecit, nomen et ipse dedit.
> 1609.

Toutes les maisons étaient uniformes, peintes à l'huile, et chacune était distinguée par une enseigne représentant un oiseau, ce qui le fit aussi nommer le *Pont-aux-Oiseaux*. En 1622 ce pont devint la proie d'un vaste incendie qui causa également d'autres désastres. Il ne fut point rétabli.

Paris, sous le règne de Henri IV, était loin de s'enorgueillir des quais splendides dont, aujourd'hui, la double ligne se déroule sur les deux rives de la Seine et inspire une vive admiration aux étrangers. Toutefois les nécessités de la circulation et du commerce avaient successivement amené quelques constructions de ce genre, dont nous avons à plusieurs reprises mentionné l'existence ; mais ces travaux, quoique très-utiles, ne présentaient encore rien de remarquable. Le *quai de Gloriette* datait du règne de Henri II, et n'était, à vrai dire, qu'une terrasse élevée près du Petit-Pont, sur la rive gauche du petit bras de la Seine, entre ce bras et la rue de la Huchette. On avait employé à sa contruction les prisonniers condamnés aux galères et détenus dans les prisons du Petit-Châtelet. Son nom lui venait d'un ancien fief. Douze ans plus tard on commença la construction du *quai des Bons-Hommes*, qui, sous la dénomination de *quai de Billy*, fait aujourd'hui partie essentielle de la route de Paris à Versailles, au bas de Chaillot. Il a successivement porté les noms de *quai de la Conférence* et de *quai de Chaillot*. En 1807 l'empereur Napoléon lui donna celui de Billy pour honorer un général mort glorieusement sur le champ de bataille d'Iéna. Le *quai de la Mégisserie* avait été reconstruit sous le règne de François Ier et remplaçait d'ailleurs le *quai de la Saunerie*, dont l'existence était bien autrement ancienne. Commencé sous Henri III, le *quai de l'Horloge* s'étendait du Pont-au-Change à la place du Pont-Neuf. Son nom lui vint de la tour où était placée l'horloge du Palais, mais le peuple lui donna également les dénominations vulgaires de *quai des Morfondus* et de *quai des Lunettes*. Continuée sous le règne de Henri IV, la construction de ce quai ne fut terminée qu'en 1611; on l'élargit aux deux extrémités en 1738, et on l'agrandit un peu en 1816. Le *quai des Orfévres* commençait rue de la Barillerie (aujourd'hui remplacée par une large avenue) et finissait au Pont-Neuf. Son nom lui fut donné en 1621 lorsque des orfévres et des joailliers firent construire des échoppes sur le Pont-Neuf.

Commencé en 1580, il ne fut entièrement achevé qu'en 1643. Sauval nous apprend qu'en 1603 deux maçons entreprirent les travaux de ce quai pour 54 livres la toise. Au commencement de ce siècle une partie du quai des Orfévres formait, de la rue de la Barillerie à celle de Jérusalem, une rue qui fut construite en 1623, et qui s'appela tour à tour *rue Neuve, rue Saint-Louis*, et en 1793 *rue Révolutionnaire*. On abattit toutes les maisons de cette rue qui bordaient la rivière.

Sous les règnes de Charles V et de Charles VI, on avait fait planter d'ormes le port et le quai des Barrés, qui s'étendait de la rue du Petit-Musc à la rue Saint-Paul ; on l'appelait alors le *quai aux Ormes* : en 1601, Henri IV y fit exécuter des travaux, l'élargit et lui donna le nom de *quai des Célestins*. D'autres quais, d'une très-médiocre étendue, venaient ensuite et se déroulaient sur la rive droite de la Seine, en face de la Cité; c'étaient le *quai Saint-Paul* et le nouveau *quai des Ormes*, alors appelé quai *Mofil* ou *Monfils*, par corruption du nom de la rue de *l'arche Beaufils*. Le *quai de la Grève* commençait rue Geoffroy-Lasnier et bordait la place de Grève et le nouvel hôtel de ville; durant le moyen âge on l'appelait la rue *aux Merrains* (bois de charpente). Commencé en 1550, il ne fut terminé que sous le règne de Henri IV.

Dans les premières années du dix-septième siècle, au delà de l'enceinte de murailles, qui avait été agrandie du côté de l'ouest, il existait une première fortification qu'on appelait *les Barrières*, et qui enserrait plusieurs faubourgs.

On entrait alors dans Paris par quinze, puis par seize portes fortifiées de tours, et munies de ponts en pierre et de ponts-levis établis sur le fossé.

Dans la partie du nord ces portes étaient au nombre de sept, savoir:

La porte Saint-Antoine, à côté de la Bastille. Depuis longtemps on avait renoncé à faire passer la route à travers les bâtiments de cette forteresse, et, pour la laisser libre, on avait déjà détourné le chemin. On construisit vers ce détour une porte de ville, qui, en 1671, fut rebâtie par François Blondel. La porte Saint-Antoine était, sous le règne de Henri IV, protégée d'un côté par la forteresse de la Bastille et de l'autre par un vaste bastion.

La porte du Temple. Moins fortifiée que la précédente, elle était protégée par un large fossé et par un ouvrage considérable bâti à l'extérieur, et qu'on nommait *le bastion*.

En 1678 cette porte, lors qu'on établit le boulevard du Nord, fut démolie. Louis XIV, par arrêt du conseil d'État, ordonna, en novembre 1684, qu'elle serait reconstruite.

La porte Saint-Martin. Elle présentait un édifice considérable, flanqué à sa face extérieure de cinq ou six tours rondes. On y arrivait par un pont de trois arches en maçonnerie, sans y comprendre le pont-levis.

La porte Saint-Denis. Elle se composait d'un édifice quadrangulaire, protégé à ses angles par des tours rondes et surmontés de guérites en maçonnerie. Le pont sur lequel on y arrivait était formé d'une seule arche en pierre, au bout duquel se trouvait un large pont-levis. Cette porte fut démolie en 1671.

La porte Montmartre était située à l'endroit où la rue de ce nom est coupée par la rue des Fossés-Montmartre et par la rue Neuve-Saint-Eustache. Moins considérable que les portes Saint-Martin et Saint-Denis, elle était précédée par un pont de deux arches en maçonnerie, par un pont-levis, et entourée de diverses constructions qui en défendaient l'entrée.

La porte Saint-Honoré était située à l'endroit où tout récemment encore la rue Saint-Nicaise débouchait dans la rue Saint-Honoré. Elle offrait un édifice quadrangulaire; à ses angles naissaient, sur des culs-de-lampe, deux tours rondes. On y entrait par un pont composé de deux arches, à l'extrémité duquel était un pont-levis.

La Porte-Neuve était située sur le bord de la Seine et contiguë à la *tour du Bois*, qui terminait, à l'ouest, l'enceinte de la partie septentrionale de Paris; tour d'une grande élévation, accouplée à une autre de moindre dimension, qui contenait l'escalier. La tour du Bois a subsisté jusque sous le règne de Louis XIV. La Porte-Neuve et cette tour qui lui servait de défense existaient sur le quai du Louvre, au point où la rue Saint-Nicaise venait aboutir à la galerie du Louvre.

Dans la partie méridionale de Paris on entrait, avant Henri IV, par huit portes, et, vers la fin de ce règne, par neuf portes : la *porte de Nesle*, la *porte Dauphine*, celles de *Buci*, de *Saint-Germain*, de *Saint-Michel*, de *Saint-Jacques*, de *Bordelle*, de *Saint-Victor* et de *la Tournelle*.

La porte de Nesle était située sur la rive gauche de la Seine, vers le point où s'élève le pavillon oriental du palais de l'Institut, ci-devant collége Mazarin. Elle était contiguë à l'ancienne tour de Nesle, tour ronde fort élevée, accouplée à une tour moins forte, plus élevée, et qui contenait l'escalier. Le bâtiment de la porte, flanqué de deux tours rondes, fut, à ce qu'il paraît, restauré sous le règne de Henri IV. On traversait le fossé, alors très-large en cet endroit, et rempli par les eaux de la Seine, sur un pont de quatre arches en pierre.

La porte Dauphine fut construite sous le règne de Henri IV, après l'an 1607, à l'extrémité de la rue Dauphine, que ce roi avait fait ouvrir ; elle était située à l'endroit de la maison de cette rue qui porte aujourd'hui le n° 50 ; elle fut démolie sous le règne de Louis XIV, en 1673, en exécution d'un arrêt du conseil du 23 septembre de cette année. Après cette démolition la rue Dauphine fut prolongée jusqu'au carrefour de Buci.

La porte de Buci, située dans la rue Saint-André-des-Arcs, vers l'endroit où la rue Contrescarpe y débouche. Cette porte était flanquée de deux tours, et, jusque-là seulement, le fossé de la ville était ordinairement rempli par les eaux de la Seine.

La porte Saint-Germain était située rue des Cordeliers, aujourd'hui de l'École-de-Médecine, à l'extrémité de la rue du Paon, à l'endroit où se voit encore l'ancienne fontaine des Cordeliers. Elle était autrefois appelée *porte des Cordèles* ou des *Frères mineurs*, parce qu'elle était voisine du couvent de ces religieux. Elle reçut le nom de Saint-Germain en 1350, lorsque la porte de la rue Saint-André-des-Arcs prit le nom de Buci. C'est elle que l'on a souvent confondue avec la première, qui fut livrée en 1418 par Périnet Le Clerc aux partisans du duc de Bourgogne (1). Cette porte fut démolie en 1672, comme le prouve l'inscription suivante, qui fut placée dans la niche de la fontaine des Cordeliers : « Du règne de Louis le Grand, la porte Saint-Germain, qui étoit en ce lieu, a été démolie, en l'année, 1672, par l'ordre de MM. les prévôt des marchands et échevins, en exécution de l'arrêt du conseil du 19 août audit an, et la présente inscription apposée, suivant l'arrêt du conseil du 29 septembre 1673, pour marquer l'endroit où étoit cette porte et servir ce que de raison. »

La *porte Saint-Michel*, autrefois appelée porte *d'Enfer* ou *de Fer*, était située sur un emplacement naguère appelé place Saint-Michel et qui est aujourd'hui absorbé par une vaste avenue destinée à recevoir le même nom. La *Porte Saint-Jacques*, qui remontait au règne de Philippe-Auguste, était toujours située près du carrefour auquel aboutissent les rues du Faubourg-Saint-Jacques, des Fossés-

---

(1) Jaillot, t. V, *quartier Saint-Antoine*.

Saint-Jacques et Saint-Hyacinthe (l'emplacement de la maison Oudot). Ce fut par cette porte qu'entrèrent à Paris, en 1436, les troupes victorieuses de Charles VII, qui chassèrent les Anglais de la capitale du royaume.

La *porte Saint-Marcel* était située à l'extrémité méridionale de la rue Descartes actuelle. C'était une des portes de l'enceinte de Philippe-Auguste; elle fut ainsi nommée parce qu'elle touchait au faubourg Saint-Marcel, situé alors hors de Paris. Elle avait aussi reçu les noms de *Bordet* ou *Bordelle*, de la famille Bordelle, très-connue au treizième siècle. La porte Saint-Marcel fut démolie au mois de juillet 1686, en même temps que celle de Saint-Victor. « Par ce moyen, dit un auteur du siècle dernier, on rendit les chemins plus praticables aux voitures et aux gens de pied. »

La *porte Saint-Victor* était située dans la rue de ce nom, et entre la rue des Fossés-Saint-Victor et celle d'Arras; elle fut démolie en 1684. Enfin la *porte de la Tournelle*, depuis lors nommée porte *Saint-Bernard*, était située vers l'extrémité septentrionale de la rue des Fossés-Saint-Bernard, sur le quai de la Tournelle, entre les n°s 1 et 3 ; elle était protégée par une forteresse appelée *la Tournelle*. Rebâtie en 1606, elle fut démolie en 1670 et remplacée par une autre porte construite en 1674.

C'est ainsi que, loin de garder rancune au peuple de Paris, qui s'était montré, à son avénement au trône, l'ennemi le plus ardent et le plus opiniâtre, Henri IV se fit un devoir d'augmenter le nombre des quais et des ponts de cette grande capitale, de faire construire ces portions de quartiers nouveaux dont les rues seraient larges et alignées; de donner à ces quartiers des places publiques servant à la fois à la salubrité et à la décoration ; de border les rues de maisons d'une dimension plus vaste et d'une bâtisse plus solide et plus à l'abri de l'incendie que dans les âges précédents, soumises à la règle d'une construction uniforme, astreintes aux lois d'une architecture sans somptuosité, mais réunissant les deux caractères de la convenance et de la dignité. Il donna l'élan à ces embellissements, ou plutôt à cette transformation, en faisant lui-même construire un certain nombre de ces maisons nouvelles ; en distribuant à peu près gratuitement à des particuliers des terrains dépendant de son domaine ; en facilitant, par l'intervention de son autorité, les achats de terrains faits aux communautés religieuses ; en formant des compagnies de construction ; en fournissant à tous des dessins et des plans qui devaient les guider dans les ouvrages à entreprendre. Dans le présent il fournissait ainsi, à une partie de la population, des habitations plus saines, plus commodes, plus élégantes ; à la voie publique, des communications plus faciles et plus directes ; à la capitale de la France, quelques monuments qui commençaient à la ranger parmi les nations amies des arts. Dans l'avenir il préparait toute une révolution dans les conditions physiques de sa capitale. Les gouvernements et les administrations municipales qui ont changé la face du Paris du moyen âge n'ont fait bien souvent qu'appliquer ses idées et suivre l'exemple qu'il avait donné.

Il s'attacha d'abord à la subdivision la plus considérable de Paris, nommée la Ville, et dans cette subdivision au quartier du Marais, qui, sans absorber à beaucoup près son attention et son intérêt, le préoccupa cependant durant tout son règne. L'emplacement de l'hôtel des Tournelles et de son parc appartenait au domaine de la couronne. Cette ancienne demeure de nos rois, abandonnée depuis la mort funeste de Henri II, ne présentait plus que des ruines et un désert; elle servait de marché aux chevaux. En 1605 Henri IV fit appel à l'industrie particulière pour y élever, de concert avec lui, toute une portion d'un quartier nouveau, avec une vaste place au centre, nommée *place Royale*. Il bâtit à ses frais le pavillon du Roi, qui regarde la rue Saint-Antoine, le pavillon de la Reine, situé à l'opposite, et l'un des quatre côtés de la place, qu'il vendit ensuite à des particuliers. Il concéda les terrains des trois autres côtés à ceux qui voudraient y construire, en n'exigeant de chacun d'eux qu'un cens ou redevance annuelle d'un écu d'or, mais à la charge que les preneurs y feraient bâtir des pavillons conformes aux dessins qui leur seraient fournis par son gouvernement. Pour empêcher que la symétrie de la place ne fût altérée dans l'avenir il ordonna qu'aucun des pavillons ne pourrait être partagé entre cohéritiers, mais qu'il serait mis dans un lot où leur appartiendrait par indivis. La place Royale, dans sa distribution générale n'a pas été altérée jusqu'ici; elle est régulièrement carrée; elle a neuf pavillons à trois de ses côtés, et huit seulement au quatrième côté, ce qui fait en tout trente-cinq pavillons. Ils sont tous bâtis de pierres de taille et de briques, et couverts d'ardoises; ils sont tous, sur leur façade, du même dessin, de la même matière, de la même largeur, de la même hauteur; il n'y a d'exception que pour le pavillon du Roi et le pavillon de la Reine, lesquels sont plus élevés que les autres et ont une décoration architecturale plus recherchée. Ces trente-cinq pavillons sont supportés sur le devant par une suite d'arcades larges de huit pieds et demi, hautes de douze, ornées de pilastres d'ordre dorique. Les arcades forment des galeries, couvertes d'une voûte surbaissée, qui règnent dans le pourtour entier de la place et qui offrent en tous temps un abri contre l'intempérie des saisons. Du pied des galeries jusqu'à une certaine distance la place est pavée dans la largeur d'une rue. Le milieu de la place est entouré d'une grille. Le vaste espace que renferme cette grille fut destiné par Henri IV à deux usages : il dut servir, à certains jours, aux tournois et aux exercices militaires, et pour cette raison fut nommé Champ-de-Mars; il dut servir ordinairement, habituellement, de promenade aux habitants, malsainement entassés et emprisonnés dans leurs maisons (1).

La place Royale avait cinq mille cent quatre-vingt-quatre toises en superficie. L'architecture des pavillons et des arcades est parfaitement appropriée à l'usage et a un style et un caractère à elle. Au dehors c'est une sorte de noblesse résultant du vaste développement des constructions, de leur régularité, de la continuité des arcades et des pilastres; au dedans les habitations sont spacieuses, aérées, saines, commodes. La solidité des maisons est à toute épreuve; bâties depuis deux cent cinquante ans, aucune d'elles n'a demandé encore ni grosse réparation, ni reconstruction. Au commence-

---

(1) Lettres patentes de Henri IV, du mois de juillet 1605 : « Laquelle « grande, place bastye des quatre costez... par mesme moyen puisse servir « de promenoir aux habitants de nostre ville, lesquels sont fort pressez « en leurs maisons, à cause de la multitude du peuple qui y afflue de « tous costez. »

ment du dix-septième siècle, et longtemps encore après, la place Royale, par sa grandeur et par son ordonnance, a été la plus belle place de la France et de l'Europe. Les contemporains réclamaient avec un juste orgueil cet honneur pour leur temps et pour le règne de Henri IV; ils disaient : « Les bastiments du Parc Royal « n'ont aucun lieu dans toute la chrestienté qui leur puisse « estre comparé. » Les hommes de la génération suivante confirmaient cet éloge et terminaient l'appréciation raisonnée et la comparaison qu'ils en faisaient avec les autres monuments de ce genre par les paroles suivantes : « Tous « conviennent que c'est *la plus grande et la plus régu-* « *lière place du monde*, et que ni les Grecs ni les Ro- « mains n'en ont jamais eu de semblable. » La place Royale était une magnificence pour Paris, un honneur pour la France; elle était, en outre, le palais du tiers-état, le Louvre de la bourgeoisie, élevé par un prince qui comprenait que cet ordre était l'une des grandes forces du pays.

Il faut remarquer avec soin que le roi avait construit par le fait, dans l'intérieur de la place Royale, quatre rues bordées de maisons d'un côté. Il fit percer en même temps les quatre rues garnies de maisons des deux côtés qui conduisent à cette place et qui en donnent l'entrée; les deux plus connues sont la rue Royale et la rue de la Chaussée-des-Minimes, l'une et l'autre alignées et larges de quarante pieds (1). Ces rues se trouvaient à

---

(1) Pour ce qui concerne la place Royale, voir les lettres patentes de Henri IV du mois de juillet 1605, confirmant les contrats faits avec divers pour les terrains de la place Royale (Archives, section

quelque distance des rues de l'Égout-Sainte-Catherine, du Roi-de-Sicile, du Figuier, de la Mortellerie, et de vingt autres pareilles, tortueuses, fangeuses, et si étroites, si embarrassées que les unes étaient même impraticables aux chevaux, et que dans les autres deux voitures ne pouvaient passer de front (1). Toute la pensée de Henri IV se trouve dans ce contraste. Par la splendide addition de la place Royale et des rues attenantes faite au quartier du Marais, le roi rendit pour longtemps ce quartier le plus beau et le plus recherché de Paris.

Il appliqua ces plans, étendit ces constructions à deux autres quartiers de la capitale. Au commencement du seizième siècle deux îlots avaient été ajoutés à l'île où la Cité est assise et en avaient formé la pointe occidentale, entre la sortie du Palais de Justice et le Pont-Neuf; c'était encore un emplacement vague du temps de Henri IV. Au mois de mai 1607 il y fit commencer la *place Dauphine* et les constructions attenantes, sur une superficie de trois

judiciaire. Ordonnance de Henri IV, 3ᵉ vol., XX, fol. 284. *Mercure françois*, année 1607 et année 1610, t. I, feuillets 227, verso, 228, 485, recto. Le Grain, *Décade*, l. VIII, p. 422. — Sauval, l. I, t. I, p. 25; l. VI, t. I, p. 625, 626. — Les lettres de Henri IV montrent avec quelle ardeur il suivait les constructions de la place Royale, quelle attention il apportait à tous les détails, et notamment à la symétrie, pour les pavillons de cette place. Il écrit à Sully, le 27 avril 1607 : « Je vous
« recommande la *place Royale*. J'ai appris par le contrôleur Donon qu'il
« se trouvoit quelque difficulté avec les entrepreneurs des manufactures,
« pour ce qu'ils vouloient abattre tout le logis ; ce n'est pas mon advis,
« et me semble que ce seroit assez qu'ils fissent une forme *de galerie*
« *devant*, qui auroit la face de mesme le reste. » Nous dirions aujourd'hui façade. (Sully, *OEcon. royales*, ch. 168, p. 186, A.)

(1) Voir les lettres patentes du 14 mai 1777, relatives à la rue de l'Égout-Sainte-Catherine, nommée maintenant rue du Val-Sainte-Catherine.

mille cent vingt toises et demie d'ensemble, ainsi que le portent ses lettres patentes (1). Le premier président Achille de Harlay, auquel la concession du terrain à titre de propriété avait été faite, moyennant une redevance annuelle et perpétuelle d'un sou pour chaque toise, et sous la condition de se conformer aux dessins fournis par le roi pour les constructions, se chargea de ce grand ouvrage. La place Dauphine prit la forme triangulaire du terrain même sur lequel elle était établie ; ce triangle eut pour base la rue du Harlay, rue large de vingt-sept pieds, alignée, bordée des deux côtés de maisons. La place eut soixante et une toises de longueur, avec deux ouvertures, l'une du côté du Palais de Justice, l'autre du côté du Pont-Neuf. Elle fut garnie partout de maisons, soit intérieurement, soit extérieurement. Cette observation est loin d'être inutile, puisque plusieurs places, même des plus magnifiques, n'ont des édifices que d'un seul côté, et que, du temps de Henri IV, le nombre des maisons nouvelles, des habitations plus saines et plus commodes, avait la plus grande importance. A la place Dauphine comme à la place Royale toutes les maisons furent bâties d'après une exacte symétrie et avec les mêmes matières, c'est-à-dire en briques avec des cordons de pierres de taille ; elles furent supportées et décorées par des arcades que les mesquines et inintel-

(1) Lettres patentes de Henri IV du 28 mai 1607 : « Toutes lesdictes
« places contenant ensemble 3,120 toises et demie, pour en jouir par le-
« dict premier président, ses hoirs et ayants cause, aux charges et condi-
« tions exprimées au contract d'adjudication du 10 mars 1607, par
« MM. les commissaires du roy. » — Par une lettre écrite à Sully en date du 13 mai 1608, Henri presse les travaux de construction à exécuter à la place Dauphine. Voir sa lettre dans les *OEcon. royales*, chap. 182, t. II, p. 241, B.

ligentes appropriations modernes tendent chaque jour à faire disparaître, mais qui sont encore fort reconnaissables dans plusieurs de ces maisons. L'établissement de la place Dauphine, les constructions élevées autour et dans les localités environnantes donnaient à la cité quelques rues nouvelles, beaucoup d'habitations particulières, et une place publique, qui présentaient le plus frappant contraste avec tout ce qu'on trouvait dans la partie vieille de cette subdivision de Paris, où le roi faisait pénétrer les progrès bienfaisants et les arts de la civilisation.

Étudiant sans cesse les besoins publics et empressé d'y satisfaire, le roi destina en partie les constructions nouvelles à fournir au commerce de Paris un établissement qui lui avait manqué jusqu'alors, une place de change ou une Bourse. Le journal du temps dit à ce sujet : « Il avoit faict faire le parc Royal à dessein qu'il dust servir de place de change ou de Bourse; mais, estant en un coin de la ville, et trop loin du Palais, où tous les banquiers ont toujours affaire à la sortie de la cour, qui est à l'heure du change, il commença cette année à faire bastir la place Dauphine, à la pointe de l'isle du Palais, et d'un lieu qui estoit comme inutile en faire la plus belle et la plus utile place de Paris (1). » Ainsi, qu'on le remarque, non-seulement une Bourse fondée pour le commerce, mais les commerçants et les banquiers rapprochés des tribunaux ordinaires, dont ils continuaient à être justiciables pour toutes les affaires qui n'étaient pas du ressort des tribunaux de commerce établis par L'Hospital, ou qui n'étaient pas jugées souverainement par eux.

(1) *Mercure françois*, année 1608, t. I, fol. 312, verso. Nous ne reproduisons pas l'orthographe du temps.

Henri IV fit participer le quartier Saint-Germain aux améliorations dans la voie publique et dans les habitations particulières qu'il avait introduites dans les quartiers de la Cité et du Marais ; de plus, il établit des communications directes et faciles entre les trois grandes subdivisions de Paris, l'Université, la Cité, la Ville, tant par la construction du Pont-Neuf, dont nous avons parlé, que par l'ouverture de nouvelles rues qu'il fit percer dans le quartier Saint-Germain. Pour l'exécution de ce dernier dessein il se servit d'une compagnie dont Nicolas Carel était le chef, mais à laquelle il donna direction et protection, et qu'il subventionna pour une partie de la dépense. En 1606 et au mois de février 1607, cette compagnie acheta l'hôtel ou collége de l'abbé de Saint-Denis, une ruelle qui touchait à l'hôtel de Nevers, quelques maisons appartenant à des particuliers, une portion du jardin des Grands-Augustins. Elle ouvrit une rue partant du Pont-Neuf et aboutissant à la porte de Bucy. La rue fut nommée *Dauphine*, en l'honneur du Dauphin, depuis Louis XIII ; elle fut percée presque aussitôt de deux nouvelles rues, que le roi appela *d'Anjou* et *Christine*, du nom de deux autres de ses enfants. La rue Dauphine reçut originairement une largeur de cinq toises ou trente pieds ; les deux autres une largeur moindre, mais proportionnée ; elles n'ont cessé de l'avoir que parce que les gouvernements qui succédèrent à celui de Henri IV, détruisant ces dispositions primitives, permirent aux particuliers, moyennant argent, de reprendre une partie du terrain affecté à la voie publique. Les trois rues furent soumises à un exact alignement, comme toutes celles ouvertes par le roi. Elles reçurent en peu de temps deux rangs de maisons d'une élégante structure. On voit par le témoignage des annalistes contemporains que les constructions entreprises par Henri IV à la place Royale, à la place Dauphine, dans la rue Dauphine et les rues attenantes, furent toutes achevées vers la fin de son règne (1).

En même temps que Henri IV et son gouvernement agrandissaient ainsi la ville de Paris, élargissaient les rues, créaient des quartiers, ils multipliaient avec sollicitude les maisons destinées à recevoir le pauvre et l'artisan dans leurs maladies; en prodiguant ces secours aux infortunes particulières ils donnaient en même temps de nouvelles et sérieuses garanties à la santé publique. En 1602, l'intervention de la reine, les lettres patentes et les largesses du roi, les libéralités de quelques citoyens bienfaisants fournirent aux *Frères Saint-Jean de Dieu* les moyens de s'établir à Paris. Ils fondèrent au faubourg Saint-Germain un nouvel hôpital, placé d'abord rue des Petits-Augustins et, transféré en 1606 dans une belle maison, avec un vaste jardin, située rue des Saints-Pères. C'est l'hôpital de la Charité d'aujourd'hui. Le premier historien qui parle des Frères Saint-Jean ou Frères de la Charité, et de leur œuvre, s'exprime en ces termes : « Ils sont très-savants ès remèdes de toutes maladies; ils sont hospitaliers, non-seulement pour héberger les passants, mais aussi les malades, mesme

---

(1) M. A. Poirson, *Histoire du règne de Henri IV*. L'Estoile, *Supplément au registre journal du règne de Henri IV*, p. 415, relativement aux achats faits et aux contrats passés par la compagnie Carel, et relativement à l'aide que donne et aux subventions que fournit le roi pour le percement de la rue Dauphine. — Pour les autres détails, Legrain, *Décade*, l. VIII, p. 423. — *Mercure françois*, année 1607, fol. 227, verso, 228, recto : « Les bastiments de la rue Dauphine, qui ont été commencez « et achevez de son règne. »

de maladies dangereuses, les panser eux-mesmes de leurs mains, leur fournir des médicaments et les nourrir. Ils vacquent aussi à leur réconciliation (avec Dieu); si les malades meurent ils leur font le dernier office de sépulture chrestienne, priant Dieu pour eux, par un catalogue exprès qu'ils gardent en leur église (1). » Paris eut donc ses Frères comme ses Sœurs de Charité.

La fondation de l'hôpital des Frères Saint-Jean fut suivie de près de l'agrandissement des anciens hôpitaux et de la fondation de deux hôpitaux nouveaux. Les événements de 1606 provoquèrent et déterminèrent ce grand effort d'un gouvernement paternel. Pendant l'été de 1606 la maladie sévit à Paris; le peuple et même la cour la crurent contagieuse, et la consternation publique fut profonde (2). Quelques historiens du temps prétendent qu'il n'y eut pas de contagion, et que le nombre des morts ne dépassa pas de beaucoup celui des années précédentes. Il resterait alors prouvé qu'année commune le chiffre des décès était énorme, et qu'en 1606 l'encombrement de l'Hôtel-Dieu fut extrême et très-menaçant. Le roi appliqua un remède proportionné au mal, et dans cette tâche il se fit seconder par Achille de Harlay, comme il s'était aidé du concours de tous les hommes éminents dans ses autres créations. Dès l'année 1606 il fit travailler à l'Hôtel-Dieu, qui par ses soins fut

---

(1) P. Cayet, *Chron.* sept., t. VII, p. 228, B. — Sauval, *Antiq. de Paris*, l. V, t. I, p. 560.

(2) *Mercure françois*, année 1606, t. I, fol. 110, recto : « La peste dont « les Parisiens furent affligés en cest été. » Lettre du roi au connétable, en date du 2 juin 1606, dans les *Lettres missives*, t. VI, p : 615 : « Ce lieu « n'est, Dieu mercy, infecté de maladie contagieuse, comme est ma ville « de Paris. »

rebâti en partie et agrandi de la salle Saint-Charles, du pont Saint-Charles, construit dans l'intérieur de l'Hôtel-Dieu, de la salle Saint-Thomas (1). En 1607 il fit réédifier ou restaurer entièrement et approprier des bâtiments sis au faubourg Saint-Marcel, et en forma un nouvel hôpital qui prit le nom d'Hôtel-Dieu Saint-Marcel. L'hôpital Saint-Louis fut une fondation entièrement nouvelle, d'une bien plus grande importance.

Le roi le fit commencer en 1607, et achever depuis, dans toutes ses parties principales, avant la fin de son règne. On le construisit de fond en comble, au nord de la ville, dans un emplacement élevé et très-sain, au delà de la porte du Temple, dans le faubourg du même nom, alors situé hors de l'enceinte de Paris (2). Par le nombre et la dimension de ses corps d'hôtel, de ses pavillons, de ses logements, de ses cours et fontaines, il fut comparable aux plus grands bâtiments de France, d'après la juste appréciation des contemporains (3). Sauval, qui en parlait, dans la première moitié du siècle de Louis XIV, d'après une comparaison raisonnée, en a dit : « Cet hôpital passe pour le plus vaste, le plus beau

---

(1) Épilogue des vertus du roi, dans le *Mercure françois*, année 1610, folio 484, recto : « L'Hostel-Dieu de Paris rebasti tout en nouveau. » — Félibien, *Histoire de Paris*, p. 394 et 1272. — Delamarre, *Traité de la Police*, l. IV, titre 13, t. I, p. 618, et table, p. 18. Il ne faut pas confondre le pont Saint-Charles avec le pont de l'Hôtel-Dieu, ou Pont-au-Double, construit seulement en 1634.

(2) *Mercure françois*, année 1607, t. I, fol. 227, verso : « Il (le roi) fit « commencer en ceste année, et depuis *achever*, ce grand bastiment qui « est hors la porte du Temple, pour servir d'hospital aux pestiférez, et « voulut qu'il fust appelé la maison de Sainct-Loys.

(3) *Mercure françois*, année 1607, t. I, fol. 227, verso.

et le plus commode du monde. » Peut-être n'a-t-il pas cessé de mériter cet éloge. C'eût été peu de fournir à la réparation de la maison Saint-Marcel, à la construction de l'hôpital Saint-Louis, si le roi n'avait pourvu en même temps à leur ameublement, à leur service, à leur dispendieux entretien dans l'avenir. Par son édit du mois de mai 1607 il attribua à l'Hôtel-Dieu dix sous sur chaque minot de sel qui se vendrait dans tous les greniers de la généralité de Paris pendant quinze ans, et cinq sous à perpétuité, après les quinze années expirées, à la charge de réparer la maison Saint-Marcel, de faire bâtir l'hôpital Saint-Louis, de payer les gages des officiers, de fournir tous les meubles et ustensiles nécessaires aux deux établissements, unis et incorporés à l'Hôtel-Dieu. Leur destination spéciale fut de recevoir désormais les pestiférés, c'est-à-dire tous ceux qui seraient atteints par une maladie contagieuse ou par une épidémie. La dépense qu'entraîna leur premier établissement monta à la somme de 795,000 livres du temps, près de trois millions d'aujourd'hui (1). Un fait permet de juger tout ce que Henri IV fit pour Paris en lui donnant ces deux nouveaux hôpitaux. Neuf ans après sa mort, en 1619, une maladie contagieuse désola de nouveau la ville, par suite, selon toute apparence, de la ruine ou de l'affaiblissement de l'excellente police qu'il avait instituée pour la propreté des rues. Les historiens témoignent tous que les hôpitaux Saint-Marcel et Saint-Louis furent d'un immense secours au milieu de ce danger; s'ils n'avaient pas existé Paris eût perdu autant

---

(1) *Recueil des anciennes Lois franç.* t. XV, p. 327. — Sauval, *Antiq. de Paris*, l. V, t. I, p. 561. — Félibien, *Histoire de Paris*, l. XXV, p. 1277. — Delamarre, *Traité de Police*, l. IV, titre 13, p. 618.

d'habitants que sous Louis XI; la dépopulation eût été presque complète (1).

Henri IV avait ordonné de transformer en un seul quartier l'île Saint-Louis et l'île aux Vaches et de les couvrir de constructions; ce projet, qu'il n'eut pas le temps de mettre à exécution, fut réalisé sous les règnes suivants. Ce prince avait conçu l'idée d'une place nationale à laquelle auraient abouti de grandes voies décorées du nom des principales provinces. « Cette place, dit Sauval, auroit été appelée la *place de France*... Elle auroit été faite en demi-cercle, terminée par les remparts, et située presque vis-à-vis la place du Calvaire, où se viennent rendre la Vieille-Rue du Temple et la rue Saint-Louis.... Dans les murailles de la ville il y auroit eu une porte appelée porte de France, ayant en vue le milieu de la place, entre deux corps de logis bâtis de briques et de pierre, qui non-seulement auroient couvert les remparts, mais encore les angles contraints du plan, par le moyen des halles et des marchés qu'on y auroit construits. » Ce projet fut adopté en partie par Richelieu, mais dans de très-étroites proportions. La place de France fut abandonnée, et, au lieu de vingt-quatre rues nouvelles qu'avait méditées Henri IV, on se borna à en ouvrir onze, qui subsistent encore et portent, selon la pensée du roi, des noms de provinces.

Peu de mois après l'avénement de Henri IV les ligueurs avaient établi, dans l'église de Saint-Gervais, la *confrérie du Saint-Nom de Jésus*. Les premiers confrères juraient de vivre dans la foi catholique; ils s'engageaient

---

(1) M. A. Poirson, *Histoire du règne de Henri IV*.

à ne jamais reconnaître aucun prince hérétique, notamment le roi de Navarre, et de s'opposer à tout accommodement conclu avec lui. Les confrères versaient une certaine somme au trésorier de l'association : « A sçavoir, les riches et aisés, deux écus d'entrée et la huitième partie par chacun mois; les médiocres donneront pareillement un écu et la huitième partie par chacun mois; les simples bourgeois donneront demi-écu et la huitième partie aussi chacun mois; les autres, qui auront peu de moyens, donneront quinze sols d'entrée et douze deniers tournois aussi par chacun mois, ou autre somme selon leur pouvoir et volonté. Ceux qui seront du tout pauvres, et qui néanmoins seront catholiques et de bonne volonté, qui voudront exposer leur vie pour la défense de la cause de Dieu, seront reçus, enregistrés et admis en ladite confrérie, pourvu qu'ils soient approuvés et reconnus par les députés du quartier où lesdits pauvres font leur actuelle demeure et résidence. »

Les confrères adressèrent au Parlement un mandement rédigé en leur nom, et signé Petit, qui enjoignait aux quarteniers de lui envoyer la liste de tous les Parisiens soupçonnés d'être *politiques*. Le lieutenant-criminel reçut l'ordre de poursuivre ces ligueurs, mais on ne trouva point le nommé Petit, et cette affaire n'eut point de suite. Cette association disparut quelque temps après la capitulation de Paris.

A l'extrémité du faubourg Saint-Antoine, rue de Picpus, existait alors une communauté dont les membres portaient anciennement le nom de *Pénitents réformés du tiers-ordre de Saint-François*. Le tiers-ordre, ainsi nommé parce que ce fut le troisième que saint François d'Assise institua en 1221, avait été formé en faveur des personnes des deux sexes qui, sans s'assujettir à aucun vœu, voulaient vivre dans la retraite. Vers l'an 1594, un Parisien, le père Vincent Mussart, introduisit dans cette congrégation une réforme qui donna lieu en France à l'établissement de soixante monastères. Ces religieux portaient une robe gris foncé, un capuchon plus large de quatre doigts que les épaules et dont les extrémités étaient si longues que la ceinture pouvait les attacher; ils marchaient la jambe nue et ne portaient que des sabots. Le premier couvent de cette réforme fut celui de Franconville, près Bourmont, dans le diocèse de Beauvais, et non pas Franconville près Saint-Denis, comme l'ont dit Félibien et la plupart des historiens de Paris; le second fut celui de Picpus, considéré comme le chef de l'ordre.

Ce fut vers l'an 1600 ou 1601 que les religieux pénitents s'établirent à l'extrémité du faubourg Saint-Antoine, dans un endroit que le peuple nommait village de Picpus (1), et qui donna son nom au couvent. Les Capucins de la rue Saint-Honoré, et après eux les Jésuites, y avaient fait leur première demeure, mais ils l'avaient bientôt abandonnée. Il n'y avait, en l'an 1600, à Picpus, qu'une petite chapelle, nommée Notre-Dame-de-Grâce, qui avait été construite en 1573 pour les Capucins.

Dans l'église on remarquait les formes extraordinaires

---

(1) Ou Picpuce, Piquepuce, Piquepus, Picpusse; on le trouve désigné de ces diverses manières. — « Il est parlé dans Sauval (t. III, p. 431), à l'an 1478, d'une vigne située à Piquepusse. Un titre du prieuré de Saint-Éloi, de l'an 1499, nous apprend de plus que ce prieuré avait alors des vignes *au terrouer de la grande chambrerie, lieu dit la Grant Piquepusse.* » Lebeuf, t. II, p. 538.

des confessionnaux ; ils étaient revêtus de rocailles, ornés de guirlandes, et servaient de piédestaux à des figures dont quelques-unes étaient l'ouvrage de Germain Pilon. Dans le réfectoire, décoré de statues en terre cuite, on remarquait un groupe représentant saint François le Séraphique, tout étonné de voir prosternés à ses pieds le roi saint Louis et sainte Élisabeth de Portugal. On y voyait aussi un tableau de Lebrun, dont le sujet était *le Serpent d'airain*. La maison et ses dépendances devinrent, en 1790, des propriétés particulières.

Les *Récollets* (en latin *Recollecti*, recueillis) s'établirent à Paris en 1603, au coin de la rue des Récollets et de celle du Faubourg-Saint-Martin. Henri IV et Marie de Médicis, son épouse, firent bâtir une église, dont cette reine posa la première pierre, et qui renfermait les tombeaux de la famille de Roquelaure. En 1790 cet ordre fut supprimé. Les bâtiments ont été convertis en hospice des *Incurables*.

Les *Petits-Augustins* habitaient un couvent situé rue des Petits-Augustins, au faubourg Saint-Germain. Marguerite de Valois, après la dissolution de son mariage avec Henri IV, vint habiter un grand hôtel dans le faubourg Saint-Germain, et établit un couvent d'Augustins dans l'enclos de cet hôtel. Anne d'Autriche posa, en 1617, la première pierre de l'église. Les bâtiments du couvent furent construits en 1619 et dans les années suivantes. L'édifice n'avait rien de remarquable. On voyait près de l'église une chapelle recouverte par un dôme, le premier qui ait été élevé à Paris. En 1791 les bâtiments de ce couvent furent transformés en *Musée des Monuments français*.

La *Maison des Frères de la Charité* était située rue des Saints-Pères. Lorsque Marguerite de Valois vint occuper son hôtel du faubourg Saint-Germain, elle y trouva un petit monastère habité, depuis 1602, par cinq frères de la congrégation de Saint-Jean-de-Dieu, ou de la Charité, que Marie de Médicis avait fait venir de Florence. Elle en expulsa, pour y établir des religieux augustins, ces frères, qui allèrent se fixer près de l'église Saint-Pierre, dont ils devinrent propriétaires en 1659. Cette chapelle avait été rebâtie en 1613 sous l'invocation de saint Jean-Baptiste; mais elle ne fut entièrement achevée qu'en 1733. Les frères acquirent ensuite la Courtille et le clos des Vignes de Saint-Germain-des-Prés, qui s'étendait depuis les bâtiments de la Charité jusqu'aux rues de l'Égout et de Saint-Benoît, et comprenait l'emplacement de la rue Taranne. Ces religieux avaient un hôpital où ils donnaient des soins aux pauvres malades. En 1776 on y comptait cent quatre-vingt-dix-neuf lits. Nous reviendrons plus tard à cet établissement.

Le *couvent des Carmélites* était situé rue d'Enfer, dans l'emplacement de l'ancien monastère de Notre-Dame-des-Champs. Il fut établi par Catherine d'Orléans de Longueville, qui fit venir à Paris six Carmélites d'Espagne, et acquit pour elles l'église et l'enclos de Notre-Dame-des-Champs (1605).

L'église de ce couvent était richement ornée; on y voyait un bel autel où l'on montait par douze marches en marbre, entourées d'une balustrade aussi de marbre, dont les balustres étaient en bronze doré. Le tabernacle était d'argent; l'ostensoir était d'or et enrichi de pierres précieuses. Cette église possédait aussi des tableaux du Guide, de Stella, de Philippe de Champagne, de La Hire, et la *Madeleine pénitente* de Lebrun, que l'on disait être le portrait de madame de la Vallière. La voûte avait été peinte à fresque par Philippe de Champagne; on y voyait un Christ peint sur un plan horizontal, et qui semblait l'être sur une surface verticale. On trouvait dans cette église les tombeaux de Varillas et du cardinal de Bérulle.

Le couvent des *Capucines* était alors situé sur l'emplacement vers lequel la rue Neuve-des-Capucines rencontre aujourd'hui la rue de la Paix et le boulevard. La reine Louise de Lorraine, veuve de Henri III, par son testament fait en 1601, institua pour héritier universel le prince Philippe-Emmanuel de Lorraine, duc de Mercœur, son frère, et le chargea d'employer la somme de 60,000 livres à la fondation d'un couvent des Capucines dans la ville de Bourges. La reine Louise étant morte le lendemain 29 janvier, et le duc de Mercœur en 1602, Marie de Luxembourg, veuve de ce prince, se chargea de l'exécution du testament de sa belle-sœur, et suppléa à la somme de 60,000 livres, qui n'était pas suffisante pour la fondation de ce couvent; mais les Capucines furent établies à Paris et non à Bourges. La duchesse de Mercœur acheta l'hôtel de Retz, appelé alors l'hôtel du Perron, situé dans le faubourg Saint-Honoré, vis-à-vis le couvent des Capucins; elle le fit démolir. La première pierre de la nouvelle maison fut mise au nom de madame Élisabeth, fille aînée du roi, le 29 juin 1604, et les bâtiments furent achevés en 1606. Pendant qu'on les élevait la duchesse de Mercœur s'était retirée à *la Roquette*, dans le faubourg Saint-Antoine, avec douze filles qui embrassèrent la règle des Capucines. Elles furent transférées à leur couvent en grande cérémonie, le 9 août 1606, et firent profession le 21 juillet de l'année suivante. La règle de cette communauté (dont il n'existait que trois couvents en France) était d'une rigueur inouïe. Les Capucines, appelées aussi les *Pauvres Dames* ou *Filles de la Passion*, ne vivaient que d'aumônes, marchaient toujours nu-pieds, excepté dans les cuisines et dans le jardin, et ne mangeaient jamais de viande.

En 1686 Louis XIV, voulant faire construire la *place Vendôme*, ordonna la démolition du couvent des Capucines et en fit élever un autre à l'endroit où finit la rue Neuve-des-Petits-Champs et commence la rue Neuve-des-Capucines. Les religieuses y furent transférées le 26 juillet de la même année. Les bâtiments, élevés sur les dessins de François d'Orbay, étaient fort beaux et fort commodes; ils coûtèrent au roi près d'un million. Le portail de l'église, qui servait de perspective à l'une des ouvertures de la place Vendôme (alors place Louis-le-Grand), était assez médiocre; mais les travaux furent si mal dirigés qu'on fut obligé de le recommencer jusqu'à trois fois. En 1756 il fallut reprendre non-seulement le portail, mais encore toute l'église, et démolir entièrement les superbes mausolées des chapelles. Cette façade, dont la sculpture était d'Antoine Vassé, consistait en deux pilastres toscans, soutenant un entablement dont la corniche était cintrée et surmontée d'une croix, au pied de laquelle étaient deux anges en adoration. Au-dessous du cintre on remarquait un cartouche entouré d'anges et de chérubins sur lequel était l'inscription suivantes, en lettre d'or : *Pavete ad sanctuarium meum; ego Dominus*.

Sous le règne de Henri IV on remarquait à Paris quelques splendides demeures, habitées par des princes du sang ou possédées par d'illustres familles, et parmi lesquelles nous mentionnerons l'*hôtel de Soubise*, rebâti à diverses reprises par les princes de ce nom, avant eux par les princes de la maison de Guise. Ces derniers firent élever la façade qui régnait le long du passage par lequel on allait à la rue Vieille-du-Temple (1).

C'est d'après leur ordre que la chapelle fut décorée, par Nicolo, des peintures à fresque qu'on y voyait avant la Révolution. On leur doit encore la rampe en fer, l'escalier par lequel on montait dans les appartements donnant sur la rue du Chaume. Les croix de Lorraine, qui en forment un des ornements, ne laissent pas de doute à cet égard; il est même permis de croire que la plus grande partie des bâtiments, surtout l'aile qui fait l'angle de la rue du Chaume et de la rue des Quatre-Fils, fut aussi construite de leur temps (2).

Ils possédèrent cet hôtel jusqu'en 1697, époque à laquelle François de Rohan, prince de Soubise, l'acheta des héritiers de la duchesse de Guise, la dernière de cette famille. Il prit dès lors le nom d'*hôtel Soubise*, qu'il a toujours porté depuis.

(1) C'est sur cette façade que furent plaqués les ornements qui la décorent aujourd'hui.

(2) En effet, la forme extérieure de cette partie de l'hôtel diffère du reste d'une manière assez tranchée, et d'ailleurs il y a tout lieu de croire que la maison de Louis Doulcet occupait cet emplacement. La fenêtre du premier étage qui donne en face de la fontaine des Haudriettes est, d'après la tradition, celle par où fut jeté Saint-Mégrin, ce célèbre mignon de Henri III, qui sut, dit-on, s'attirer l'affection de la femme du Balafré. La balustrade et la forme de la fenêtre ont changé, mais l'ouverture n'a pas été déplacée.

Dès son entrée en possession le prince de Soubise s'occupa de l'embellissement, ou plutôt de la transformation de cette vaste demeure; mais, comme il fallut beaucoup de temps pour dresser les plans et faire tous les préparatifs nécessaires pour les grands projets qu'il avait conçus, les travaux ne commencèrent qu'en 1706, sous la conduite de Lemaire, célèbre architecte du temps.

La principale porte, qui se présentait en pan coupé sur l'angle de la rue du Chaume et du passage, et qui était flanquée par deux tourelles qui subsistent encore, fut fermée, et l'on en ouvrit une nouvelle dans l'alignement de la rue du Chaume, faisant face à la rue de Braque et destinée à servir de passage (1).

L'emplacement occupé jadis par l'hôtel de Laval fut déblayé et devint la cour d'honneur (2). Autour de cette cour fut pratiquée une galerie ornée de cinquante-six colonnes accouplées, d'ordre composite, d'un pareil nombre de pilastres correspondant aux colonnes, et couverte en terrasse avec balustrade au pourtour.

La porte principale s'ouvrit sur la rue de Paradis, dans un enfoncement circulaire qui en rend l'accès plus majestueux, et fut décorée de colonnes accouplées, d'ordre composite à l'intérieur et corinthien à l'extérieur, avec couronnement en ressaut, formant sur chaque face un avant-corps, dont l'attique était peint aux armes du prince. Les statues d'Hercule et de Pallas, sculptées par Coustou jeune et par Bourdy, figuraient sur l'avant-corps. Sur la balus-

(1) Cette porte, qui dès lors ne fut plus regardée que comme porte secondaire, subsiste encore aujourd'hui telle qu'elle fut construite alors.

(2) Cette cour est longue de soixante-deux mètres et large de quarante.

trade des trophées d'armes placés de distance en distance variaient le coup d'œil.

Une grande façade plaquée contre l'ancien édifice, pour en cacher la difformité, termina cette cour. Les deux ordres d'architecture employés pour la galerie et la porte servirent à cette décoration. Au rez-de-chaussée s'élevèrent huit colonnes d'ordre composite accouplées, entre lesquelles on ouvrit trois grandes portes cintrées conduisant dans le vestibule qui précède le grand escalier, peint par Brunetti. Le même nombre de colonnes, d'ordre corinthien, surmontant l'ordre composite, servit à encadrer les trois fenêtres du premier étage correspondant aux portes du rez-de-chaussée. Un fronton triangulaire, dans le tympan duquel les armes de Rohan-Soubise furent sculptées par Lorrain, servit de couronnement à cette façade. Sur ce fronton on plaça deux statues allégoriques à demi couchées, représentant la Force et la Sagesse, et aux extrémités des groupes de génies.

Pour donner de l'ensemble à ce grand corps d'architecture on ajouta de chaque côté quatre colonnes accouplées, d'ordre composite, s'élevant à distances égales et sur l'entablement desquelles on posa les quatre Saisons avec leurs attributs. Les statues du génie des sciences et de celui des arts, placées aux deux extrémités de la balustrade qui règne le long du mur, servirent à compléter le tableau.

L'intérieur, disposé de la manière la plus commode, fut magnifiquement décoré. La chapelle et ses peintures à fresque furent conservées. Plusieurs artistes contribuèrent à la décoration et à l'établissement des appartements. Natoire, Bouchet, Trémolière, Carle Vanloo, Bertout, etc., y employèrent leurs talents et en firent un des plus délicieux séjours de Paris.

Sous la révolution française cette magnifique résidence devint propriété nationale, et, vers 1808, un décret de Napoléon Ier ordonna qu'elle serait affectée à l'Imprimerie impériale.

L'hôtel d'O, plus tard appelé *hôtel de Luynes*, était situé à l'extrémité de la rue Gît-le-Cœur, à l'entrée du quai des Augustins. « On peut remarquer à l'entrée du quai des Augustins, dit Piganiol, du côté de la rue du Hurepoix, une maison à porte cochère, où demeure actuellement un libraire. Elle portait au commencement du siècle dernier le nom de l'*hôtel d'O*. » Elle appartenait à Pierre Séguier, maître des requêtes, qui, ayant quitté la robe pour l'épée, suivant le langage de l'époque, se faisait appeler le marquis d'O. Sa fille ayant épousé Charles, duc de Luynes, et lui ayant apporté cet hôtel en mariage, il fut alors nommé *hôtel de Luynes*. C'est dans cet hôtel que se réfugia le chancelier Séguier, le 27 août 1648, lors de l'émeute qui eut lieu à Paris au sujet de l'arrestation de Blancmesnil et de Broussel.

Cette maison, démolie en partie en 1671, avait été bâtie par François Ier, qui en fit un de ses *palais d'amour*. Elle communiquait à un hôtel qu'avait la duchesse d'Étampes dans la rue de l'Hirondelle.

L'*hôtel Zamet*, puis de *Lesdiguières*, était situé rue Lesdiguières. Le célèbre Zamet, maltôtier italien, renommé par ses richesses et par ses rapports intimes avec Henri IV, dont il servait les plaisirs, fit construire un hôtel magnifique dans une impasse, qui est une rue depuis la fin du siècle dernier. Cette maison, la plus vaste qui fût à Paris, était, au dire des contemporains, fort agréable et fort commode. « Il s'y voit, dit Sauval, des bains et des étuves que Zamet fit faire pour le plaisir de Henri IV et de ses maîtresses, et pour ce sujet on l'appeloit aussi le *Palais d'amour* de ce grand roi. » En 1599 Gabrielle d'Estrées alla loger quelque temps chez Zamet. Le jeudi saint, ayant bien dîné, il lui prit quelques éblouissements dans l'église du Petit-Saint-Antoine, où elle était allée entendre les Ténèbres. Revenue chez Zamet, et se promenant dans le jardin, après avoir mangé d'un citron (d'autres disent d'une salade), elle ressentit tout à coup des douleurs si aiguës qu'elle s'écria : *Qu'on m'ôte de cette maison ! je suis empoisonnée !* Elle mourut deux jours après. On avait déjà parlé de marier Henri IV avec Marie de Médicis, et, comme Zamet était né sujet du duc de Florence, ses ennemis le soupçonnèrent d'un crime dont il n'y eut aucune preuve.

Les héritiers de Zamet vendirent son hôtel à François de Bonne, duc de Lesdiguières et connétable de France. En 1716 il passa par succession dans la maison de Villeroi. C'est dans cet hôtel, qui fut vendu à des entrepreneurs et qui n'existe plus, que le czar Pierre le Grand logea en 1717.

L'*hôtel de Carnavalet*, bien autrement célèbre, était situé rue Culture-Sainte-Catherine et rue Neuve-Sainte-Catherine, au Marais. Il avait été commencé par Jean Goujon et par Jean Bullant pour le président des Ligneris. Vendu en 1578 à Françoise de la Beaune, dame de Carnavalet, continué par Ducerceau, il fut achevé par François Mansard. On y remarquait des sculptures qui manifestaient tout le talent de Jean Goujon ; c'étaient, sur la façade, des trophées, des lions, des enfants et une Renommée soutenant un cartouche, et, au fond de la cour, les quatre Saisons.

Il existait, vers la même époque, rue Pavée au Marais, à l'angle de la rue Neuve-Sainte-Catherine, un hôtel remarquable, commencé par Diane de France, fille légitimée du roi Henri II, terminé par Charles de Valois, duc d'Angoulême, acheté dans le cours du dix-septième siècle par l'illustre famille de Lamoignon, dont il portait le nom. Le premier président Guillaume Lamoignon y avait formé une précieuse bibliothèque. Par allusion au nom de Diane de France, les sculpteurs ont représenté, sur les murs et dans les frontons, comme ils l'avaient fait pour Diane de Poitiers, des croissants, des cors de chasse, des têtes de cerfs et de chiens.

Les artistes, moins éblouis qu'on ne le suppose par les travaux destinés à transformer Paris, regrettent fort de nos jours la disparition presque complète des hôtels du moyen âge, avec leurs créneaux, leurs portes munies de tourelles, leurs donjons et leurs chapelles; nous voudrions qu'on nous eût laissé quelque chose de ces maisons bourgeoises dont la décoration était si variée et si divertissante, avec leurs poutrelles illustrées de saints patrons, de fabliaux, de scènes comiques, d'animaux bizarres, leurs girouettes enluminées, leurs enseignes originales. Les marchands aimaient à faire sculpter, au-dessus des ogives de leurs boutiques, quelque figure sérieuse ou plaisante, pour attirer l'attention du passant, et plusieurs de nos rues doivent le nom qu'elles gardent encore à quelques-unes de ces vieilles enseignes depuis longtemps supprimées. La truie qui file, l'âne qui joue de la vielle, le chat qui pêche, la chèvre qui danse, étaient particulièrement affectionnés des boutiquiers du moyen âge.

Depuis que Paris est devenu une des villes les plus grandes et les plus peuplées du monde, il a fallu faire de la place à cette masse d'hommes, de chevaux, de voitures et de chars de toute espèce qui s'y meut jour et nuit. Les rues se sont donc élargies, les anciennes façades sont tombées, les vastes cours et les jardins des hôtels ont été annexés à la voie publique. On chercherait vainement aujourd'hui, dans notre capitale, une rue, comme on en trouve encore dans quelques villes secondaires de nos départements, qui ait conservé sa physionomie du moyen âge. Les rues de la Cité n'ont plus de caractère ; elles sont étroites, tortueuses, et voilà tout. De nos jours on les démolit, on les fait disparaître, et les artistes eux-mêmes, ces amateurs des vestiges du passé, ne sauraient les regretter. On n'a point encore abattu une partie des rues qui environnaient les Halles, et dont les maisons, soutenues par des piliers, formaient au rez-de-chaussée un passage public. Cette disposition était ancienne, sans aucun doute ; mais les édifices avaient été renouvelés à diverses époques et n'offraient plus aucun intérêt. Si, au lieu de remonter au moyen âge, on voulait s'arrêter aux règnes de Louis XIII et de Louis XIV, on trouverait, dans le quartier du Marais, des rues entières bordées d'hôtels, convertis pour la plupart en maisons d'éducation ou en établissements industriels, mais dont l'apparence extérieure a peu changé depuis deux siècles.

Durant le moyen âge et dans les siècles qui ont précédé la Révolution, divers carrefours ou emplacements devant les églises étaient ornés d'une croix. On en voyait aux

Halles, près du pilori, au milieu de la place de Grève, au carrefour formé par les rues Coquillière, du Jour et d'Orléans. Dans la rue Saint-Honoré, au bout de la rue de l'Arbre-Sec, il en existait une célèbre sous le nom de *Croix du Tiroir* ou *du Trahoir*; à l'extrémité septentrionale de la rue des Petits-Champs était la *Croix des Petits-Champs*, qui a donné son nom à cette rue; à la place Baudoyer, où commence la rue Saint-Antoine, on en voyait une autre.

Plusieurs rues et places doivent leur nom à la présence d'une croix ; telles sont la rue de la Croix-Boissière, celle de Croix-Cadet, de la Croix-du-Roule, de la Croix-Neuve, de la Croix-Rouge, etc. Il existait des croix dans tous les cimetières, et chaque église, chaque communauté religieuse avait la sienne.

D'autres vestiges du vieux Paris ont continué d'attirer, de loin en loin, l'attention de ceux qui sont curieux de coordonner les souvenirs du temps passé.

Nous voyons encore dans la rue du Four, n° 63, et dans la rue aux Fèves, n° 6, deux bas-reliefs en pierre, du seizième siècle, représentant la fontaine de Jouvence et la chaste Suzanne. A l'extrémité de la rue de la Harpe on remarquait, il y a peu d'années, un autre bas-relief sur lequel le roi David chantait, en s'accompagnant sur l'instrument dont cette rue porte le nom. Dans la *rue du Dragon*, n° 24, un hôtel garni a pris pour enseigne un plat remarquable de Bernard de Palissy, qui représente la victoire de Samson sur le lion, et tout près de là le monstre dont sainte Marguerite triompha est sculpté en pierre sur une des portes d'un passage qu'on appelle du même nom que la rue elle-même (1).

(1) **Rue des Canettes**, n° 18, des cannes, nageant sur un étang, bas-

Les maisons les plus anciennes de Paris ont été toutes replâtrées et défigurées. Elles se reconnaissent à leurs pignons en charpente, qui font face à la rue. Il en est, mais en bien petit nombre, dont les étages supérieurs empiètent sur la voie publique au moyen de consoles qui leur permettent de dépasser l'aplomb des piliers du rez-de-chaussée. Ces vieilles demeures bourgeoises se rencontrent dans la rue Saint-Honoré, près la rue Croix-des-Petits-Champs, dans le quartier Saint-Germain-l'Auxerrois, à côté de la tour Saint-Jacques, sur le parvis Notre-Dame et sur la place de l'École, dans la rue de la Harpe, etc. Dans la rue Saint-Denis, à l'angle de la rue des Prêcheurs, l'arbre généalogique de Jésus-Christ sort du flanc de Jessé, portant sur ses branches latérales douze rois de Juda et sur son rameau le plus élevé la Mère du Sauveur (1); il monte ainsi jusqu'au comble d'une maison qui date de la fin du quinzième siècle. M. Lenoir avait recueilli, au musée des Petits-Augustins, une encoignure de même style, qui représentait aussi un grand arbre. Celui-ci était chargé de pommes; une armée de jeunes singes, grimpant de branche en branche, en faisait tomber les fruits, tandis qu'un autre, plus vieux et plus rusé, assis au pied du tronc, les ramassait à son profit. Ce curieux pommier avait longtemps occupé l'angle formé par la rencontre de la rue des Vieilles-Étuves avec la rue Saint-

relief en pierre. — Rue du Cherche-Midi, autre bas-relief, un personnage qui dessine un cadran solaire. — Rue des Bourdonnais, n° 39, une tête de vieillard à barbe d'or, au-dessus d'une porte, dix-septième siècle.

Un marchand de comestibles de la rue Saint-Antoine, n° 134, a ressuscité l'emblème de la truie qui file.

(1) Tous les personnages étaient autrefois rehaussés d'or et de couleur.

Honoré. Au lieu de ces encoignures de bois sculpté, les maisons plus considérables et plus solidement bâties se terminaient à leurs angles par de gracieuses tourelles. Rien de plus joli à l'intérieur que les petites pièces, circulaires ou polygonales, ainsi disposées. De là on pouvait voir ce qui se passait dans trois ou quatre rues voisines. Les maçons de nos jours font une guerre acharnée aux tourelles; on s'imagine les remplacer avantageusement par des pans coupés, c'est-à-dire par une des choses du monde les plus désagréables, à notre avis. Nous avons vu détruire tout nouvellement celles de la place de Grève, de la rue Jean-Tison, de la rue de la Tixeranderie. Cett dernière dépendait d'une maison que Scarron avait habitée en compagnie de sa femme, qui depuis, chacun le sait, échangea l'humble demeure de son premier mari contre les royales splendeurs de Versailles. Les tourelles les plus intéressantes qui aient survécu jusqu'à présent se trouvent dans la rue Hautefeuille; dans celle de l'École-de-Médecine, au coin de la rue du Paon; dans la Vieille-Rue du Temple, à l'angle de celle des Francs-Bourgeois; dans la rues des Prêtres-Saint-Germain l'Auxerrois, au presbytère de l'église paroissiale. La rue Hautefeuille en possède encore six à elle seule, dont trois sont posées en encorbellement à des coins de rues (1), tandis que les trois autres se rangent sur la façade d'une même maison (2).

(1) La tourelle à l'angle de la rue Percée faisait partie d'un bâtiment qu'on appelait l'*hôtel de Fécamp*. Elle est revêtue intérieurement d'une boiserie sculptée de moulures et d'arabesques; seizième siècle.

(2) M. F. de Guilhermy. — Nous avons donné ailleurs le spécimen de ces maisons.

CHAPITRE III.

Municipalité parisienne. — Hôtel de ville.

Nous avons successivement mentionné, en esquissant les annales de la capitale de la France, l'organisation administrative de cette grande cité et les diverses charges, juridictions et magistratures qui se rattachaient au municipe parisien, durant la période du moyen âge. Nous avons dit ce qu'était le *Parloir aux bourgeois* et comment se développaient, peu à peu, l'action municipale et la justice urbaine; nous avons parlé de la prévôté de Paris, de la prévôté des marchands, de la hanse, de l'échevinage, des revenus de la Cité, du bureau de la Ville, de la voirie, de la police, de l'édilité et des différentes institutions commerciales et industrielles dont chaque jour voyait s'accroître l'importance. Tout porte à croire que, durant la période mérovingienne et carlovingienne, le lieu où s'assemblaient les magistrats du municipe était situé dans la Cité, au centre des affaires, près la place du Commerce.

Germain de Brice, écrivain érudit et sagace, nous dit ce qui suit : « L'hôtel de ville était autrefois dans l'île du Palais, au bord de la rivière; on y voyait encore des restes de cet ancien édifice dans la rue d'Enfer (la rue Basse), assez proche de l'église Notre-Dame, qui marquent que c'était peu de chose, ce qui obligea de choisir un endroit plus convenable. »

Nous devons regretter que Germain de Brice n'ait pu nous apprendre à quelle époque ce changement s'opéra ; mais enfin nous avons ici trace de l'existence d'un édifice municipal sous nos premiers rois, puisque du temps de Brice on voyait encore, près de l'église Notre-Dame, des restes de cet édifice.

A mesure que Paris s'agrandit, et après les glorieux règnes de Philippe-Auguste et de Saint-Louis, on dut transporter ailleurs le siége principal des affaires municipales. L'emplacement où se réunirent les magistrats de Paris était vraiment le Louvre du peuple, mais jusqu'au seizième siècle aucun édifice digne d'une si haute destination n'avait été mis à la disposition de la ville. Et pourtant dès cette époque le « Parloir aux bourgeois » possédait de nombreuses propriétés qui lui constituaient un fief. Le prévôt des marchands, comme encore de nos jours les lords-maires de Londres, avait rang et titre de noble. Le roi Charles VI et ses successeurs avaient confirmé les priviléges nobiliaires du prévôt, et Henri III, par ordonnance datée de 1577, déclara que le seul fait d'occuper cette charge était anoblissant. Il voulut même que son ordonnance eût un effet rétroactif; non-seulement le prévôt en exercice reçut le titre de chevalier, mais ce titre fut conféré à tous les bourgeois qui, depuis vingt ans, avaient exercé les fonctions de prévôt des marchands.

Le premier hôtel de ville de Paris était situé dans le quartier Saint-Jacques, à la hauteur de la rue des Grès.

« C'étoit, dit Sauval, un gros édifice surmonté d'une terrasse pavée, formant saillie de neuf toises environ sur les fossés de la ville, flanqué aux deux coins extérieurs et fermés de tours rondes et carrées dont le sommet se dressoit en pointes ou se terminoit par une plate-forme en pierre de liais. »

Ce bâtiment, que des registres de la chambre des comptes des années 1266 et 1386 appellent déjà *le Parloir aux bourgeois* ou *Confrairie aux bourgeois*, resta jusqu'au dix-septième siècle propriété particulière de la ville et fut toujours entretenu à ses frais. C'est ainsi qu'en 1366 Robert de Pierrefonds, pionnier, était chargé de réparer les fossés qui bordaient cette maison; l'année suivante la terrasse qui la couvrait fut pavée de nouveau, et en 1368 Jean de Blois, peintre, recevait une somme de 26 livres parisis pour les ouvrages qu'il avait faits à l'intérieur.

Il était naturel que le Parloir aux bourgeois fût sur la rive gauche, puisque, dans le principe, cette partie de la ville était la plus importante. Quand la ville se développa sur la rive droite, après les ravages exercés sur la rive gauche, le siége de la Marchandise fut transporté sur l'autre bord. Étienne Marcel, prévôt des marchands, fit en 1357 l'acquisition d'une maison en Grève pour y installer la prévôté.

Cette maison était la seule bâtie alors en cet endroit; elle était soutenue par de gros piliers qui la faisaient appeler vulgairement *Maison aux Piliers*. On l'appelait encore *Hostel au Dauphin*.

Le prévôt l'acheta 2,880 livres à Jean d'Auxerre, prévôt des gabeliers de Paris, qui la tenait de la générosité de Charles, fils aîné du roi Jean, Dauphin du Viennois en Dauphiné, auquel Philippe de Valois l'avait donnée en 1344.

Dans l'acte qui fut passé à Paris en juillet 1357, il est dit que « Jehan d'Auxerre et Marie, sa femme, vendent à honorables hommes et sages sire Estienne Marcel, prévost des marchands de la ville de Paris, et aux eschevins de la-dicte ville, une maison ou hostel dit et appelé *Hostel au Dauphin*, à deux pignons par-devant, si comme ycelle maison ou hostel se comporte et estend de toutes parts, haut et bas, devant et derrière, en long, en large et en parfond, etc., assis à Paris, en Grève, tenant d'une part à la maison d'honorable homme et sage sire Dimenche de Chateillon, et d'autre part à la maison de Giles Marcel, aboutant par derrière à la ruelle du Martroy de Saint-Jehan en Grève et par devant à la place de Grève, la censure du roi nostre sire. »

« Pour ce qui est du bâtiment, dit Sauval, c'étoit un petit logis qui consistoit en deux pignons et qui tenoit à plusieurs maisons bourgeoises... Je ne m'amuserai point à faire un long récit de tous ses appartements; il suffira de savoir qu'il y avoit deux cours, un poulailler, des cuisines hautes et basses, grandes, petites, des étuves ou bains, une chambre de parade, une autre appelée le *plaidoyer*, une chapelle lambrissée, une salle couverte d'ardoises, longue de cinq toises et large de trois, avec plusieurs autres commodités. En 1430 il y avoit encore un grand grenier pour l'artillerie. Mahier ou Mathieu Biterne peignit la chambre qui tenoit au bureau et l'embellit, à la façon du temps, de fleurs de lys et de rosiers entremeslés et rehaussés des armes de France et de la Ville. »

La grande chambre où les officiers municipaux tenaient leurs séances était nattée en hiver et jonchée d'herbe en été, ainsi que le prouvent les comptes de dépenses de l'année 1425.

Au-dessus du bureau des officiers municipaux étaient

« un Dieu de pitié (crucifix) et un saint Grégoire, achetés, en 1424, seize sous parisis. »

Au plafond « pendoit une chesne de fer de quatre pieds et demi de long, les pintes, chopines et demy-septiers confisqués. »

Autour de l'ancien Parloir aux bourgeois de la rive gauche régnait une enceinte de fossés; la Maison aux Piliers, qui manquait de ce moyen de défense, était parfois visitée par les voleurs, témoin le compte d'Oudin Harelle, serrurier, compte « de X sous parisis pour une forte serrure par lui faicte et livrée, garnie de cercles ferrés, pour fermer l'huis du comptoir où se tient Mortin de la Planche, en l'hostel de ville, pour ce que celle qui y estoit avoit esté crochetée par les malfaicteurs. »

C'est là que la Marchandise traversa cette époque désastrueuse qui vit Paris ensanglanté par les luttes des partis se disputant, sans souci du bien de l'État, les lambeaux du pouvoir échappé des mains de Charles VI. La Maison aux Piliers fut le théâtre de plus d'une scène sanglante. Les corporations prirent part, comme on l'a vu plus haut, aux diverses réactions démagogiques de cette funeste période, et, quand le pouvoir royal fut en mesure de châtier la ville, il lui enleva ses priviléges et ses armes. Alors le souverain prit en sa main la prévôté des marchands, l'échevinage, le greffe, toute la juridiction, les ventes et les deniers communs de la ville; il transporta au prévôt de Paris ou à son lieutenant la juridiction municipale. Tout ce qui appartenait à l'hôtel de ville, tant au fait de la rivière et de la marchandise qu'en toute autre chose, passa au prévôt de Paris. Le receveur ordinaire du domaine du roi fut chargé de percevoir les recettes de la ville. Toutes les maîtrises et communautés des métiers furent en même temps abolies; les charges de dizainiers, cinquanteniers et quarteniers furent supprimées.

La ville souffrit beaucoup de cette suppression de sa municipalité. Ses monuments, qu'on n'entretenait plus, tombèrent en ruines; la cité, manquant de police, présenta bientôt de nombreux symptômes de décadence (1).

De meilleurs jours se levèrent plus tard pour Paris (nous en avons esquissé ailleurs le tableau); le pouvoir royal rendit à la ville ses magistrats, ses officiers, ses priviléges. Cependant de longues années avaient interrompu les traditions municipales; les vieux usages existaient à peine conservés dans la mémoire d'un petit nombre de vieillards. Le greffe de la ville avait été pillé et ses archives dissipées. Pour remédier à tout ce désordre le roi nomma des commissaires qui travaillèrent à la confection d'une ordonnance générale qui servit désormais de règle pour l'administration municipale. Ces commissaires, que présidait le sieur de Mauloüé, conseiller au Parlement, homme réputé pour ses vastes connaissances, firent chercher au trésor et partout les vieilles chartes, les papiers, les registres de la ville, appelèrent les vieillards et les gens éclairés pour se renseigner auprès d'eux. Le travail ne fut terminé qu'après trois ans. Au mois de février 1415 une ordonnance générale fut rendue sur le fait et la juridiction de la prévôté de Paris. Elle fut scellée du grand sceau et devint le code municipal.

L'exécution de la nouvelle législation fut confiée à de

(1) M. Léon Michel, *la Municipalité de Paris depuis son origine jusqu'en* 1789.

nombreux agents. En tête nous retrouvons encore, comme au treizième siècle, huit officiers : le prévôt des marchands, quatre échevins, le procureur du roi, le greffier et le receveur, lesquels composaient ensemble le bureau de la Ville. La prévôté et l'échevinage ne pouvaient être déférés qu'à des personnes irréprochables dans leurs affaires et leur conduite. Lorsque Henri III, par lettres du 1er janvier 1577, enleva aux bourgeois de Paris le privilége d'avoir des armoiries timbrées, il en excepta le prévôt des marchands et les échevins qui avaient été en charge depuis vingt ans. Ces priviléges furent confirmés par deux édits de Louis XIV des mois de juillet 1656 et novembre 1706. Suivant un édit d'août 1715, le prévôt et les échevins se trouvèrent compris dans la révocation générale des priviléges de noblesse accordés pendant la vie de ce prince; mais la noblesse leur fut rendue par une autre déclaration du mois de juin 1716, avec un effet rétroactif en faveur des familles de ceux qui avaient passé par l'échevinage pendant le temps de la suppression et de la suspension de ce privilége.

Les rois, comprenant l'importance du costume, voulaient que les magistrats municipaux fussent magnifiquement vêtus. Le prévôt des marchands portait une soutane de satin rouge, avec boutons, ceinture et cordon d'or, par-dessus laquelle tombait une robe de palais, ouverte, mi-partie de velours rouge, et tanné. La coiffure était une toque mi-partie des mêmes couleurs, avec gland et large galon d'or.

Il marchait précédé du colonel des archers de la ville, de leurs guidons et lieutenants, et des trois cents hommes de cette compagnie, portant une casaque bleue avec galons d'argent, brodée sur le dos et la poitrine du vaisseau de la ville.

Venait ensuite le maître d'hôtel, l'imprimeur, le capitaine de l'artillerie ou ingénieur de la ville, le maître de maçonnerie et de charpenterie, tous en noir.

Les huissiers ou sergents de la Marchandise et du Parloir aux bourgeois portaient des robes de drap mi-parties rouges et tannées, avec un vaisseau d'argent doré, brodé sur l'épaule.

Le greffier, ancien clerc du Parloir aux bourgeois, portait une robe mi-partie rouge et tannée, en drap doublé de velours noir, à manches pendantes de velours rouge.

Après le prévôt des marchands venaient les échevins, en robe de velours, mi-partie aux couleurs de la ville, à grandes manches pendantes. Ils étaient coiffés d'un chapeau à cordon d'or.

Puis :

Le procureur du roi, en robe de palais de velours rouge ;

Le receveur de la ville, en manteau à longues manches de velours tanné ;

Les conseillers de la ville, en robes et manteaux à longues manches de satin ;

Les quarteniers, en manteaux à manches de velours ciselé ;

Puis les six corps de métiers :

Les gardes de la draperie, en robes de velours noir, la toque à cordon d'or ;

Les gardes de l'épicerie, en robes de velours tanné ;

Les gardes de la mercerie, en robes de velours violet ;

Les gardes de la pelleterie, en robes de velours bleu, fourrées de loup-cervier ;

Les gardes de la bonneterie, en robes de velours tanné;

Les gardes de l'orfévrerie, en robes de velours rouge cramoisi;

Les gardes de la marchandise du vin, en robes de velours bleu, portant la toque de velours à cordon d'argent;

Enfin les cinquanteniers, dizainiers et autres bourgeois notables, en costumes de ville tout noir (1).

Sous François Ier la Maison aux Piliers se faisait vieille : elle se lézardait en divers endroits; la population d'ailleurs avait augmenté depuis les guerres civiles, ainsi que l'importance des relations commerciales de Paris, et la Maison aux Piliers, qui n'était pas jugée très-solide, ne pouvait plus contenir le personnel qui se rattachait à l'administration municipale. Ou il fallait la restaurer et l'agrandir, ce qu'on avait déjà fait, ou il fallait en construire une nouvelle; on s'arrêta à ce dernier parti, et on fit bien. Mais la construction d'un nouvel hôtel de ville n'était pas une mince affaire pour Paris; commencé en 1533, il ne fut achevé qu'en 1605. à la vérité, les événements en firent à plusieurs reprises suspendre les travaux. On dut d'abord acheter plusieurs maisons voisines de la Maison aux Piliers; les propriétaires ne se montrèrent pas fort accommodants, et on dut s'adresser au roi pour les exproprier (13 décembre 1534). François Ier aimait les arts, les palais somptueux; il ne demanda pas mieux que d'aider la ville dans son projet de construction, et le conseil de ville fut bientôt muni de bonnes lettre patentes, signées du roi, portant que l'on offrirait aux propriétaires maison pour maison, ou argent selon la prisée qui en serait faite, et qu'ils seraient tenus

---

(1) M. Léon Michel, *Municipalité de Paris*, etc.

de déguerpir; puis, au mois d'août de la même année, la ville fut autorisée à se servir des octrois, dons et aides qui étaient affectés à l'entretien des fortifications, pour construire son hôtel de ville.

Il fut tout d'abord convenu et arrêté qu'on ferait un monument digne de la capitale du royaume; on tenait Paris dès ce temps-là pour la plus belle ville d'Europe.

La première pierre de l'hôtel de ville fut posée avec une grande solennité, en présence du prévôt des marchands, Pierre Viole, sieur d'Athis, conseiller au Parlement, et des échevins Gervais Larcher, Jacques Boursier, Claude Daniel et Jean Barthélemy (1). Dubreuil mentionne ainsi cette cérémonie :

« En l'an 1533, le 15 juillet, fut posée la première pierre du nouveau bastiment de l'Hostel-de-Ville par messieurs maistre Pierre Viole, sieur d'Athis, conseiller du roy nostre sire en sa cour de parlement à Paris, prévost des marchands, et maistre Gervais l'Archer, Jacques Boursier, Claude Daniel et Jean Barthélemy, eschevins, lesquels avoient chacun une truelle argentée pour prendre du mortier faict de sable et de chaux. Sur laquelle pierre estoit une lame de cuivre où estoient gravées les armes du roy, et aux deux costez les armes de la ville, avec cet escrit : *Facta fuerunt hæc fundamenta,* etc.... Pendant que l'on faisoit l'assiette de ceste pierre sonnoient les fifres, tambourins, trompettes et clairons, artillerie, cinquante hacquebutes à crocq de la ville, avec les hacquebutiers d'icelle ville qui sont en grand nombre. Et aussi sonnoient à carillon les cloches de Saint-Jean-en-

---

(1) *L'Hôtel de ville et la Bourgeoisie de Paris,* par M. T. Rittiez.

Grève, du Saint-Esprit et de Saint-Jacques de la Boucherie. Aussi au milieu de la Grève il y avoit vin défoncé, tables dressées, pain et vin pour donner à boire à tous venants, en criant par le menu peuple à haute voix : *Vive le roy et messieurs de la Ville!* »

Tout semble indiquer que, contrairement aux intentions du roi, les premiers architectes ne déployèrent pas une grande activité dans la construction de cet édifice; au mois de juin 1534 le prévôt des marchands leur écrivit une lettre très-pressante, dans laquelle il remontrait à Me Pierre Lambiche, à Jacques Arasse, à Jehan Asselin, à Louis Coqueton et à Dominique Boccator de Cortone, qu'il était nécessaire de hâter les travaux, qu'une surveillance plus active devait être exercée sur les ouvriers, que tous les cinq ensemble ne devaient pas s'en aller dîner, mais que chacun à leur tour ils devaient rester pour avoir l'œil sur les ouvriers.

Les plaintes et remontrances du prévôt des marchands se renouvelèrent souvent, et, si les maîtres des œuvres se hâtèrent lentement, M. le prévôt ne mettait pas de lenteur pour les gourmander, les admonester. En consultant les archives de la ville on voit aussi que les maîtres des œuvres ne furent pas toujours au mieux ensemble, et l'on voit que, dans le mois d'avril 1535, quatre conseillers furent adjoints au prévôt des marchands et aux échevins pour terminer un différend qui s'était élevé entre eux. Cela assurément ne devait pas contribuer à la prompte exécution des travaux.

François 1er ne voyait pas toutes ces longueurs sans déplaisir; dans le mois de septembre de l'année suivante le prévôt des marchands et les échevins allèrent à Saint-Germain pour le complimenter à son retour de la guerre. François Ier leur répondit « qu'il étiot joyeux de ce que ses subjects entendoient que, ce qu'il avoit faict, il l'avoit faict comme un bon roy doit fere pour ces subjects, et, quant aux habitants de Paris, il les tient pour ses bons et loyaux subjects. Ce fait, le roy ordonna auxdicts prévost des marchands et échevins que, en toute diligence possible, ils fissent parachever le bastiment du quay pour passer du Louvre aux Tuileries, et qu'il trouvast l'ouvrage parachevé dedans brief temps qu'il espéroit aller à Paris. Et dict aussi qu'il entend que l'on continue le bastiment de l'hostel de ville, attendu que sommes en temps de paix. » (*Extraits des registres de l'Hôtel de Ville.*)

Le prévôt des marchands redoubla alors de zèle pour hâter les travaux; mais le temps de paix passa vite, car dès le 27 avril de l'année suivante (1537) le roi adressa au prévôt des marchands et aux échevins une lettre qui leur ordonnait de cesser les travaux de l'hôtel de ville. Cet ordre du roi pourrait paraître étrange si on ne se rappelait que François Ier avait, par une ordonnance royale, autorisé le prévôt des marchands à employer, pour la construction de l'hôtel de ville, les *aydes, dons et octrois* qui devaient être appliqués aux fortifications de Paris. Il fallut, la guerre étant déclarée, songer de nouveau à mettre Paris en état de défense, et, par suite, reporter les fonds disponibles sur les travaux de fortifications.

Les travaux de la première construction furent terminés vers l'année 1541. A cette époque l'hôtel de ville était composé de trois corps de bâtiments, dont l'un sur la place, un second parallèle au précédent sur la ruelle Saint-Jean, et un troisième, suivant la direction de la

Seine, sur la rue du Martroy. Ces bâtiments ont dû être construits successivement et occupés de même par l'administration municipale, et tout aussitôt qu'on aura pu en disposer.

Piganiol de la Force dit, en parlant de la première construction, qu'elle parut gothique, que le bâtiment ne fut depuis continué que sur les devis et élévations qu'on fit voir à Henri II à Saint-Germain en Laye.

Les travaux de construction ayant été longtemps suspendus, par l'effet des troubles, l'hôtel de ville fut enfin achevé, en 1606, sous le règne de Henri IV, par les soins du célèbre prévôt des marchands François Miron, et sous la direction d'André du Cerceau, qui fit quelques changements au plan de l'architecte italien. Le vénérable prévôt donna neuf cents livres de ses propres deniers et plus de vingt-deux mille livres de droits à sa charge pour les derniers travaux de la façade. Il fit faire les ornements, le grand perron, les escaliers, le portique, et plaça sur le cintre qui surmonte la porte d'entrée la statue équestre de Henri IV. Cette grande figure de bas-relief *en couleur de bronze* passait pour être le chef-d'œuvre de P. Biard, habile sculpteur du temps, disciple de Michel-Ange. Il avait, dit-on, voulu imiter la statue de Marc-Aurèle, placée à Rome au milieu de la place du Capitole. Dégradée pendant les troubles de la Fronde, le 4 juillet 1652, cette figure, *qui est peut-être*, dit Sauval, *le seul excellent portrait qui nous reste du grand prince*, fut assez mal restaurée par Biard le fils. Détruite en partie pendant la Révolution, elle fut remplacée sous l'empire par la statue de Napoléon, et en 1815 par un bas-relief en plâtre. De nos jours on a rétabli l'effigie en bronze.

L'hôtel de ville, tel qu'il fut achevé en 1605, était loin d'occuper tout l'emplacement qu'il tient aujourd'hui. La grande façade sur la place de Grève n'était composée alors que d'un rez-de-chaussée, au niveau de la place, et d'un étage supérieur, au niveau de la cour, auxquels venait se joindre à droite un pavillon d'angle à deux étages; le premier étage était surmonté d'une balustrade, au-dessus de laquelle s'élançait un élégant campanile décoré à sa base de deux statues allégoriques; deux ordres de colonnes composites superposées décoraient la façade. Entre chaque colonne au premier étage était une niche, aujourd'hui garnie d'une statue. Le pavillon comptait un étage de plus.

De chaque côté du pavillon s'ouvraient deux portes en arcades à plein cintre, avec leurs tympans décorés de sculptures. Rien de plus pittoresque et de plus élégant en même temps que cet ensemble architectural. Cette façade demeura jusqu'en 1830 telle que Dominique de Cortone l'avait faite.

L'hôtel de ville de 1605, et tel que nous l'avons encore vu en 1830, ne manquait ni de grâce ni de légèreté; il se mariait très-bien avec toutes les rues qui l'avoisinaient; elles paraissaient même contribuer à lui donner de l'éclat. Les édifices ne gagnent pas toujours, au point de vue de l'art, à être environnés de nouvelles rues, de places plus étendues; il y a une mise en scène pour les édifices qu'on ne peut pas refaire sans leur ôter leur véritable physionomie (1).

La partie ancienne de l'hôtel de ville, la seule dont

---

(1) M. Rittiez.

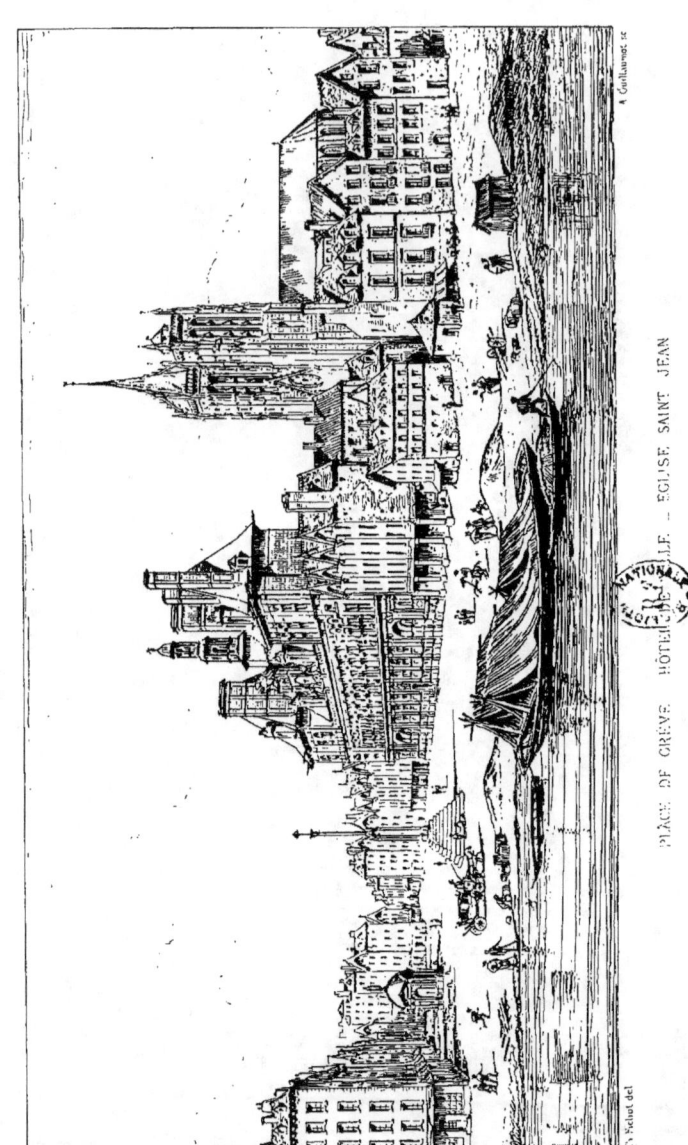

PLACE DE GRÈVE. — HÔTEL DE VILLE. — ÉGLISE SAINT JEAN

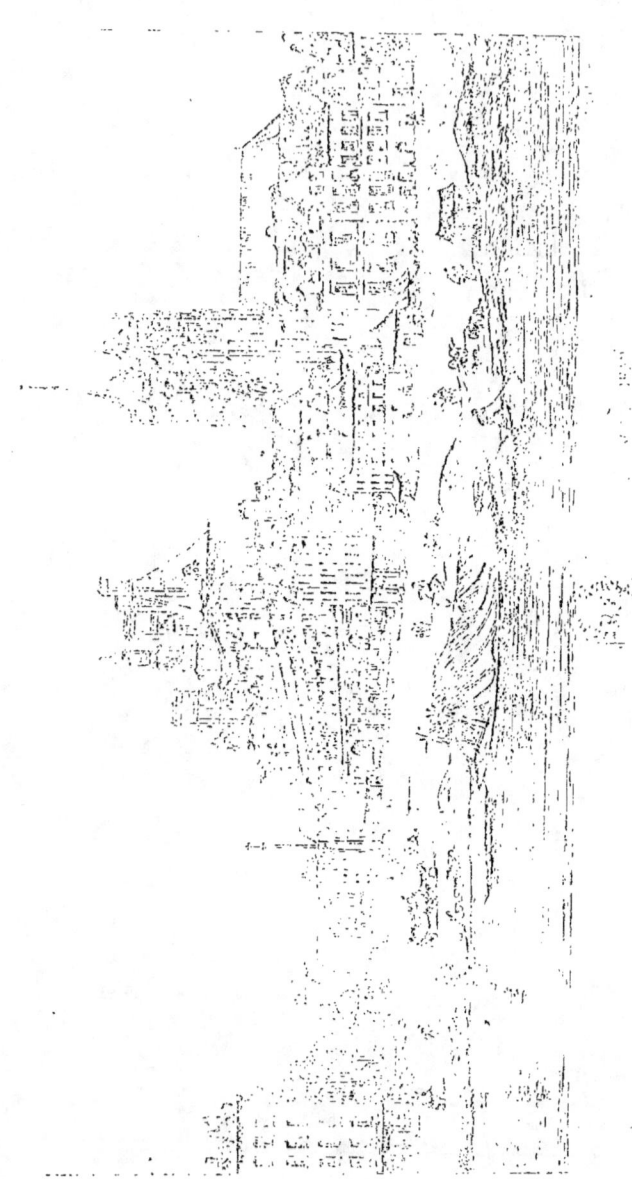

nous nous proposions en ce moment de rendre compte, présente, du côté du couchant, une assez longue façade, flanquée de deux pavillons carrés, au-dessus desquels s'élèvent des combles d'ardoises et de hautes cheminées de pierre. A l'intérieur, des bâtiments construits à diverses époques environnent une cour quadrangulaire. Les autres ailes du monument, qui doublent l'étendue de la façade et qui forment, autour de l'édifice primitif, une enceinte d'un immense développement, ont été construites de 1837 à 1844, sous la direction de M. Godde, architecte de la ville, avec le concours de M. Lesueur. Elles couvrent l'emplacement de l'ancien hôpital du Saint-Esprit, de l'église Saint-Jean-en-Grève, et d'une grande quantité de maisons particulières. Une des maisons, appuyée contre le pavillon méridional, était soutenue par des piliers, comme la vieille habitation des Dauphins, et portait pour enseigne l'image de Notre-Dame. Le corps de logis central de la façade se compose d'un rez-de-chaussée et d'un étage supérieur; les pavillons ont un étage de plus. Les fenêtres, les unes carrées, les autres cintrées, sont pour la plupart surmontées de frontons et divisées en croix par des meneaux de pierre. Des colonnes cannelées, d'un ordre composite, s'ajustent entre les baies du rez-de-chaussée; elles ne servent à supporter aucun des membres de l'architecture; mais elles vont se relier par des consoles renversées à des niches placées entre les fenêtres du premier étage. Sous les niches des culs-de-lampe historiés présentent des génies, des têtes d'anges, le vaisseau des armoiries de la ville, des H couronnés. Les statues qui occupent les niches n'ont été sculptées que pendant le cours des travaux de restauration. Au-dessus de la la porte, comme on l'a vu plus haut, une figure équestre de Henri IV, coulée en bronze d'après le modèle de M. Lemaire, remplace celle qui passait pour le chef-d'œuvre de Pierre Biard et que la Révolution a brisée. Le roi est couvert de son armure; mais il a la tête nue, et sa main droite tient, en signe de paix, un rameau d'olivier.

De grandes fenêtres de pierre coupent les combles, au-dessus de la corniche; elles sont ornées d'enroulements et de figures de femmes qui tiennent des palmes. Au milieu un attique contient le cadran de l'horloge, environnée de statues de pierre, la Seine, la Marne, la Force, la Justice et la Ville de Paris. A l'entablement deux génies accompagnent un écusson aux armes municipales. Un campanile à huit pans renferme les timbres.

Deux larges arcades, conduisant aujourd'hui à des cours latérales, s'ouvrent au bas des deux pavillons. Avant la construction des bâtiments [neufs celle du sud servait de passage public pour aller de la place de Grève à la rue Saint-Antoine; l'autre communiquait autrefois avec l'hôpital du Saint-Esprit, dont l'édifice fut approprié, dans les premières années de notre siècle, à l'habitation du préfet de la Seine. La porte médiane a ses vantaux décorés de têtes de Méduse d'un assez beau caractère. Un escalier de pierre monte à la cour intérieure. Cette cour était entourée d'un double portique, avec colonnes engagées, d'ordre ionique au rez-de-chaussée et de style corinthien au premier étage. La plupart des baies ont été fermées par des châssis. La statue en bronze de Louis XIV, debout au centre de l'aire, est l'œuvre de Coyzevox, qui fit aussi les deux bas-reliefs du piédestal, la Générosité royale secourant le peuple, et la Religion foudroyant l'Hérésie. Des inscriptions, autrefois gravées en lettres d'or dans les frises du bâtiment, consacraient la mémoire des événements les plus mémorables du règne de ce prince.

Le temps, les révolutions, les remaniements continuels ont fait disparaître à peu près toute la décoration intérieure du monument. On y trouve encore cependant quelques détails gracieux dans les plafonds sculptés des galeries; un bel escalier, que recouvre une voûte élégante à nervures et clefs pendantes; plusieurs portes, dont une est datée de 1542, et qui sont accostées de pilastres en style de la Renaissance; enfin, dans la salle du Trône, les deux cheminées monumentales, du temps de Henri IV, avec leurs colonnes et leurs statues (1).

La *salle du Trône* était, dans l'origine, la grande salle d'audience, lieu des réceptions solennelles. Cette salle occupe toute la façade de l'ancien hôtel de ville. A ses deux extrémités on remarque deux cheminées monumentales. Dans l'origine on l'éclaira par dix belles fenêtres dont la menuiserie fut traitée avec soin, ce qui est attesté par un devis assez curieux encore déposé aux archives de la ville. Ce devis, du 24 mars 1608, est ainsi conçu : « Devis des dix croisées de menuiserie qu'il convient faire en la grande salle neuve de l'hostel de ville de Paris. — Premièrement fault faire le chassis dormant de seize pieds deux poulces de hauteur et de six pieds et demy de largeur.

Item des battants au pourtour, auront trois poulces de largeur et deux poulces et demy d'épaisseur. La tra-

---

(1) M. F. de Guilhermy.

verse d'en bas, avec son recouvrement de sa moulure, qui pose sur le puits; le montant du milieu, avec les trois traverses, auront six poulces de largeur et deux poulces et demy d'épaisseur, garny d'une feuillure au pourtour pour loger le chassis à verre.

« Item fault faire les huit chassis à verre pour poser sur le chassis dormant, qui contiendra de largeur quatre poulces, et deux poulces d'épaisseur, assemblez à onglets, ravallé dedans et dehors, portant sa monsture et recouvrement.

« Item fault faire les huict volets, qui se mectent dans les huicts chassis à verre, le bois de trois poulces et demy de largeur et d'épaisseur quinze lignes; le tout assemblé à onglets, ravallé des deux costés, garny chacun volet de deux panneaux et ung montant, les panneaux enrichys, le tout de bois, de fonte, bon, loyal et marchand, et de pareille qualité et forme que les croisées du grand et petit bureau. »

Ce devis fut accepté par voie d'adjudication le 24 mars.

« Roger et Beauvais ensemble, qui ont offert, dit le procès-verbal d'adjudication, de faire ycelle besogne pour le prix de six vingts livres tournois la croisée, et pour ce que par dessoubs lesdicts Roger et Beauvais aulcuns autres menuisiers n'ont voulu mettre rabais, et qu'il ne s'est présenté aulcunes autres personnes pour faire la condition de la ville meilleure que lesdicts Roger et Beauvais, avons faict marché avec iceulx ensemblement pour lesdicts ouvrages de menuiserie au prix de six vingts livres tournois chacune croisée. »

Les croisées furent faites conformément aux clauses du devis.

Dans un document ayant pour titre : *État de l'intérieur de l'Hôtel de Ville et des numéros mis sur les portes en juin* 1745, nous trouvons la distribution des diverses pièces composant l'hôtel de ville. On voyait au rez-de-chaussée le bureau des huissiers, le parquet du procureur du roi et diverses pièces qui en dépendaient. Dans le pavillon du côté du Saint-Esprit étaient la chambre du domaine, la chambre de la reine, l'entrée de la grande salle, la chambre de l'ancienne horloge ; au premier étage le trésor, la salle des gouverneurs, la chapelle de Messieurs, la salle des gardes, l'entrée de la grande salle, la chambre de la reine, la chambre d'audience, la chambre du conseil.

Le prévôt des marchands demeurait à l'hôtel de ville ; mais, dans les temps où il résidait dans la Maison aux piliers, la pièce ou les pièces qu'il occupait étaient très-simplement meublées. Il en fut de même pendant longtemps, et même alors que le nouvel hôtel eut été construit. Voici comment était garnie sa principale chambre. On y voyait un lit garni de ciel et custode de damas noir à franges de soie noire, composé de matelas, courtepointe et couverture ; d'une table, six chaises, et un feu complet, ainsi désigné : deux chenets pour la cheminée, pelle, tenailles et fourchettes. L'hôtel de ville avait une buvette qui était tenue aux frais du budget municipal ; elle était située au rez-de-chaussée, du côté de l'arcade Saint-Jean ; les membres du conseil de ville venaient là, tout en se rafraîchissant, se distraire de leurs graves occupations.

Le pavillon du côté de la rivière était ainsi distribué : principale entrée sous l'arcade, chambre de MM. les quarteniers, pavillon sur la rivière, magasin des armes, dans le cabinet dit pavillon, et la prison dite de l'Opéra. On avait établi sous l'arcade Saint-Jean un corps de garde, tant pour des archers à pied qu'à cheval; puis sous cette arcade se trouvait un tourniquet auquel on avait donné le nom de tourniquet Saint-Jean.

La cour de l'hôtel de ville était entourée des portraits en médaillons de plusieurs prévôts des marchands; on en voyait encore quelques traces en 1817. Depuis, la cour ayant été ragréée et remise à neuf, ces précieuses peintures ont complétement disparu.

L'hôtel de ville, enrichi et décoré avec soin sous les successeurs de Miron, a été dépouillé, pendant la Révolution, de presque tous les ouvrages d'art qui rappelaient le gouvernement déchu. L'antichambre de la *salle des Gouverneurs* était ornée d'un tableau peint par de Troy père, à l'occasion de la naissance du duc de Bourgogne, père de Louis XV. La salle au fond de la cour contenait les portraits en pied des gouverneurs de Paris, à partir du duc de Bournonville (1); sur la cheminée le portait de Louis XV, donné en 1736 par ce roi, et un grand tableau de Carle Vanloo représentant Louis XV assis sur son trône, recevant les hommages du prévôt et des échevins de Paris, à l'occasion de la paix de 1739. Dans la salle *d'Audience* ou *du Conseil* on remarquait, parmi plusieurs tableaux, *l'entrée de Henri IV à Paris*, et celle de Louis XVI dans cette ville, après le rétablissement des parlements, en 1774. On voyait dans la *grande salle* ou *salle du Trône* des ouvrages d'artistes célèbres. Je citerai entre autres un beau tableau de Nicolas Largillière, dont le sujet était

---

(1) Brice, t. II, p. 138.

le Festin donné par la ville à Louis XIV; le Mariage du duc de Bourgogne avec Marie-Adélaïde de Savoie, par le même; Louis XV accordant à la ville des lettres de noblesse, par Louis de Boullongne, etc., et des tableaux de François Porbus, dit *le Jeune*, représentant des prévôts et des échevins de la ville. Ces dernières toiles étaient estimées de tous les amateurs (1). La salle du Trône, qui a trente-trois mètres de longueur, est terminée, à chaque extrémité, par une vaste cheminée, ornée de persiques, de cariatides bronzées et de figures allégoriques couchées sur des plans inclinés, terminés par ces enroulements communs au temps de Henri IV, époque où ces cheminées paraissent avoir été construites. Ce fut dans cette salle que siégèrent, pendant la Révolution, les représentants de la terrible Commune de Paris. On y a célébré depuis toutes les fêtes données par la Ville.

Il avait été question, vers le milieu du dernier siècle, de faire construire un hôtel de ville au quai Conti, sur l'emplacement qu'occupe actuellement l'hôtel des Monnaies. La ville de Paris fut même autorisée, par un arrêt du conseil du 22 août 1750, à acquérir les terrains pour la

---

(1) « A l'égard de ces tableaux, les uns sont posés dans les cheminées qui terminent les deux bouts de la grande salle; cet excellent peintre y a représenté Louis XIII recevant les serments du prévôt et des échevins, en présence de Marie de Médicis, sa mère, du chancelier et de quelques grands du royaume. Au reste tout y est animé, vivant; les têtes en sont peintes avec une facilité incroyable, ou plutôt inimitable. Il y en a où l'imprimerie de la toile sert de teinte; les poils y sont si bien touchés et si bien distingués qu'on pourrait les compter. Outre ces beaux tableaux, la même salle est encore enduite de quantité d'autres portraits peints en concurrence par les plus célèbres peintres de notre temps, et qui pourtant, auprès des deux Porbus, ne paraissent que des peintures de village ou du pont Notre-Dame. » Sauval, t. II, p. 483.

somme de 160,000 livres. Mais ce projet fut bientôt abandonné (1), et l'édifice de Dominique Boccadoro resta la *maison commune*. En 1801 le premier consul y plaça la préfecture du département de la Seine et l'administration municipale de Paris, et ordonna, en conséquence, de nouveaux travaux, dont la direction fut confiée à M. Molinos, architecte. Une distribution nouvelle eut lieu dans les principales parties de l'édifice, qui fut réparé avec goût; ses dépendances furent ensuite considérablement étendues par la réunion des bâtiments de l'église du Saint-Esprit et d'une partie de l'église Saint-Jean. Comme on vient de le voir, l'hôtel particulier du préfet de la Seine fut construit sur l'emplacement de l'église du Saint-Esprit. On y remarquait trois pièces (antichambre, salle de billard, salon de réception) qui, décorées d'un style uniforme, et n'étant séparées que par des cloisons mobiles, ne faisaient à volonté qu'une seule pièce, qu'on nommait alors *salle des Fastes*. La *salle Saint-Jean*, seul reste de l'église de ce nom, offrait un vaste parallélogramme, éclairé par le haut et décoré par douze colonnes corinthiennes, en arrière desquelles régnait une galerie latérale; elle était destinée aux assemblées publiques et aux séances solennelles de diverses sociétés savantes. Une autre salle très-vaste, pratiquée dans les galeries Saint-Jean, fut destinée, en 1817, à la bibliothèque de la ville. C'est dans cette pièce que s'est tenue la célèbre assemblée des Israélites, connue sous le nom du *Grand Sanhédrin*. Plusieurs sociétés utiles et savantes s'y

(1) On renouvela cependant plus tard ce projet de translation. L'architecte, M. Godde, ayant été consulté, fit observer avec raison que l'emplacement actuel de l'hôtel de ville est le seul convenable, puisque le siége de la municipalité se trouve ainsi au centre de la ville.

réunissaient, entre autres la Société royale d'Agriculture. La *salle du Zodiaque*, à côté de la grande salle, dont les sculptures sont dues à Jean Goujon (1), servait de cabinet au secrétaire général de la préfecture, et le *Salon Vert* était devenu le cabinet du préfet. Enfin, pour la célébration des fêtes qui eurent lieu, après la guerre d'Espagne de 1823, en l'honneur du duc d'Angoulême, on construisit une vaste salle sous le nom de *salle du Trocadéro* ou *d'Angoulême*. Depuis 1830 elle a pris celui de *salon du Jardin* ou de *Grand Salon*.

Quelques mots encore afin de compléter ce que nous avons dit des priviléges et des franchises dont jouissait l'hôtel de ville de Paris, durant le moyen âge et sous Henri IV.

François Miron, ce prévôt qui fit de si grandes choses pour Paris, eut à se prononcer dans diverses questions fort graves de droit municipal; il s'en éleva une notamment que nous croyons devoir mentionner. Il fallait, pour être admis dans le corps de ville, soit à un titre soit à un autre, être né à Paris; c'était là un usage consacré par plusieurs précédents. Il arriva néanmoins que des banquiers lombards établis à Paris, et y ayant sans doute droit de bourgeoisie, cherchèrent à se faire nommer conseillers de ville. Fiers de leur grande fortune, ils sollicitèrent des principaux habitants de leurs quartiers l'honneur d'être portés sur la liste des conseillers de ville à nommer lors des nouvelles élections. Cette demande fut discutée en assemblée générale, le 12 mai 1604. Maître Jérôme Legoix, un des notables, soutint leur prétention, disant que l'obligation de composer le corps municipal, de pari-

---

(1) Brice, t. II, p. 138.

siens bien qu'elle existât de toute ancienneté, lui paraissait une mesure trop restrictive et injuste ; qu'on ne devait pas exclure un homme habile et dévoué, et qui pouvait être utile à Paris, par ce seul motif qu'il n'était pas natif de la ville, et que le terroir parisien n'octroyait pas seul l'intelligence et la droiture ; que ce qui avait été bon et utile dans un temps s'usait pour faire place à une chose meilleure et plus conforme à l'esprit de la nation.

« Ce que nous devons, dit-il, avoir pour administrer Paris, ce sont de bons et vrais magistrats, que nous devons prendre partout où leur conscience se révèle, où leur intégrité est qualité prouvée. » Il ajouta en outre diverses autres raisons à l'appui de celles que nous venons d'indiquer, et termina ainsi son discours : « Les lois humaines ne restent pas immobiles et glacées ; elles prennent l'empreinte des siècles, comme les nuages se moulent sur les vallées, sur les plaines et encadrent les forêts. Voici des hommes qui ont fait du bien à Paris et qui peuvent lui servir encore. En récompense de leurs services ils demandent, ils sollicitent l'honneur de siéger parmi nous. Leurs services sont-ils solides et de bon aloi ? Voilà la question, la seule. Je vote pour l'admission des banquiers, les frères Cypriani. »

François Miron, prévôt des marchands, présidait la séance ; il fut peu touché des arguments de maître Jérôme Legoix, et, voulant les rétorquer : « Maître Pierre Sainctot, dit-il, veuillez me remplacer au fauteuil de la présidence ; j'ai à répondre à ce jeune homme. »

Pierre Sainctot, premier échevin, prit le fauteuil de la présidence et donna la parole à messire François Miron. Il commença ainsi sa réplique :

« Messieurs, le discours que vous venez d'entendre est un des tristes résultats de nos discordes civiles. C'est depuis nos malheureuses divisions que les jeunes gens aux mentons lisses et imberbes ont l'outrecuidance de régenter les barbes grises. » Puis, se tournant vers Legoix : « Jeune homme, qui avez le bras solide et la tête légère, regardez l'orme Saint-Gervais ; vienne la Saint-Martin d'hiver, il y aura deux cents ans que l'un de nos prédécesseurs, Germain de Marlé, prévôt des marchands, est venu le planter devant la maison de Dieu, notre Seigneur. Jeune homme, il a fallu à cet arbre plus d'un siècle avant de posséder ce tronc robuste, ces branches vigoureuses, dont les feuilles épaisses forment un dôme de verdure ; eh bien ! prenez une cognée, vous pourrez abattre en quelques instants ce bel arbre qu'un siècle a mis de la peine à produire. Ainsi des institutions humaines. Avant de prendre la cognée réfléchissez !

« Vous pensez que nos lois municipales, respectées d'âge en âge comme choses saintes et sacrées, sont billevesées aujourd'hui ; vous pensez qu'elles sont devenues vieilles et caduques, bonnes tout au plus à mettre dans la rue Tyrechappe, où l'on vend de vieilles friperies. Mais c'est manquer de respect à nos aïeux, c'est profaner cette grande cité. » Puis le prévôt Miron ajouta qu'il y avait un grand intérêt pour la ville à ce que les conseillers fussent Parisiens. « A Paris, dit-il, est leur fortune, leur famille, tout. Les gages de sécurité et d'ordre qu'ils nous donnent sont de bon aloi, monnaie sans alliage, or pur, car ils donnent ce qu'ils ont de plus cher. Des étrangers offrent-ils de pareils avantages ! Hardiment je dis non, et tous les rois de France m'ont donné raison jusqu'ici. »

Au temps de Miron l'esprit provincial avait encore une grande force; aussi ne doit-on pas être surpris de l'entendre s'écrier : « Prendre pour magistrats de Paris des Bourguignons, des Normands, des Gascons, des Lombards, c'est greffer des chardons sur des roses, parce que la nature des uns ne ressemble en rien à la séve des autres. » Ceci n'était très-flatteur ni pour les Bourguignons, ni pour les Normands, pas même pour les Lombards; mais François Miron disait sans façon et crûment toute sa pensée, qu'il compléta ainsi : « Tout cela mêlé et confondu produirait une administration bâtarde et vulgaire comme sans nom. »

Henri IV, pendant son règne, ne porta aucune atteinte aux libertés municipales; loin de là, il les respecta alors même que les intérêts de sa politique semblaient s'y opposer. Il y avait à peine une année qu'il avait fait sa rentrée à Paris; il était content du prévôt des marchands et des deux premiers échevins il; lui importait beaucoup de les voir maintenus dans leurs fonctions; mais des élections allaient avoir lieu, et, craignant que ces magistrats ne fussent remplacés, il fit savoir au corps de ville qu'il lui serait agréable qu'ils fussent continués encore un an sans nouvelle élection. La ville, dont les priviléges étaient attaqués par cette demande, résolut de faire ses remontrances au roi et d'intéresser dans la cause le parlement; cette cour, après en avoir délibéré, lui conseilla de suivre les formalités ordinaires, et tout aussitôt elle envoya les mandements pour l'élection, qui ne furent signés ni du prévôt des marchands, ni des échevins que le roi voulait favoriser. Henri IV fut piqué de cette résolution et écrivit aussitôt à Messieurs de la Ville une lettre par laquelle il les déclarait privés de leurs charges s'ils procédaient à l'élection qu'il leur défendait et leur ordonnait de lui dépêcher leurs députés. Malgré cette lettre les élections eurent lieu ; les notables élurent deux nouveaux échevins et continuèrent seulement le prévôt des marchands. L'élection faite, ils envoyèrent des députés au roi, qui finit par approuver leur hardiesse.

FIN DU TROISIÈME VOLUME.

TABLE DES MATIÈRES

CONTENUES DANS LE TROISIÈME VOLUME.

LIVRE XI.

PARIS SOUS LA RENAISSANCE.

CHAPITRE PREMIER.

Paris sous Louis XII (1498-1515).

	Pages.
Avénement de Louis XII.	1
Événements généraux.	3
Le pont Notre-Dame.	5
Incidents à Paris.	7
Préparatifs de guerre à Paris.	8
Priviléges concédés aux Parisiens. — Révision de la coutume de Paris.	10
Second mariage du roi.	12
Mort de Louis XII.	14

CHAPITRE II.

Paris sous François Ier. — Avénement du nouveau roi. — Fêtes à Paris.

Événements généraux.	17
Peste en 1522.	18
Le bailli de Paris.	19
Mesures fiscales. — Réclamations et murmures. — Vénalité des offices.	20
Les Parisiens aux approches de l'ennemi.	22
Paris durant la captivité du roi.	23
Système de défense militaire.	26
Répression du brigandage.	28
Retour du roi. — Fêtes à Paris.	30
Commencements du protestantisme à Paris.	32

TABLE DES MATIÈRES

	Pages.
Nouveaux incidents à Paris	36
Condamnation des hérétiques. — Manifestations expiatoires	39
Charles-Quint séjourne à Paris	43
Reprise des hostilités. — L'ennemi semble menacer Paris	49
Gouvernement de François Ier	51
Fondation du Collége royal de France	52
La Compagnie de Jésus instituée à Paris	53

CHAPITRE III.

Paris sous Henri II (1547-1559).

Commencements du nouveau règne	55
Incidents	56
Henri II à Paris	57
On livre au bûcher les hérétiques	59
Caractère du roi	61
Événements généraux du règne	62
Mariage de Marie Stuart	66
Progrès de l'hérésie. — Mesures de répression. — Violences des deux partis	68
Mort du roi	70

CHAPITRE IV.

État physique et moral de Paris sous la Renaissance. — Enceinte nouvelle. — Fortifications. — Établissements d'utilité publique (1498-1559).

Agrandissement de l'enceinte de Paris	72
Nouveaux ponts. — Le pont de Fust	75
Le pont d'emprès Saint-Bernard	id.
Le petit Pont-Neuf (pont Saint-Michel)	id.
Le petit Pont	id.
Le Pont-au-Change	id.
Le Pont-aux-Colombes, ou Pont Marchand	id.
Le port de la Grève ou port Saint-Gervais	76
— de l'École	id.
— de Saint-Landri	id.
— du Petit Pont	id.
— des Barrés ou port Saint-Paul	id.

DU TROISIÈME VOLUME.

	Pages.
Le port au plâtre	76
— aux foins	id.
— au blé	id.
— de Bourgogne	id.
— Français et les moulins du Temple	id.
— du Louvre ou Saint-Nicolas	id.
— l'Évêque	id.
— Saint-Bernard	id.
— aux Mulets	id.
— aux Œufs	id.
Ports de la Saunerie, de Saint-Jacques, de Nesle, des Augustins, de la place Maubert, aux Bouticles	77
Quai des Augustins	id.
— derrière la Mortellerie	id.
— de la Saunerie	id.
— de l'École	id.
— Saint-Bernard (de la Tournelle)	id.
La Vallée de Misère ou marché à la volaille	id.
Aqueducs	78
Fontaine des Innocents	79
La Bièvre. — Ponts établis sur cette rivière	82
Le grand égout	83
Principaux égouts	84
Petits égouts. — Trous. — Gargouilles	85
Voiries, monceaux, mottes, buttes	87
Halles et marchés. — Grande Boucherie	88
Boucherie de la halle de Beauvais	89
— du Châtelet	90
— de Gloriette ou du vieux Petit-Pont	id.
— du cimetière Saint-Gervais	id.
— des Carmes ou Croix des Bouchers	id.
— du Temple	91
— Saint-Paul ou de la Mortellerie	id.
— de la rue Saint-Jacques	id.
— de la Croix-Rouge	id.
— du cimetière Saint-Jean	92
— du quartier Saint-Martin	id.
— de Saint-Merry	id.

TABLE DES MATIÈRES

CHAPITRE V.

Édifices, palais, hôtels, fondations utiles.

	Pages.
Hôtel de Nesle, tour et porte de Nesle	93
Second hôtel de Nesle ou hôtel de Behaigne	95
Hôtel de la Reine	96
— de Soissons	98
— Barbette	id.
— de Bourgogne	99
— d'Artois	id.
— de la Trémouille	100
— de Sens	101
— d'Orléans ou séjour d'Orléans	103
Autre fief ou séjour d'Orléans	104
Hôtel Savoisy ou de Lorraine	107
Hôtel appelé séjour du Roi	id.
— de Clisson ou de la Miséricorde	108
— d'Armagnac ou de Charolais	109
— Salle du Comte ou Salle au Comte	id.
Cave ou Cour de Ponthieu	110
Hôtel du Petit-Bourbon	id.
— d'Alençon, de Retz et de Longueville	113
— de Cluny	114
Hôpital des Enfants-Rouges	122
Bureau des Pauvres	id.
Collége de Boissy	125
— de la Merci	126
— du Mans	id.
Nouveaux détails sur le Collége royal de France	127
Collége Sainte-Barbe	128
Les Petites Maisons	129
Église Saint-Séverin	130
— Notre-Dame de Bonne-Nouvelle	141
— Saint-Victor	142
L'abbaye de Saint-Victor au seizième siècle	146
Église Saint-André des Arcs	148
— Saint-Benoît	150
— Saint-Jean de Latran	156

	Pages.
Commanderie et tour de Saint-Jean de Latran.................	158
Vestiges du moyen âge et de la Renaissance, à Paris............	160
Les maisons de la rue Hautefeuille............................	161
Ce qui reste de l'hôtel de Bourgogne........................	162

CHAPITRE VI.

La littérature, les arts, les mœurs, sous la Renaissance.

Caractère artistique et littéraire de cette époque..............	165
Académie de Saint-Luc......................................	170
Mœurs du peuple..	171
Les truands, le Puits d'amour, la Cour des Miracles...........	172
Usages populaires...	id.
Luxe et modes..	173

CHAPITRE VII.

Le commerce et l'industrie vers la fin du moyen âge et sous la Renaissance.

Organisation des marchands parisiens en corporations..........	175
Priviléges des six corps.....................................	176
Tribunaux et juges en matière de commerce..................	180
Les drapiers, les épiciers ou apothicaires, les merciers, les pelletiers, les bonnetiers, les orfévres........................	182
Confréries d'orfévres..	206
Corporation des fripiers.....................................	207
— des mires ou chirurgiens................................	208
— des libraires...	210
— des copistes, des écrivains, des relieurs.................	211
Les boulangers, les pâtissiers, etc...........................	213
Nomenclature des professions et des métiers exercés à Paris durant le moyen âge et la Renaissance......................	id.
Considérations sur le régime des corporations industrielles basées sur le monopole..	215

LIVRE XII.

PARIS DURANT LES GUERRES DE RELIGION.

CHAPITRE PREMIER.

Règnes de François II et de Charles IX (1559-1574).

	Pages.
Avénement de François II．	217
Les protestants et les catholiques. — Réactions	219
Conjuration d'Amboise	221
Mort du roi	223
Avénement de Charles IX	224
Conflits religieux	225
Troubles et désordres à Paris	228
Premier collége des Jésuites à Paris	230
Guerres de religion	232
Charles IX et la jeune reine font leur entrée à Paris	238
Organisation de la police parisienne	240
Affaire du huguenot Gastine	241
Mariage du roi de Navarre. — Graves incidents	242
Massacre de la Saint-Barthélemy	244
Le duc d'Anjou est élu roi de Pologne	253
Mort de Charles IX	256

CHAPITRE II.

Règne de Henri III. — Première période de la Ligue (1574-1589).

Avénement de Henri III	258
Supplice de Montgommery	259
Formation de la ligue catholique	261
Incidents	264
Les Jésuites s'établissent dans la rue Saint-Antoine	267
Les Feuillants	*id.*
Misère du peuple parisien	269
Maladies épidémiques	270
Fêtes données par la cour	271
Les envoyés du Grand-Seigneur à Paris	272
Les envoyés suisses à Paris	273

	Pages.
Exactions au détriment de la ville........................	274
La Ligue parisienne...................................	275
Processions et manifestations religieuses ordonnées par le roi....	276
Incidents. — La guerre des trois Henris.....................	278
Les Seize..	id.
Suite des guerres de religion............................	281
Popularité et puissance des Guises à Paris..................	282
Insurrection à Paris. — Journée des Barricades..............	284
Fuite du roi...	290
Henri III à Chartres...................................	291
Mort du Balafré. — Soulèvement du peuple de Paris...........	294
Reprise des hostilités.................................	299
Henri III et le roi de Navarre assiégent Paris................	300
Mort de Henri III....................................	302

CHAPITRE III.

Paris à l'avénement de Henri IV et sous la Ligue (1589-1594).

Paris se réjouit de la mort du roi........................	303
Paris assiégé par le roi de Navarre.......................	304
Résistance de la ville; domination de la Ligue et des Seize......	306
Procession de la Ligue...............................	308
Souffrances de la ville assiégée..........................	310
Suite du siége.......................................	316
Henri IV lève le siége de Paris..........................	318
Réactions et violences.................................	320
Meurtres juridiques...................................	321
Suite de la guerre.....................................	324
Pourparlers. — Abjuration du roi........................	326
Henri IV s'empare de Paris.............................	331

CHAPITRE IV.

État physique et moral de Paris durant les guerres de religion. — Institutions. — Monuments. — Établissements généraux.

Hôpital de l'Ourcine..................................	339
Jardin de pharmacie...................................	340
Le palais et le jardin des Tuileries.......................	id.
Collége des Grassins...................................	364

Église Saint-Jacques du Haut-Pas........................ 366
L'Arsenal.. 368
Les Capucins... 370
Le portique de Gaillon................................. 372
Extension nouvelle de l'enceinte....................... 373

CHAPITRE V.

Mouvement artistique et littéraire à Paris vers le déclin du seizième siècle.

La littérature de Charles IX à Henri IV................ 376

CHAPITRE VI.

Mœurs et coutumes des Parisiens au seizième siècle.

Mœurs des hautes classes............................... 384
Modes.. 385
Lois somptuaires....................................... 387
Progrès du luxe.. 389
Police d'édilité....................................... 392
Les masques, les paniers, etc.......................... 393
Jeux de paume.. 394
Conditions nouvelles de l'Université................... 395
Organisation du commerce des vins...................... 401
Police des hôtelleries, des auberges et des cabarets... 406

LIVRE XIII.

PARIS DURANT LE RÈGNE DE HENRI IV.

CHAPITRE PREMIER.

Attentat de Jean Châtel................................ 411
Supplice du criminel. — Expulsion des Jésuites......... 413
Paix de Vervins. — Fêtes............................... 415
Révocation de l'édit de Nantes......................... 416
Suite des événements généraux.......................... 418
Gouvernement et administration de Henri IV à Paris..... 422
Progrès de l'industrie parisienne...................... 424

DU TROISIÈME VOLUME. 523

Pages.

Améliorations en matière d'édilité et de voirie............... 426
Le roi aux prises avec la calomnie........................ 427
Retour des Jésuites à Paris............................... 430
Nouveaux incidents...................................... 432
Sacre de la reine.. 434
Mort du roi... 436

CHAPITRE II.

Paris sous Henri IV. — Améliorations en matière d'édilité. — Voirie. — Ponts. — Fontaines. — Hôpitaux. — Fondations charitables. — Hôtels.

Henri IV se préoccupe de restaurer Paris................... 439
Amélioration de la voirie parisienne....................... 440
La Samaritaine.. 441
Fontaine du Palais...................................... 443
Construction du Pont-Neuf................................ 444
La statue de Henri IV................................... 447
Le château Gaillard..................................... 449
Destruction et reconstruction du Pont-aux-Meuniers.......... 450
Quais de Paris au seizième siècle......................... 451
Quais réparés ou construits sous Henri IV.................. 453
Portes de Paris sous Henri IV............................. id.
La porte Saint-Antoine.................................. id.
 — du Temple...................................... id.
 — Saint-Martin................................... 454
 — Saint-Denis.................................... id.
 — Montmartre..................................... id.
 — Saint-Honoré................................... id.
 — Neuve et de la tour du Bois..................... ib.
 — de Nesle....................................... 455
 — Dampierre...................................... id.
 — de Buci.. id.
 — Saint-Germain.................................. 456
 — Saint-Michel................................... id.
 — Saint-Marcel................................... 457
 — Saint-Victor................................... id.
 — Saint-Bernard ou de la Tournelle................ id.
Embellissements de Paris................................ 458

TABLE DES MATIÈRES DU TROISIÈME VOLUME.

Pages.

Place Royale	459
— Dauphine	460
Première bourse établie à Paris	464
Nouvelles rues ouvertes à Paris	465
Établissements des frères Saint-Jean-de-Dieu	466
Nouveaux hospices	467
Couvent et église de Picpus	472
Les Récollets	473
Les Petits-Augustins	id.
Les frères de la Charité	474
Les Carmélites	id.
Les Capucines	475
L'hôtel Soubise	477
— d'O ou de Luynes	480
— Carnavelet	481
— Lamoignon	482
Ce qui reste, de nos jours, du vieux Paris	483

CHAPITRE III.

Municipalité parisienne. — Hôtel de ville.

Origines de l'hôtel de ville	487
Parloir aux bourgeois, Maison aux Piliers, hôtel au Dauphin	488
Vicissitudes municipales	491
Organisation du municipe parisien avant 1789	493
Construction d'un nouvel hôtel de ville	495
L'hôtel de ville sous Henri IV	500
Description de ce monument	505
Table des matières	515

FIN DE LA TABLE DU TROISIÈME VOLUME.

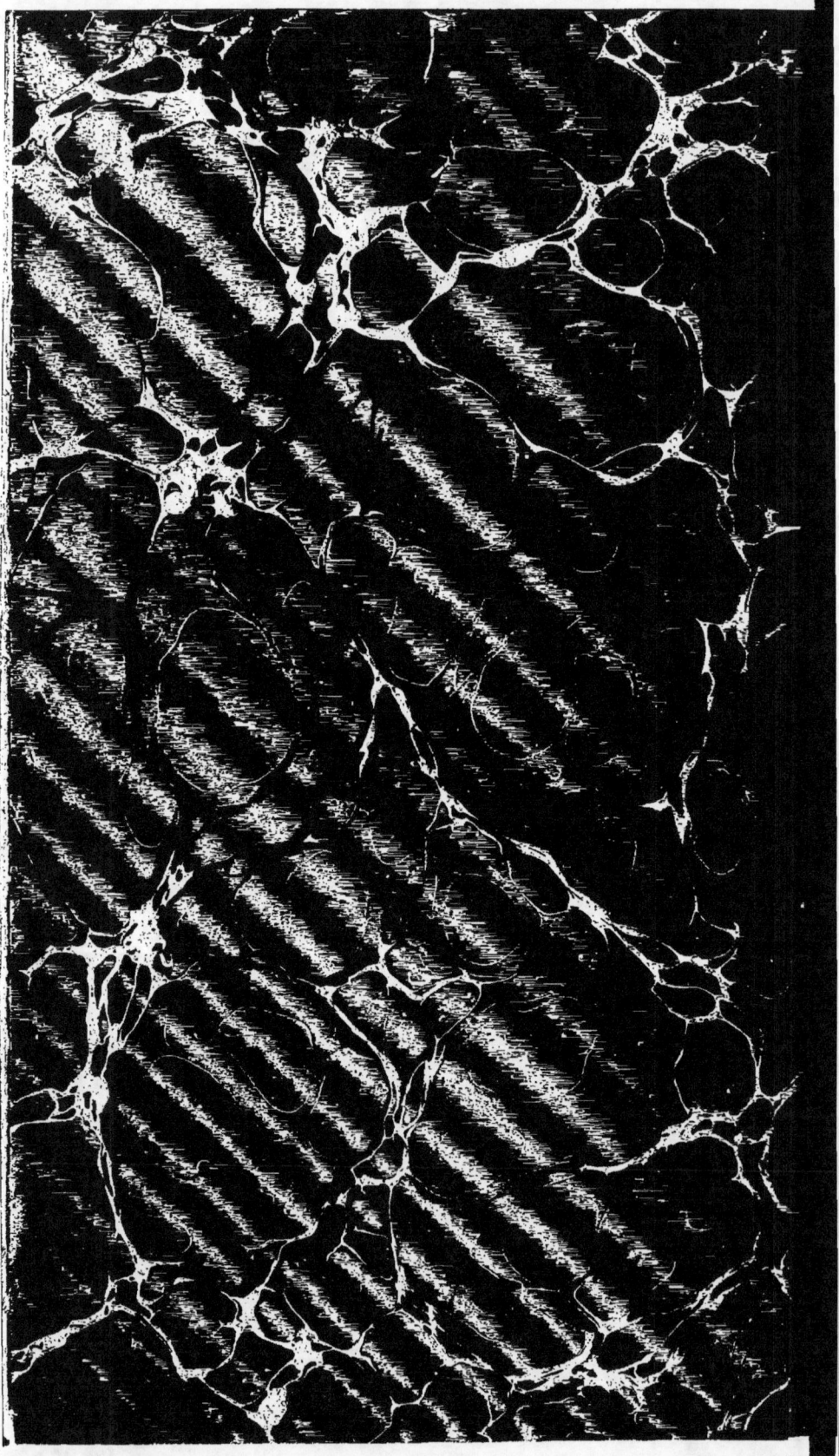

www.ingramcontent.com/pod-product-compliance
Lightning Source LLC
Chambersburg PA
CBHW070832230426
43667CB00011B/1766